Exilforschung · Ein internationales Jahrbuch · Band 5

Fördernde Institutionen/Supporting Institutions

Akademie der Künste, West-Berlin
Leo-Baeck-Institute, New York
Friedrich-Ebert-Stiftung, Bonn
Lion-Feuchtwanger-Institute, Los Angeles
University of Alabama
State University of New York at Albany
California State University, Long Beach
University of South Carolina, Columbia
Wayne State University, Detroit
Philipps-Universität Marburg
Smith College, Northampton
Texas A & M University, College Station
University of Illinois, Urbana

EXILFORSCHUNG

EIN INTERNATIONALES JAHRBUCH

Band 5
1987
Fluchtpunkte des Exils und andere Themen

Herausgegeben im Auftrag der
Gesellschaft für Exilforschung / Society for Exile Studies
von Thomas Koebner, Wulf Köpke,
Claus-Dieter Krohn und Sigrid Schneider
in Verbindung mit Lieselotte Maas

edition text + kritik

Anschrift der Redaktion
Prof. Dr. Claus-Dieter Krohn
Weidenstieg 9
2000 Hamburg 20

CIP-Kurztitelaufnahme der Deutschen Bibliothek

Exilforschung: e. internat. Jahrbuch / hg. im
Auftr. d. Ges. für Exilforschung. – [München]:
edition text + kritik
   Erscheint jährl.
Bd. 5 (1987) –

© edition text + kritik GmbH, München 1987
Satz: Typodata GmbH, München
Druck: Schoder, Gersthofen
Buchbinder: Bückers GmbH, Anzing
Umschlagentwurf: Dieter Vollendorf, München
ISBN 3-88377-263-1

Inhaltsverzeichnis

Vorwort   7

Theo Stammen	Exil und Emigration – Versuch einer Theoretisierung	11
Werner Röder	Zum Verhältnis von Exil und innerdeutschem Widerstand	28

Fluchtpunkte des Exils

Helmut F. Pfanner	Eine spröde Geliebte. New York aus der Sicht deutscher und österreichischer Exilanten	40
Patrik von zur Mühlen	Jüdische und deutsche Identität von Lateinamerika-Emigranten	55
Karl Holl	Lilo Linke (1906–1963). Von der Weimarer Jungdemokratin zur Sozialreporterin in Lateinamerika. Materialien zu einer Biographie	68
Jürgen Nieraad	Deutschsprachige Literatur in Palästina und Israel	90
Mulan Ahlers	»Die Emigranten kämpfen mit Shanghai wie Jacob mit dem Engel«	111
Helga Schwarz	Maria Leitner – eine Verschollene des Exils?	123

Fixierungen der »inneren« Exilgeographie

Karsten Witte	Siegfried Kracauer im Exil	135

Uwe Naumann/ Michael Töteberg	»Zänks for your Friendship und für die Kopfhaltung«. Ulrich Becher und seine Freundschaft mit George Grosz	150
David Kettler/Volker Meja/ Nico Stehr	Schattenseiten einer erfolgreichen Emigration: Karl Mannheim im englischen Exil	170
Gerhard Scheit	Vom Habsburgischen Mythos zum Mythos der Masse. Über einige Voraussetzungen und Besonderheiten der österreichischen Exilliteratur	196
Laureen Nussbaum	»Das Kleidungsstück der europäischen Geistigkeit ist einem besudelt worden...« Georg Hermann – Jettchen Geberts Vater – im Exil	224
Max Oppenheimer	Aufgaben und Tätigkeit der Landesgruppe deutscher Gewerkschafter in Großbritannien. Ein Beitrag zur Vorbereitung der Einheitsgewerkschaft	241
Kurzbiographien der Autoren		257

Vorwort der Herausgeber

Ein Schwerpunkt des diesjährigen Bandes ist die Zerstreuung der Flüchtlinge aus dem nationalsozialistischen Herrschaftsbereich in verschiedene Teile des Erdballs. Die Beiträge haben sowohl den unterschiedlich komplizierten Prozeß der sozialen Integration – manchmal nur des bloßen Überlebens – von Einzelpersonen oder ganzen Gruppen wie auch die individuelle und kollektive Verarbeitung dieser Erlebnisse zum Gegenstand. Kontrastierend zu einem Bericht Helmut F. Pfanners über die klassische Einwanderungsmetropole New York beleuchten weitere Aufsätze des ersten Teils einige der bislang von der Forschung vernachlässigten Fluchtwege und -ziele in Lateinamerika (Patrik von zur Mühlen und Karl Holl) oder in Asien. Zu letzteren kann man durchaus auch Palästina zählen, wie der Aufsatz von Jürgen Nieraad zeigt. Zumal die Berichte über die Entstehung der Flüchtlingszentren in den abgelegeneren Regionen machen deutlich, welche Kenntnisdefizite noch auszuräumen sind und welche methodischen Fragen einer eingehenderen Erörterung bedürfen. Nicht von ungefähr präsentiert die Shanghai-Studie von Mulan Ahlers keine gesicherten Ergebnisse, sondern sie skizziert mehr Problemfelder und Hypothesen einer künftigen Arbeit, wobei gezeigt wird, wie spärlich und in der Perspektive verengt die zu diesem Thema vorliegenden Untersuchungen sind. Ebenso belegt Helga Schwarz' Beitrag über die Journalistin Maria Leitner, welch steiniger Weg die Spurensuche nach Einzelschicksalen sogar im relativ gut erforschten französischen Exil sein kann.

Deutlich wird bei den Regionalstudien, welche Vermittlungsschritte bei der Analyse des Akkulturationsprozesses der Flüchtlinge im Neuland anderer Kulturkreise noch zu leisten sind. Das bezieht sich etwa auf die historiographische Entwicklung der Zufluchtsräume, die beispielsweise über die Offenheit oder den Hermetismus der jeweiligen Gesellschaft Auskunft geben kann. Das gleiche gilt für die Ermittlung gesellschaftlicher Schichtungen und Strukturen in den Aufnahmeländern, also der realen Sozialverhältnisse, ohne deren Kenntnisse die Integrationsprozesse der europäischen Migration und die sie begleitenden Erscheinungen kaum zu beantworten sind. Es bleibt zu hoffen, daß die in diesem Band versammelten Aufsätze als Anregung für eine künftig zu erarbeitende breitere Sozialgeschichte von Exil und Emigration dienen werden. Diesen Zweck könnte auch der Aufsatz Theo Stammens flankieren, der jene Leitbegriffe der Forschung in einem weiteren gesellschaftspolitischen Zusammenhang zu theoretisieren und auf ihre handlungspraktische Anwendbarkeit zu prüfen sucht. Ähnliche Ziele verfolgt Werner Röder, der am Beispiel des Verhältnisses von sozialdemokratischen und kommunistischen Parteiführungen im Exil einerseits und den Widerstandsorganisationen der Arbeiter im NS-Staat andererseits bisherige Begriffsunschärfen auslotet und daran anknüpfend weitere Forschungsperspektiven skizziert.

Das Rahmenthema »Fluchtpunkte des Exils« meint nun nicht allein geographische Zufluchtsziele, sondern ebenso – und vielleicht noch mehr – die unterschiedlichen Facetten der »inneren« Exilgeographie. Stehen bei jenen die Fragen der realen Lebensbedingungen im Vordergrund, so geht es bei diesen um individuelle oder kollektive Eindrücke, Vorstellungen, Erfahrungen und Erwartungen, kurz: um die Verarbeitung von Flucht, Exil und Emigration. Die Grenzen zwischen den Bereichen sind zwar fließend, dennoch liegen die Akzente jeweils anders. Die hierzu gebotenen Beiträge geben einige eindrucksvolle Hinweise, zu welchen Wahrnehmungen die Vertreibung führte und welche Verformungen oder gar Brüche daraus für das Bewußtsein, die Anschauung und die Weltbilder der Betroffenen folgten, auch wenn zuweilen die materielle Existenzsicherung in der neuen Welt recht problemlos gelungen war. Karsten Witte beschreibt etwa, in welches Niemandsland der Filmsoziologe Siegfried Kracauer im Exil gefallen war; trotz großen Erfolgs und höchster Anerkennung konnte er sich auch später in der amerikanischen Emigration kaum anders als ein Fremder auf exterritorialem Gelände verstehen. Ähnliches zeigen Uwe Naumann und Michael Töteberg. Aus dem bisher weitgehend unveröffentlichten Briefwechsel von George Grosz mit dem Schriftsteller Ulrich Becher rekonstruieren sie die Wurzellosigkeit des vor 1933 so bedeutenden und stilprägenden Malers in den Vereinigten Staaten, die sich in wachsendem Zynismus Luft machte, verbunden mit der Verleugnung aller ehemaligen politischen Hoffnungen und Wünsche. Programmatisch klingt ebenfalls im Titel des Aufsatzes von David Kettler, Volker Meja und Nico Stehr an, welche Schattenseiten die erfolgreiche Emigration des berühmten Wissenssoziologen Karl Mannheim nach Großbritannien begleiteten und welche Verständigungsprobleme sogar beim ›objektiveren‹ Diskurs des geflohenen Wissenschaftlers auftraten. Gerhard Scheit hingegen beschreibt, in welcher Weise sich einige der profilierten österreichischen Schriftsteller mit der politischen Kultur ihrer alten Heimat auseinandersetzten, um zu einer neuen intellektuellen Identität in der Emigration zu finden. Schließlich zeigt Laureen Nussbaum am Beispiel des vor 1933 so populären Schriftstellers Georg Hermann, wie ein vielgelesener Autor im Exil eine Unzahl aktueller Tagesanalysen nur noch für den Papierkorb schreiben konnte und in der Einsamkeit immer mehr verzweifelte. Einen Kontrast zu den überwiegend elenden Exilerfahrungen bietet der abschließende Bericht

Max Oppenheimers, der aus eigener Anschauung den Aufbau einer deutschen Gewerkschaftsorganisation in Großbritannien und die damit verbundenen optimistischen Hoffnungen auf die demokratische Neugestaltung Deutschlands nach dem Zweiten Weltkrieg beschreibt.

Vielleicht noch mehr als bei der zuvor genannten sozialgeschichtlich orientierten ›Real‹-Analyse sind im Bereich der inneren Exilgeographie derzeit noch viele Fragen unbeantwortet. Genannt seien nur die Gründe für die unterschiedlichen Wahrnehmungsmuster und Reaktionsweisen auf die Exilsituation. Welche Rolle spielen bei solchen variantenreichen Sensibilitäten etwa alte Sozialisationsvorgaben oder die berufsspezifische Herkunft, wo lassen sich relative Übereinstimmungen der intellektuellen oder emotionalen Verarbeitung der Flucht- und Akkulturationsprozesse bei Einzelpersonen oder ganzen Gruppen ausmachen und vieles andere mehr? Unterschiedliche professionelle Kompetenzen sind zu solchen Klärungen gefordert, und vielleicht gelänge es hierbei auf lange Sicht einmal, sinnvolle interdisziplinäre Forschungsansätze zu entwickeln.

Dieses Ziel möchte auch das Jahrbuch im Blick behalten, für dessen nächste Bände die thematischen Schwerpunkte *Vertreibung der Wissenschaften* und *Publizisten im Exil* vorgesehen sind.

Theo Stammen

Exil und Emigration –
Versuch einer Theoretisierung

Der folgende Beitrag will den Versuch machen, zwei Leitbegriffe der Forschung unter einer breiteren gesellschaftspolitischen Fragestellung in einen theoretischen Zusammenhang zu bringen. Das geschieht mit dem Ziel, sie als gesellschaftlich-politische Phänomene begreifen und erklären zu helfen. Nun handelt es sich bei beiden Begriffen »Exil« und »Emigration« ja um erfahrungsgesättigte Vorstellungen, so daß sich leicht die Frage stellt, ob es denn überhaupt noch nötig sei, diese Begriffe zu »theoretisieren«, ob sie als solche noch der »Theoretisierung« bedürfen.

Ich gehe davon aus, daß dies erforderlich sei. Ich gehe noch von etwas anderem aus, das eng damit zusammenhängt und aus dem ich für mich und meine Gedankenbemühungen das Motiv für seine Bearbeitung gezogen habe, nämlich von folgendem offensichtlich widersprüchlichen Befund oder Tatbestand:

Erstens ist »Exil« und »Emigration« ein soziales und politisches Faktum, das in allen historischen Epochen unter wechselnden Rahmenbedingungen vorkommt und das im 20. Jahrhundert durch seine Massenhaftigkeit und Universalität zu einem unübersehbaren weltweiten Problem geworden ist, von dem das Schicksal von Millionen Menschen betroffen ist. Belege dafür erübrigen sich. Entsprechend gibt es speziell für die Exil- und Emigrationsproblematik der ersten Hälfte des 20. Jahrhunderts, etwa im Zusammenhang mit dem Nationalsozialismus und Sowjetkommunismus, eine schier unübersehbare, vielgestaltige, interdisziplinäre »Exilforschung«.

So hat die Deutsche Forschungsgemeinschaft schon vor etlichen Jahren ein Schwerpunktprogramm für interdisziplinäre »Exilforschung« begründet und gefördert; die Zahl der Publikationen zum Thema »Exilliteratur« ist unübersehbar groß. Auch historische Gedenktage oder -jahre – wie 1985 die Erinnerung an die Aufhebung des Edikts von Nantes (1685) als Auslöser der sogenannten »Hugenottenverfolgung« in Frankreich – haben stimulierend auf die Exilforschung nicht nur in Deutschland gewirkt. (Vgl. R. von Thadden u. M. Magdelaine (Hg.): *Die Hugenotten 1685–1985*, München 1985.) Das ist der erste Tatbestand.

Zweitens ist auffallend und, je länger man darüber nachdenkt, um so erstaunlicher, daß es ganz offensichtlich – trotz der Relevanz des Problems und trotz der intensiven Exilforschung – bisher kaum ernsthafte Versuche gibt, ein derartiges, zugleich universalhistorisches und universell gegenwärtiges, aktuelles Phänomen oder Problem wie »Exil« und »Emigration« angemessen systematisch-theoretisch, d.h. im Rahmen einer Theorie sozialer und politischer Systeme zu erfassen und zu erklären.

Diese Behauptung mag angesichts der erwähnten breiten Exilforschung unberechtigt und ungerecht erscheinen. Sie läßt sich aber leicht belegen. Ein vielleicht noch äußerliches Indiz dafür ist bereits die Tatsache, daß in nahezu allen größeren Enzyklopädien oder Lexika der Sozialwissenschaften Artikel zu den beiden Stichwörtern »Exil« und »Emigration« fehlen. Die bekannte *International Encyclopedia of Social Sciences* hält im 5. Band lediglich bei »Emigration« einen Verweis auf »Migration« (Wanderungsbewegung) parat. Das *Historische Lexikon zur politisch-sozialen Sprache in Deutschland* (Geschichtliche Grundbegriffe) von Brunner, Conze und Koselleck enthält weder einen Artikel »Exil« noch einen »Emigration«. Auch das *Historische Wörterbuch der Philosophie* von J. Ritter weist keines der Stichwörter aus; ebenso nicht das verbreitete *Wörterbuch der Soziologie* von W. Bernsdorf. Und auch die vergleichende Enzyklopädie *Marxismus im Systemvergleich* von C. D. Kernig gibt zu beiden Stichwörtern keine Auskunft. Das *Staatslexikon* der Görresgesellschaft dagegen enthält in seiner neuesten (7.) Auflage zumindest einen Artikel »Emigration« (von dem Historiker H. Fenske).

Auch die speziellen Grund- und Sammelwerke der »Exilforschung« enthalten kaum theoretische Reflexionen, die über den konkreten Forschungsansatz hinausgehen. Zu bedenken bleibt indes, daß es bekanntlich sehr verschiedene Arten (Sorten) von Theorien gibt – entsprechend auch von Theoriebildung oder Theoretisierung. Nicht gemeint ist in diesem Zusammenhang der Typ der »idiographischen« Theorie, die auf die Erklärung einmaliger Fälle und Situationen ausgeht, sondern »generalisierende« Theorien. Denn bei den Phänomenen »Exil« und »Emigration« haben wir es ja nicht mit einmaligen, sondern universellen Phänomenen zu tun, die eigentlich eine generalisierende Theorie (und Erklärung) erfordern.

Fragen wir nun danach, woher wohl diese merkwürdige Tatsache herrührt, dieses eklatante Defizit an Theoriebildung. Liegt es in der Natur des Problems oder Gegenstandes? Man wird wohl zustimmen, daß es an der mangelnden Relevanz des Problems sicher nicht liegen kann.

Möglicherweise könnte man eine gewisse menschliche Scheu dafür verantwortlich machen, ein Problem wie Exil oder Emigration – über die konkrete idiographische, quellennahe Beschreibung und Analyse hinaus – einer generalisierenden Theoriebildung zu unterwerfen – eine Scheu, die vielleicht mit der starken ethisch-moralischen Dimension des Exil-Problems zusammenhängen könnte, die vielen, ja unzähligen individuellen Exileinzelschicksale einer generalisierenden, d.h. vom Individuellen eben absehenden und abstrahierenden Betrachtungsweise zu unterwerfen, um nicht zu sagen zu opfern. Insofern könnte man die offensichtlich bestehende Zurückhaltung aus außerwissenschaftlichen Gründen zwar begreiflich finden, aber letztlich doch wohl nicht billigen.

Im Gegenteil: ich bin der Ansicht, daß man diese Zurückhaltung (wie immer sie im einzelnen Fall begründet sein mag) überwinden und zu einer systematischen Theoriebildung über dieses Problem übergehen sollte sowie man aus durchaus ähnlichen Gründen ja auch nicht die systematisch-theoretische und empirische Analyse und Erforschung von Krankheiten, ihrer Ursachen und Auswirkungen, unterläßt, auch wenn dabei von den vielen individuellen Einzelfällen und -schicksalen und der dadurch ausgelösten mitmenschlichen Betroffenheit um der Erkenntnis willen und vor allem zum Zwecke einer wirkungsvollen Therapie abgesehen werden muß.

Dabei ist die Analogie zwischen Exil/Emigration einerseits, Krankheit andererseits nicht zufällig und willkürlich und auch nicht rein metaphorisch gemeint, sondern mit Absicht und Bedacht gewählt. Diese Analogie soll bereits eine Vermutung oder Einschätzung andeuten, daß Exil und Emigration – über den bedeutungsmäßigen Unterschied der beiden Termini wird noch kurz sprechen sein – einen signifikanten Krankheitszustand der betreffenden Gesellschaft signalisieren, einen pathologischen oder morbosen Zustand des gesellschaftlichen und/oder politischen Bezugssystems des einzelnen, dessen Ursachen und Folgen erforscht und dazu systematisch-theoretisch bearbeitet werden müssen. Damit ist zugleich auch schon etwas über das leitende Erkenntnisinteresse und -ziel dieses Versuchs ausgesagt.

Fürs nächste kommt es darauf an, eine Strategie zu entwerfen, mittels derer das Unternehmen jetzt im einzelnen durchgeführt werden kann. Zwei Hauptschritte sind dafür vorgesehen:

1) In einem ersten Schritt soll zunächst das Problem »Exil« – »Emigration« als gesellschaftlich-politisches Problem etwas genauer umrissen werden.

2) Sodann soll in einem weiteren Schritt versucht werden, das Problem »Exil – Emigration« theoretisch zu erfassen. Dieser Schritt wird in mehreren Etappen vollzogen, in Teilversuchen sozusagen, die – jeder für sich – zeigen sollen, daß es durchaus verschiedene Möglichkeiten sinnvoller Theoretisierung dieses Problems gibt; in Teilversuchen zudem, die hinsichtlich ihrer Leistungsfähigkeit verschieden sind und zugleich ineinandergreifen. Genauer, es sind drei Versuche der Theoretisierung vorgesehen:
a) ein erster Versuch, der aus einem ökonomischen Ansatz entwickelt wird;
b) ein zweiter Versuch, der Elemente einer allgemeinen sozialen Diskurstheorie verwertet und schließlich
c) ein dritter Versuch, der noch umfassender ist, in dem er eins und zwei »aufhebt« und zugleich einen normativen Anspruch formuliert; er ist der eigentlich politiktheoretische Ansatz.

Es gibt natürlich weitere Möglichkeiten, dieses Problem des Exils zu theoretisieren. Bei den hier vorgelegten Versuchen steht die Perspektive auf die Gesamtgesellschaft oder das politische System im Zentrum. Möglich wäre auch ein anthropologischer Ansatz, der Exil aus dem anthropologischen Befund der Ortsbezogenheit menschlicher Existenz reflektiert; darauf kann hier nicht eingegangen werden.

Gehen wir zunächst von Exil und Emigration als einem universellen gesellschaftlichen und politischen Problem aus. Genau genommen haben wir es mit einem doppelten, oder besser: zweischichtigen Problem zu tun: einerseits in der Ebene der historischen Realität mit dem empirischen Faktum des Exils oder der Emigration, das in der Geschichte zu allen Epochen unzählige Menschen getroffen hat und das (zukünftig) andere – auch uns! – treffen kann und das im Kern darin besteht, daß eine Person oder eine Gruppe von Personen aus dem angestammten Heimatland und politischen Gemeinwesen gegen den Willen vertrieben oder zum Wegzug gezwungen wird. Andererseits haben wir es mit der geistigen Verarbeitung und sprachlich-symbolischen Deutung dieses Geschehens durch die betroffenen Menschen zu tun.

Beide Aspekte – das Faktum wie seine Deutung – gehören eng zusammen; sie bilden zusammen erst die politische Realität, mit der es die Analyse zu tun hat. Denn – wie Eric Voegelin in seiner *Neuen Wissenschaft der Politik* (1959) schreibt – es »wartet der Mensch für die Auslegung seines Lebens nicht auf die Wissenschaft, und wenn der Theoretiker sich mit der sozialen Realität befassen will, findet er das Feld bereits von etwas beschlagnahmt, was man als die Selbstinterpretation der Gesellschaft bezeichnen kann... Die menschliche Gesellschaft ist mehr als eine Tatsache oder ein Ereignis in der Außenwelt, das ein Beobachter wie ein Naturphänomen untersuchen könnte. ... Die Selbsterhellung der Gesellschaft durch Symbole ist ein integraler Bestandteil der sozialen Realität, man kann sogar sagen ihr wesentlicher Bestandteil, denn durch eine solche Symbolisierung erfahren die Menschen die Gesellschaft, deren Glieder sie sind, als mehr denn eine bloße Zufälligkeit oder Annehmlichkeit, sie erfahren sie als Teil ihres menschlichen Wesens. ... Jede menschliche Gesellschaft gelangt also ... zu einem Verständnis ihrer selbst durch eine Vielfalt von Symbolen, manchmal höchst differenzierten Sprachsymbolen. ... Sie (die politische Wissenschaft) muß von dem reichen *corpus* der Selbstinterpretation einer Gesellschaft ausgehen, und sie wird ihre Aufgabe auf dem Wege kritischer Klärung der gesellschaftlich präexistenten Symbole lösen müssen.« (S. 49/50)

Wie wir bereits sahen, werden zur Bezeichnung und Deutung dieses Geschehens offensichtlich verschiedene Sprachsymbole – eben die Wörter »Exil« und »Emigration« – verwendet. Sie bedeuten offensichtlich nicht exakt dasselbe. Beiden gemeinsam ist die Erfahrung, daß ein einzelner oder eine Gruppe von einer sozialen oder politischen Gesamtheit oder Einheit gewaltsam ausgeschlossen und vertrieben wird. Der

Unterschied scheint darin zu bestehen, daß bei »Exil« die Trennung gänzlich von außen erzwungen und insofern unfreiwillig ist, während bei »Emigration« der Betreffende sich letztlich selbst dazu entscheidet, aus dieser sozialen/politischen Einheit wegzugehen – indes: nachdem er erkannt hat, daß ein Bleiben nach eigener Einschätzung der Situation nicht mehr erträglich und zunehmend für Leib und Leben gefährlich erscheint. Daß dies keine »künstliche« und willkürliche Unterscheidung ist, daß vielmehr die Betroffenen selbst diesen Unterschied zwischen Exil und Emigration machen, belegt ein Gedicht von B. Brecht. In seinen *Svendborger Gedichten* finden sich folgende Verse:

Über die Bezeichnung Emigranten

Immer fand ich den Namen falsch, den man uns gab: Emigranten.
Das heißt doch Auswanderer. Aber wir
Wanderten doch nicht aus, nach freiem Entschluß
Wählend ein anderes Land. Wanderten wir doch auch nicht .
Ein in ein Land, dort zu bleiben, womöglich für immer.
Sondern wir flohen. Vertriebene sind wir, Verbannte.
Und kein Heim, ein Exil soll das Land sein, das uns da aufnahm.
Unruhig sitzen wir so, möglichst nahe den Grenzen
Wartend des Tags der Rückkehr, jede kleinste Veränderung
Jenseits der Grenze beobachtend, jeden Ankömmling
Eifrig befragend, nichts vergessend und nichts aufgebend
Und auch verzeihend nichts, was geschah, nichts verzeihend.
Ach, die Stille der Sunde täuscht uns nicht! Wir hören die Schreie
Aus ihren Lagern bis hierher. Sind wir doch selber
Fast wie Gerüchte von Untaten, die da entkamen
Über die Grenzen. Jeder von uns
Der mit zerrissenen Schuhn durch die Menge geht
Zeugt von der Schande, die jetzt unser Land befleckt.
Aber keiner von uns
Wird hier bleiben. Das letzte Wort
Ist noch nicht gesprochen.

Historisch gesehen sind beide Phänomene – »Exil« und »Emigration«– universale Erscheinungen; zu allen Zeiten der überlieferten Geschichte der Menschheit hat es sie gegeben; und es sind uns die Erfahrungen und Deutungen von Exil und Emigration vielfältig überliefert: aus der Bibel das »babylonische Exil«, aus der griechischen und römischen Geschichte (z.T. als gebräuchliche Rechtsinstitute – als Strafen für staatspolitische Vergehen), man denke etwa an die Klagen des römischen Dichters Ovid *ex Ponto*. Erinnert sei an das Schicksal unzähliger einzelner Personen oder auch kleinerer Gruppen und

Gemeinschaften – an Dichter etwa, die dann ihr Exil, ihre Emigration als Schicksal dichterisch bewältigt haben. So etwa Dante, wenn er in der *Göttlichen Komödie* bekennt:

»Wie salzig schmeckt doch andrer Leute Brot,
Wie harter Pfad ist's, fremde Treppen steigen.« (3, 17, 58)

Man könnte vor allem natürlich an bekannte Exilanten oder Emigranten aus dem 19. und 20. Jahrhundert denken, an deren Erfahrungen, Leiden und Klagen. Das historisch-politische Phänomen »Exil« oder »Emigration«, sein Erlebnis und seine Deutung als existentielle Erfahrung dürfte in diesen Andeutungen hinreichend konkret greifbar geworden sein.

Damit stehen wir vor der eigentlichen Aufgabe, dem Problem der theoretischen Fassung dieses Phänomens. Wenn man – was ich hier voraussetzte – davon ausgehen kann, daß eine solche Bemühung sinnvoll und auch praktisch zu leisten möglich sei, dann wird man bald bei der Durcharbeitung erkennen müssen, daß man – genau genommen – vor zwei verschiedenen Theoriebildungsproblemen steht, die allerdings eng miteinander verflochten sind. Offensichtlich bedarf es zu dieser geplanten »Theoretisierung« einer doppelten Theorie:
– einmal einer Theorie des Gesamtproblemfeldes – der Gesellschaft oder des politischen Systems (Gemeinwesen) mit Basisannahmen über deren Grundstruktur und über das Verhalten oder Handeln (Interagieren) der Menschen innerhalb dieses Bezugsrahmens.
– zum anderen einer konkreten Erklärungstheorie(hypothese) für Exil und Emigration – als Reaktionsweise oder Interaktionsform – in Gestalt von empirisch überprüfbaren Einzelvermutungen (oder Hypothesen) im Rahmen der allgemeinen Theorie.

Wir gehen also davon aus, daß eine Theorie des Exils oder der Emigration nur sinnvoll möglich ist im Bezugsrahmen einer allgemeinen Theorie sozialer oder politischer Systeme, die uns die nötigen allgemeinen Annahmen über das sozial-politische Interaktionssystem zur Verfügung stellt, mit deren Hilfe wir den konkreten Fall »Exil«/»Emigration« erklären können.

Konkreter gesprochen: Offensichtlich haben die Phänomene Exil und Emigration mit ihren Gemeinsamkeiten und Unterschieden in der Deutung etwas mit dem konkreten Zustand einer Gesellschaft oder eines politischen Gemeinwesens zu tun, aus dem die Exilanten/Emigranten vertrieben oder zum Weggehen gezwungen werden. Exil und Emigration sind somit Handlungen oder Verhaltensweisen einzelner oder von Gruppen, die eine Folge oder Reaktion (Wirkung) des problematischen oder pathologischen Zustandes einer Gesellschaft oder eines politischen Systems sind. Es bedarf mithin einer allgemeinen Theorie der Gesellschaft und des gesellschaftlichen Handelns/Verhaltens als eines Bezugsrahmens zur Erklärung von Exil und Emigration. D.h. die spezielle Theorie des konkret-historischen Phänomens Exil/Emigration kann jeweils nur im Rahmen einer solchen allgemeinen Theorie des sozialen/politischen Systems gegeben werden. Sie kann und muß gleichwohl, wenn sie sich als Erklärungshypothese bewähren soll, an ihrer Erklärungsleistung empirisch gemessen und bewertet werden, wobei dann zumindest implizit, eventuell auch explizit, die generellen Annahmen der allgemeinen Theorie mit auf den Prüfstand geraten.

Damit ist – so hoffe ich – das zu bearbeitende Theoriebildungsproblem in seiner doppelten Lagerung hinreichend vorgestellt. Es kann jetzt dazu übergegangen werden, die verschiedenen, oben bereits erwähnten drei Theorieansätze oder -modelle zur Erklärung von Exil und Emigration zu behandeln.

a. Eine ökonomische Theorie des Exil-/Emigrationsproblems

Daß es sich um drei, also um einen Plural von Versuchen handelt, hat die didaktische Intention zu zeigen und zu unterstreichen, daß ein und dasselbe soziale oder politische Problem in der Regel durchaus mehreren verschiedenen Erklärungstheorien zugänglich ist und daß dann abzuwägen oder zu entscheiden bleibt, welchen dieser Versuche man als den leistungsfähigeren und weiterreichenden anerkennen mag; oder negativ formuliert: daß es hier kein wie immer geartetes Monopol der Erklärung für irgendeine Theorie gibt.

Ich beginne mit einem Versuch, der sich einer ökonomischen Theorie bedient; dazu beziehe ich mich auf das Werk eines Autors deutscher Herkunft, jetzt amerikanischer Staatsbürgerschaft, eines Autors, der Exil und Emigration in seiner eigenen früheren Lebensgeschichte erfahren hat: Albert Otto Hirschmann. Das hier gemeinte Buch von ihm trägt den Titel *Abwanderung und Widerspruch* (*Exit, Voice and Loyality*, amerikanisch 1970, deutsch 1974 erschienen).

Hirschmann hatte 1933 als Jude Nazi-Deutschland verlassen müssen und war über Frankreich in die USA emigriert, wo er sich als Wirtschaftswissenschaftler und -theoretiker durch seine originellen Arbeiten mit interessanten, auch politisch-philosophisch und ideengeschichtlich bedeutsamen Konzeptionen einen hervorragenden Namen gemacht hat. Erst in den letzten Jahren sind – nach *Abwanderung und Widerspruch* – zwei weitere Werke von Hirschmann auf Deutsch erschienen: *Leidenschaften und Interessen* (1980) und *Engagement und Enttäuschung* (1984).

Obwohl es dem Verfasser in jenem Buch primär – auch gerade vom leitenden Erkenntnisinteresse und -ziel her – um ein wirtschaftswissenschaftliches Problem geht und erst in zweiter Linie um ein politikwissenschaftliches, möchte ich behaupten, daß dieses Buch (zumindest implizit) einen der ganz raren Theoretisierungsversuche unseres Problems »Exil/Emigration« – vor allem des letzteren – enthält. Bereits die beiden leitenden Begriffe des Titels *Abwanderung und Widerspruch* geben dafür einen unübersehbaren Hinweis.

Worum geht es nun aber in der Hirschmannschen Theorie? Der Untertitel »Reaktionen auf Leistungsabfall bei Unternehmungen,

Organisationen und Staaten« gibt den ersten Hinweis: Ausgehend von der allgemeinen Annahme und Beobachtung, daß sich Einzelmenschen wie Gruppen zur Befriedigung ihrer Bedürfnisse und zur Versorgung mit privaten und öffentlichen Gütern und Dienstleistungen der gesellschaftlichen Subsysteme »Wirtschaft« und »Politik« bedienen, stellt Hirschmann die seiner Meinung nach in den Wirtschaftswissenschaften vernachläßigte Frage, was wohl geschehe, wenn diese Subsysteme, konkret: ein wirtschaftliches Unternehmen oder eine politische Organisation, Partei oder Institution (Staat) einen für den »Kunden« spürbaren Leistungsabfall zeigen.

Hirschmann vermutet hauptsächlich zwei mögliche oder wahrscheinliche Reaktionen der Kunden, durch die sie dem Unternehmen oder der Organisation ihre Unzufriedenheit und Kritik über den Leistungsrückgang oder -abfall kundtun: Entweder Abwanderung und/ oder Widerspruch. Hierbei untersucht und diskutiert er dann die denk- und realmöglichen Beziehungen und Kombinationen zwischen diesen beiden Reaktionsweisen sowie deren Auswirkungen auf das jeweilige System. Im ökonomischen Bereich, bei Marktsituation und halbwegs offener Konkurrenz, wird es in der Regel zuerst zur Abwanderung des unzufriedenen Kunden zu anderen Anbietern derselben Güter und Dienstleistungen kommen. Abwanderung ist hier direkter und spontaner, zugleich wirksamer Ausdruck der Unzufriedenheit und Kritik über den Leistungsabfall. Die andere Reaktionsweise (»Widerspruch«) wird im ökonomischen Bereich seltener und dann nur unter bestimmten Bedingungen angewendet: bei langlebigen Gütern oder in Situationen, wo Abwanderung – etwa mangels entsprechender Konkurrenz – nicht oder nur unter Schwierigkeiten (z.B. hohen Kosten) realisierbar ist.

Für unsere Exil-Emigrations-Problematik ist nun interessant und wichtig, daß nach Hirschmann bei sozialen und politischen Organisationen und Institutionen die Situation gerade umgekehrt ist: Hier ist bei Leistungsabfall der Widerspruch (Einspruch, Protest etc.) die näherliegende und daher primäre Reaktionsweise des unzufriedenen Mitglieds. Man hofft nämlich, mittels solchen Widerspruchs den erfahrenen Leistungsabfall oder -rückgang zu stoppen und die Organisation bzw. ihre Führung zu Anstrengungen zu animieren, den Verlust wieder wettzumachen.

Widerspruch kann in solchen Situationen noch durch die gleichzeitige Androhung von Abwanderung verschärft und unterstützt werden. Die Wirkung des Widerspruchs als Mittel gegen den Leistungsabfall steigert sich wahrscheinlich durch die gleichzeitige Androhung von Abwanderung. Wenn der Widerspruch ungehört verhallen sollte, wird Abwanderung (Emigration) eintreten.

Der Grund für diese Umkehrung der Reihenfolge Abwanderung – Widerspruch in Widerspruch – Abwanderung ist unter anderem in folgendem zu sehen:

1. daß Abwanderung oft z.B. in sozialen und politischen Lebenszusammenhängen individuell und auch gruppenmäßig nicht ohne weiteres möglich, zudem oft extrem kostspielig und folgenreich, in der Regel auch nicht einfach rückgängig zu machen oder wiederholbar ist. Sie gilt ein für allemal mit allen Folgen und Risiken;

2. daß bei sozialen und politischen Organisationen in der Regel eine bedeutend höhere persönliche, auch emotionale Bindung des Mitglieds an die Organisation besteht als im ökonomischen Bereich zwischen einem Kunden und einem Unternehmen oder einer Marke.

Die persönliche Bindung nimmt leicht die Gestalt von Loyalität an: Loyalität ist eine Art Treuebeziehung, die sich auch gerade dann noch fortwirkend bewährt, wenn der Leistungsabfall bereits eklatant geworden ist, d.h. wenn die Organisation vielleicht die Loyalität schon gar nicht mehr verdient. Loyalität mindert auf jeden Fall die Neigung und Bereitschaft zur Abwanderung sehr, gibt aber zugleich dem Widerspruch Nachdruck und Bedeutung – auch in den Augen der Organisation und ihrer Führung. Loyalität hemmt Abwanderung, aktiviert aber kritischen Widerspruch.

Es kann in solchen sozialen und politischen Organisationen oder Lebensordnungen, wo Abwanderung aus Loyalitätsgründen schwierig ist und daher Widerspruch die primäre Reaktionsweise bei Leistungsrückgang ist, der Fall sein, daß Abwanderung im Sinne eines Ausschlusses (Verbannung, Vertreibung, Exil) von seiten der Organisation gegenüber den Mitgliedern angedroht oder verhängt wird, die bei Leistungsabfall mit Widerspruch oder gar Widerstand aufwarten wollen. Widerspruch wird hier dann unter die Androhung von Exilierung gestellt und so unterdrückt; in dieser Androhung von Exil hat die Organisation oder besser: ihre Leitung oder Führung ein wirksames Mittel in der Hand, den kritischen Widerspruch der Mitglieder zu begrenzen oder gar völlig zu unterdrücken und auf jeden Fall wirksam zu kontrollieren.

Wenn Widerspruch als Möglichkeit, gegen Leistungsabfall oder Schlimmeres auf seiten des Systems anzugehen, unterdrückt wird, dann wird die Tendenz zur Abwanderung bei Mitgliedern als ultima ratio verstärkt oder Abwanderung als Exil und Vertreibung, als Ausschluß aus dem System oder Verband riskiert. Die Loyalität, die die Bindung der Mitglieder an den Verband lange aufrecht erhielt, kommt dann an ihre Grenze. Der Loyalist wird – so können wir vermuten – vielleicht Abwanderung im Sinne von Emigration zunächst lediglich androhen, um dadurch seinen Widerspruch zu verstärken, ihm Nachdruck zu verleihen. Loyalität zu einem sozialen oder politischen Verband oder System schiebt so die Abwanderung zugunsten eines Widerspruchs auf, der auf Wiederherstellung der Leistungskraft zielt. Die Wirkung des Widerspruchs bleibt indes an die Androhung der Abwanderung gebunden. Dabei besteht beim Loyalisten die Sorge, daß durch seine wirkliche Abwanderung der Leistungsabfall nicht nur nicht gestoppt, sondern sogar – durch den Wegfall seines Widerspruchs – noch verstärkt und vergrößert wird. Zugleich wird deutlich: je länger der Loyalist die angedrohte Abwanderung hinausschiebt, um so schwieriger wird es dann, sie zu vollziehen; im Loyalisten wird die Überzeugung wachsen, daß er bleiben sollte, um noch Schlimmeres und Schlimmstes an Ordnungs- und Leistungsverfall zu verhindern. Er könnte schließlich auf den Gedanken kommen, nachdem er die Wirkungslosigkeit eines Widerspruchs von innen erfahren hat, die Abwanderung zu vollziehen, um dann Widerspruch von außen zu probieren, wobei – trotz allem – eine kritische Loyalität zu dem verlassenen Verband oder System bestehen bliebe.

Ich möchte an dieser Stelle den ersten Theoretisierungsversuch abbrechen und zusammenfassen: Für eine Theorie von Exil und Emigration enthalten die Hirschmannschen Überlegungen zu »Abwanderung und Widerspruch«, die ja zunächst und primär auf ökonomische und erst sekundär auf soziale und politische Organisationsformen bezogen sind, einige fruchtbare und weiterführende Aspekte und Impulse:

1) Zunächst einmal stellen sie »Abwanderung« und »Widerspruch« als menschlich-individuelle oder gruppenspezifische Verhaltensweisen in konkrete ökonomische, aber auch soziale oder politische Systemkonstellationen und suchen sie von daher zu interpretieren.

2) Sie bringen beide Begriffe in Verbindung mit Defiziten oder Funktionsstörungen des jeweiligen Systems für dessen Mitglieder. Hirschmann spricht von »Leistungsabfall«, der ein formaler Begriff ist, welcher für sehr verschiedenartige Funktions- und Leistungsprobleme stehen kann. »Abwanderung« und »Widerspruch« sind in diesem Kontext »Reaktionsweisen« auf diesen Leistungsabfall des Systems.

3) Weiterhin ist wichtig, daß Hirschmann zwischen ökonomischen und sozialen/politischen Anwendungen dieser Reaktionsweisen eine Differenz in der Reihenfolge feststellt: Statt in der Regel zuerst Abwanderung, dann seltener Widerspruch folgt in sozialen und politischen Systemen und Kontexten in der Regel zuerst Widerspruch und dann seltener als ultima ratio Abwanderung (Emigration) – mit der möglichen, aber nicht notwendigen Implikation, dann durch Widerspruch von außen den erfolglosen Widerspruch von innen zu ersetzen und so weiterhin für die Rückkehr des verlassenen Systems zur normalen Funktions- oder Leistungsfähigkeit einzutreten oder gar zu kämpfen.

4) Bemerkenswert ist ferner für die Theoriebildung die Einführung des Loyalitäts-Themas; einmal weil dadurch die Umkehrung der Reihenfolge der Reaktionsweisen Abwanderung/Widerspruch in Widerspruch/Abwanderung erklärt und begründet werden kann; zum anderen, weil damit die innere, d.h. vor allem auch menschlich-individuelle Problematik und Schwierigkeit von Abwanderung verständlich wird, insofern nämlich Loyalität auch auf den integralen Zusammenhang von sozialer/politischer und personaler Identität verweist.

5) Schließlich erhält auch das Problem Exil als besondere Form der erzwungenen Abwanderung in diesem Gedankensystem einen Platz: als systemspezifische, d.h. vom System oder seiner Führung selbst angedrohte und exekutierte Unterdrückungsform des gefürchteten kritischen Widerspruchs gegen den erfahrenen Funktions- und Leistungsverlust oder -abfall des Systems.

Damit wäre eine Reihe von Strukturelementen einer Theorie der Phänomene Exil und Emigration beisammen, die ganz offensichtlich auch bei ihrer Anwendung auf empirisches Material eine nicht zu unterschätzende Erklärungskapazität zu besitzen scheinen.

b. Diskurstheoretischer Versuch

Der Hirschmannsche Begriff »Widerspruch« gibt das Stichwort für den Übergang zum zweiten der angekündigten drei Theoretisierungsversuche, der als »diskurstheoretischer Versuch« beschrieben worden ist. Es ist zuzugeben, daß der Begriff »Diskurs« heute ein Modewort ist, das in allen möglichen und unmöglichen Zusammenhängen inflationär verwendet wird. Daher wirft seine Verwendung inzwischen erhebliche Verständnisprobleme auf. Ich möchte gleichwohl aus noch anzugebenden Gründen bei diesem Terminus bleiben.

Das Stichwort »Widerspruch« ist insofern eine gute Überleitung zu diesem zweiten Versuch, als in »Widerspruch« ein nicht zu übersehender Hinweis auf »Sprache« und »Sprechen« steckt. Von diesem sprachlichen Aspekt ist jetzt auszugehen, um den zweiten Theoriebildungsversuch für Exil/Emigration vorstellen und entwickeln zu können.

Diskurstheoretische Ansätze gehen von der zentralen Annahme aus, daß die soziale und damit auch politische Gesamtrealität als Diskurs- oder Kommunikationszusammenhang angemessen beschrieben und interpretiert werden kann. Genau genommen ist dieser Ansatz nicht neu. Im Hinblick auf die Konstituierung und Entfaltung sozialer und politischer Ordnung durch Sprache und Kommunikation findet man bereits alle wesentlichen Elemente im I. Buch der *Politik* des Aristoteles. Dort heißt es an einer vielzitierten Stelle u.a.:

> »Der Mensch ist aber das einzige Lebewesen, das Sprache besitzt. Die Stimme zeigt Schmerz und Lust an und ist darum auch den anderen Lebewesen eigen (denn bis zu diesem Punkte ist ihre Natur gelangt, daß sie Schmerz und Lust wahrnehmen und dies einander anzeigen können); die Sprache dagegen dient dazu, das Nützliche und Schädliche mitzuteilen und so auch das Gerechte und Ungerechte. Dies ist nämlich im Gegensatz zu den anderen Lebewesen dem Menschen eigentümlich, daß er allein die Wahrnehmung des Guten und Schlechten, des Gerechten und Ungerechten und so weiter besitzt. Die Gemeinschaft in diesen Dingen schafft das Haus und den Staat.«

(1253a9–18 – dtv-Ausgabe, S. 49)

Gegenwärtig werden diskurstheoretische Ansätze von verschiedener Seite her weiterentwickelt:
– so in der von Edmund Husserl in seiner Spätphilosophie inaugurierten und dann von Alfred Schütz und seinen Schülern Peter Berger und Thomas Luckmann für sozialwissenschaftliche Fragestellungen rezipierten »Lebenswelt«-Philosophie (vgl. etwa Berger/Luckmann, *Die soziale Konstruktion der Wirklichkeit*, 1969);
– so in der Spätphilosophie von Ludwig Wittgenstein, wo in den *Philosophischen Untersuchungen* der eng aufeinander bezogene Doppelbegriff »Sprachspiel« und »Lebensform« entwickelt wird, wo »Sprachspiel« als »Lebensform« vorgestellt und behandelt werden;
– so in den wissens- und ideengeschichtlichen Untersuchungen des Franzosen Michel Foucault – z. B. in seinen Hauptwerken *Die Ordnung der Dinge* (1971) und *Archäologie des Wissens* (1973) sowie in seiner besonders einprägsamen Antrittsvorlesung »Die Ordnung des Diskurses« (1974);
– so schließlich auch noch auf einer breiten Ideen- und Materialbasis in der *Theorie des kommunikativen Handelns* von J. Habermas.

Wenngleich natürlich die Unterschiede zwischen den genannten philosophischen Positionen und Theoremen beträchtlich sind, so gelangen sie doch hinsichtlich der sprachlich-kommunikativen oder diskursiven Konstituierung und Grundstruktur sozialer und auch politischer Verhältnisse – nach Intention und Leistung – zu durchaus vergleichbaren Vorstellungen und Konzeptionen, die wir deshalb im folgenden mit einem gewissen Recht zum Zwecke der Theoretisierung des Exil-Emigrations-Problems heranziehen dürfen.

Dabei ist von der gemeinsamen Grundauffassung auszugehen, daß Menschen stets und überall, wo sie gesellschaftliche und politische Ordnungen – als kollektive Versuche der Antwort (response) auf existentielle Herausforderungen (challenge) der Umwelt – entwickeln, stets auch in mehr oder minder großem Ausmaße und Umfang entsprechend soziale und politische Ordnungsvorstellungen oder Ordnungskonzeptionen mit normativem Anspruch ausbilden. Sozial heißt durch Diskurs und Kommunikation produzierte Vorstellungen von dem, was – mit Aristoteles zu sprechen – »nützlich und schädlich«, »gerecht und ungerecht«, »gut und schlecht« ist; Vorstellungen und Konzeptionen von Ordnung mithin, in denen sie die empirischen wie normativen Aspekte sowie die allgemeinen wertorientierten oder anthropologischen Prämissen im Kontext konkret-geschichtlicher Erfahrungen verarbeiten und in diesem sozialen und politischen Diskurs mit seiner differenzierten Sprachsymbolik gesellschaftliche und politische Identität entwickeln und stabilisieren.

Auf diesem Weg, in diesem Prozeß entstehen im doppelten Sinne des Wortes soziale und politische Selbstinterpretationen solcher Gemeinwesen, die insofern grundlegend wichtig sind, als durch sie politische Ordnung geistig konstituiert und in der Zeit bewußtseinsmäßig stabilisiert wird. Die »Selbstinterpretation einer Gesellschaft« (Eric Voegelin) mit Hilfe diskursiver Interaktionen und sprachlicher Symboliken ist nicht irgendein zusätzliches und eigentlich eher überflüssiges Dekor des gesellschaftlichen und politischen Systems, sondern integraler Bestandteil desselben und insofern konstitutiv für die soziale und politische Realität.

Im konkreten Ordnungszusammenhang nun stehen derartige Diskurssysteme oder Redeordnungen, die neben der institutionellen Ordnung, ihren Strukturen und normativen Prämissen auch die näheren und ferneren Ziele politischen Handelns sowie die Verfahren und Regeln dazu betreffen, natürlich auch mit Macht und Herrschaft in Wechselbeziehung. Oder anders gewendet: Diese Diskurssysteme oder Redeordnungen als integrale Bestandteile der sozio-politischen Realität zeigen – durch unterschiedliche Machtverbindungen – unterschiedliche Offenheit gegenüber solchen Mitgliedern, die an diesem Diskurs teilnehmen wollen. Das wird sich vor allem dann zeigen, wenn einzelne oder Gruppen diesen Diskurs oder Teile von ihm inhaltlich oder formal-verfahrensmäßig infrage stellen wollen, wie z.B. »Intellektuelle«, die sich selbst eine bestimmte allgemeine Kompetenz in der Teilnahme und kritischen Mitgestaltung des öffentlichen Diskurses beimessen.

Wenn solche Personen oder Personengruppen aus welchen Gründen auch immer berechtigt und verpflichtet sind, sich kritisch gegen den offiziellen politischen Diskurs, seine sanktionierten Inhalte und Regeln zu wenden, Einspruch oder Widerspruch gegen ihn einzulegen, dann kann und wird die »andere Seite«, d.h. die Instanzen der herrschenden politischen Ordnung, sich unter Umständen gegen diesen Ein- oder Widerspruch und seine Urheber wenden, gegen ihn reagieren: Entweder durch mehr oder weniger positive Aufnahme oder Berücksichtigung der kritischen Ein- oder Widersprüche, wenn deren Autorität und Bedeutung hinreichend deutlich scheint und wenn die Bereitschaft der Herrschenden zur Aufnahme dieser Diskursveränderung oder -erweiterung besteht. Oder mit Abwehr und Unterdrückung dieses Ein- oder Widerspruchs bis hin zur Ausschaltung oder Ausschließung des Diskurskritikers oder Gegners, wenn die Herrschenden sich in ihrer Position dadurch beeinträchtigt fühlen.

Damit ist offensichtlich eine ambivalente Situation gekennzeichnet:
– a) Auf der einen Seite bedarf der öffentliche Diskurs der aktiven und kritischen Teilnahme von allen in allen allgemeinen und speziellen Bereichen, insofern der offizielle Diskurs und seine Weiterentwicklung für das Selbstverständnis und die Identität des Gemeinwesens und seiner Mitglieder konstitutiv ist.
– b) Auf der anderen Seite kann unter Umständen die kritische »Wortergreifung«, der kritische »Widerspruch« im offiziellen Diskurs für störend, gefährlich oder gar zerstörerisch gehalten werden. Dann werden die Instanzen des gesellschaftlichen und vor allem politischen Systems so reagieren wollen, daß der öffentliche Diskurs vor diesen Wortergreifungen, Ein- oder Widersprüchen, die als Störungen und Gefährdungen interpretiert werden, geschützt und bewahrt werden.

Diese Reaktionsweise wird um so eher eintreten, je mehr der herrschende offizielle Diskurs als ein geschlossener, mit einem besonders rigiden und ausschließlichen Wahrheits- und Geltungsanspruch ausgestatteter verstanden wird. Ein solcher »geschlossener« Diskurs wird Ein- oder Widerspruch nicht dulden wollen und sie mit Sanktionen aller Art, Unterdrückung, Verfolgung etc., letztlich mit Ausschluß und Exilierung ahnden.

Wenn z.B. »Wortergreifungen« von Intellektuellen und Schriftstellern, für die das Modell am besten paßt, auf den harten Widerstand des herrschenden offiziellen Diskurses stoßen, d.h. auf die feindlichen Reaktionen derer, die den öffentlichen Diskurs in diesem Gemeinwesen beherrschen oder kontrollieren wollen, dann kann für den »Widersprechenden« eine schwierige Situation entstehen:
– einmal kann man ihn veranlassen oder gar zwingen, seinen »Widerspruch« oder »Einspruch« zurückzunehmen;
– man kann darauf hinwirken, daß er seine kritische Partizipation am öffentlichen Diskurs aufgibt, wodurch der Betreffende zum »Verstummen« gebracht wird (innere Emigration);
– weiter kann man ihn zum »Abwandern« bewegen (äußere Emigration);
– schließlich kann er – weil sein kritischer Ein- oder Widerspruch als störend oder gar gefährlich für die bestehenden Macht- und Ordnungsverhältnisse angesehen wird – zwangsweise vertrieben, exiliert werden.

Die Toleranz oder Offenheit gesellschaftlich-politischer Systeme und ihres sie stützenden und konstituierenden offiziellen Diskurses gegenüber derartigen »Wortergreifungen« und »Widersprüchen« ist sehr unterschiedlich. Die Unterschiede sind strukturell und situativ bedingt. Es gibt politisch-soziale Systeme, für die die Möglichkeit des kritischen Widerspruchs nicht nur zugelassen ist, sondern sogar als erforderlich für die Systemerhaltung und -entwicklung angesehen und insofern auch rechtlich-institutionell, etwa als Grundrecht der freien Rede oder der Versammlung, grundsätzlich geschützt wird. Freiheitlich-pluralistische Formen des Diskurses – auf der Basis eines Minimalkonsens über die formalen Spielregeln und über inhaltliche Grundwerte – werden als konstitutive Voraussetzungen zur Findung optimaler Problemlösungen angesehen.

In solchen Systemen, die nicht pluralistisch und somit auch nicht freiheitlich, sondern monistisch oder monopolitisch organisiert sind, kontrollieren die politischen Machthaber den öffentlichen Diskurs mit Strenge und Härte und mit allen Formen der Manipulation und auch der Sprachlenkung. Entsprechend werden Formen des »Widerspruchs« möglichst unterdrückt und mit mehr oder weniger starken Sanktionen belegt. Hier ist – wie die totalitären Regimes des 20. Jahrhunderts zeigen – die Gefahr der Unterdrückung oder der Vernichtung oder aber der Exilierung (Vertreibung) dann die Reaktion. Die Reaktionsform »Widerspruch« ist – als systemwidrig oder dysfunktional – kategorisch ausgeschlossen und wird als kriminell verfolgt. Exil und Emigration sind die Folge, die Kehrseite der Diskursgeschlossenheit, Diskursverweigerung und -kontrolle durch die Herrschenden. Exil und Emigration sind so besehen Folgen und Auswirkungen von restriktiven politisch-sozialen Diskurssystemen. Sie sind somit Indikatoren für pathologische gesellschaftlich-politische Verhältnisse oder Zustände, in denen die Diskursfreiheit – als wichtige Konstituentie freiheitlicher gesellschaftlicher und politischer Ordnung überhaupt – durch Restriktionen und Repressionen gewaltmäßig behindert und unterdrückt wird.

Einfacher ausgedrückt: Wenn wir Emigration, Exil oder Auswanderung und Flucht aus bestimmten Ländern beobachten, dann sind dies Indizien für die schlechte Qualität der jeweiligen politischen Ordnungen, die wesentliche »Leistungen« für ihre Bürger nicht erbringen können oder wollen. Widerspruch als Reaktionsweise von Mitgliedern des sozialen und politischen Systems gegenüber etwa Leistungsabfall wird nicht mehr als eine konstruktive Kritik, als ein positiver Beitrag zur Weiterentwicklung des Leistungssystems registriert oder praktisch integriert, sondern als dysfunktional abgewiesen oder unterdrückt. Ihm werden Repressionen entgegengesetzt und Ausweisung, Vertreibung oder Exilierung angedroht.

c. Politiktheoretischer Versuch

Kommen wir abschließend noch kurz auf einen dritten Ansatz zur Theoretisierung des Exil-Emigrations-Problems zu sprechen, der sich unmittelbar an die gerade gemachten Ausführungen über Formen öffentlicher Kommunikation, ihrer Funktionsweise und ihrer politischen Rahmenbedingungen anschließt.

Dieser Versuch geht indes in einer wesentlichen Hinsicht über die bisher die Argumentation leitende Rahmenvorstellung hinaus, insofern als er den Wahrheits- und Geltungsanspruch politischer Ordnungen in den Mittelpunkt stellt. So gesehen, könnte man von einem »politiktheoretischen Ansatz« sprechen, der von der Einsicht ausgeht, daß politische Ordnungen in der Geschichte in der Regel Wahrheits- und Geltungsansprüche stellen. Nun gibt es offensichtlich verschiedene Typen von politisch relevanter und wirksamer Wahrheit und entsprechenden Geltungsansprüchen. Einer dieser Typen, der von den Anfängen der europäischen Neuzeit bis in die Gegenwart immer wieder zur Herrschaft gelangte, ist dadurch charakterisiert, daß bestimmte, in der Regel herrschende Personen oder Personengruppen aufgrund eines sich selbst zugesprochenen, allen anderen überlegenen Wissens (von den Gesetzen und Zielen der Geschichte und den Aufgaben der Politik), das nicht selten religiös fundiert oder motiviert ist, für sich ein exklusives Interpretationsmonopol für diese Wahrheit der politischen Ordnung und des politischen Handelns reklamieren, das ihnen unangefochtene Herrschaft und Machtausübung garantieren und für alle anderen verbindlich sein soll.

Es ist unmittelbar einleuchtend, daß auf der Basis eines derartigen politischen Wahrheitsanspruchs Widerspruch im Sinne der oben erläuterten Reaktion auf Leistungsabfall des politischen Systems nicht zugelassen ist und werden kann; denn ein solcher Widerspruch bedeutet folgerichtig Infragestellen des Wahrheitsanspruchs sowie des Interpretationsmonopols. Es ist keine Frage, daß der Widersprechende mit Verfolgung und Vertreibung rechnen muß – schlimmstenfalls mit Tötung.

Bereits Thomas Hobbes hat in seiner Analyse der Ursachen und des Verlaufs des englischen Bürgerkriegs im 17. Jahrhunderts die verhängnisvolle Wirkung dieses Wahrheitstyps in der Politik für den inneren Frieden in einem Gemeinwesen herausgearbeitet und die Ansicht vertreten, daß aus dem Streit rivalisierender (in diesem Falle: religiöser oder konfessioneller) Wahrheitsansprüche mit Ausschließlichkeitscharakter notwendig unmittelbar der verheerende Bürgerkrieg entstehen mußte, der dann ebenso folgerichtig wegen der politischen Unentscheidbarkeit dieser streitenden Wahrheitsansprüche den Charakter eines unversöhnlichen und existentiellen »bellum omnium contra omnes« (so Hobbes im *Leviathan*) annehmen mußte.

Die uns hier thematisch vordringlich interessierende Folge dieses Typs politischer Wahrheit und seines Geltungsanspruchs ist die Tatsache, daß der offensichtlich nur durch Unterdrückung und Unterwerfung, durch Verfolgung und Ausrottung zu befriedigende intolerante Wahrheitsanspruch stets Vertreibung und Exilierung von Menschen in extremem Ausmaße erzeugt hat. So ist die Epoche der europäischen Konfessionskriege des 16. und 17. Jahrhunderts ebenso eine Epoche der Vertreibung und Exilierung, von Emigration und Asylsuche in großem Stil wie das 20. Jahrhundert mit den zur politischen Macht gelangten fanatischen und intoleranten politischen Massenbewegungen.

Ex negativo läßt sich aus dieser Konzeption politischer Ordnung und dazu gehöriger politischer Wahrheit eine politiktheoretische Konzeption oder Erklärung von Exil und Emigration entwickeln: Überall da, wo ein einseitiger, begrenzter und zugleich geschlossener Wahrheitstypus das Maß politischer Ordnung und Herrschaft ist, wird notwendigerweise Widerspruch – in welcher Form auch immer vorgetragen – als systemfeindlich denunziert und die Vertreter eines solchen Widerspruchs der Verfolgung und Unterdrückung ausgesetzt. Wir wissen, daß sich zwar die Formen dieser Verfolgung und Unterdrückung entsprechend der Entwicklung der Techniken und Werkzeuge wandeln, das Prinzip aber das gleiche bleibt. Abwanderung, Emigration und Exil werden stets begleitende Formen des Verhaltens unter den Bedingungen derartiger Wahrheitsansprüche sein.

Insofern sind Exil und Emigration für den politischen Theoretiker wesentliche Indikatoren für den Zustand und die Qualität einer politischen Ordnung. Wo sie als politische Reaktionen auf den Zustand einer politischen Ordnung nötig werden, kann man von der Existenz einer negativen Ordnung ausgehen. Insofern ist es für die Qualität einer politischen Ordnung von ausgesprochen essentieller und nicht marginaler Bedeutung, ob es – als notwendige Reaktion auf ihren Gesamtzustand – Exil oder Emigration gibt. Mit Hinblick auf die Praxis könnte man formulieren: »Sage mir, wie Du es mit Exil und Emigration, aber auch mit Asyl hältst, und ich sage Dir, von welcher Qualität Deine politische Ordnung ist.«

Wir waren ausgegangen von einer augenscheinlich paradoxen Situation: ein so universelles und zugleich hoch aktuelles Phänomen wie Exil und Emigration hat bisher im Rahmen der Sozialwissenschaften (Soziologie und Politikwissenschaft) offensichtlich keine angemessene Theoretisierung erfahren. Dabei wäre eine Theoriebildung in diesem Problemfeld sowohl aus analytischen wie auch aus therapeutischen Gründen sinnvoll und wünschenswert.

Ziel dieses Beitrags war es, einen Versuch zu dieser Theoretisierung des Problems zu machen und vorzustellen. Es wurden zu diesem Zwecke verschiedene Ansätze zur Theoriebildung, die von unterschiedlichen sozialwissenschaftlichen Positionen und Rahmenvorstellungen ausgingen, vorgetragen: ein ökonomischer Versuch, ein diskurstheoretischer Versuch und ein politiktheoretischer Versuch. Alle drei Versuche oder Ansätze haben deutlich werden lassen, daß Exil und Emigration als mehr oder weniger erzwungene individuelle und gruppenspezifische Verhaltensweisen in der Regel und im eigentlichen Ernstfall Reaktionsweisen auf eklatant defizitäre Zustände gesellschaftlicher und/oder politischer Ordnungen und Systeme sind. So hatte Hirschmann »Abwanderung« ökonomisch als Reaktion auf Leistungsabfall wirtschaftlicher Unternehmen interpretiert. »Emigration« und »Exil« erwiesen sich diskurstheoretisch als Reaktionen in Situationen offensichtlicher Diskursverweigerung oder -unterdrückung von Wider- und Einspruch durch das herrschende System. Politiktheoretisch stellen sich »Exil« und »Emigration« schließlich dar als Reaktion auf einen totalitären, exklusiven Wahrheits- und Geltungsanspruch politischer Ordnung, der keine abweichende oder widersprechende Meinung akzeptabel scheint.

Alle drei Theoretisierungsansätze stimmen darin überein – und das ist sicher nicht unwichtig –, daß die Probleme von Exil, Vertreibung, Emigration und Asyl mit der lebenswichtigen Frage nach der Qualität politischer Ordnungen zu tun haben. Wo die Reaktionsmöglichkeit des diskursiven Widerspruchs – wegen seiner Unterdrückung und Verfolgung – in Abwanderung (Emigration und Exil) übergeht, ja übergehen muß, da gibt es Defizite und Mängel oder Schlimmeres an der Qualität einer politischen Ordnung als Lebensordnung für den Menschen.

Überarbeitete Fassung eines im Herbst 1986 in der Katholischen Akademie in Freiburg/Br. gehaltenen Vortrags.

Werner Röder

Zum Verhältnis von Exil und innerdeutschem Widerstand

In den »Lektionen der Parteihochschule ›Karl Marx‹ beim ZK der SED« heißt es: »Die Kommunistische Partei Deutschlands war die einzige politische Kraft in Deutschland, die die Interessen der Arbeiterklasse und der Nation vertrat. Das Zentralkomitee lenkte und leitete ihren Kampf... Neben der unmittelbaren Anleitung der Parteiorganisationen im Lande und in der Emigration galt das Bemühen der Parteiführung der Überprüfung und Vervollkommnung der Strategie und Taktik. Das war eine große politische und wissenschaftliche Aufgabe...«[1] Nur vom erstgenannten Aufgabenbereich, der Leitung des innerdeutschen Widerstands durch die exilierten Führungsgremien der deutschen Arbeiterbewegung, soll im nachfolgenden die Rede sein.

Leitung, so die lexikalische Definition, ist »ein besonderes menschliches Handeln, das sich ... auf die Regelung der Durchführung von Tätigkeiten anderer Personen bezieht. Es handelt sich um überwiegend geistiges Tätigsein, durch das der Leitende Ziele und Maßnahmen bestimmt und deren Verwirklichung durch die geleiteten Personen durchsetzt.«[2] Der Versuch, die Verbindungen zwischen dem politischen Exil und den illegalen Organisationen im nationalsozialistischen Deutschland unter dem Aspekt solcher Wirkungszusammenhänge einer kritischen Bewertung zu unterziehen, kann bei aller bibliographischer Fülle zur Widerstands- und Emigrationsgeschichte nur scheinbar auf eine vorzügliche Forschungslage und nur auf wenige Publikationen der letzten Jahre zurückgreifen. Die Feststellung ist einigermaßen erstaunlich, da der faktographische Befund in Hinblick auf die Kommunikationswege zwischen Exil und innerdeutschen Oppositionsgruppen seit langem zur Verfügung steht: SPD, KPD und die Splittergruppen der Linken sahen sich bald nach der nationalsozialistischen Machtübernahme gezwungen, ihren Aktionsspielraum durch Vertretungen im benachbarten Ausland zu vergrößern. Nach den Organisationsverboten im Reich verstanden sich letztere früher oder später als Parteileitungen im Exil. Entlang der Grenzen hatten sie ein Netz von Stützpunkten geschaffen, die als Anlaufzentren für Informanten und Flüchtlinge und als organisatorische Mittelstellen für die jeweiligen innerdeutschen Bezirke dienten. Schulungen von illegalen Funktionären bei Aufenthalten im Ausland und die Entsendung von Beauftragten ins Reich gehörten ebenso zu dieser gemeinsamen Praxis der Exilorganisationen wie die Kurier- und Transportsysteme für die

Übermittlung von Propagandaschriften und internem Informationsmaterial. Den quantitativen Stellenwert dieser Verbindungen verdeutlichen die Zahlen der nach Deutschland verbrachten Literatur. Die Sopade etwa verzeichnete bis Juni 1936 den Transport von über 1,2 Mio. Exemplaren der »Sozialistischen Aktion«, von über 100 000 Broschüren und internen Informationsblättern sowie mehr als 1,5 Mio. Flugblättern und Klebezetteln für die illegale Verbreitung im Reich.[3] Ähnlich intensiv gestaltete sich der Informationsfluß in anderer Richtung: Durch die Berichterstattung der Vertrauensleute in Deutschland und die Befragung von Inländern durch die Grenzbeauftragten entstanden – zumindest bei den nichtkommunistischen Exilzentralen – detaillierte Situations- und Meinungsbilder, die zum Teil für die Pressearbeit verwendet wurden und deren publizistisch-politische Wirksamkeit im Ausland begründeten. Herausragendes Beispiel sind die »Deutschland-Berichte der Sopade«, die zwischen 1934 und 1940 auch bei jenen Stellen Beachtung fanden, die ansonsten dem Emigrantenschrifttum mit nicht unberechtigter Reserviertheit gegenüberstanden.

Die hier skizzierten gemeinsamen Charakteristika – ein institutionalisierter Verbindungsapparat zwischen Exil und innerdeutschen Kreisen und seine überwiegende Befassung mit massenhafter Schriftenpropaganda – gehören zu gruppen- bzw. schichtentypischen Widerstandsformen. Sie sind Spezifika des »Arbeiterwiderstandes«, besser: der Reaktion der historisch gewachsenen Arbeiterbewegung auf die nationalsozialistische Diktatur. Betroffen war ein hochgradig organisiertes oppositionelles Milieu mit dem Bedürfnis demonstrativer, die Gruppe psychisch stützender Manifestationen der eigenen Präsenz und Bedeutung. Anerkannte Eliten im bürgerlichen Staat haben informellere und stillere Methoden der politisch-gesellschaftlichen Einflußnahme; daß sich die Aktionen solcher Kreise auch im Exil auf ganz anderer Ebene bewegten, hat deshalb nicht ausschließlich in der geringen Personenzahl der bürgerlichen politischen Emigration seinen Grund.

Dem »bürgerlichen« Typus von Widerstand entsprechen in gewisser Weise jene Besonderheiten, durch die sich die Gruppe Neubeginnen und der Internationale Sozialistische Kampfbund in ihren Arbeitsweisen und Leitungsstrukturen von den linken Massenparteien, den Gewerkschaftsgruppen, von der Sozialistischen Arbeiterpartei und anderen Splitterorganisationen mit proletarischem Hintergrund unterschieden. Ihre Motivationen sind eher in der Erneuerungsphilosophie von Intellektuellen der Weimarer Epoche zu suchen, die sich der Arbeiterbewegung und besonders ihren »leninistischen« Perspektiven als der »neuen« gesellschaftlichen Kraft zuwandten und dort ihre ausgewählten Anhänger vor allem unter der lebensreformerisch bestimmten Arbeiterjugend fanden. Die Bezogenheit dieser selbstbewußten Eliten auf die früher oder später emigrierten Vordenker und Vorbilder ihrer Gruppen – Karl Frank, Richard Löwenthal, Waldemar von Knoeringen, Helmuth von Rauschenplat, Willi Eichler und andere – führte zumindest über längere Zeiträume hinweg neben den engen organisatorischen Kontakten auch zur tatsächlichen politischen und ideologischen Anleitung der kleinen illegalen Kader im Reich durch ihre Auslandszentralen. Jan Foitzik hat auch dies in seinem vorzüglichen und schwierigen Buch *Zwischen den Fronten* mit Akribie und Einfühlung nachgezeichnet.[4]

Foitziks Werk ist in wesentlichen Teilen im Rahmen eines Mannheimer Forschungsprojekts über die »Widerstandsanleitung durch das Exil in den Jahren 1933 bis 1939/40« entstanden, obwohl es – mit gutem Grund – nur wenig über Kausalzusammenhänge zwischen Führungsentscheidungen im Exil und Widerstandshandeln im Untergrund aussagt, dafür um so mehr von beidseitigen Entfremdungsprozessen auch innerhalb der linken Sondergruppen zu berichten weiß. Dem Buch ging Beatrix Herlemanns Arbeit *Die Emigration als Kampfposten. Die Anleitung des kommunistischen Widerstands in Deutschland aus Frankreich, Belgien und den Niederlanden* voraus.[5] Eine ähnlich themenspezifische Untersuchung zur Anleitung des sozialdemokratischen Widerstands durch den emigrierten Parteivorstand der SPD liegt bislang nicht vor. Dies mag nicht zuletzt dem Umstand zuzuordnen sein, daß im Gegensatz zur kommunistischen Parteigeschichtsschreibung von seiten sozialdemokratischer Veteranen und Historiker die These von einer »konsequenten und erfolgreichen Anleitung des Widerstands« durch die Exilführung nicht formuliert worden ist und insofern auch das politische und wissenschaftliche Desiderat einer korrigierenden Autopsie sich in Grenzen gehalten hat.

Schon eine der frühesten Studien über das sozialdemokratische Exil, Lewis Edingers *German Exile Politics* aus dem Jahr 1956, hätte davon abschrecken müssen, das real durchaus existierende Kommunikationsnetz zwischen Exil und Innerdeutschland mit der Wirklichkeit von Leitungszusammenhängen gleichzusetzen. Da Edinger das proklamierte revolutionäre Ziel der Sopade prima facie als methodischen Ansatzpunkt und als Bewertungsskala seiner organisationspolitischen Betrachtungen ernst nimmt, gelangt er zu einer letztlich unproduktiven historischen Einordnung des Widerstands von außen: »...the exiled leaders of the S.P.D. sought to assume the task of organizing and directing the anti-Nazi revolutionary movement in Germany... In retrospect, it is more than doubtful that the surrepetitious efforts to organize an anti-Nazi revolution from abroad were worth the sacrifices which they involved.«[6] Edingers geschichtliches Verdikt – ein Produkt fehlerhafter Realitätsvorgaben und falscher Fragestellung – ähnelt den Urteilen über die Anleitung des Widerstands durch die exilierte Parteiführung der KPD in neueren westdeutschen Arbeiten.[7] Auch diese Urteile sollten, wie ich im weiteren darlegen möchte, in gewisser Weise relativiert werden.

Zunächst aber zurück zum sozialdemokratischen Parteivorstand im Exil, der sich unter Nutzung statutendemokratischer Traditionen für sich selbst eine Identität zu schaffen wußte, die der Wirklichkeit der Jahre nach 1933 in hohem Maße entgegenkam. Als Vertreter eines

geschlagenen und gerade bei den aktivistischen Kräften der Partei weitgehend diskreditierten Apparats hatte sich der Prager PV auf ein quasi legalistisches Residuum zurückgezogen: auf das Primat der Gesamtpartei und die Mandatstheorie.[8] In seiner Eigenschaft als »Treuhänder« für die Zeit der Diktatur entsagte der Vorstand dem organisatorischen und taktischen Führungsanspruch gegenüber dem innerdeutschen Widerstand und vermochte es gleichzeitig, jede Veränderung in der Zusammensetzung der Auslandsleitung, in der Verwaltung des geretteten Parteivermögens und – vor allem – im ideologisch-politischen Grundsatzkanon der Sozialdemokratie unter Verweis auf die hierfür notwendige Zustimmung einer »legalen« Parteimehrheit in Deutschland abzuwehren. Eine oppositionelle Denkschrift aus dem Jahr 1934 beschreibt recht treffend die scheinbare Selbstbeschränkung des Parteivorstands als ein »Verhältnis..., bei dem die Gruppen die Führung ›beraten‹ und der Parteivorstand die Gruppen ›unterstützt‹ und ›fördert‹. Die Gruppen dürfen die Zusammensetzung des Parteivorstandes nicht bestimmen, dafür ist der Parteivorstand bereit, für sich politische Führung und die Vereinheitlichung der Partei nicht zu beanspruchen. Der Parteivorstand ›toleriert‹ die Gruppen, und die Gruppen sollen dafür den Parteivorstand ›tolerieren‹. Nach dieser Auffassung darf die Bewegung aus sich keine zentrale politische Führung bilden, sondern sich mit dem Rumpf des alten Parteivorstandes abfinden. Die Führung darf aber nicht führen, sondern nur ›unterstützen‹ und ›fördern‹.«[9]
Das Verhältnis der sozialdemokratischen Exilleitung zum Widerstand war somit in erster Linie reaktiv. Selbst der Transport massenhafter sozialdemokratischer Druckschriftenpropaganda ins Reich entsprach weniger der Einschätzung ihrer Wirksamkeit durch die Prager Leitung als den Anforderungen der illegalen Gruppen, die zeitweise die fehlerhafte Beurteilung des NS-Regimes und die »kurze Perspektive« mit den kommunistischen Kadern teilten.[10] Auch die spezifisch sozialdemokratischen Widerstandsformen – d. h. eine Vielzahl von autonomen Zirkeln auf der Basis gewachsener sozialer Bindungen sowie, in den späteren Jahren des Regimes, die Bewahrung von »Resistenz« in ganz informellen Gemeinschaften – entstanden nicht etwa aufgrund einer weitsichtigen Leitungsentscheidung der sozialdemokratischen Führung im Exil, wie dies Tim Mason 1967 angedeutet hatte[11], sondern als Reaktionen des sozialdemokratischen Milieus. Tradierte Erfahrungen aus der Zeit des Sozialistengesetzes, der Attentismus »marxistischer« Orthodoxie, Beteiligung am Regierungssystem der Weimarer Republik, gesellschaftliches Ansehen auch bei Teilen des nationalsozialistischen Umfeldes und ein ungleich niedrigerer Verfolgungsdruck im Vergleich mit dem Schicksal der Kommunisten konstituierten ohne Handlungsanweisungen von oben Verhaltens- und Bewußtseinsformen, die sich gegenüber dem nationalsozialistischen System als »Kontinuität der subkulturellen Werte« (William S. Allen) in historisch bedeutsamer Weise als immun erwiesen.[12]

Im Gegensatz zu dieser sozialdemokratischen »Vorwegnahme« heutiger Erkenntnisse, daß »totalitäre Regime... hinreichend gerüstet (sind), um potentielle Masse-/Führer-Beziehungen abseits ihres Einflußmonopols zu unterbinden« (Klaus Tenfelde), standen bekanntlich die Ziele der kommunistischen Parteileitung im Exil: Sie proklamierte den schnellen Wiederaufbau der KPD im Reich als zentral geführte konspirative Massenorganisation in Erwartung eines baldigen Zusammenbruchs des faschistischen Systems und des Aufkommens einer revolutionären Situation auf kurze Sicht. Auch aus der Ausweichposition der Illegalität heraus sollte die Politik der KPD offensiv in die Öffentlichkeit getragen werden. In der Tat reproduzierte sich die hierarchische Gliederung der Partei im Untergrund und schon diese Wiedererrichtung einer zentralistischen Parteistruktur erforderte formaliter den institutionellen Verbindungsstrang zu den hierarchisch höchstrangigen Kadern im Exil mit schriftlichen Direktiven und personeller Instruktion. Das von der Parteiführung vertretene Konzept der offensiven Massenpartei im Untergrund schien durch die organisatorische Virulenz der KPD im Reich während der ersten beiden Herrschaftsjahre des Nationalsozialismus bestätigt. Freilich zogen Offensivpolitik und Massenagitation die schnelle Aufdeckung durch den sich perfektionierenden Gestapo-Apparat nach sich. Die vor 1933 durch hohe Mitgliederfluktuation gekennzeichnete Partei konnte den personellen Aderlaß nur über eine beschränkte Frist hinweg ausgleichen: schon 1933/34 rückten Angehörige des Jugendverbandes, des Militärpolitischen Apparats sowie an höchsten Stellen auch Emissäre aus dem Exil in illegale Parteifunktionen ein. Die Struktur der bald massenweise angeklagten Aktivistengruppen zeigt darüber hinaus eine zunehmende Verschiebung des personellen Potentials vom proletarischen Parteiarbeiter weg in die Richtung auf randständige Schichten mit einer politisch eher unreflektierten gesellschaftlichen Auflehnung. Zusätzlich zu den Verhaftungsaktionen der Gestapo, die im Extremfall Bayerns ab 1934 die illegale Partei sogar durch einen Agenten selbst »anleitete«, trug das Abnehmen der Arbeitslosigkeit – neben Lebensalter und Familienstand ein wichtiger Faktor konspirativen Engagements – zur Erschöpfung der aktiven Kader im Reich bei. Diesem unübersehbaren Faktum sowie einer veränderten Strategie von KPdSU und Komintern entsprach die Ende 1935 vorgenommene Neuorientierung der KPD-Führung im Exil: Das Schwergewicht der Parteiorganisation wurde nunmehr auf die Emigration verlagert, der Zusammenhalt im Reich durch den Wegfall der Inlandsleitung und der Bezirks- und Unterbezirksleitungen dezentralisiert, die regionale Zuständigkeit sechs Abschnittsleitungen im Ausland übertragen und die Einfuhr illegaler Schriften drastisch eingeschränkt. Soweit das äußere Erscheinungsbild.

Häufig ist unter seinem Eindruck gegen die emigrierte KPD-Führung damals wie auch später der Vorwurf erhoben worden, daß sie aufgrund einer sektiererisch verblendeten Fehleinschätzung des Nationalsozialismus die Auslieferung von Tausenden ihrer innerdeutschen Kader an die Gestapo in Kauf genommen habe. Dieser Vorwurf, der die These von der umfassenden Anleitung des innerdeutschen Widerstands durch die Parteiführung im Exil mit umgekehrten Vorzeichen aufnimmt, ist in solch kausaler Form meines Erachtens nicht haltbar. Einer beweiskräftigen Korrektur der Anleitungsversion auf der Grundlage traditionellen Quellenmaterials – das zeigt auch Beatrix Herlemanns erwähnte Arbeit – stehen allerdings erhebliche Schwierigkeiten entgegen: Zentrale schriftliche Überlieferungen sind der Natur der Sache nach auf der innerdeutschen Handlungsebene gar nicht entstanden, im Laufe der kontinentalen Katastrophe zwischen 1939 und 1945 untergegangen oder in Archiven der DDR und der Sowjetunion zumindest für parteifremde Forschung unzugänglich. Inzwischen liegt jedoch eine Reihe von Regionalstudien vor, deren Befunde zur »einfachen« gesellschaftlichen Wirklichkeit der Zeit es erlauben, unter verhaltensgeschichtlichem Aspekt ein schlüssiges Gesamtbild zu rekonstruieren.[13]

So kann zweifellos für die ersten Jahre des NS-Regimes ein hohes Maß an Übereinstimmung zwischen der Reaktionsweise der verfolgten KPD-Mitglieder in Deutschland und den Interessen der Auslandsleitung festgestellt werden. Die Gründe hierfür sind in der sozialpsychologischen Ausnahmesituation der kommunistischen Mitgliedschaft zu suchen. Bei revolutionären Gruppen innerhalb einer stabilen gegnerischen Gesellschaft stets vorhanden, hatte sich diese Lagermentalität durch die ultralinke Selbstisolierung der KPD seit 1928 und die sozialökonomische Degradierung weitester Kreise ihrer Anhänger im Laufe der Weltwirtschaftskrise außerordentlich verschärft. Die Partei mit ihren Nebenorganisationen und Vereinen bot in dieser Situation nicht nur existentielles Heimatgefühl, sondern durch ihre »wissenschaftliche« Auslegung des Geschichtsverlaufs die Gewähr, daß die revolutionäre Konstellation kurzfristig zu erwarten sei und zur Umkehrung der sozialen Machtverhältnisse führen werde. Extreme gesellschaftliche Ächtung, Heimatbedürfnis und Endzeiterwartung begründeten den Willen und die Fähigkeit der deutschen Kommunisten, in den ersten Jahren des Dritten Reichs die brutalen Schläge der Staatsmacht mit der Rekonstruktion ihrer kämpferischen Solidargemeinschaft im Untergrund zu beantworten. Die ersten Ansätze hierzu erfolgten – meist auf lokaler Ebene – durchaus spontan. Die Bereitschaft zu solchem Engagement traf sich mit den exilspezifischen Interessen der Führung, und der von ihr geschaffene Verbindungsapparat ergänzte auf oberer Organisationsebene das Bild einer scheinbar intakten zentralistischen Kampfpartei. Da die KPD den Untergang der Republik nicht als eigenes Scheitern begriff, ergab sich zunächst – anders als im sozialdemokratischen Lager – auch kein emotionaler Bruch zwischen der alten Parteiführung und der Mitgliedschaft. Ungeachtet des hohen politischen Konsenspotentials muß jedoch die tatsächliche Bedeutung des Verbindungsapparats in der Stärkung des Milieuzusammenhangs durch technische, organisatorische und propagandistische Unterstützung gesehen werden, kurz: als Teil jenes dem kommunistischen Widerstand eigenen Anliegens, den öffentlichen Beweis dafür zu führen, daß die Partei noch »lebe«. Hermann Weber zum Beispiel illustriert dies mit den erheblichen Gegensätzen, die zwischen der emigrierten KPD-Führung und der politischen Praxis der Illegalen in der Bündnisfrage bestanden; trotzdem haben die Widerstandsgruppen – übrigens analog zur Verteilung von Schriften des Prager PV-Vorstands durch parteioppositionelle Kreise in Deutschland – die gedruckten Argumente der Exilleitung als Zeichen der Parteipräsenz nach innen und außen verbreitet.[14]

Nach Aussagen der uns zugänglichen Quellen – etwa des von Günter Plum 1975 edierten Rechenschaftsberichts einer Bezirksleitung aus dem Jahre 1934[15] – sind Bewußtsein und Praxis des kommunistischen Widerstands nicht in kausaler Weise von der Auslandsleitung, sondern von den Bedürfnissen der Illegalen selbst und den innerdeutschen Entwicklungen bestimmt worden. Dies spiegelt sich auch in den Überlieferungen von Verfolgerseite wider. Ungeachtet der beim jüngsten »Historikerstreit« freigesetzten Empörung über Ernst Noltes »kausalen Nexus« zwischen NS-Terror und Revolutionstrauma bleibt ja unbestritten, wie sehr die politische Dynamik des Nationalsozialismus durch eine irrationale Vision der angeblich vom Ausland gesteuerten jüdisch-bolschewistischen Bedrohung bestimmt gewesen ist. Trotzdem finden sich in den Anklage- und Urteilsschriften gegen kommunistische Illegale keine Sentenzen, die diese »Anleitungstheorie« durch Ermittlungsergebnisse der Gestapo in einer für das Regime durchaus willkommenen Weise belegen würden. Die damaligen Erkenntnisse beschränkten sich vielmehr auf allgemeine Formeln, etwa: »Die kommunistische Partei erstrebt, wie allgemein bekannt ist, die Errichtung einer Arbeiter- und Bauerndiktatur nach sowjetrussischem Muster. Da die für die Änderung der Verfassung erforderliche Mehrheit nach der Entwicklung der politischen Verhältnisse unerreichbar erschien, hat die kommunistische Partei schon vor der nationalen Erhebung den bewaffneten Aufstand vorbereitet, um mit Gewalt ihr Ziel zu erreichen. Als im Frühjahr 1933 die Partei und ihre Nebenorganisationen zerschlagen waren, wurden sofort mit Unterstützung des Auslandes, insbesondere der kommunistischen Partei-Zentrale und der Emigranten der Versuch gemacht, die Organisation wieder aufzubauen, die früheren Genossen zu sammeln und neue zu werben... Zu diesem Zwecke wurden und werden insbesondere auch Hetz- und Greuelpropagandaschriften verbreitet, die zum Teil im Druck- und Abziehverfahren im Inlande hergestellt, zum Teil auch aus dem Auslande eingeführt werden.«[16] In einem Urteil des Volksgerichtshofs von 1937 gegen Rembte, Stamm, Maddalena u. a., also gegen Mitglieder der kommunistischen Inlandsleitung, wird zwar die enge Verbindung der Angeklagten zum Politbüro in Prag und Paris strafverschärfend hervorgehoben: »Denn erst und nur durch diese Verbindung wurde die illegale Arbeit (d.h. zunächst Auf- oder Ausbau der Organisation) in Beginn und Fortsetzung ermöglicht.« Im gleichen Atemzug aber reduziert der VGH diese Förderung auf drei uns wohlbekannte Faktoren der technischen Kooperation: die Berichterstattung über die Lage in Deutschland, die Verbreitung von Propagandaschriften und die Finanzierung von illegalen Funktionären. Diese Tätigkeiten der Angeklagten sind zeitweise erfolgreich; dagegen scheitert der im Urteil erwähnte Versuch, die Direktiven des Politbüros zur Frage der Einheits- und Gewerkschaftspolitik in die Praxis des kommunistischen Widerstands einzubringen.[17]

Die Exilleitung konnte de facto nur so lange am innerdeutschen Widerstand partizipieren, wie sie sich spontanen Verhaltensformen des Untergrunds durch materielle und personelle Unterstützung anschloß. Dies zeigt in weitaus deutlicherer Art auch das Geschehen nach dem Zusammenbruch der »offensiven« Phase: Der organisationspolitische Teil der sogenannten Brüsseler Beschlüsse von 1935 hatte den Zwängen der Situation in Deutschland entsprochen und die bereits fortschreitende Rücknahme der illegalen Arbeit auf die Aufrechterhaltung des Milieuzusammenhangs nur noch sanktioniert. Die Handlungsanweisungen für eine neue Taktik des »trojanischen Pferdes« fanden in der Realität des kommunistischen Widerstands bezeichnenderweise keinen Niederschlag; ebenso blieb die Volksfrontlinie auf Organisationsansätze im Exil beschränkt. Auch als es der Moskauer KPD-Führung nach langwierigen Vorbereitungen gelang, 1942/43 eine Art Inlandsleitung in Zusammenwirken mit einzelnen, durch den Kriegsbeginn reaktivierten Parteikadern und autonom entstandenen Widerstandskreisen zu errichten, erwies es sich, daß die politischen Maximen des Zentralkomitees vor allem hinsichtlich der künftigen »nationalen Frage« bei den Illegalen im Lande nicht mehr vermittelbar waren.[18]

Der Kanon von der angeblichen Leitung des kommunistischen Widerstands durch das ZK im Exil, der für die frühen Jahre durch äußere Handlungsabläufe auf den ersten Blick plausibel erscheint, bedient sich in Wahrheit eines argumentativen Kunstgriffs. Er ist ebenso wie der Fehlschluß »post hoc, ergo propter hoc« charakteristisch für die parteiamtliche Historiographie: aus der zeitweisen oder partiellen Identität von Verhaltensweisen und Interessen verschiedener Personen oder Gruppen wird die Steuerung der einen durch die anderen abgeleitet, ohne daß hierfür noch Beweise erbracht oder als notwendig angesehen werden.

Eine zusammenfassende These, die auch den scheinbaren Widerspruch zwischen sozialdemokratischer und kommunistischer »Anleitungs«-Praxis auflöst, könnte lauten:

1.) Exil und innerdeutschen Widerstand verbindet ein subsidiäres Verhältnis. Die jeweilige illegale Partei bediente sich der materiellen und organisatorischen Unterstützung durch ihre Auslandsvertretung, wobei Widerstandsformen und -inhalte von außen her nicht voluntaristisch zu bestimmen waren. Die Führungsgruppen im Exil bedurften

ihrerseits der Legitimation durch den Nachweis von Verbindungen zum Widerstand als zentrales Argument in ihren Bemühungen um Anerkennung, Einfluß und Förderung im Ausland.
2.) Widerstand und Exil waren trotz zeitweise enger subsidiärer Beziehungen autonome Handlungsebenen sui generis. Sie wurden im Verlauf ihres Bestehens mit zunehmender Deutlichkeit durch selbständige Interessen, Kampfformen, Bewußtseinslagen und politisch-intellektuelle Leistungen gekennzeichnet.

Aus diesen Prämissen sind – falls sie so zumindest im Großen zutreffen – eine Anzahl von Konsequenzen abzuleiten für die Beurteilung des erreichten Forschungsstands, für die künftigen Fragestellungen der Wissenschaft und die historische Einordnung des Gesamtphänomens Exil. Daß damit gewisse methodologische Reduktionen an der Forderung vorgenommen werden müssen, Exil und innerdeutschen Widerstand als funktionale Einheit zu betrachten, dürfte auch für jene Historiker akzeptabel sein, die dieses Postulat zugunsten eines lange vernachlässigten Kapitels deutscher Zeitgeschichte formuliert haben.[19] Die historisch relevanten Wirkungen des »Widerstands von außen« sollten allerdings künftig weniger in jenen Tätigkeitsbereichen des politischen Exils gesucht werden, die sich einem primär organisationsgeschichtlichen Forschungsinteresse anbieten. Dieses Erkenntnisfeld ist in den vergangenen zwanzig Jahren im Sinne und als Ergebnis der von Helmut Müssener seinerzeit propagierten »Grundforschung« mit einer Vielzahl von gruppen- und länderspezifischen Untersuchungen belegt worden. Ihnen kommt als unverzichtbare Basis weiterer Fragestellung größtes Verdienst zu, und das so gesicherte Wissen von Kämpfen und Opfern insbesondere der deutschen Arbeiterbewegung ist nicht zuletzt Teil jener Gegenleistung, die innerhalb einer politisch-moralischen Kultur durch Erinnerung zu erbringen ist. Derartige Studien werden auch in Zukunft fortzusetzen sein, obwohl seit geraumer Zeit offenbar ist, daß die organisatorischen und ideologischen Grundmuster des politischen Exils nach 1933 in den zu untersuchenden Asylländern letztlich nur marginale, wenn auch regionalgeschichtlich höchst interessante Variationen aufweisen; dies gilt in gleicher Weise für die Erfolglosigkeit der Versuche, kollektiv auf die Deutschlandpolitik der Aufnahmestaaten einzuwirken.

Ich möchte zwei Schwerpunkte historischen Nachdenkens über das Exil nennen, die mir für weitere Forschungen und eine notwendige Einordnung in größere Zusammenhänge deutscher Zeitgeschichte besonders geeignet erscheinen:

1.) Die Emigration vereinigte einen aktivistischen Teil jener deutschen Minderheit, die als Befürworter der demokratischen Republik 1933 eine Niederlage katastrophalen Ausmaßes erlitten hatte. Das Exil war darüber hinaus aber auch Artikulationsforum für all die politisch-weltanschaulichen Richtungen, Schulen und Literaturen, die aus der Zwischenkultur der ersten deutschen Republik entstanden waren und als Nutznießer oder prinzipielle Kritiker seiner Schwächen selbst zur Auflösung des demokratischen Systems beigetragen hatten. Ihre Unterdrückung in Deutschland war nach 1933 zunächst »nur« terroristischer und administrativer, also auch scheinbar vorübergehender Natur. Die permanente Emigration, d.h. das Versiegen ihrer auf Deutschland bezogenen Kreativität im Exil und die näheren Umstände einer solchen Verkümmerung sind jedoch Indikatoren für ihre wesenhafte Verknüpfung mit einem nicht wiederherstellbaren Milieu. So ist die intellektuell und biographisch faszinierende Landschaft der Vorkriegs-Emigration in der Tat ein interessantes Feld organisations- und ideengeschichtlicher Archäologie und unverzichtbar für den Historiker, der spezifisch Weimarer Politik- und Kulturformen und vormoderne Residuen der deutschen Gesellschaft in eine Zeit hinein verfolgen will, in der ihre endgültige Zerschlagung durch den Nationalsozialismus in Deutschland schon vollzogen war.

2.) Das Exil ist, anders als die ihm politisch oder kulturell verwandten Gruppierungen im Dritten Reich, in intensiver Verbindung zu internationalen Entwicklungen geblieben. Ein Teil des Exils hat die so ermöglichten politischen und kulturellen Lernprozesse in seine auf Deutschland gerichteten Theorien und Handlungsweisen einbezogen. Ausgangspunkt, wenn nicht Voraussetzung dieses Prozesses war vor allem die Zerstörung des nach 1933 entstandenen Traditionsmilieus der Emigration durch die deutsche Eroberung des Kontinents und die nachfolgende politische Akkulturation der überlebenden Eliten in angelsächsischen und skandinavischen Aufnahmeländern. Fünf wesentliche Elemente westdeutscher Nachkriegsentwicklung finden sich in den Planungsarbeiten dieser Kriegsjahre, die ich als post-antifaschistische Periode des politischen Exils bezeichnet habe:[20]
– die sozialdemokratische Volkspartei, deren weltanschauliche und gesellschaftliche Bandbreite groß genug sein sollte, um sozialistische und bürgerliche Demokraten unter einer konkreten politischen Zielsetzung zu vereinigen;
– die autonome Einheitsgewerkschaft zur Vertretung der ökonomischen Interessen der Lohnabhängigen auf wirtschaftspolitischer Ebene und mit wirtschaftspolitischen Mitteln;
– die Voraussetzung eines positiven politischen Fundamentalkonsenses in Parteien und Bevölkerung als Grundlage einer lebensfähigen Republik nach Hitler; damit verbunden
– die Absage an ein Klassenbündnis oder eine politische Aktionseinheit mit einer leninistischen Grundsätzen folgenden Kommunistischen Partei; und schließlich
– die politische, wirtschaftliche und kulturelle Orientierung des künftigen Deutschland nach Westeuropa hin.

Zur gleichen Zeit vollzog die KPD ihre Abkehr von Tendenzen in Richtung eines unabhängigen Wegs zum Sozialismus. Die in den Freien Deutschen Bewegungen des Exils praktizierte Blockpolitik mit bürgerlichen Gruppen und Persönlichkeiten unter Gleichschaltung oder Ausschluß des sozialdemokratischen und sozialistischen Elements nahm das Charakteristikum der kommunistischen Strategie nach 1945 vorweg. Das Scheitern des Widerstands war dabei eine der Motivationen für die Durchsetzung der »Klassenhegemonie« im östlichen Teil Deutschlands. Angesichts sehr zahlreicher personeller Kontinuitäten auch auf hoher Politik- und Parteiebene sollte der mögliche Wirkungszusammenhang zwischen den Konzeptionen der Jahre 1942 bis 1945 und der deutschen Nachkriegsgeschichte Gegenstand weiterer Studien sein. Immerhin kann jetzt schon festgestellt werden, daß innerhalb der sozialdemokratischen Bewegung die Rückkehrer aus dem Exil eine Mehrheit vorgefunden haben, deren Erfahrungen aus zwölf Jahren NS-Diktatur mit den Lernprozessen der Emigranten auf lange Sicht kompatibel gewesen sind. Das Zusammentreffen von zwei in ihren äußeren Abläufen so unterschiedlichen Entwicklungssträngen, bei dem die Frage nach gegenseitiger Einflußnahme und Anleitung gar nicht erst gestellt werden kann, führt auch zurück zum Ausgangspunkt unserer Überlegungen.

Text eines Referats, das der Verfasser im Rahmen der internationalen Forschungskonferenz »Exil in Norwegen« im März 1987 in Oslo gehalten hat. Der Beitrag wird in norwegischer Sprache im Jahrbuch 1987 von Arbeiderbevegelsens Arkiv og Bibliotek erscheinen.

1 Horst Laschitza und Siegfried Vietzke: *Deutschland und die deutsche Arbeiterbewegung 1933–1945*, Berlin 1964, S. 53, 58. Die Leitungsthese hat alle zwischenzeitlichen Revisionen in der kommunistischen Parteigeschichtsschreibung unbeschadet überdauert. — 2 *Meyers Enzyklopädisches Lexikon*, Bd. 14, Mannheim 1975. — 3 Vgl. Bericht über die deutsche sozialdemokratische Arbeit, Bundesarchiv Koblenz (BA), R 58/494–2, Bl. 28–58. — 4 Jan Foitzik: *Zwischen den Fronten. Zur Politik, Organisation und Funktion linker politischer Kleinorganisationen im Widerstand 1933 bis 1939/40 unter besonderer Berücksichtigung des Exils*, Bonn 1986. Vgl. hierzu Richard Löwenthal: »Vom Wert eines ›hoffnungslosen‹ Kampfes«, in: *Die Zeit*, Nr. 1, 26. Dez. 1986. — 5 Königstein/Ts. 1982. — 6 Lewis J. Edinger: *German Exile Politics. The Social Democratic Executive Committee in the Nazi Era*, Berkeley, Los Angeles 1956, S. 248, 251f. Vgl. dagegen die immer noch lesenswerte Untersuchung von Erich Matthias: *Sozialdemokratie und Nation. Zur Ideengeschichte der sozialdemokratischen Emigration 1933–1938*, Stuttgart 1952, die in organisationsgeschichtlicher Hinsicht von wirklichkeitsnahen Befunden ausgeht und mit ihrer Fragestellung auf die historische Relevanz des Exils abzielt. — 7 So z.B. Beatrix Herlemann, a.a.O. — 8 Vgl. hierzu Günter Plum: »Volksfront, Konzentration und Mandatsfrage. Ein Beitrag zur Geschichte der SPD im Exil 1933–1939«, in: *Vierteljahrshefte für Zeitgeschichte* (18), H. 4, Okt. 1970, insbes. S. 419ff.; Werner Röder: »Emigration und innerdeutscher Widerstand. Zum Problem der politischen Legitimation des Exils«, in: Forschungsinstitut der Friedrich-Ebert-Stiftung (Hg.): *Widerstand, Verfolgung und Emigration*, Bonn – Bad Godesberg 1967; ders.: *Die deutschen sozialistischen Exilgruppen in Großbritannien 1940–1945. Ein Beitrag zur Geschichte des Widerstandes gegen den Nationalsozialismus*, 2. Aufl., Bonn – Bad Godesberg 1973, S. 29–35. — 9 Um die neue Führung der Sozialdemokratie. Institut für Zeitgeschichte-Archiv (IfZ-Archiv) Fb 208, Bl. 67–79. — 10 Vgl. u.a. Drei Jahre Sopade-Arbeit, BA R 58/494–2, Bl. 185–203, insbes. S. 2f. — 11 Tim Mason: »Der antifaschistische Widerstand der Arbeiterbewegung im Spiegel der SED-Historiographie«, in: *Argument* (9), Nr. 43/1967, S. 149. — 12 Allen spricht in bezug auf die Geschichte des Widerstands zu Recht von der »Möglichkeit..., daß

wir bisher das Thema von einem falschen Punkt aus betrachtet und deshalb die falschen Fragen gestellt haben... Fragen der Organisation, der Politik und der sichtbaren Tätigkeit« sollten in der Forschung eher als untergeordnete Elemente in Erscheinung treten. William S. Allen in: Jürgen Schmädeke und Peter Steinbach (Hg.): *Der Widerstand gegen den Nationalsozialismus. Die deutsche Gesellschaft und der Widerstand gegen Hitler*, München-Zürich 1985, S. 850. — **13** Zum Beispiel Martin Broszat u. a. (Hg.): *Bayern in der NS-Zeit, Studien und Dokumentationen in sechs Bänden*, München 1977–1983; Detlev Peukert: *Die KPD im Widerstand. Verfolgung und Untergrundarbeit an Rhein und Ruhr 1933 bis 1945*, Wuppertal 1980; Inge Marßolek und René Ott: *Bremen im Dritten Reich. Anpassung, Widerstand, Verfolgung*, Bremen 1986. — **14** Vgl. Hermann Weber in: Schmädeke und Steinbach: *Widerstand gegen den Nationalsozialismus*, S. 80. — **15** Günter Plum: »Die KPD in der Illegalität. Rechenschaftsbericht einer Bezirksleitung aus dem Jahr 1934«, in: *Vierteljahrshefte für Zeitgeschichte* (23), H. 2/1975, S. 219–235. — **16** Urteil des OLG Hamm gegen Otto Hertel u.a. vom 8. März 1935, IfZ-Archiv Fa 117/142. — **17** Urteil vom 4. Juni 1937, IfZ-Archiv Fa 117/25. — **18** Vgl. Beatrix Herlemann: *Auf verlorenem Posten. Kommunistischer Widerstand im 2. Weltkrieg. Die Knöchel-Organisation*, Bonn 1986. — **19** So zum Beispiel *Biographisches Handbuch der deutschsprachigen Emigration nach 1933*, Bd. I, München, New York, London, Paris 1980, Einleitung S. XIII. — **20** S. Werner Röder: »Emigration nach 1933«, in: Martin Broszat und Horst Möller (Hg.): *Das Dritte Reich*, 2. Aufl., München 1986, S. 243 ff.

Helmut F. Pfanner

Eine spröde Geliebte
New York aus der Sicht deutscher und österreichischer Exilanten

Die Vereinigten Staaten sind von jeher ein Land von Einwanderern gewesen.[1] Bis zu diesem Jahrhundert hatte es sich dabei gewöhnlich um Angehörige der unteren Gesellschaftsschichten gehandelt, die nach ihrer Ankunft so schnell wie möglich im großen Schmelztiegel der Nationen verschwinden wollten. Insofern ihnen dazu die großen Städte des Ostens keine Gelegenheit boten, konnten sie sich an der Besiedlung des weiten Kontinents beteiligen, die sich bis in die ersten Jahrzehnte dieses Jahrhunderts hinein erstreckte. Zu eigentlichen Einreisebeschränkungen kam es erstmals im Jahre 1882, als man von Neueinwanderern den Nachweis verlangte, daß sie nicht dem Staate zur Last fallen würden. Eine zusätzliche Beschränkung erfolgte 1917 durch ein generelles Einwanderungsverbot für Mitglieder irgendwelcher revolutionärer Gruppen. Das heute noch bestehende Quotensystem ist erst im Jahre 1924 in Kraft getreten. Breitere Auswirkungen aller diesbezüglichen Gesetze gab es jedoch erst nach dem Ausbruch der Großen Wirtschaftkrise, als im Jahre 1930 vom damaligen Präsidenten Edgar Hoover die amerikanischen Konsulate in Europa angewiesen wurden, bei der Erteilung von Visen die Gesetze einschließlich der öffentlichen Lastklausel strengstens zu befolgen.

Der Exilantenstrom aus dem Dritten Reich stieß somit auf die denkbar ungünstigsten Bedingungen in jenem Lande, auf das viele Gefährdete in Europa ihre Hoffnung, ja in vielen Fällen ihre einzige Hoffnung, richteten. Wenn es nach Hitlers Machtübernahme im Jahre 1933 auch nur wenige Weitsichtige gab, die gleich das volle Ausmaß dieser Katastrophe überblickten, so waren unter den jüdischen Flüchtlingen doch viele, die ihre Ausreise aus Deutschland als einen endgültigen Bruch mit ihrer Heimat betrachteten. Sie wollten sich in keinen anderen europäischen Ländern niederlassen, in denen ebenfalls eine weitverbreitete antisemitische Gesinnung herrschte. Als fünf Jahre später mit der Annexion Österreichs ein zweiter Flüchtlingsstrom einsetzte, der durch Hitlers rasche Besetzung mehrerer anderer europäischer Länder und den Ausbruch des Zweiten Weltkrieges intensiviert wurde, waren die Vereinigten Staaten eines der wenigen Länder, das den deutschsprachigen Exilanten noch offen stand. New York war für die meisten, denen trotz Visabeschränkungen, hoher Kosten und auch bürokratischer Hindernisse auf dem Fluchtweg durch Europa die Überquerung des Atlantiks geglückt ist[2], der Hafen, in dem sie das amerikanische Festland betreten haben.

Nicht nur waren die Bedingungen der Exilanten aus dem Dritten Reich im Vergleich zu denen früherer Einwanderer in die USA völlig neue, sondern es handelte sich auch um eine ganz andere gesellschaftliche Gruppe. Zum Großteil waren es Intellektuelle, die in ihrer Heimat ein großes öffentliches Ansehen genossen hatten und die auch im Exil soweit wie möglich an ihren beruflichen und gesellschaftlichen Traditionen festhalten wollten. In den Vereinigten Staaten kamen damals für sie eigentlich nur die zwei größten kulturellen Zentren in Frage, nämlich die weitere und in mancher Hinsicht auch die Städte Philadelphia und Boston miteinschließende Gegend von New York an der Ostküste und der Großraum von Los Angeles in Südkalifornien. Manche Exilanten haben während ihres Aufenthaltes in Amerika öfters zwischen New York und Los Angeles hin- und hergewechselt; viele sind, von kürzeren Ausflügen abgesehen, aus New York nie weggekommen. Durch die starke Konzentration von Exilanten in der amerikanischen Metropole an der Ostküste konnten die Flüchtlinge aus Europa auch eine gewisse heimatliche Atmosphäre schaffen. Tatsächlich gab es während der dreißiger und vierziger Jahre einige deutschsprachige Enklaven in New York, in denen man fast ohne Umgang mit gebürtigen Amerikanern leben konnte. Die damals noch größte Stadt der Welt hatte auch ein kulturelles Angebot, das den früheren Bürgern von Berlin oder Wien einen gewissen Ersatz für das Verlorengegangene bedeuten konnte.

Eine rechte Vorstellung vom Leben in den Vereinigten Staaten haben allerdings nur die wenigsten Flüchtlinge des Dritten Reiches mitgebracht. Ihre fehlerhaften Kenntnisse stützten sich auf die Lektüre von unrealistischer Literatur wie den Büchern von Karl May und Hollywood-Filme, wonach Amerika hauptsächlich von Indianern und Gangstern, Missionaren und Cowboys bewohnt wurde und wo es außer Wolkenkratzern und Wüsten keinerlei Landschaft gab.[3] Als sie nun tatsächlich nach einer langen und beschwerlichen Flucht durch Europa, gewöhnlich und vor allem gegen Ende der hier behandelten Periode von Lissabon aus, die Atlantiküberquerung unternahmen, erschien ihnen die Fahrt wie eine Reise auf einen anderen Planeten. Ähnlich wie der Jäger Gracchus in der gleichbetitelten Erzählung von Franz Kafka ist manchem die lange Seereise in ein unbekanntes Land wie der Verlust der eigenen Existenz erschienen.[4] Dabei hat sich aber neben die negative Seite dieses Gefühls auch die Hoffnung auf ein neues Leben und die mögliche Erwartung einer neuen Heimat gesellt.

Die unbestimmten Gefühle der Exilanten erreichten jeweils ihren Höhepunkt, wenn sie nach mehreren Tagen einer vor allem nach Ausbruch des Krieges nicht ungefährlichen Atlantiküberquerung am westlichen Horizont die Wolkenkratzertürme von Manhattan auftauchen sahen. Einerseits erschien ihnen dieser Anblick so furchterweckend und fremd von allem, was sie je in ihrer Heimat erlebt hatten, andererseits aber flößte ihnen die Größe und Wuchtigkeit der New Yorker Horizontlinie auch das Vertrauen ein in die Stärke des Landes, das sie betreten würden und das Hitlers Angriffsbestrebungen eine unüberwindbare Grenze entgegensetzte. Neben der Wolkenkratzerfront erblickten sie auch die Freiheitsstatue, deren symbolische Bedeutung sie so verstanden, daß sie fortan zwar nicht von allen täglichen Sorgen, aber doch wenigstens von der nationalsozialistischen Verfolgung gesichert wären. Kommunistische Kritiker des kapitalistischen Systems, die es auf ihrer Flucht von Europa nach Mexiko ebenfalls nach New York verschlagen hat, haben allerdings einen ironischen Zusammenhang zwischen der Freiheitsstatue und den als Sitz der Banken bekannten Wolkenkratzern von Manhattan gesehen.[5] Insgesamt überwiegt aber in den Darstellungen der Exilanten die positive Reaktion auf den ersten Anblick von New York, und mehrere ihrer Werke haben sie als eine Art Huldigung an die Freiheitsstatue geschrieben.[6]

Viele Exilanten mußten allerdings bei ihrer Ankunft in New York noch an Bord des Schiffes eine harte Prüfung über sich ergehen lassen. Diese bestand in der Untersuchung ihrer Einreisedokumente einschließlich ihrer finanziellen Mittel und der Garantie, dem amerikanischen Staat nicht zur Last zu fallen, wozu auch ein gewisser Mindestgeldbetrag zum Überleben nach dem Verlassen des Schiffes gehörte. Bei jenen Einreisenden, deren Status von den amerikanischen Behörden nicht völlig geklärt werden konnte, kam es zur Internierung auf Ellis Island, der kleinen Insel im Hafen von New York, die vielen europäischen Flüchtlingen wie ein Gefängnis erschienen ist. Exilanten, die wegen ihrer politischen Gesinnung hier festgehalten wurden, haben sich später bitter über diese Erfahrung geäußert, auch wenn sie wegen einer neuen Regelung, wonach Bürger feindlicher Staaten Amerika nicht mehr verlassen durften, schließlich doch Fuß aufs Festland setzen durften.[7] Anderen hat die Internierung auf Ellis Island zwar eine unangenehme Erinnerung hinterlassen, aber sie haben letztlich doch der positiven Seite ihrer Rettung aus Hitlers Händen den Vorrang eingeräumt.

Von mehreren Exilanten wird berichtet, daß sie trotz gesetzlich nicht völlig geklärter Einreise die Einsicht der sie prüfenden Beamten erlebten und solcherart ohne den Umweg über Ellis Island an Land gehen durften. Hertha Pauli z.B. gelang es, vom Schiff aus den mit ihr befreundeten österreichischen Linkssozialisten Joseph Buttinger auf dem Landedock zu erspähen, der für sie bestätigen konnte, daß ihr Name auf jener Liste von Neuankömmlingen stand, die über keine eigenen Geldmittel verfügen mußten, weil sie von einer amerikanischen Gewerkschaft unterstützt wurden.[8] Wolfgang zu Putlitz, ein ehemaliger deutscher Diplomat aus der Weimarer Zeit, berichtet, wie der amerikanische Einwanderungsbeamte auf eigene Faust die Dauer seines Besuchervisums verlängert hat, um ihm bei seinem späteren Versuch, sein Einreisevisum in ein Einwanderungsvisum umzuwandeln, behilflich zu sein.[9] Der österreichische Arzt und Schriftsteller Richard

Berczeller machte die Erfahrung, daß ihm der Einreisebeamte nicht nur ein billiges Hotel für die erste Nacht in New York empfahl, sondern ihm außerdem noch etwas Geld schenkte, um mit einem Taxi hinfahren zu können.[10] Und in dem autobiographischen Roman *Keine Zeit für Tränen* von Claudia Martell erfährt der Leser, wie die Protagonistin dem Beamten ein paar amerikanische Geldnoten zeigte, die ihr ein mitreisender amerikanischer Geschäftsmann zu diesem Zweck geliehen hatte, um solcherart den Einreisebeamten von ihrer Finanzkräftigkeit zu überzeugen.[11]

In der Begegnung mit den amerikanischen Einreisebehörden kommt allerdings auch schon jene andere Seite der Erfahrung der Exilanten im fremden Gastland zum Ausdruck, die manchmal zu peinlichen Mißverständnissen führte. So wird von einigen berichtet, daß es den amerikanischen Beamten schwer gefallen sei zu verstehen, warum manche Flüchtlinge ohne jedes Gepäck auf einen neuen Kontinent gereist waren.[12] Oder wenn ein Exilant aus seiner wohlbegründeten Furcht vor Uniformen sich in gebückter Haltung vor einen Beamten gestellt hat, so konnte es vorkommen, daß dieser eine körperliche Mißbildung vermutete, die ebenfalls unter die Einreisebeschränkungen gefallen wäre.[13]

Andere Mißverständnisse waren rein kulturspezifischer Art. So berichtet z. B. der Schauspieler Fritz Kortner, daß er den Beamten, der ihn wegen seiner im Paß verzeichneten jüdischen Abstammung auf jiddisch ansprach, enttäuschen mußte, weil er als deutschsprechender Jude die Frage seines Religionsbruders aus Brooklyn nicht verstanden hatte.[14] Infolge ihrer sprachlichen und kulturellen Unkenntnis haben manche Flüchtlinge auch einfache amerikanische Redewendungen, die von den Einreisebeamten achtlos ausgesprochen wurden, z. B. »You are welcome« als Antwort auf eine Dankesbezeichnung, ganz wörtlich genommen.[15] Mit völligem Mißverständnis der Bedeutung eines Wortes las der Dirigent Bruno Walter die Reklame einer Reifenfirma am Ufer von New York, »U.S. Tires«, fälschlicherweise als eine schlechte Vorhersage des müdemachenden Lebens, das ihn in Amerika erwarten würde.[16] Und die typischen Floskeln von amerikanischen Journalisten, die sich den bekannteren unter den deutschsprechenden Intellektuellen schon im Hafen von New York aufdrängten mit ihren Fragen »Wie gefällt es Ihnen in Amerika?« und »Wie lange, glauben Sie, daß sie hierbleiben werden?«, sind bei den Flüchtlingen auf wenig Verständnis gestoßen.[17]

Daß sich die Exilanten wie in einem Traum gefühlt haben, wenn sie nach all den Schwierigkeiten ihrer Flucht endlich durch die Straßen von Manhattan wandelten, kann sich auch der heutige Amerikabesucher noch vorstellen. Plötzlich fand man sich inmitten der von der Politik der europäischen Staaten fast unberührt gebliebenen Geschäftigkeit der amerikanischen Weltstadt, in der man sich nicht mehr vor Gestapo-Beamten oder feindlichen Flugzeugen zu fürchten brauchte; und in allen Schaufenstern sah man den großen Überfluß von Konsumgütern, für die Tag und Nacht mit heller Lichtreklame geworben wurde. Der Gesamteindruck von New York muß den meisten als völlig unwirklich erschienen sein, und mehrere haben berichtet, daß ihnen der erste Tag in der fremden Stadt wie ein Leben in einer anderen Welt vorgekommen sei.[18] Diese Gefühle waren prinzipiell nicht verschieden bei jenen Exilanten, die bei ihrer Ankunft sofort von Freunden oder Verwandten empfangen wurden, und bei jenen anderen, die nun ganz auf sich gestellt waren und somit nach einer Nacht in einem billigen Hotel die Frage ihres fortgesetzten Unterhalts lösen mußten.

Ohne die tatkräftige Unterstützung der Flüchtlinge durch eine oder mehrere Hilfsorganisationen wäre ihr Überleben in Amerika kaum möglich gewesen. Da viele unter ihnen bereits auf ihrem Fluchtweg Kontakt mit irgendeiner amerikanischen oder internationalen Flüchtlingsorganisation gefunden hatten, ist anzunehmen, daß sie meistens schon am Tag nach ihrer Ankunft die betreffende Adresse in New York aufsuchten. Viele Hilfsorganisationen waren ohnehin zusammengeschlossen in einer Dachorganisation unter dem Namen National Coordinating Committee for Aid to German Refugees, die im Jahre 1939 ihren Aktionskreis erweitert hat und die Neubezeichnung National Refugee Service annahm. Die Hilfsorganisationen boten den Flüchtlingen nicht nur direkte finanzielle Unterstützung, sondern halfen ihnen auch bei der Arbeitsbeschaffung. Bei dem großen Zustrom von Neuankömmlingen während der ersten Kriegsjahre und den beschränkten Mitteln, die den Hilfsorganisationen zur Verfügung standen, war ein gewisser bürokratischer Aufwand erforderlich, der manche Hilfsbedürftige zu kritischen Reaktionen veranlaßte. Die meisten Exilanten haben jedoch eingesehen, daß sie der Unterstützung durch die Hilfsorganisation oft ihr Leben und häufiger noch das Überleben verdankten. Wo immer die Hilfe im persönlichen Rahmen stattfand, z.B. durch die Unterbringung der Flüchtlinge in Familien, da wurde der amerikanischen Gastfreundschaft großes Lob gespendet.

Man erinnert sich daran, daß die Ankunft der europäischen Flüchtlinge in die Zeit der Großen Wirtschaftskrise fiel, die trotz Roosevelts New Deal bis zu Amerikas Eintritt in den Zweiten Weltkrieg nicht ganz überwunden wurde. Gab es somit schon eine große Zahl von amerikanischen Arbeitslosen in vielen Berufen, so war es für einen Großteil der Flüchtlinge aus Europa fast unmöglich, in ihren vorwiegend intellektuellen Berufen in der Neuen Welt neu Fuß zu fassen. Wenn es überhaupt Arbeitsstellen gab, so waren diese zumeist schlechtbezahlte Hilfsarbeiten ohne dauerhafte Perspektive. Dies führte dazu, daß viele intellektuelle Neuankömmlinge manuelle Gelegenheitsarbeiten oder einfache Hilfsdienste leisten mußten, denen sie entweder physisch infolge mangelnden Trainings oder psychisch aus ihrer besonderen europäischen Einstellung heraus nicht gewachsen waren. Man erfährt in diesem Zusammenhang von Akademikern, die als Hausburschen arbeiteten, Schriftstellern, die Botendienste leisteten, und Juristen, die in Fabriken schwitzen mußten.

Was viele von ihnen kritisierten, ist nicht so sehr die Mühseligkeit der ungewohnten und zumeist geistig anspruchslosen Arbeiten, sondern die Notwendigkeit, irgendeinen Job wahllos annehmen zu müssen, zu dem sie keinen inneren Bezug hatten und den sie nach einiger Zeit gegen einen anderen, nicht weniger interessanten Job wieder austauschen mußten. Diese zwiespältigen Gefühle sind summiert worden von dem früheren Redakteur der *Neuen Leipziger Zeitung*, Hans Natonek, wenn er schreibt, wie er sich zuerst dagegen wehrte, irgendeine Arbeit anzunehmen, für die er keinen inneren Antrieb besaß und die ihn zu einem gewöhnlichen Jobber machte.[19] Aber konnte der völlig mittellos in Amerika einreisende Flüchtling überhaupt etwas anderes erwarten, als in den bitteren Apfel zu beißen? Seine Lage änderte sich erst, nachdem seine Autobiographie zur Veröffentlichung angenommen worden war und er es sich infolgedessen leisten konnte, die Gelegenheitsarbeit, die er gerade ausübte – das Hin- und Hertragen von Leichenteilen im Sezierlaboratorium eines New Yorker Krankenhauses – aufzugeben. Manche deutsche und österreichische Intellektuelle haben jahrelang unter ähnlich herabwürdigenden Umständen gearbeitet, z. B. der als Jurist ausgebildete Friedrich Sally Großhut und der in der Weimarer Republik gewissermaßen als Erfolgsschriftsteller bekannte Karl Jacob Hirsch.[20]

Natürlich waren die Chancen der Flüchtlinge, in New York in ihren erlernten Berufen weiterzuarbeiten, völlig unterschiedlich. Angehörige mancher akademischer Berufe hatten es verhältnismäßig leicht, eine Anstellung als Lehrer bzw. eine Professur zu erlangen. So sind vor allem Germanisten und Musikologen an mittleren und höheren Lehranstalten untergekommen. Andere Akademiker, namentlich Politologen, Historiker, Soziologen und Psychologen haben an der New School for Social Research Anstellungen gefunden, deren Graduate Faculty zu einem Großteil von aus Deutschland und Österreich geflüchteten Akademikern besetzt wurde, so daß man von einer »Universität im Exil« gesprochen hat. Auch die große New Yorker Privatuniversität, die Columbia University, hat vielen geflüchteten Akademikern Neuanstellungen und insbesondere der früheren Frankfurter Schule für Sozialforschung ein neues Heim geboten. Geflüchtete Musiker und Dirigenten hatten durchweg keine Schwierigkeiten, in Amerika in ihren Berufen weiterzuarbeiten, da das Medium ihres künstlerischen Ausdrucks keine Verständigungsschwierigkeiten machte und ihnen der hohe Ruf der europäischen Musiktraditionen vorausging.

Schwieriger wurde es aber in Berufen, zu deren Ausübung die Kenntnis der englischen Landessprache eine gewisse Rolle spielte. Obwohl der Ruf der europäischen Medizin damals noch höher war als der der amerikanischen, haben die aus Deutschland und Österreich geflüchteten Ärzte nicht immer sofort mit einer Anstellung rechnen können. Wegen der großen Zahl geflüchteter Ärzte wurden im Staate New York aus Konkurrenzgründen stufenweise verschärfte Bestimmungen erlassen, wonach die Neuankömmlinge rigorosen Prüfungen beruflicher wie auch sprachlicher Art unterzogen wurden, bevor man ihnen die Ausübung ihres Berufes gestattete.

Dennoch hatten es die Exilärzte immer noch leichter, neuen Fuß zu fassen, als Angehörige verschiedener anderer intellektueller Berufe. Schauspieler z.B. konnten sich nur in sehr beschränktem Rahmen betätigen, etwa als Darsteller von Nazitypen, wobei ihr deutscher Akzent akzeptiert wurde. Die wenigen Aufführungen von Stücken in deutscher Sprache selbst ermöglichten es auch den berühmtesten deutschsprechenden Schauspielern jener Zeit (z.B. Alfred Bassermann und Fritz Kortner) nicht, in New York eine vollzeitige Karriere zu machen. Und sogar ein so erfahrener Theatermann wie Max Reinhardt mußte wegen der ihm nicht vertrauten amerikanischen Verhältnisse mit seiner englischsprachigen Inszenierung von Werfels Stück *Die ewige Straße* einen finanziellen Mißerfolg verbuchen. Ähnlich ging es infolge des zu geringen deutschsprachigen Publikums anderen Exilregisseuren, z.B. dem Österreicher Ernst Lothar, mit ihren Versuchen, in New York Stücke in deutscher Sprache auf die Bühne zu bringen. Nur Erwin Piscator, der sich mit seinem pädagogischen Geschick besser auf die amerikanischen Bedürfnisse einzustellen vermochte, brachte es fertig, mit seinem Dramatic Workshop unter dem Dach der New School einen Beitrag zur Ausbildung einer ganzen Generation von amerikanischen Schauspielern zu leisten.

Unterschiede des künstlerischen Geschmacks erschwerten es manchen Vertretern der bildenden Künste, ihre in Europa begonnenen erfolgreichen Karrieren ohne Unterbrechung fortzusetzen. Während Max Beckmann und George Grosz sich in relativ kurzer Zeit auf die neuen amerikanischen Bedürfnisse einstellen konnten, haben andere lange erfolglos an ihren aus Europa mitgebrachten Konzeptionen festgehalten. Dem Zeichner Eric Godal z.B. fiel es erst nach einiger Zeit auf, daß die Zeitschriften, an die er seine Bleistift- und Kohleskizzen einreichte, nur farbige Bilder veröffentlichten.[21] Aus dem gleichen Grunde haben die Redakteure amerikanischer Zeitschriften die Arbeiten des deutschen Exilkarikaturisten B. F. Dolbin als angeblich »unfertig« zurückgeschickt.[22]

Die absolut schlechtesten Voraussetzungen für die berufliche Weiterarbeit im amerikanischen Gastland hatten aber die geflüchteten Juristen. Ihnen blieb gewöhnlich keine andere Wahl als die des beruflichen Umlernens bzw. des Umstiegs in eine weit unter dem Niveau ihrer Ausbildung liegende Tätigkeit. Diese Situation beschreibt ein tragikomisches Gedicht von Edward Kaufmann, in dem ein Exiljurist mit seiner Forderung nach einer Anstellung so lange von Kanzlei zu Kanzlei läuft, bis man seine Rufe nur noch über sein eigenes Grab hinwegschallen hörte.[23]

Viele deutsche und österreichische exilierte Intellektuelle haben sich in New York beruflich nur deshalb neu etablieren können, weil ihre Frauen in der Zwischenzeit für ihren täglichen Unterhalt gesorgt haben.[24] Es ist eine bekannte Tatsache, daß die Frauen finanzielle

Krisenzeiten in einer Familie zumeist besser überstehen als die Männer. Dazu kam in diesem Zusammenhang noch, daß die meisten Exilantinnen beruflich weniger spezialisiert waren als die Männer und als geübte Hausfrauen eher als diese gewillt waren, in einem Haushalt eine Anstellung anzunehmen. In manchen Fällen waren es auch die Frauen, die ihren Ehegatten ins Exil vorausgereist waren, weil die Männer zu Hause in politisch exponierten Stellungen lebten. Auf diese Art konnten sie dann vom Ausland aus ihren Männern die Flucht und den beruflichen Neuanfang erleichtern.

Die Exilliteratur selbst enthält viele Beispiele von Frauen, die ihren Männern entweder die Fortsetzung eines intellektuellen Berufs oder die Umschulung ermöglichten, indem sie selbst schlechtbezahlte Hilfsdienste und manuelle Arbeiten durchführten. Bella Fromms Roman *Die Engel weinen* ist ein Werk, dessen Protagonistin die verschiedenen Stufen des Exils ihres Mannes miterlebt: von der Vorbereitung seiner Flucht aus Deutschland bis zu seiner beruflichen Etablierung als amerikanisch geprüfter Arzt in New York, während sie selbst zuerst als Fabrikarbeiterin und dann als Haushaltsgehilfin für beide den Unterhalt bestreitet.[25] Viele exilierte Männer haben die diesbezüglichen Verdienste ihrer Frauen voll gewürdigt; für ihre Gefühle ist es bezeichnend, daß ein Gedicht von Erich Juhn, das den ironischen Titel »Das schwache Geschlecht« trägt, mit den zwei Zeilen endet:

»Wir alle wissen es gut und genau:
Das starke Geschlecht ist die heutige Frau...«[26]

Trotz der guten familiären Unterstützung, die exilierte Intellektuelle von ihren Frauen erhalten haben, kann es nicht verwundern, daß viele ihrer Ehen in die Brüche gingen. Die Umkehrung der herkömmlichen Familienstruktur, wonach gewöhnlich der Mann das Einkommen bestritten hatte, und die Unsicherheit des Exildaseins haben das harmonische Zusammenleben von Flüchtlingspaaren stark beeinträchtigt. Wie der exilierte Schriftsteller-Arzt Martin Gumpert feststellte, »können Ehen unter Revolutionen nicht andauern, und die Ehen von Exilanten werden oft nur durch die finanzielle Unmöglichkeit einer Scheidung zusammengehalten.«[27] Auch der oben zitierte Roman von Bella Fromm endet damit, daß der exilierte deutsche Arzt seine Frau, die ihn jahrelang unterstützt hat, verläßt und sich mit einer exotischen amerikanischen Tänzerin einläßt, bis er schließlich Selbstmord begeht.

Der Suizid wurde von manchen Exilanten als der folgerichtige Abschluß einer bereits mit der Flucht aus der Heimat begonnenen Infragestellung der eigenen Existenz gesehen[28]; und der Tod des deutschen Schriftstellers Ernst Toller, der am 22. Mai 1939 in New York Hand an sich legte, ist nur eines der bekannteren Beispiele für eine verhältnismäßig große Zahl von Exilantenselbstmorden, bei deren Ursachen oft persönliche Nöte mit historischem Geschehen zusammentrafen.[29]

Wenn bisher noch nicht speziell von den beruflichen Chancen der deutschen und österreichischen Exilschriftsteller in New York die Rede war, so vor allem deshalb, weil der Erfolg ihrer Arbeit nicht so direkt wie der der meisten anderen Berufe von ihrer sozialen Umwelt abhing. Dennoch haben auch sie mit großen Schwierigkeiten kämpfen müssen, da ihnen fast keine Veröffentlichungsmöglichkeiten mehr in ihrer Muttersprache geboten waren und auch das Medium ihres Ausdrucks, die lebendige deutsche Umgangssprache, in immer größere Distanz rückte. Zwar haben einige von ihnen in New York begonnen, in der neuen Landessprache Englisch zu schreiben; doch waren nur wenigen Autoren entsprechende Erfolge beschieden. Während z. B. Klaus Mann mit seinen in englischer Sprache verfaßten Werken allein seinen Unterhalt nicht hätte bestreiten können, gelang es Joseph Wechsberg, sich als Mitarbeiter der amerikanischen Literaturzeitschrift *The New Yorker* und freier Schriftsteller eine erfolgreiche neue Karriere aufzubauen.

Die Großzahl der deutschsprachigen Autoren war aber mehr oder weniger auf die Übersetzung ihrer Werke ins Englische angewiesen, wobei wiederum nur einige der schon vor ihrer Flucht im Ausland bekannten Schriftsteller wie Thomas Mann, Erich Maria Remarque und Lion Feuchtwanger in Amerika wirkliche Erfolge erzielt haben. Was für Probleme jedoch bei Übersetzungen auftraten, ist von Carl Zuckmayer in seinen »Kleinen Sprüchen aus der Sprachverbannung« zum Ausdruck gebracht worden, in denen der Refrain vorkommt:

> »Ach, welche Wohltat, daß man seinen Mann
> Noch im Stockholmer Urtext lesen kann –!«[30]

Dabei handelte es sich bei der Übersetzung von Werken der Exilanten natürlich nicht nur um sprachliche Probleme, sondern auch um kulturelle Fragen ganz allgemeiner Art. Diese hat Alfred Polgar in einer seiner Kurzgeschichten aus dem Exil behandelt, die den Titel »Sein letzter Irrtum« trägt: Ein europäischer Autor in New York schreibt immer neue Versionen eines Prosatextes, die sein amerikanischer Verleger wegen darin enthaltener kultureller Mängel zurückweist. Z. B. läßt er seinen Protagonisten den Mantel im Theater abgeben, was in Amerika nicht üblich ist. Dann wird in seiner Geschichte ein Schauspieler ausgepfiffen, obwohl man in Amerika durch Pfeifen auch seinen Applaus bekunden kann. In einer weiteren Version spült der Autor sein Manuskript die Toilette hinunter, statt es wie unter ähnlichen Umständen ein amerikanischer Autor in den offenen Kamin zu werfen. Der letzte Irrtum des europäischen Autors besteht darin, daß er bei einem weiteren Besuch bei seinem Verleger aus Verzweiflung aus dem Fenster springt, wobei es sich um eines der oberen Stockwerke eines der Wolkenkratzer von Manhattan handelt.[31] Wie sehr der inhaltliche Sarkasmus dieser Kurzgeschichte der Wirklichkeit vieler deutscher und österreichischer Exilautoren entsprach, ergibt sich aus einem Brief, den Oskar Jellinek aus New York an Freunde in England schrieb:

»... ich habe einen Riesenkomplex in mir, aber ich weiß, daß er nicht ›in the American way‹ ist. In the American way ist – soweit europäische Stoffe in Betracht kommen – vor allem das so furchtbar aufgewühlte Politische. Aber meine Stoffe sind nicht politisch, sind es nicht in diesem Sinne: das Politische ist darin nur vorhanden wie jede andere Erscheinungsform des Lebens. ... immer wieder drängen und stoßen die österreichischen Elemente in mir, ein Gebirgsmassiv, zu dem ich den richtigen, einschneidenden Pfad noch nicht gefunden habe – ich glaube hauptsächlich weil eine Lähmung auf mir liegt: das Bewußtsein, daß meine Gestalten zu Menschen ganz anderer Grundvoraussetzungen sprechen müßten. Zu dem entsetzlichen Unglück der Vertreibung aus der Muttersprache, dem kaum schildbaren Gefühl, daß vielleicht niemals wieder ein Satz, wie er mir aus der Sprachgnade des Augenblicks entstanden ist, zu den Menschen kommen wird, – zu der niederdrückenden Empfindung, daß meine Worte bestenfalls im Schleier eines fremden Tonfalles und Lastgefüges ans Licht gelangen werden, kommt noch das Gefühl der Entwertung der mir eingeborenen Stoffe. ... freilich werde ich mich nicht aus meinem Bergwerk vertreiben lassen, das mit meiner Frau und mit meiner Familie jetzt mein einziges Vaterland ist, aber ich muß gewärtigen, daß das Erz, das ich vielleicht noch werde fördern dürfen, in diesem prächtigen, ehrlichen Lande... keine Klangwirkung erreichen wird. So sehr diese Aussicht die Entstehung eines Werkes hemmen muß, so wenig wird es sie – so Gott es will – verhindern, aber vom Standpunkte einer noch erlebbaren Einwirkung auf die Gemüter der Menschen, vom Standpunkte eines Daseinserfolges muß ich mich auf Verdikte gefaßt machen, die etwa lauten mögen: Dear Dr. Jellinek, we enjoyed your excellent and very interesting book – but we are sorry: that's not in the American way. We don't doubt that you will not hesitate to try us again. Very truly yours... «[32]

Viele deutsche und österreichische Exilanten, die trotz der widrigen Umstände ihrem Schriftstellerberuf treu blieben, haben hauptsächlich in der Hoffnung auf die Veröffentlichung in ihrer Heimat nach dem Krieg geschrieben. Infolge der Bedrohung der ganzen Welt durch den Nationalsozialismus haben sich einige sehr bedeutende Autoren auch ernsthaft nach dem Sinn ihres Schreibens gefragt und vorübergehend durch politische Aufsätze und öffentliche Reden das politische Geschehen zu beeinflußen versucht. Oskar Maria Grafs Reden vor deutschamerikanischen Gruppen sind in diesem Zusammenhang zu nennen wie auch Ernst Brochs theoretische Arbeit über die Psychologie der Massen.[33] Wenn aber gerade bei den genannten Autoren letztlich doch der schöpferische Drang gesiegt hat, so spricht dies deutlich für die hohe Auffassung, die sie von ihrem Dichterberuf im Exil bewahrten.

Eines der wenigen Werke der Exilliteratur, in dem sowohl die häufigen Mißerfolge als auch die weit selteneren Erfolge der in New York lebenden deutschen und österreichischen Autoren behandelt werden, ist Grafs *Flucht ins Mittelmäßige*.[34] Der Roman handelt von einem bei einer deutschsprachigen Zeitung in New York beschäftigten Korrektor, der durch die Aufmunterung seitens seiner Exilantenfreunde sein natürliches Erzählertalent in die schriftstellerische Tat umsetzt und unter der Führung eines literarischen Agenten und mit Hilfe einer Übersetzerin eine kurze Erfolgskarriere durchmacht, aber schließlich doch an der Entstehung eines größeren Werkes scheitert. Aus Verzweiflung über seinen Mißerfolg verbrennt er das angefangene Manuskript eines utopischen Romans im offenen Kaminfeuer und verläßt Amerika, um fortan in einer deutschen Großstadt zu leben; das ist nur deshalb möglich, weil das Romangeschehen bereits in der Nachkriegszeit spielt. Der Grund seines Versagens wird ihm kurz vor seiner fluchtartigen Abreise aus Amerika von einem seiner früheren deutschen Freunde vor Augen gehalten: »Du lebst schon zu lang als deutscher Schriftsteller in der englisch sprechenden Welt.« (546) Dieses aus soziologischer nicht weniger als aus literarischer Sicht interessante Phänomen ist auch von vielen anderen Autoren in autobiographischem Zusammenhang ausgesprochen worden, die sich selbst als »Gefangene ihrer Sprache« bezeichneten und als Schreibende auf einem »Klavier ohne Saiten« spielten.[35]

Das Problem von Sprache und Kultur, das allen in New York lebenden deutschen und österreichischen Autoren in der Ausführung ihres schöpferischen Berufes zu schaffen machte, hat sich natürlich auch im täglichen Leben der exilierten Intellektuellen bemerkbar gemacht. Englisch stellte damals noch nicht wie heute die erste Fremdsprache in den Herkunftsländern der Flüchtlinge dar. Daher taten sich vor allem die Älteren unter ihnen schwer, sich das neue linguistische Medium des täglichen Umgangs anzueignen. Viele haben die von den Hilfsorganisationen angebotenen Englischkurse mitgemacht, andere haben sich durch Selbststudium und Radiohören sowie wiederholtes Ansehen der gleichen Filme sprachlich verbessert. Trotzdem erschienen ihnen die gemachten Fortschritte oft sehr entmutigend, wie dies etwa in dem Zweizeiler eines aus Österreich stammenden Kabarettisten zum Ausdruck kam:

> »I am in a hell of a fix,
> weil i deutsch und englisch vermix.«[36]

Die nur unter Schwierigkeiten vor sich gehende sprachliche Akkulturation der Exilanten stellt das eigentliche Thema in dem von Fritz Kortner und der amerikanischen Journalistin Dorothy Thompson gemeinsam verfaßten Drama *Another Sun* dar. Im Mittelpunkt steht der fiktive, aber in der Realität in New York mehrmals verkörperte deutsche Schauspieler namens Berndt, der eine Anstellung sucht, aber wegen seines schlechten Englisch immer wieder abgewiesen wird, bis er schließlich eine Stelle als Tierimitator für eine Radiostation bekommt. Ein verlockendes Angebot, das ihm gleichzeitig der deutsche Konsul in New York macht, nämlich als gefeierter Schauspieler ins Dritte Reich zurückzukehren, weist er zurück mit der Behauptung: »Sagen Sie Ihrer Regierung – sagen Sie ihr – daß Sie mich als einen ›Meister der deutschen Sprache‹ bezeichnet haben! Einer Sprache, die zu einem Geheul geworden ist! Sagen Sie ihr, daß ich mich in eine anständige Sprache hineinbellen werde!«[37]

Während des Krieges ist die deutsche Sprache in zunehmendem Maße in der amerikanischen Öffentlichkeit in Verruf geraten. Dies stellte für viele Exilanten einen zusätzlichen Anreiz zum Erlernen der englischen Sprache ihres Gastlandes dar. Dabei haben die meisten aber nicht an der Frage vorbeikönnen, wie sie die Schande ihrer Sprache mit ihrer eigenen Herkunft in Einklang bringen konnten. In ihren Selbstrechtfertigungen kamen sie dann zu solch widersprüchlichen Erklärungen wie dem Leugnen des Deutschen als Nationalsprache, was sich am Beispiel der mehrsprachigen neutralen Schweiz aufweisen ließ, oder der Unterscheidung zwischen deutsch als Kommunikationsmittel einerseits (was sie akzeptierten) und als Ausdruck einer politischen Idee (was sie ablehnten)[38], oder daß nur noch die Exilanten das wahre Deutsch benutzten, während man sich im Dritten Reich der »Sprache der Mörder« bediente.[39]

Hin und wieder ist es zu Konfrontationen zwischen deutschsprechenden Exilanten und Amerikanern gekommen, auf die die Flüchtlinge je nach Temperament verschiedentlich reagiert haben: Während die Freundin des autobiographischen Protagonisten in einem Roman von Salamon Dembitzer sich einfach schämt, wenn sie von ihrem Freund in Gegenwart von Amerikanern auf deutsch angesprochen wird, und ihn dazu auffordert, englisch zu sprechen, erfährt man in der Autobiographie von Klaus Mann, wie seine Schwester Erika einen Amerikaner, der sie wegen ihrer deutschen Sprache beschimpfte, aufforderte, sich ebenso heftig gegen die politischen Erfolge der Nationalsozialisten in Europa zur Wehr zu setzen.[40]

Die Exilanten in New York empfanden sich natürlich nicht nur sprachlich, sondern auch in anderen kulturellen Bereichen als Fremdlinge.[41] Ihr Aussehen, das durch ihre europäischen Kleider geprägt war, und ihre Essensgewohnheiten waren von denen der Amerikaner verschieden. Dabei reagierten sie auf die neue Umwelt oft zuerst eher ablehnend und kamen erst nach Jahren kultureller Zusammenstöße zu einer gewissen Harmonie mit ihrem Gastland. Manche Dinge wie das amerikanische Verhältnis der Geschlechter und die Einstellung zum Tode einschließlich der Einbalsamierung der Leichname haben wohl viele nie ganz akzeptiert. Dagegen haben sie die weitaus lockerere Erziehung der Kinder und die Unkompliziertheit im täglichen Umgang der Amerikaner als eine Art Befreiung von ihren hergebrachten einengenden persönlichen Gewohnheiten gesehen. In politischer Hinsicht haben sich vor allem die sehr linksstehenden Flüchtlinge, z. B. Hans

Marchwitza, ihrem Gastland gegenüber sehr kritisch geäußert, etwa in bezug auf die gesellschaftliche Diskriminierung der Schwarzen und in mancher Hinsicht auch der Juden.

Die meisten Flüchtlinge des Dritten Reiches, für die New York zu einer zweiten Heimat geworden war, haben sich allmählich allerdings so weit in die amerikanische Gesellschaft eingelebt, daß sie zwar nicht alles Neue akzeptierten, aber doch die Vorteile einsahen, die ihnen das Land bot, das ihnen trotz seines starken Hanges zum politischen und gesellschaftlichen Konformismus genügend Platz für ihre eigenen kulturellen Sitten und Gewohnheiten bot. Diejenigen unter ihnen, die sich nach einiger Zeit aus der Metropole New York mit deren Konzentration von Flüchtlingen aus dem Dritten Reich in die inneren Landesteile hinauswagten, haben wahrscheinlich den Prozeß der Akkulturation am weitesten durchgeführt.

Man kann im nachhinein die Begegnung der deutschen und österreichischen Exilanten mit der Weltstadt New York entweder aus negativer Perspektive als den Verlust der Heimat und eine Anhäufung von beruflichen und gesellschaftlichen Mißerfolgen oder aus positivem Gesichtswinkel als Ausweitung der Erfahrung und Gewinn an neuen Erkenntnissen sehen. In der ersten und unmittelbaren Reaktion der Flüchtlinge war oft den Nachteilen des Lebens in der Fremde mit seinen finanziellen Problemen, bürokratischen Einschränkungen und gesellschaftlichen Erniedrigungen ein weitaus größerer Platz eingeräumt als den gleichfalls vorhandenen Chancen des Ausbruchs aus kultureller und linguistischer Enge und der Möglichkeit, zu neuer persönlicher und politischer Reife zu kommen. In analogem Verhältnis zu den Vor- und Nachteilen, die den Exilanten in New York gegeben waren, standen ihre intellektuellen Leistungen oft weit unter oder weit über ihrem eigenen Durchschnitt. Viele exilierte Schriftsteller sind verstummt oder haben Werke hinterlassen, die heute nur noch von historischem und soziologischem Interesse sein können, während andere am gleichen Ort zu einem neuen Gipfel ihres Schaffens gelangten. Unter den Autoren der letzteren Gruppe müssen sicher Namen wie Bertolt Brecht, Ernst Broch, Oskar Maria Graf, Martin Gumpert, Klaus Mann und Thomas Mann genannt werden. Für die letzteren gelten die Verse, die der Dichter-Philosoph Günther Anders während seines siebzehnjährigen Exils geschrieben hat.

>>Was uns in Fahrt bringt, macht uns erfahren,
was uns ins Weite stößt, uns weit.
Nun danken wir alles den fahrenden Jahren,
und nichts der Kinderzeit.<<[42]

Die gesellschaftliche und kulturelle Begegnung der deutschsprachigen Exilanten mit New York hatte insgesamt den Charakter einer Liebesaffäre, wie sie von Klaus Mann in der englischen Erstfassung seiner Autobiographie als Metapher für seine allmähliche Aneignung eines neuen sprachlichen Kommunikationsmittels gebraucht hat: »Wir haben unsere Familien verlassen – überdrüssig ihrer streitsüchtigen Enge. Indem wir uns um eine neue Sprache bemühen – wer weiß – vielleicht finden wir eine Geliebte.«[43]

1 Dieser Aufsatz enthält Gedanken und Beispiele, die ich zum Teil früher schon in englischer Sprache in meinem Buch *Exile in New York: German and Austrian Writers after 1933* (Detroit 1983) veröffentlicht habe. — 2 Vgl. meinen Aufsatz, »Trapped in France: A Case Study of Five German Jewish Intellectuals«, in: *Simon Wiesenthal Center Annual*, III (1986), S. 107–120. — 3 Mehrere Aufsätze zu diesem Thema enthält das Buch *Amerika in der deutschen Literatur: »Neue Welt – Nordamerika – USA«*, hg. v. Sigrid Bauschinger u. Horst Denkler, Stuttgart 1975. — 4 Vgl. z.B. Friedrich Bergammer: »Der Jäger Gracchus prophezeit einem Flüchtling«, in: *Österreichisches aus Amerika: Vers und Prosa*, hg. v. Mimi Grossberg, Wien 1973, S. 10. — 5 Vgl. Hans Marchwitza: *In Amerika*, Berlin 1961, S. 298, u. Bruno Frei: *Der Papiersäbel: Autobiographie*, Frankfurt/M. 1972, S. 234. — 6 Z.B. Margarete Kollisch: »Freiheitsstatue im Nebel«, in: M.K.: *Unverlorene Zeit: Ausgewählte Gedichte und Betrachtungen*, Wien 1971, S. 19, u. Hertha Pauli: *I Lift My Lamp: The Way of a Symbol*, New York 1948. — 7 Zu den letzteren gehörte z.B. Hans Marchwitza, der gewissermaßen gegen seinen Willen von 1941 bis 1946 in New York gelebt hat, während andere seiner kommunistischen Parteigenossen (z.B. Bruno Frei u. Anna Seghers), die vorübergehend auf Ellis Island interniert waren, ins mexikanische Exil weiterreisen konnten. — 8 *Der Riß der Zeit geht durch mein Herz: Ein Erlebnisbuch*, Wien 1970, S. 261. — 9 *Unterwegs nach Deutschland: Erinnerungen eines ehemaligen Diplomaten*, Berlin 1970, S. 288. — 10 *Die sieben Leben des Dr. B.*, München 1965, S. 268. — 11 *Keine Zeit für Tränen: Roman*, Darmstadt 1954, S. 255. — 12 Z.B. Leo Lania: *Welt im Umbruch: Biographie einer Generation*, Frankfurt/M. 1953, S. 330. — 13 Vgl. Hans Natonek: *In Search of Myself*, New York 1943, S. 16. — 14 *Aller Tage Abend*, München 1959, S. 439. — 15 Z.B. Hertha Pauli in *Riß der Zeit*, S. 262. — 16 *Thema und Variationen: Erinnerungen und Gedanken*, Stockholm 1947, S. 366. — 17 Z.B. Ludwig Berger: *Wir sind vom gleichen Stoff, aus dem die Träume sind: Summe eines Lebens*, Tübingen 1953, S. 233. — 18 Vgl. z.B. Gustav Regler: *Das Ohr des Malchus: Eine Lebensgeschichte*, Köln 1958, S. 485; ähnliche Gefühle eines unwirklichen Erlebnisses an seinem ersten Tag in New York äußert der autobiographische Protagonist in Erich Maria Remarques *Schatten im Paradies: Roman*, New York 1972, S. 13. — 19 *In Search of Myself*, S. 41 u. 244. — 20 Großhuts Erlebnisse als Fabrikarbeiter bilden den Stoff seines unveröffentlichten autobiographischen Romans »Der Schwitzkasten«, dessen Manuskript an der Bibliothek der University of New Hampshire im amerik. Bundesstaat N.H. liegt; Hirschs Erfahrungen als Gelegenheitsarbeiter in New York sind in sein autobiographisches Buch *Heimkehr zu Gott: Briefe an meinen Sohn*, München 1946, eingegangen. — 21 *Kein Talent zum Tellerwäscher: Ein turbulentes Leben, entsprechend illustriert*, Hamburg 1969, S. 116. — 22 Will Schaber: *B.F. Dolbin: Der Zeichner als Reporter*, München 1976, S. 112. — 23 »Der Schreibtisch«, in: E.K.: *Ich höre: Prosagedichte*, New York 1953, S. 50. — 24 Zu diesem Thema vgl. auch meinen Aufsatz »Die Frau im Exil: im Spiegel der deutschsprachigen Literatur in New York«, in: *Analecta Helvetica et Germanica: Eine Festschrift zu Ehren von Hermann Boeschenstein*, Bonn 1979, S. 342–359. — 25 *Die Engel weinen: Roman*, Nürnberg 1961. — 26 »Das schwache Geschlecht«, in: *Kleinkunst aus Amerika: Gedichte, Chansons, Prosa von in Amerika lebenden Autoren*, hg. v. Mimi Grossberg, Wien 1964, S. 46–47. — 27 *First Papers*, New York 1941, S. 159–160. — 28 Vgl. z.B. Günther Anders: *Die Schrift an der Wand: Tagebücher 1941–1966*, München 1967, S. 71. — 29 Eine ausführlichere Behandlung dieses Themas enthält mein Aufsatz »Der Tod im Exil: Zu Gebrauch und Verbreitung eines literarischen Motivs«, in: *Heinrich Mann Mitteilungsblatt*, Sonderheft 1981, S. 238–247. — 30 Carl Zuckmayer: *Gedichte*, Frankfurt/M. 1960, S. 181. — 31 Alfred Polgar: *Im Laufe der Zeit*, Hamburg 1954, S. 86–89. — 32 Brief

vom 25. 9. 1942 an Heinz u. Valli Shelness. — **33** Eine Veröffentlichung der bisher unveröffentlichten Reden und Essays von Oskar Maria Graf ist für das Jahr 1989 im Süddeutschen Verlag, München, vorgesehen; Brochs *Massenpsychologie: Schriften aus dem Nachlaß* stellen den Bd. 9 der im Rheinverlag (Zürich) erschienenen Werke des Autors dar. — **34** *Die Flucht ins Mittelmäßige: Ein New Yorker Roman* wird hier nicht nach der Erstausgabe (Frankfurt/M. 1957) zitiert, sondern nach der fortlaufenden Ausgabe von Grafs Werken in Einzelbänden (München 1976). — **35** Raoul Auernheimer: *Das Wirtshaus zur verlorenen Zeit: Erlebnisse und Bekenntnisse,* Wien 1948, S. 289, u. Hans Natonek: *In Search of Myself,* S. 17. — **36** Jimmy Berg, in einem Interview mit Mimi Grossberg, Tonbandaufnahme v. 11. April 1976 in New York, Dokumentationsstelle für neuere österreichische Literatur, Wien. — **37** »Another Sun«, 2. Akt, 3. Szene, MS an der Akademie der Künste, Berlin, S. 17, meine Übersetzung aus dem Englischen. — **38** Graf: *Flucht ins Mittelmäßige,* S. 196. — **39** Hermann Kesten im Gespräch mit Viktor Suchy v. 12. Januar 1970, Tonbandaufnahme der Dokumentationsstelle für neuere österreichische Literatur, Wien. — **40** Dembitzer: »Das Mädchen von Flandern: Roman einer kranken Liebe«, S. 51 u. 103, Manuskript im Leo Baeck Institut, New York; u. Klaus Mann: *Der Wendepunkt: Ein Lebensbericht,* Frankfurt/M. 1952, S. 456. — **41** Eine ausführlichere Besprechung des Kulturkonflikts deutschsprachiger Exilanten in New York enthält mein Aufsatz »Deutschsprachige Exilliteratur: Grundlage zur kontrastiven Kulturanalyse«, in: *Die Unterrichtspraxis,* 15, Nr. 2 (Herbst 1982), S. 214–223. — **42** Anders: *Die Schrift an der Wand: Tagebücher 1941–1966,* München 1967, S. 332. — **43** *The Turning Point,* New York 1942, S. 352; meine Übersetzung aus dem Englischen, die betreffende Stelle fehlt in der dt. Ausgabe des Jahres 1952 (s. Anm. 40).

Patrik von zur Mühlen

Jüdische und deutsche Identität von Lateinamerika-Emigranten

Zwei extreme Positionen sollen die Spannweite verdeutlichen, innerhalb derer das Selbstverständnis deutscher Lateinamerika-Emigranten eingeordnet werden kann: Seit seiner Ankunft in Buenos Aires habe er sich als Argentinier gefühlt und niemals an der Richtigkeit dieser Entscheidung gezweifelt, äußerte gegenüber dem Verfasser ein aus Essen stammender Herr, der sich vor kurzem aus dem Geschäftsleben in den Ruhestand zurückgezogen hat; er sei Hitler insgeheim sogar dankbar, daß er zur Emigration in seine neue Heimat gezwungen worden sei und sie nie habe bereuen müssen. Hingegen erklärte ein anderer, fast 90jähriger Geschäftsmann, der vor 1933 Richter in Karlsruhe gewesen war, er habe sich auch in Ecuador als ausgebürgerter Flüchtling stets als Deutscher gefühlt und Hitler das Recht abgesprochen, ihm sein Deutschtum wegen seiner »nichtarischen« Abstammung abzuerkennen. Für ihn bedeutete die Wiedereinbürgerung in den 1950er Jahren die Korrektur eines an ihm begangenen Unrechts.

Die Gegensätzlichkeit beider Optionen wirft für den Historiker und für den Sozialwissenschaftler eine Fülle von Fragen auf, die sich nach der Herkunft und den sozialen Bedingungen in Deutschland und im Asylland richten, nach politischen, wirtschaftlichen, kulturellen, familiären und religiösen Bindungen und anderen Faktoren, die derart unterschiedliche Entscheidungen beeinflussen und deren Untersuchung dazu beitragen kann, das Selbstverständnis und die Identität deutscher Emigranten und ihrer Nachkommen in Lateinamerika zu verstehen. Dabei ist davon auszugehen, daß annähernd vollständige und abschließende Aussagen über diese Thematik nicht gemacht werden können. Eine umfassende Feldforschung mit Fragebögen wäre nur in einem eng begrenzten Personenkreis durchzuführen und ließe diejenigen außer acht, die aufgrund von Migrationsbewegungen über ganz Lateinamerika, sogar über die ganze Welt verstreut sind. Überdies sind Akkulturationsprozesse langfristiger Natur und lassen resümierende Feststellungen erst nach Jahrzehnten, insbesondere nach einschneidenden Generationswechseln, zu. Wir werden uns im folgenden damit begnügen müssen, Tendenzen zu skizzieren, wie sie sich durch Selbstzeugnisse von Emigranten sowie durch objektiv nachweisbare Anzeichen offenbaren.

Die Zahl deutschsprachiger Emigranten, die vor politischer und rassischer Verfolgung durch das Dritte Reich nach Südamerika flohen, ist gelegentlich mit 100 000 angegeben worden[1], eine Schätzung, die aufgrund überhöhter Zahlenangaben für Argentinien und Brasilien sowie durch Doppelzählungen infolge innerlateinamerikanischer Migrationen heute übereinstimmend nach unten abgerundet wird[2]; vermutlich kommen wir mit einer geschätzten Zahl von etwa 80 000 Emigranten der Wirklichkeit näher. Etwa 94 % aller Emigranten nach Argentinien waren Juden.[3] Obwohl für Lateinamerika keine exakten Zahlen vorliegen, gibt es keine Gründe für die Annahme, daß diese Relation dort eine andere gewesen sei. Die restlichen 6 % setzten sich größtenteils aus nichtjüdischen Ehepartnern aus sogenannten Mischehen zusammen sowie zu einem geringen, aber gewichtigen Teil aus Personen, die wegen ihrer politischen, religiösen, wissenschaftlichen, künstlerischen oder sonstigen Überzeugung verfolgt wurden.

Man hat diese Unterschiede innerhalb der Emigration in die Begriffe »jüdische Massenemigration« und »politische Exilierte« zwängen wollen, was nicht nur wegen der möglichen Überschneidungen allenfalls eine vorläufige, recht ungenaue Charakterisierung gestattet. Man hat zu Recht darauf hingewiesen, daß der Begriff der »jüdischen Massenemigration« eine hochkomplexe Bevölkerungsgruppe eher verzeichne als beschreibe und die intellektuelle und soziale Differenzierung, die unterschiedliche Nähe zur jüdischen Religion und/oder Kulturtradition sowie das politische und nationale Selbstverständnis ignoriere.[4] Gerade aber diese Differenzierung ist für die Untersuchung, als was sich deutsch-jüdische Emigranten und ihre Nachkommen heute in Lateinamerika definieren, von entscheidender Bedeutung.

Nichtjüdischen, insbesondere politischen Emigranten, stellte sich die Frage in der Regel nicht. Sie fühlten sich – obgleich verfolgt und meistens ausgebürgert – als Deutsche und betrachteten ihren Aufenthalt in Lateinamerika als Exil, das sie verlassen würden, sobald das Ende der NS-Diktatur eine Rückkehr gestatten würde. Ihr Engagement in politischen Vereinigungen, Komitees oder Zirkeln sowie kulturelle Aktivitäten unterstrichen diese Haltung. Sofern sie nach dem Kriege nicht nach Deutschland zurückkehrten und gar die Staatsangehörigkeit ihres Asyllandes annahmen, bedeutete dies keinen Bruch mit ihrer alten Heimat, sondern hatte meistens praktische, berufliche oder private Gründe. Anders sah das Problem bei den jüdischen Emigranten aus. Ihnen war durch die NS-Propaganda jahrelang ihre Zugehörigkeit zum deutschen Volk abgesprochen und, soweit dies nicht schon vorher individuell geschehen war, mit der Verordnung vom 25. November 1941 kollektiv die deutsche Staatsbürgerschaft aberkannt worden.[5] Umgekehrt hatten auch jüdische Organisationen, die in den 1930er Jahren in Deutschland selbst und vom Ausland aus den Emigrationsprozeß förderten und forcierten, den Exodus von vornherein als endgültige Entscheidung angesehen; wie auch immer die Geschichte ausgehen würde, eine Rückkehr war nicht vorgesehen. Was Herbert A. Strauss für die USA-Emigration feststellt, gilt auch für Lateinamerika und für die Überseeländer insgesamt: die Flüchtlinge erlebten ihr

Schicksal nicht als Exil, sondern als Emigration, als Neubeginn.[6] Persönlich erlittene Verfolgungen und die grauenhaften Nachrichten, die während des Krieges aus Europa drangen, dürften bei den meisten den Bruch mit Deutschland – vorläufig – besiegelt haben.

Der Vergleich mit den USA bedarf aber bereits hier gewichtiger Einschränkungen. Anders als Nordamerika oder Palästina bildeten die lateinamerikanischen Länder für viele Flüchtlinge nur Emigrationsziele zweiter Wahl. Solange die Vereinigten Staaten oder die britische Mandatsverwaltung in Palästina die Grenzen schlossen oder nur sehr kleine Gruppen einreisen ließen, waren die von Verhaftung und Deportation bedrohten Juden genötigt, jede sich bietende Möglichkeit zur Emigration zu ergreifen. So konnten sie sich nicht ihre Asylländer aussuchen, sondern nur dorthin fliehen, wo sich die Chancen einer – nicht selten illegalen – Einreise boten. Die Länder der Karibik, vor allem Kuba und die Dominikanische Republik, wurden ganz offen als »Wartesäle« für die USA betrachtet. Ähnliches kann für die damals wenig entwickelten Länder Ecuador, Bolivien oder Paraguay gesagt werden. Als nach dem Kriege die Einreisebeschränkungen in den meisten Ländern aufgehoben wurden, setzte eine Wanderungsbewegung ein, in deren Verlauf zahlreiche Emigranten nach Nordamerika, nach Palästina/Israel oder in die stärker entwickelten Länder Argentinien, Uruguay, Chile und (Süd-)Brasilien weiterzogen.

Ein Land, in dem man sich unfreiwillig niederläßt, ist wenig dazu angetan, als Heimat betrachtet zu werden. Wenn wir daher die südlichen, relativ entwickelten Staaten Lateinamerikas, in die es gleichwohl eine freiwillige und beabsichtigte Emigration gegeben hatte, partiell ausklammern, so wurde das Asyl auf diesem Kontinent weithin als Provisorium betrachtet. Die 1940 von Emigranten in Buenos Aires gegründete *Jüdische Wochenschau* betrachtete nicht die Integration der Juden in die Gesellschaft der Aufnahmeländer als wichtigste Frage, sondern die Lösung des »Wanderungsproblems«, konkreter: die Gründung eines jüdischen Staates, in dem sich die verfolgten Emigranten endgültig niederlassen könnten.[7] Auf ähnliche Weise drückte dies der Brief eines Chile-Emigranten an einen Schicksalsgenossen in Brasilien aus. Er bezweifelte, daß die Juden sich jemals wieder so sehr ihrer Umwelt assimilieren könnten wie in Deutschland, und stellte die Frage, ob nicht eine eigene staatliche Identität für sie die beste Lösung darstelle.[8]

Neben dem für viele provisorischen und unfreiwilligen Aufenthalt in einer lateinamerikanischen Republik kam das Erlebnis der Fremde hinzu, das sich langfristig einer allzu raschen Assimilierung entgegenstemmte. Der Grad der Fremdheit varriierte naturgemäß von Land zu Land. Er war in durchweg europäisch geprägten Staaten wie Argentinien und Uruguay ungleich geringer als etwa in den Andenrepubliken Bolivien, Kolumbien und Ecuador oder in der tropischen Karibik. Aber das Erlebnis des Andersseins, ein anderes Zeitgefühl, andere Wertvorstellungen und nicht zuletzt die Sprachbarriere machten den Flüchtlingen klar, daß sie nicht – oder noch nicht – in ihrem Asylland heimisch waren. Nachdem die Schwierigkeiten mit der spanischen oder portugiesischen Sprache längst überwunden waren, mußten viele Emigranten erkennen, daß sie aufgrund ihrer mentalen Prägung Fremde blieben, die sich vor allem in den für Mitteleuropäer besonders exotischen Ländern weiterhin nachhaltig von den Einheimischen unterschieden. »Allmählich wurden wir in unserer neuen Umgebung heimisch und konnten mit zunehmender Kenntnis der Landessprache auch leichter mit unseren Arbeitern umgehen«, schrieb der eingangs zitierte Ecuador-Emigrant. »Allerdings mußten wir auch erkennen, daß uns von den Einheimischen nicht nur die Sprache, sondern auch viele Lebensgewohnheiten und Auffassungen trennten. In Lateinamerika bleibt, im Gegensatz zu den Vereinigten Staaten, jeder Einwanderer lebenslänglich ein ›gringo‹, d.h. Fremder, wenn er nicht von Anbeginn hier die Schulbank gedrückt hat.«[9]

Diese Tatsache hatte zwei wichtige Konsequenzen für die teilweise blockierte Integration der Flüchtlinge aus Mitteleuropa, wobei nochmals vorweg auf die beträchtlichen Unterschiede innerhalb der lateinamerikanischen Staatenwelt hingewiesen werden muß. Die eine betraf den geringen oder nur sehr oberflächlichen privaten Kontakt mit Einheimischen, der engere freundschaftliche Beziehungen vielfach ausschloß. Dabei lag eine ausgeprägte Fremdenfeindlichkeit, die es in Einzelfällen natürlich auch gab, nur in seltenen Fällen vor. Die Bekenntnisse Egon Schwarz', der zunächst nach Bolivien, nach einigen Jahren weiter nach Ecuador emigriert war, um sich dann endgültig in den USA niederzulassen, sind innerhalb der Memoirenliteratur kein Einzelfall: »In den zehn Jahren meines südamerikanischen Aufenthaltes habe ich niemals das Haus eines Einheimischen betreten. Welcher Kontrast zu den Vereinigten Staaten, wo der Neuankömmling sofort in einen regen Verkehr mit den Amerikanern gezogen wird, wo er sich in kurzer Zeit als mehr oder minder akzeptierter Bürger fühlen kann. Im Gegensatz zu den USA sind zumindest die Andenländer, die ich am besten kenne, Bolivien und Ecuador, keine Einwanderergesellschaften, in die sich größere Mengen Fremder leicht integrieren können.«[10]

Die zweite Konsequenz betraf die eigene Abgrenzung der Emigranten gegenüber der Bevölkerung ihres Gastlandes. Je nach dessen Kultur und Entwicklungsstand mögen dabei auch gewisse europäische Dünkel mitgewirkt haben. Jedoch reicht hier eine moralisierende Interpretation als Erklärung nicht aus. Es wäre falsch, die Abgrenzung nur den Emigranten oder nur den Einheimischen anzulasten; sie war vielmehr Folge wechselseitiger Fremdheit. Daß auch hier differenziert werden muß, bezeugen die Ausnahmen. Nicht nur variierte das Verhältnis zu den Einheimischen von Land zu Land, sondern auch in einzelnen Berufsgruppen und sozialen Schichten. Von dem nach Chile emigrierten Ehepaar Anna und Richard Steuerwald ist bekannt, daß es sich gezielt mit Land und Leuten vertraut machte und Kontakte zu Einheimischen suchte und andererseits aufgeschlossene chilenische

Intellektuelle fand, die zu diesen Kontakten bereit waren.[11] Aber vor allem in den wenig entwickelten Asyl- und Exilländern Lateinamerikas herrschte unter Emigranten die Neigung vor, möglichst wenig von den Verhaltensweisen und Eigenschaften der Einheimischen aufzunehmen. In Anlehnung an die Gewohnheit der in Lateinamerika lebenden Auslandsdeutschen, die Alteingesessenen als »Hiesige« zu bezeichnen, galt die »Verhiesigung« als Verlust der europäischen Identität.[12] Der Emigrant verfügte in der Regel über eine ungleich höhere Bildung als der durchschnittliche Einheimische und er hatte ein anderes Verhältnis zu Arbeit und Zeit, das ihm das Gefühl einer disziplinierten und damit überlegenen Lebensführung vermittelte. Warum sollte er sich »nach unten« anpassen? Auch der eine der beiden eingangs zitierten Emigranten, der sich seit dem Tage seiner Ankunft in Buenos Aires als Argentinier fühlte, betont in seinen Memoiren, wie sehr er preußische Tugenden wie strikte Pünktlichkeit, Pflichterfüllung und unbedingtes Einhalten von Vereinbarungen, Zusagen oder Versprechungen beibehalten habe.[13]

Viele jüdische Flüchtlinge mußten rasch erkennen, daß sie in stärkerem Maße Deutsche waren, als es ihnen damals nach allem zugefügten Unrecht angenehm war. Und selbst diejenigen, die bewußt und strikt mit ihrer deutschen Vergangenheit gebrochen hatten, mußten einsehen, daß sie dieser niemals ganz entkommen konnten. Zumindest für ihre neue Umgebung waren und blieben sie Deutsche. Zwar wurden sie von den alteingesessenen Volks- und Auslandsdeutschen infolge des starken nazistischen Einflusses in der Regel gemieden oder gar diffamiert und schikaniert, und eine unsichtbare Mauer trennt beide Bevölkerungsgruppen auch heute noch in vielen Ländern, aber zumindest für die Lateinamerikaner wurden sie aufgrund ihres Akzents, ihrer Lebensführung, ihrer Gewohnheiten und Wertvorstellungen als Deutsche identifiziert.[14] Und umgekehrt unterschied sich ihr Integrationsprozeß nicht wesentlich von dem anderer Einwanderergruppen, die in Lateinamerika zum Unterschied zu den Vereinigten Staaten sehr viel stärker Sprache, Traditionen, Lebensgewohnheiten und Wertvorstellungen ihrer Heimat konserviert haben.[15]

Das Verhältnis der jüdischen Flüchtlinge zu ihrer deutschen Herkunft war und ist so komplex, wie diese Gruppe in sich uneinheitlich war und ist. Überdies unterlag und unterliegt jede Einstellung zur eigenen Identität gesellschaftlich, politisch und kulturell bedingten Veränderungen, so daß hier vor allzu einfachen Verallgemeinerungen zu warnen ist. Wenn wir einmal das persönliche Schicksal der Verfolgung und seine Verarbeitung, die in der gebotenen Kürze kaum angemessen berücksichtigt werden können, ausklammern, so können wir doch mögliche – wenngleich nicht zwingende – Beweggründe finden, die das Verhältnis der Emigranten zu ihrem Herkunftsland beeinflußt haben. Manche Flüchtlinge hatten bereits in Deutschland keinerlei Beziehungen mehr zu jüdischer Religion und Tradition gehabt. Manche hatten nichtjüdische Ehepartner und waren durch familiäre und soziale Kontakte in die deutsche Gesellschaft voll integriert gewesen. Sofern nicht zusätzliche persönliche Motive Bedeutung gewannen, liegt die Annahme nahe, daß sie sich eher ihrer durch Deutschland geprägten Eigenart bewußt wurden oder zu werden bereit waren als solche, die infolge ihrer starken religiösen und/oder zionistischen Bindung ihre Identität anders definierten. Aber auch diese letztgenannten, sich im religiösen wie im nationalen Sinne bewußt als Juden fühlenden Emigranten wurden durch vielfältige Erfahrungen darauf aufmerksam gemacht, daß sie immerhin deutsche Juden waren. Nicht zuletzt Begegnungen mit Glaubensbrüdern anderer Herkunft machten ihnen diese Erkenntnis deutlich.

Mit Ausnahme Argentiniens hatte es in Lateinamerika vor dem durch das Dritte Reich ausgelösten Exodus nur recht kleine Gemeinden meist sephardischer Juden gegeben. Durch die Emigrationsbewegung der 1930er Jahren gelangten aber nicht nur jüdische Flüchtlinge aus Deutschland, Österreich und anderen mitteleuropäischen Ländern nach Lateinamerika, sondern auch solche aus Ost- und Südosteuropa. Aber trotz der gemeinsamen Religion und der Ähnlichkeit des Schicksals mußten beide Gruppen feststellen, daß ihre Gemeinsamkeiten recht begrenzt waren und daß ihre Kontakte von manchen Mißverständnissen und Reibungen belastet wurden. In Chile gebe es, so schrieb ein bereits zitierter Emigrant, drei jüdische Gemeinden, eine deutsche, eine russisch-polnische und eine sephardische, die aber einander fremd seien. Und aus Montevideo, wo eine ähnliche Situation gegeben war, wurden handfeste Kontroversen zwischen der alteingesessenen Gemeinde und der neugegründeten deutschen »Nueva Comunidad Israelita« gemeldet.[16] Die Unterschiede der Sprache, der Religion und Tradition sowie der gesamten kulturellen Prägung ließen in allen wichtigen Asylländern Lateinamerikas getrennte Gemeinden entstehen, die größtenteils auch heute noch bestehen und nur dort, wo durch Abwanderung die Zahl der Juden sich sehr verringert hat, durch Einheitsgemeinden ersetzt wurden.

Einen Sonderfall stellte Brasilien dar. Natürlich bildeten sich aus den genannten Gründen deutsche Gemeinden, deren Verkehrs- und Umgangssprache naturgemäß die der früheren Heimat war. Die Associação Religiosa Israelita in Rio de Janeiro, die Congregação Israelita Paulista in São Paulo sowie Gemeinden in Porto Alegre und anderen Orten unterschieden sich darin zunächst nicht von ihren Schwestergemeinden in Buenos Aires, Montevideo, Santiago de Chile, La Paz oder Bogotá. Aber die Politik der »Brasilianisierung« des Präsidenten Getúlio Vargas und das Verbot der deutschen Sprache als der Sprache des Kriegsgegners führten zwangsweise eine Assimilierung herbei, die den deutschen Charakter der Gemeinden veränderte. Gewiß, nach dem Ende des Krieges erschienen die Gemeindeblätter wieder in deutscher Sprache, aber der einmal in Gang gesetzte Prozeß wurde nicht wieder rückgängig gemacht. Offensichtlich haben maßgebliche Persönlichkeiten der Gemeinden, so die beiden Rabbiner Heinrich Lemle (Rio de

Janeiro) und Fritz Pinkuss (São Paulo), diese Entwicklung auch ausdrücklich bejaht, was intern aber auch Widerspruch hervorrief. Vor allem der Hinweis, daß Deutsch die Sprache Hitlers und seiner Komplicen sei, löste bei manchen Emigranten eine heftige Kritik aus.»Wir sind zwar schaudernd aus Deutschland geflohen und haben die Abscheu gegen die bestialischen Mitglieder der Nazi-Organisationen nie überwunden und können sie nie überwinden, damit aber hat es nichts zu tun, daß wir Schiller und Goethe weiter lieben, daß wir in Lessing fast einen der unsrigen erblicken, daß uns Heine nie genommen werden kann. Die Heimat ist uns etwas Heiliges, das uns niemals durch Verbrecher in unserem Herzen beschmutzt werden kann; sie ist und bleibt ein reicher Besitz...«[17]

Die hier angedeutete Kontroverse griff auch auf andere Gemeinden über, die zur Frage des mitteleuropäischen bzw. lateinamerikanischen Charakters der jüdischen Gemeinden und Organisationen sehr unterschiedlich Stellung bezogen. Aufschlußreich sind die Diskussionen, die hierüber in der CENTRA geführt wurden, einem Dachverband deutsch-jüdischer Gemeinden und Vereinigungen in Brasilien, Uruguay, Paraguay, Argentinien, Chile und Bolivien. Diese Organisation, deren Name keine Abkürzung darstellt, sondern soviel wie »Zentrale« bedeutet, wurde Mitte der 1950er Jahre gegründet. Als wichtigste Aufgaben betrachtete die CENTRA die geistliche und kulturelle Betreuung der deutschsprachigen Emigranten und die Jugendarbeit. Zur Weitergabe und Pflege der jüdischen Religion und Tradition führte sie alljährliche Sommerlager ein, die von Jugendlichen aus mehreren lateinamerikanischen Ländern besucht wurden. Mit Blick auf den geistlichen Nachwuchs war die CENTRA mitbeteiligt an der Gründung eines Rabbinerseminars in Buenos Aires. Im Abstand von zwei Jahren veranstaltete sie Kongresse, zu denen die meisten der angeschlossenen Gemeinden und Verbände ihre Vertreter entsandten. Um 1970 stellte die CENTRA ihre Aktivitäten weitgehend ein. Zwar existiert sie formell heute noch, aber außer der Jugendarbeit gehen von ihr keine weiteren Initiativen mehr aus. Politische und wirtschaftliche Krisenerscheinungen in vielen lateinamerikanischen Staaten einerseits und – möglicherweise – ein nachlassendes Interesse andererseits bildeten die Hintergründe dieser Entwicklung.[18]

Es versteht sich, daß eine Organisation, die so viele Emigranten aus dem deutschsprachigen Mitteleuropa repräsentiert, zur Frage der Identität der deutschsprachigen Juden in Lateinamerika ein gewichtiges Wort zu sagen hatte. Auf dem im August 1958 in Buenos Aires abgehaltenen Kongreß wurde ihr breiter Raum gegeben, wobei die Diskussionen – wie dies schon früher die brasilianischen Gemeinden vorexerziert hatten – recht kontroverse Standpunkte zutage förderten. Den äußeren Anlaß bot ein Antrag Hans Feuereisens von der Congregação Israelita Paulista (São Paulo) zur Änderung des Namens bzw. zur Aufgaben-Definition der CENTRA: »Bei der Vorbereitung zur kommenden zweiten Konferenz soll die Abgrenzung von nur »deutschsprachigen«

Gemeinden fallen, und es sollen zu der nächsten Tagung Gemeinden und Institutionen mit Gemeindecharakter ohne Ansehen der Herkunft, der früheren Sprache etc. eingeladen werden.« In seiner Begründung wies Feuereisen darauf hin, daß am Leben seiner Gemeinde immer mehr Juden teilnähmen, die nicht den Familien der Gründergeneration entstammten und auch kein Deutsch mehr verstünden. Jüngere Gemeindeglieder, die mit 10-15 Jahren nach Brasilien gekommen seien, läsen, sprächen und verstünden zwar noch Deutsch, seien jedoch stärker in der portugiesischen Sprache beheimatet, in der auch das Gemeindeblatt *Crónica Israelita* zu 95% erscheine. In die gleiche Richtung wiesen die Argumente des Oberrabbiners Heinrich Lemle aus Rio de Janeiro. Durch den Beitritt von Familien nichtdeutscher Herkunft habe sich das Gewicht zugunsten des Portugiesischen verschoben. Noch vor wenigen Jahren sei das Programm der »Associação Religiosa Israelita« zu ⅔ in deutscher, der Rest in portugiesischer Sprache durchgeführt worden; heute (1958) sei das Verhältnis umgekehrt. Beide räumten zwar ein, daß Brasilien infolge der während des Krieges praktizierten Sprachpolitik einen Sonderfall darstelle, aber auch eine Vorreiterrolle einnehme, der früher oder später alle übrigen Gemeinden folgen würden. Warum sollte man sich gegen eine Entwicklung stemmen, die langfristig ohnehin nicht zu verhindern sei, und nicht schon jetzt daran gehen, ein einheitliches, nicht mehr landsmannschaftlich geteiltes Judentum in Lateinamerika zu schaffen?[19]

Gegen diesen Standpunkt regte sich allgemeiner Widerspruch, der am heftigsten von den Vertretern der »Sociedad Cultural Israelita B'ne Jisroel« aus Santiago de Chile vorgetragen wurde. Als man dort vor etwa zwanzig Jahren die Gemeinde gründete, habe man die Traditionen der Heimat, also die des deutschen Judentums, fortsetzen wollen, betonte Siegfried Landau. Sollten sie und alle Errungenschaften einer langen und kulturträchtigen Entwicklung zugunsten einer innerjüdischen Assimilierung über Bord geworfen werden? Deutlicher noch wurde E. I. Löwenstein, der Rabbiner der chilenischen Gemeinde: »Uns hier fällt die Pflicht zu, ein offenes Wort zu sagen: Wir kämpfen gegen die Assimilation. In diesem Kreise hier brauche ich nicht zu betonen, daß die Assimilation in diesen Ländern eine viel gefährlichere ist als in den Ländern, aus denen wir kommen. Dort war es die Assimilation an gewisse Werte, hier ist es die Assimilation an das leichtere Leben«. Meinte das die Aufgabe der landsmannschaftlichen Eigenheiten als Identitätsverlust? Zweifellos schwingt in diesen Worten das Bekenntnis zur deutschen Kultur als eines um jeden Preis erhaltenswerten Erbes mit.[20] Konzilianter mit Worten, aber ebenso eindeutig in der Sache argumentierte der als Ehrengast anwesende namhafte Gelehrte Ernst Simon aus Jerusalem, dessen Initiative einst wesentlich zur Gründung der CENTRA beigetragen hatte. Simon befürwortete eine Entwicklung, bei der die deutschen Juden in Lateinamerika ihre landsmannschaftlichen Eigenheiten bewahren könnten, so wie auch die sephardisch-spanischen Juden noch Jahrhunderte nach ihrer Vertreibung in die Balkan-Länder und in den Nahen Osten sich ihre – freilich inzwischen etwas erstarrte – Hispanität erhalten hätten.[21]

Natürlich war der Standpunkt der brasilianischen Vertreter der realistischere. Durch Mitgliederfluktuation, durch Eheschließung mit Partnern nichtdeutscher oder auch nichtjüdischer Herkunft sowie durch die Einflüsse der Umwelt haben sich Gemeinden und Organisationen verändert. Um 1970 waren die meisten Gemeinden endgültig dazu übergegangen, ihren Gottesdienst in der Landessprache abzuhalten, wobei ein Wechsel im Rabbinat hierzu gewöhnlich den äußeren Anlaß bot. Das schließt aber nicht aus, daß bestimmte Veranstaltungen, die vor allem für ältere Personen bestimmt sind, sowie Seniorenkreise auf die deutsche Sprache zurückgreifen. Die Gemeindeblätter enthalten nur noch aus besonderen Anlässen deutschsprachige Artikel, behalten jedoch teilweise ihren alten deutschen oder wenigstens einen zweisprachigen Namen bei: so das *Mitteilungsblatt* (La Paz) oder *Das Blatt/ La Hoja* (Bogotá). Die Gemeinden in São Paulo und Rio de Janeiro betrachten sich heute als »strikt brasilianische Kongregationen, deren Jugend in brasilianischem Staatsbürgersinne erzogen worden ist.«[22] Auch »Asociación Cultural Israelita de Buenos Aires« (ACIBA), jahrzehntelang die größte deutsch-jüdische Gemeinde in Lateinamerika, hat sich im Laufe der letzten Jahre durch einen Wechsel des Mitgliederbestandes verändert und sowohl ihr altes landsmannschaftliches Gepräge als auch ihre starke kulturelle Ausstrahlung eingebüßt; dafür gibt es in und um Buenos Aires eine Reihe weiterer Gemeinden, die von Emigranten aus Deutschland gegründet wurden und in gewisser Weise die Rolle der ACIBA ersetzen. In linguistischer Hinsicht ist die dritte Generation, die bereits im Lande geboren wurde, vollkommen assimiliert, was nicht ausschließt, daß auch unter ihren Angehörigen die perfekte Kenntnis der deutschen Sprache anzutreffen ist. Sofern flüchtige Eindrücke nicht täuschen, gilt dies für Montevideo, stärker noch für Buenos Aires und am ausgeprägtesten für Santiago de Chile.

Aber es wäre falsch, die landsmannschaftliche Prägung ausschließlich auf die Sprache zu beschränken. Theologische Unterschiede und religiöse Überlieferungen, Besonderheiten in Kultur und Tradition bleiben auch nach einem Sprachwechsel von Bedeutung. Ähnliches gilt auch für die jüdischen Vereine, vor allem die Wohlfahrtsverbände, die sich in allen wichtigen Asylländern neben den Synagogengemeinden etablierten. An erster Stelle muß hier der 1933 in Buenos Aires gegründete »Jüdische Hilfsverein« (heute »Asociación Filantrópica Israelita«, AFI) genannt werden. In den von diesen Wohlfahrtsverbänden unterhaltenen Altersheimen ist die Umgangssprache nach wie vor Deutsch. Aufschlußreich ist die Konzeption des von der AFI betriebenen »Hogar ›Adolfo Hirsch‹« in San Miguel bei Buenos Aires, zu dessen Aufnahmebedingungen die Deutschsprachigkeit gehört. Tagesrhythmus, Eßgewohnheiten und Kulturprogramm entsprechen mitteleuropäischen und nicht lateinamerikanischen Maßstäben. Wenn wir bedenken, daß ein Emigrant, der 1940 mit etwa zehn Jahren ins Land kam, die ersten und wichtigsten Einflüsse noch in Deutschland oder Österreich empfangen hatte und ihnen durch das Elternhaus auch noch weiterhin ausgesetzt war, und wenn wir andererseits die durchschnittliche Lebenserwartung in Rechnung stellen, dürfte das Altersheim in dieser Konzeption weit über das Jahr 2000 hinaus seine Berechtigung behalten.

Einige Entwicklungen nach dem Kriege sollten sowohl Gemeinden und Organisationen als auch nicht organisierte deutsch-jüdische Emigranten nachhaltig in ihrem Verhältnis zum Herkunftsland beeinflussen. Gewiß, die Erlebnisse und Erfahrungen der Verfolgung, die vom NS-Regime ermordeten Opfer, die fast jede Emigrantenfamilie unter ihren Angehörigen zu beklagen hatte, – all dies ließ und läßt sich nicht ungeschehen machen. Aber das Bekenntnis zu Schuld und Scham und das Bemühen in Deutschland, erlittenes Unrecht wenigstens materiell wiedergutzumachen, haben manches Mißtrauen abgebaut. Zwar kehrten nur vergleichsweise wenige Emigranten nach Deutschland – in welchen Teil auch immer – zurück, aber viele von ihnen machten von der Möglichkeit Gebrauch, unter Berufung auf den Artikel 116 GG wieder für sich und ihre Familien die deutsche Staatsangehörigkeit zu erlangen, ohne dies mit einer Rückkehr zu verbinden. Seit 1949 ließen sich in aller Welt mehr als 50 000 Emigranten, ihre Ehepartner und Kinder wieder einbürgern, von denen wahrscheinlich die Mehrheit in lateinamerikanischen Ländern lebt. Zweifellos spielten hierbei materielle und praktische Gesichtspunkte in einer durch politische und wirtschaftliche Instabilität gezeichneten Weltgegend eine wichtige Rolle. Aber in den meisten Fällen war damit auch eine wenigstens mentale »Rückkehr« nach Deutschland verbunden. Man begegnet dabei recht merkwürdigen juristischen Konstellationen. Mancher frühere Emigrant, der aus verständlichen Gründen nicht wieder Deutscher werden wollte, sorgte dafür, daß seine Kinder es wurden oder daß sie ihre Ausbildung in der Bundesrepublik abschlossen oder daß sie ganz in ein Land »zurückkehrten«, das sie vorher niemals gesehen hatten. Sofern die Gesetzgebung des Asyllandes es gestattet, sind doppelte Staatsbürgerschaften unter Emigranten und ihren Nachkommen weitverbreitet. Wo dies nicht erlaubt ist, kann es zu Problemen der folgenden Art führen. Der eingangs zitierte Ecuador-Emigrant, der 1939 als Hitler-Gegner und Jude ausgebürgert worden war, ließ sich wieder einbürgern, sobald es wieder eine deutsche Vertretung in Quito gab. Damit aber verstieß er gegen das in Ecuador geltende Recht, so daß er ein zweites Mal in seinem Leben – diesmal von der Republik Ecuador – ausgebürgert wurde, ohne daß ihm aber daraus Nachteile erwachsen wären.

In Ländern wie Argentinien, Chile und Uruguay unterhalten die jüdischen Gemeinden und Organisationen enge Beziehungen zur jeweiligen Botschaft der Bundesrepublik, die wiederum deren kulturelle und karitative Tätigkeiten unterstützt. Das Verhältnis wird am besten charakterisiert durch die Worte, die der Präsident der ACIBA aus Anlaß des vierzigjährigen Bestehens seiner Gemeinde im November 1977 aussprach: »Wir haben mit Aufmerksamkeit den Beginn eines neuen demokratischen Staates in Deutschland beobachtet und wir gedenken seiner Männer der ersten Stunde – Kurt Schumacher, Konrad Adenauer und Theodor Heuss. (...) Die Annäherung erfolgte durch die Wiedergutmachungsgesetze sowohl in ökonomischer wie in moralischer Hinsicht und durch das, was der frühere Bundespräsident Theodor Heuss über die Kollektivscham angesichts der durch den Unrechtsstaat verübten Verbrechen ausgedrückt hat. (...) Die ACIBA hat niemals die aus Deutschland und Österreich mitgebrachten Traditionen in religiöser und kultureller Hinsicht vergessen, und wir hoffen, daß die, die nach uns kommen, trotz ihrer Zugehörigkeit zur großen jüdischen Gemeinschaft in Argentinien sich stets der Anfänge unserer Institution erinnern werden.«[23]

Über die Zukunft des deutschen Judentums in Lateinamerika gibt es Prognosen, die allen Gemeinden und Vereinigungen eine »brasilianische« Entwicklung vorhersagen: eine zunehmende Assimilierung, als deren Folge landsmannschaftliche Unterschiede verschwinden werden, um durch religiöse Richtungsunterschiede ersetzt zu werden. Dies ist eine mögliche Perspektive, die in Ländern mit starker Abwanderung von Juden teilweise Wirklichkeit geworden ist – so etwa in Bolivien, aber es ist mittelfristig keine zwingend notwendige Entwicklung. Das Beispiel hierfür liefert die »Asociación Israelita ›Montefiori‹« (AIM) in Bogotá, die erst jetzt, nachdem ihre Mitgliederzahl auf 230 geschrumpft ist, den Plan diskutiert, ihre jahrzehntelange organisatorische und landsmannschaftliche Eigenständigkeit aufzugeben und sich mit anderen kolumbianischen Gemeinden zu vereinigen.[24] Zumindest aber in den Ländern Argentinien, Chile und Uruguay ist ungeachtet des Rückgangs der deutschen Sprache unter den Nachkommen der Emigranten ein Ende des von Mitteleuropa geprägten Judentums nicht abzusehen. Zwar gibt es nicht wie in den USA zentrale Institutionen wie die Zeitschrift *Aufbau*, das Leo-Baeck-Institute in New York oder Organisationen wie die »American Federation of Jews from Central Europe«, was wohl auch mit der staatlichen Vielfalt Lateinamerikas zusammenhängt, andererseits haben Gemeinden und Vereinigungen mit Ausnahme Brasiliens länger und stärker ihren deutschen Charakter bewahrt als ihre Schwesterorganisationen in Nordamerika.[25] Die 1940 in Argentinien gegründete *Jüdische Wochenschau*, die auch in den Nachbarrepubliken gelesen wurde, stellte in den 1960er Jahren ihr Erscheinen ein, aber seit 1968 wird in Buenos Aires das zweisprachige *Unabhängige Jüdische Wochenblatt/Semanario Israelita* herausgegeben. Synagogengemeinden, Vereine, kulturelle und karitative Institutionen mit inzwischen langjähriger Tradition werden sicher noch lange Zeit ihren historischen Ursprung erkennen lassen. Für die einzelnen Individuen hat dies Folgen, die als Widerspruch, häufiger jedoch als Synthese von jüdischer Herkunft, deutscher Kultur und lateinamerikanischer Umwelt erlebt werden, wie dies das Bekenntnis eines Brasilien-Emigranten ausdrückt: »Ich fühle mich dem deutschen Kulturkreis und der deutschen Sprache zugehörig, ich bin der Abstammung nach bewußter Jude und jüdischem Glaubensgut verbunden«. Der Staatsbürgerschaft nach Brasilianer, bekenne er sich zu allen daraus erwachsenden Rechten und Pflichten. Er habe in dieser komplexen Zugehörigkeit keinerlei Widerspruch empfunden und es seien ihm daraus auch niemals Schwierigkeiten erwachsen.[26]

Emigranten, die zu jüdischer Religion und Tradition keine enge Beziehung mehr haben und sich auch (oder sogar vorrangig) als politisch Verfolgte betrachten, stehen wahrscheinlich viel unmittelbarer vor der Frage nach ihrer deutschen bzw. nicht mehr deutschen Identität, weil hier die Vermittlung durch und über das Judentum entfällt. Sie sind zumindest in der zweiten und dritten Generation durch Umwelt, Familie und Gesellschaft entweder vollständige Argentinier, Chilenen, Uruguayer etc. geworden oder aber – Deutsche geblieben: Auslandsdeutsche, sofern sie sich wieder haben einbürgern lassen; Volksdeutsche, wenn sie die Staatsbürgerschaft ihres Asyllandes angenommen haben, sich aber in Sprache und Selbstverständnis weiterhin als Vertreter ihrer früheren Heimat ansehen. Angesichts der zäh an ihrer Kultur festhaltenden Deutschen in Lateinamerika dürfte daher dieser Standpunkt kein seltener sein. Die Frage, ob und wie lange sie ihre Ursprünge bewahren, ist aber keine, die in einem Zusammenhang mit spezifischen Problemen der Emigration oder des Judentums steht, sondern allen anderen Einwanderungsgruppen gemeinsam ist. In starkem Maße scheint unter Emigranten das Bedürfnis zu bestehen, so viel wie möglich von der eigenen ererbten Kultur in die langfristig wohl unvermeidliche Synthese mit der lateinamerikanischen Umwelt einfließen zu lassen. Das Bekenntnis eines anderen Brasilien-Emigranten soll diese Haltung verdeutlichen und unsere Untersuchung abschließen: »Ich bin als geistiger Mensch ein Erzeugnis deutscher Kultur. Ich kenne keine andere als diese. Ich bin an ihr mitbeteiligt. Ich habe an ihr mitgearbeitet und so einen bescheidenen Teil mitgeschaffen, so daß sie als Erbe auch von mir betrachtet werden kann. (...) Ich kann unmöglich der neuen Generation empfehlen, auf diese Werte zu verzichten. Hier ist die Aufgabe einer schönen Synthese für die Jugend unseres Kreises gegeben. Eine Befruchtung der jungen entwicklungsfähigen brasilianischen Kultur durch die mit uns eingeströmte deutsche.«[27]

---

1 *Zehn Jahre Aufbauarbeit in Südamerika 1933–1943*, hg. anläßlich des zehnjährigen Bestehens der Asociación Filantrópica Israelita, Buenos Aires 1943, S. 9. Hierauf fußend die Angaben in anderen Darstellungen, beispielsweise bei Wolfgang Kießling: *Exil in Lateinamerika* (Kunst und Literatur im antifaschistischen Exil, Bd. 4), Frankfurt/M. 1981, S. 51. — 2 Vgl. Herbert A. Strauss: »*Jewish Emigration from Germany. Nazi Politics and Jewish Responses* (I)«, in: *Leo Baeck Institute Yearbook XXV* (1980), S. 313–409, hier S. 376f. Carlota Jackisch: »Los refugiados alemanes en Argentina 1933–1945«. Tesis

Doctoral (unveröff. Ms.), Buenos Aires 1986, S. 138 ff. — **3** Werner Röder: Einleitung zum *Biographischen Handbuch der deutschsprachigen Emigration nach 1933*, Bd. I: Politik, Wirtschaft, Öffentliches Leben, München – New York – London – Paris 1980, S. XIII f. —. **4** Vgl. Hans Albert Walter: *Deutsche Exilliteratur 1933–1950*, Bd. 2: *Asylpraxis und Lebensbedingungen in Europa*, Darmstadt – Neuwied 1972, S. 197 f. Hiergegen Herbert A. Strauss: »Zur sozialen und organisatorischen Akkulturation deutsch-jüdischer Einwanderer der NS-Zeit in den USA«, in: *Leben im Exil. Probleme der Integration deutscher Flüchtlinge im Ausland 1933–1945*, hg. von Wolfgang Frühwald und Wolfgang Schieder, Hamburg 1979, S. 235–259, hier S. 235 f. — **5** Vgl. Hans Georg Lehmann: *In Acht und Bann. Politische Emigration, NS-Ausbürgerung und Wiedergutmachung am Beispiel Willy Brandts*, München 1976, S. 75 f. — **6** Strauss: *Akkulturation*, S. 237. — **7** Lieselotte Maas: *Deutsche Exilpresse in Lateinamerika*, Frankfurt/M. 1978, S. 45 f. — **8** Schreiben Walter A. Loewes vom 20.4.43 an Ernst Feder; Leo Baeck Institute (LBI): Ernst Feder Papers, Box 12: Korrespondenzen 1940–1956. — **9** Arthur Weilbauer: »Ein weiter Weg. Lebensbericht eines deutschen Hitlerflüchtlings aus Quito/Ekuador«. (Hekt. Ms.), Quito 1975, S. 38. — **10** Egon Schwarz: *Keine Zeit für Eichendorff. Chronik unfreiwilliger Wanderjahre*, Königstein 1979, S. 72. — **11** Hierzu die sehr aufschlußreichen Korrespondenzen von Anna Steuerwald-Landmann, die über folgende Archive verstreut sind: Archiv der sozialen Demokratie/Friedrich Ebert-Stiftung, Bonn: Bestand Emigration – Sopade, Mappe 133. – Deutsche Bibliothek, Frankfurt/M.: Exil-Bibliothek: Sammlung Anna Steuerwald-Landmann. – Institut für Zeitgeschichte: Sammlung Anna Steuerwald-Landmann. — **12** Schwarz, S. 71, 86. Für ähnliche Beobachtungen für die Dominikanische Republik vgl. Siegfried Kätsch/Elke-Maria Kätsch: *Sosua – verheißenes Land. Eine Dokumentation zu Adaptationsprobleme deutsch-jüdischer Siedler der Dominikanischen Republik* (Arbeitsunterlage 38/39 zur Lateinamerikaforschung), Dortmund 1970, S. 18 f. — **13** Rodolfo Frank: *Vivencias de un hombre*, Buenos Aires 1983, S. 103. — **14** Anna Steuerwald-Landmann: »Auswanderer und Flüchtlinge« (Ms.); DBF: Sammlung Anna Steuerwald-Landmann (EB autogr. 247/14). — **15** Hierzu die umfassende Sammlung von Hartmut Fröschle (Hg.): *Die Deutschen in Lateinamerika. Schicksal und Leistung*, Tübingen/Basel 1979. — **16** Vgl. Anm. 8. – »Aus den Nachbarrepubliken«, in: *Jüdische Wochenschau* 7.6.40. — **17** Leserbrief Paul Rosensteins an die *Associação Religiosa Israelita* (Gemeindeblatt), Juli 1953. — **18** Soweit erkennbar, gibt es noch keine Untersuchungen über die CENTRA. Von schriftlichen Zeugnissen hat mir ausschließlich der hektographierte Protokollband des Kongresses von 1958 in Buenos Aires vorgelegen. Wichtige Informationen verdanke ich Gesprächen mit den Herren Hans Leschnitzer und Rabbiner Dr. Fritz Winter, beide Montevideo, die als Mitbegründer bzw. als Augenzeugen die Geschichte des Dachverbandes miterlebt haben. — **19** CENTRA: Sitzungsbericht des Zweiten Kongresses der Jüdischen Gemeinden und Organisationen zentraleuropäischen Ursprungs in Lateinamerika, der vom 18. bis 21. August 1958 in Buenos Aires getagt hat (hekt.), S. 31–38, 40 f., 55 f. — **20** Ebd., S. 59. — **21** Ebd., S. 63 f. — **22** Vgl. Fritz Pinkuss: »Um ensaio acerca da imigração judaica no Brasil após o cataclisma de 1933 e da Guerra Mundial«, in: *Revista de História* 50 (1974), S. 599–607, hier S. 605 f. — **23** Libro de oro 1937–1977, editado en homenaje al 40° aniversario de la fundación de IKG-ACIBA y de sus fundadores; Ansprache des Präsidenten, S. 7 (der nicht paginierten Broschüre). — **24** Mitteilung von Herrn Kurt Lichtenstein/Bogotá vom 10.3.87 an den Verfasser. — **25** Zu den USA vgl. Strauss: *Akkulturation*, S. 247 f. — **26** Max-Hermann Maier: *In uns verwoben, tief und wunderbar... Erinnerungen an Deutschland*, Frankfurt/M. 1975, S. 171. — **27** Friedrich Trautmann in *Pro-Arte-Rolândia* (Mitteilungsblatt) Nr. 25, 1962.

Karl Holl

Lilo Linke (1906–1963)
Von der Weimarer Jungdemokratin zur Sozialreporterin in Lateinamerika
Materialien zu einer Biographie

Gibt es neben dem vielfachen Scheitern in der Emigration, neben den zahllosen leidvollen Einzelschicksalen im politischen Exil seit 1933 – ungeachtet aller Beschwernisse in der Fremde – auch Beispiele erfolgreicher Lebenswege und schließlich geglückter Einwurzelung im Gastland? Der Fall der Journalistin und Schriftstellerin Lilo Linke scheint ein solches Beispiel zu sein, ein allerdings kaum bekanntes.[1]

Zum Überleben im Exil befähigten Lilo Linke außer schriftstellerischem Talent weitere günstige Voraussetzungen: ein früh gereiftes sicheres Urteil, durch soziales Gewissen geschärfte Wißbegier allem Neuen gegenüber, Beobachtungsgabe, Selbstbewußtsein, Unbefangenheit im Umgang mit Menschen, natürliche Liebenswürdigkeit, dazu das Geschick, aus der Beziehung zu einflußreichen Freunden Nutzen zu ziehen, Klugheit und Lernbereitschaft, Spontaneität, Optimismus, Tatkraft, Mut. Hinzu trat die Fähigkeit, als abgelebt Erkanntes entschlossen zurückzulassen, verbrauchte Bindungen – selbst die zu ihrer Familie und zu Deutschland – aufzugeben, Brücken hinter sich abbrechen zu können. Selbstmitleid hat sie sich nie erlaubt.

Da die Buchautorin und Journalistin Lilo Linke als sprachliches Medium – sieht man von ihrer gelegentlichen Mitarbeit an Zeitungen in der Bundesrepublik Deutschland seit 1952[2] und einer eher zufällig entstandenen Erzählung in deutscher Sprache ab[3] – das Englische und das Spanische wählte, da der überwiegende Teil ihrer Bücher zwischen 1933 und 1945 fast ausnahmslos in England und in den USA erschien, ist nicht verwunderlich, daß sich ihre Werke nur selten in Bibliotheken der deutschen Sprachregion befinden.[4] Dies hilft erklären, weshalb ihr schriftstellerisches Werk hierzulande völlig übersehen werden konnte. Ihre Entscheidung für Ecuador statt für England als ihre endgültige Wahlheimat erschwert überdies die Rekonstruktion ihrer Biographie, und dies wiederum macht manche falsche Information über ihren Lebensweg in einschlägigen Handbüchern verständlich.[5]

Als wichtige, wenn auch mit der gebotenen Vorsicht zu benutzende Quelle zum Verständnis ihres um die Mitte der zwanziger Jahre einsetzenden politischen Reifungsprozesses erweisen sich neben den Aussagen von Freunden und Bekannten ihre beiden ersten, autobiographischen und im Exil veröffentlichten Werke. Vor allem ihr Buch *Restless*

Flags[6] gewährt zugleich Einblicke in das soziale Milieu, in dem Lilo Linke aufwuchs.

Im Berliner Osten wurde sie am 31. Oktober 1906 in kleinbürgerlichen Verhältnissen geboren.[7] Ihr Vater, Paul Linke, war in der Verwaltung Berlins in untergeordneter Stellung tätig, ihre Mutter, Lucy Linke, geb. Mickley, ging auf in der täglichen Sorge für die Familie, zu der noch der jüngere Bruder Lilo Linkes Heinz Linke – in *Restless Flags* heißt er ›Fritz‹ – gehörte. Bewußt erlebte Lilo Linke den Ersten Weltkrieg, die Novemberrevolution und besonders die Weimarer Republik. Wie das Bürgertum im Laufe der zwanziger Jahre immer mehr der politischen Reaktion und der Anziehungskraft des Nationalsozialismus erlag, dessen wurde sie unmittelbar Zeugin, seit sie das politische Verhalten ihrer Mutter und ihres Bruders zu beobachten begann.

Nach dem Realschulabschluß entdeckte sie als Handlungsgehilfin einer Berliner Buchhandlung ihre Begabung zur Menschenführung: in der Angestelltenbewegung[8] wurde sie zur Jugendfunktionärin bestimmt. In der Selbststilisierung ihrer Autobiographie beschreibt sie ihre damalige Gefühlslage als idealistisch-verschwärmt, jugendbewegt, begierig, der Öde der Großstadtmauern zu entfliehen und Verbundenheit mit der Natur zu suchen. Ihrem selbständigen, kritischen Intellekt schien das alles wohl bald verdächtig steril geworden zu sein. Zum ersten Mal brach sie um die Mitte der zwanziger Jahre mit der ihr vertrauten Umgebung, als sie sich der politischen Jugendbewegung zuwandte. Ihre politische Heimat wurde nun der Reichsbund Demokratischer Jugend, der dem linken Flügel zugerechnete Jugendverband der linksliberalen Deutschen Demokratischen Partei (DDP).[9] Ähnlich wie vorher die große Fahrt der Angestelltenjugend nach Stralsund, so wurde ihr das Reichstreffen der Jungdemokraten in Heidelberg zu Ostern (16.–18. April) 1927 zum prägenden Erlebnis. Bald danach trat sie als Schreibkraft in das Sekretariat der Bundesleitung der Jungdemokraten in Berlin ein.[10]

Nun erschienen die Größen der Deutschen Demokratischen Partei in ihrem Gesichtskreis: Erich Koch-Weser, Parteivorsitzender, der für kurze Zeit Reichsinnenminister gewesen war und 1928 Reichsjustizminister wurde; der Psychologieprofessor Willy Hellpach, 1924 Staatspräsident des Landes Baden und 1925 im ersten Wahlgang Reichspräsidentschaftskandidat seiner Partei; der Reichsinnenminister Wilhelm Külz; die Parlamentarierinnen Gertrud Bäumer und Marie-Elisabeth Lüders – von beiden zeichnet Lilo Linke später, ohne deren Namen zu nennen, wenig schmeichelhafte Porträts –; vor allem Ernst Lemmer, der Vorsitzende der Jungdemokraten, der in Lilo Linkes Autobiographie unter dem Namen ›Wilhelm Wismar‹ erscheint, zeitweilig der jüngste Abgeordnete des Reichstags; dann Georg Bernhard, den sie 1928 auf einer Wahlkampfveranstaltung in der Mark Brandenburg begleitete; schließlich Dr. Gustav Stolper, Herausgeber des *Deutschen Volkswirt*, gegen Ende der zwanziger Jahre hoffnungsvoll begrüßter Wirtschaftsexperte der Partei, der Freund von Theodor

Heuss und ebenfalls Reichstagsabgeordneter, der ›Dr. Berger‹ in *Restless Flags*.

Wie die Namen Lemmers und Stolpers erscheinen die Namen weiterer Personen verschlüsselt in *Restless Flags*, besonders die ihrer jungdemokratischen Weggefährten. Der enge Freund Hans Kallmann, der zur Führungsgruppe (›Bundesleitung‹) des Verbandes gehörte, als ideenreicher Organisator und Journalist zu den jungen Hoffnungen der Partei zählte und in Lilo Linkes Darstellung als prinzipientreuer Vertreter seiner Generation mit dem zum Opportunismus neigenden ›Wilhelm Wismar‹ kontrastiert, heißt ›Ernst Schwarz‹ in Lilo Linkes Schilderung; mit dem Hamburger Jungdemokraten ›Heinz Wenig‹ könnte Erich Lüth gemeint sein, mit ›Peter Beck‹ Hans Robinsohn, mit ›Max Probe‹ Hellmuth Jaeger, mit ›Albert Fischer‹ Ernst Reichel und mit der führenden Jungdemokratin ›Barbara‹ Brigitte Weist.[11]

Eine blonde, blauäugige, redegewandte, faszinierende Schönheit, so mögen Lilo Linke viele erlebt haben, die ihr damals begegneten. Daß sie eine nachdenkliche, ebenso verantwortungsbewußte wie zum kühnen Wagnis bereite junge Frau geworden war, erschloß sich denen, die sie näher kennenlernten.

So sagt Erich Lüth in der Rückschau von ihr:

> »Lilo Linke kannte ich gut. Wir waren politisch eng befreundet. Sie war damals eine ungewöhnliche Erscheinung. Groß, stattlich, attraktiv, intelligent und kenntnisreich, sicher im Auftreten, von einer bei Frauen ungewöhnlichen Beredsamkeit, ganz ohne kalten Intellektualismus, menschlich und warmherzig, dabei präzise und lebensklug.«[12]

Ernst Schein, ebenfalls Jungdemokrat und in jenen Jahren in Berlin, heute unter dem Namen Ernest Selby in England lebend, erinnert sich: »Sie war ein außerordentlich charmantes, aufgewecktes Mädchen, das die Herzen einer Anzahl Berliner Jungdemokraten in Verwirrung gebracht hat«, und fügt hinzu: »Ich glaube nicht, daß irgendjemand, der sie damals kannte, sicherlich nicht ich, in ihr schlummernde Talente irgendwelcher Art entdeckt hätte. Politisch war sie damals im Rahmen der Bewegung ganz farblos.«[13]

Toni Stolper, die Frau Gustav Stolpers, beschreibt die junge Lilo Linke so:

> »Lilo war eine faszinierende Erscheinung, jung, schön, kühn, begabt, ihr kleinbürgerlich beschränktes, später nationalsozialistisches Familien-Milieu ohne Rücksicht weit hinter sich lassend … Sowohl in ihrer Jugend wie in ihren späteren Jahren neigte Lilo Linke stark nach links, gefühlsmäßig wie in ihrem Lebensstil. Sie hätte auch noch in eine spätere Generation deutscher Jugendbewegtheit gepaßt.«[14]

Mit zornigem Entsetzen, dann mit wachsender Sorge verfolgte Lilo Linke den Aufstieg der Hitler-Bewegung, deren Antisemitismus sie in

Berlin besonders deutlich wahrnahm: der Anteil der Juden in der DDP war höher als in anderen Parteien, zu Lilo Linkes besten Freunden gehörten Juden wie die Stolpers und Hans Kallmann. Sie erlebte die Hilflosigkeit ihrer Partei gegenüber dem Nationalsozialismus und litt an dem Scheitern der DDP bei dem halbherzigen Versuch, das Bürgertum von dem Weg nach ganz rechts abzubringen. Die Wahlniederlage von 1928 förderte ihren Entschluß, den Linksliberalismus aufzugeben. Sie wurde Sozialdemokratin, nicht besonders glücklich über ihre endgültig 1932 getroffene Entscheidung, die in ihrer Erzählung wie ein letzter Versuch mit Deutschland und mit der jungen Republik wirkt.

Vorher jedoch war sie in die Redaktion des *Deutschen Volkswirt* eingetreten. Gustav Stolper, zu dem sich eine enge, bis zu seinem Tod 1947 aufrechterhaltene Beziehung entwickelte, war auf Lilo Linke bei »einer der geselligen Veranstaltungen der Leitung der DDP mit der der Jungdemokraten« aufmerksam geworden, »gerade zu der Zeit, als er sich seinen Stab für den neu gegründeten ›Deutschen Volkswirt‹ zusammenstellte.«[15] Ohne daß ihr selbständige journalistische Arbeiten anvertraut wurden, rückte sie im Laufe der Zeit in die Stellung einer Privatsekretärin Stolpers auf, dessen Erfolge innerhalb der Partei – etwa bei seinem Auftritt auf dem Mannheimer Parteitag 1929[16] – mit Genugtuung verfolgend. Schließlich bestand die hauptsächliche Aufgabe Lilo Linkes in der Gestaltung der wöchentlichen ›Chronik‹ des *Deutschen Volkswirt* unter Toni Stolpers Aufsicht.[17] Gustav Stolper sowie ein Stipendium ermöglichten ihr einen mehrmonatigen Studienaufenthalt an der ›Akademie der Arbeit‹ in Frankfurt am Main, der ihre politische Bildung festigte. Von dort aus unternahm sie mit Freunden zuerst, dann allein, eine Reise durch Frankreich, ein Versuch, mit der Völkerverständigung Ernst zu machen.

Ihre Verzweiflung an den deutschen Verhältnissen trieb Lilo Linke in der zweiten Jahreshälfte 1931 für einige Monate nach England. Die Begründung, die sie in *Restless Flags* dafür gibt: Sie wollte herausfinden, wie die Genossen der Labour Party mit den Problemen und der Krise der Zeit fertig wurden, und deshalb besuchte sie den Parteitag in Scarborough. Entscheidend wurde ihre Bekanntschaft mit der britischen Schriftstellerin Margaret Storm Jameson (Margaret Chapman), die sich in ihrer Autobiographie an die Begegnung von Scarborough erinnert:

»I was standing outside the hall, ... when the secretary of the local party came up to me.
›I have a very young German here, a Miss Linke, I wish you'd speak to her.‹
Turning, I saw what I took to be a schoolgirl in a shabby coat and a soft hat pulled down over her eyes. Reluctantly ... I went over to her and found myself looking at the goosegirl of the German fairy-tales, tall and slender, with a flawless skin, pale rose and white, red unpainted mouth, hair like fine yellow silk, eyes of a clear blue, the shape and colour of a kitten's. With

some derisory sum in marks she had come to England ›to find out what my English comrades are thinking and doing.‹ Everywhere she had found friends, and a shelter for a night or a week. In poor people's houses she shared a bed with the children, as contented as when she could be given a room to herself. In the morning her hosts sent her on her way with advice and another address.
But of course, I thought. She is the Youngest Brother, whom everybody, peasant, old crone, swineherd, emperor, recognizes at sight and is compelled to help...
In the few hours she spent with me in Whitby next day, I discovered her complete lack of self-consciousness. Words, gestures, actions, sprang directly from her nature, without vanity or calculation... She had been born without a sense of guilt... «[18]

Nach ihrer Rückkehr nach Berlin führte Lilo Linke ihre neue Freundin im Februar 1932 mit den Stolpers zusammen. Von dem kultivierten Berliner Haus der Stolpers im Grunewald wird die britische Autorin später in ihrer Autobiographie eine anschauliche Beschreibung geben, die sich seltsam traurig abhebt von der Erzählung ihrer Erlebnisse aus dem verzweifelten letzten Jahr der Republik.[19]

Als Hitler an die Macht kam, waren die Tage des *Deutschen Volkswirt* gezählt. Es folgten im Frühjahr 1933 der Zwangsverkauf der angesehenen Wirtschaftszeitschrift, der für Lilo Linke den Verlust ihres Arbeitsplatzes bedeutete, und der Entschluß Gustav und Toni Stolpers, Deutschland zu verlassen.[20]

Im Mai oder Juni 1933[21] machte sich auch Lilo Linke auf den Weg ins Exil, vorsorglich von Storm Jameson in ihr Haus eingeladen. Unbestimmte und dauerhafte Vorurteile Nordamerika gegenüber gaben anscheinend den Ausschlag dafür, daß Lilo Linke nicht dem Beispiel der Stolpers und Hans Kallmanns folgte, das heißt, nicht in die USA ging, sondern England als Land ihres Exils wählte.[22]

Völlig mittellos und der englischen Sprache kaum mächtig betrat sie britischen Boden. Ihre ersten Schritte im Exil waren beschwerlich. Sie fand zunächst Arbeit auf einer Hühnerfarm. Aber dann muß ihre Lust am Schreiben erwacht sein. Storm Jameson ermutigte sie zu ihrem ersten Buch, in dem sie ihre Reise durch Frankreich erzählt, *Tale without End*. Das Buch, in einem lakonischen, schnörkellosen Englisch geschrieben, dessen noch immer exzentrischen Duktus Storm Jameson redigierend geglättet hatte, wurde, durch die englische Freundin empfohlen, von Constable & Co. in London und von Alfred A. Knopf in New York herausgebracht.[23] Das Buch fand, erstaunlich genug, wohlwollende Aufnahme bei der Kritik[24], vielleicht auch dank eines warmherzigen Vorworts von Storm Jameson.

Ein Jahr später folgte ihr zweites Buch, die Autobiographie ihrer Jugend unter dem Titel *Restless Flags* bei Alfred A. Knopf in New

York. Das Storm Jameson gewidmete, mit vier Holzschnitten und einem eindrucksvollen Schutzumschlag des emigrierten Künstlers Willi Soukop geschmückte Buch[25] wurde bereits ein richtiger Erfolg, und es wurde in Rezensionen gelobt.[26] Möglicherweise nahm jetzt das literarische und politische deutsche Exil Notiz von Lilo Linke[27], deren Bekanntschaft mit Rudolf Olden und Freundschaft mit Robert Neumann wohl aus dieser Zeit datieren. Auch ihre im selben Jahr erschienene englische Übersetzung von Wolfgang Langhoffs Buch *Die Moorsoldaten*[28] dürfte ihr Achtung in den Kreisen des deutschen Exils verschafft haben. Schließlich ist in diesem Zusammenhang daran zu denken, daß Storm Jameson, die sich aufopfernd bemühte, die Lage deutscher Emigranten zu erleichtern[29], nicht nur Lilo Linke, sondern auch Robert Neumann in Freundschaft verbunden war.[30]

Man wird ein doppeltes Motiv Lilo Linkes für *Restless Flags* annehmen dürfen: erstens die Absicht, sich eine berufliche Existenz als englischsprachige Schriftstellerin aufzubauen, wobei es so aussieht, als habe sie in realistischer Einschätzung ihrer Chancen als noch unbekannte Autorin von vornherein darauf verzichtet, sich einem deutschsprachigen Lesepublikum mitzuteilen; zweitens den Wunsch, einer ratlosen angloamerikanischen Öffentlichkeit aus der Sicht einer engagierten jungen Statistin die Ursachen zu erklären, die zum frühen Scheitern des Experimentes Weimarer Republik geführt hatten. Was dieses Werk auszeichnet, ist nicht nur der talentierte Erzählstil, der seine Stärke etwa in der Anlage der Dialoge erweist, in der Authentizität vermittelnden lebhaften Schilderung politischer Vorgänge wie Wahlkämpfe und Massenaufmärsche, deren Zeuge Lilo Linke geworden war, und in treffsicheren Porträts politischer Persönlichkeiten, die ihren Weg gekreuzt hatten. Was anzurühren vermag, ist der ehrliche Ton ihrer Selbstdarstellung; er nimmt auch Passagen, in denen sich zarteste Empfindungen aussprechen, jede Peinlichkeit.

In die folgende Zeit fielen Reisen Lilo Linkes im außerdeutschen Europa und in der Türkei, deren Ertrag zwei weitere Bücher darstellen. Eine Reise kreuz und quer durch die sich modernisierende Türkei Kemal Atatürks, im März 1935 auf eigene Faust und ohne fremde Hilfe unternommen, gab das Material her für ein in vielfältige soziale Felder der türkischen Gesellschaft eindringendes, mit Dokumentarfotos der Autorin ausgestattetes, umfangreiches Werk, *Allah Dethroned*, das 1936 ebenfalls im Verlag Constable erschien.[31] Das Buch – ihr erstes in dem von ihr später bevorzugten Genre, das sie als »eine Art Reisebuch«[32] bezeichnete – läßt nicht nur die Bereitschaft der Autorin zum Abenteuer erkennen, wenn es die schriftstellerische Aufgabe erfordert, sondern zugleich ihre Fähigkeit, unter erschwerten Bedingungen, auf sich allein gestellt, eine auf gründlichen Recherchen beruhende Sozialreportage zu liefern. Das Buch begründete ihren Ruf als Kennerin der modernen Türkei[33] und trug ihr eine Vortragseinladung zum gleichen Thema durch das Royal Institute of International Affairs in London ein.[34]

Im Jahre 1937 reiste Lilo Linke zusammen mit Storm Jameson nach Paris.[35] Wir wissen nicht, ob sie bei dieser Gelegenheit ihr bekannten deutschen Emigranten in Frankreich, etwa Georg Bernhard, wiederbegegnete, aber es ist denkbar. Die Frucht ihres Aufenthaltes war ein Roman aus dem Milieu des Exils in der französischen Metropole: *Cancel All Vows*.[36] Mag dieser Roman auch nicht Lilo Linkes stärkste erzählerische Leistung darstellen, weil er sich trotz sorgfältiger Beobachtung der Verhältnisse und Schauplätze von klischeehafter Typisierung der Figuren nicht ganz frei hält, so erscheint das Buch, das eine eingehendere Analyse durchaus verdienen würde, dennoch in mehrfacher Hinsicht bemerkenswert.

Lilo Linke siedelt das Geschehen – nach einem um die Jahreswende 1919/20 einsetzenden, mit der Reise der männlichen Hauptfigur ins Exil abschließenden Einleitungskapitel – im Milieu der namenlosen Emigranten an. Es handelt sich überwiegend um kleine Leute im Exil, denen nicht der Ruhm des gefeierten Künstlers, das Ansehen des Wissenschaftlers, der finanzielle Rückhalt, die einflußreichen Konnexionen das Elend der Heimatlosigkeit erleichtern und deren Leidenschaften trotzdem selbst in der Misere ihrer Exilexistenz nicht absterben. Es ist der Gestus des Ergriffenseins von der sozialen und emotionalen Not jener armen Teufel, und es ist die Zustimmung zu deren trotzigen Lebensfreude, die beeindrucken. Es fällt auf, daß sich unter ihnen überwiegend junge Leute und nicht nur deutsche Emigranten befinden.

Lilo Linke entwickelt hier mit besonderer Zuwendung den Typus einer männlichen Hauptfigur weiter, der bereits in der Gestalt von ›Ernst Schwarz‹ in *Restless Flags* erkennbar war: Es ist die Rede von dem durch die Fronterfahrung des Ersten Weltkriegs hindurchgegangenen jungen Mann, der im Gegensatz zu manchen der Kameraden seinen politischen Weg nicht zur nationalistischen Rechten nimmt, sondern sich zur Republik und zum Pazifismus bekennt. Dieser Typus begegnet uns hier in der Gestalt des kriegsverletzten, beinamputierten jungen Berliner Juristen Julius Bergmann, der sich zur Enttäuschung seiner mit den Deutschnationalen sympathisierenden Mutter der Sozialdemokratie anschließt und Ende 1933 nach Mißhandlungen durch die SA und nach Berufsverbot ins Exil begibt. Dort zerbricht Bergmann schließlich an der Einsamkeit und seiner Unfähigkeit, menschlichen Beziehungen Dauer zu verleihen. Sein Ende – zugleich das Ende des Romans – ist der Selbstmord.

Erscheint bereits die Figur Julius Bergmanns wenigstens zum Teil als eine Art Selbstzitat aus ›Restless Flags‹, so gilt diese Beobachtung für eine ganze Reihe von Sachverhalten und Szenen, etwa eindringlicher Abschiedsszenen, und insgesamt erweist sich der Roman bei genauerer Betrachtung in hohem Maße als autobiographisch. Unverkennbar ein Selbstporträt Lilo Linkes stellt die weibliche Hauptfigur Marthe Jansen – als positive Heldin eine Kontrastfigur zu Julius Bergmann – dar. Sie ist es, die Julius Bergmann in ihrer Liebesbeziehung durch robuste, realitätsnahe Vitalität zunächst aufrichtet, die sich vom Exil nicht beugen läßt und die in positiven Alternativen zu denken vermag.

Ihr Weg durch das Exil erscheint im Laufe der Erzählung in *Cancel All Vows* nicht als ein passiv zu erduldendes, unentrinnbares Schicksal, sondern als Teil eines in eigener Verantwortlichkeit zu gestaltenden Lebensplanes. Die Identität Marthe Jansens mit Lilo Linke tritt vollends hervor an jenen Stellen, an denen die Autorin – auf frappierende Weise gleichsam ihre eigene Zukunft vorwegnehmend – Marthe Jansen aussprechen läßt, daß sie von Paris, von Frankreich, von Europa Abschied zu nehmen gedenkt, daß sie die USA als Exilland verworfen hat, dagegen Lateinamerika als ihre zukünftige Lebenssphäre zu imaginieren beginnt.[37] So wie Marthe Jansen erscheinen fast alle anderen Figuren des Romans als auf jeden Fall zum Überleben entschlossene Menschen.

Lilo Linke war mit ihrer eigenen Leistung offenbar zufrieden: sie habe »bisher nichts besseres geschrieben« als *Cancel All Vows*, äußerte sie gegenüber Robert Neumann[38], den sie, auch angesichts des Ausbleibens englischer Kritiken, um eine Besprechung »für eines der Pariser Emigrantenblätter« bat.[39] Robert Neumann entsprach dem Wunsche mit einer *Tale without End* und *Restless Flags* einbeziehenden Sammelrezension im *Neuen Tagebuch*. An dieser Rezension ist besonders das klarsichtig urteilende und Lilo Linkes spezifische Begabung charakterisierende Fazit von Interesse:

> »Ein Zeitungsherausgeber von einigem Instinkt, der diese Frau zu Gesicht bekommt, muß augenblicklich erkennen: das ist die geborene Sozial-Reporterin. Hier liegt ihre journalistische – hier liegt auch ihre literarische Zukunft. Sieht sie das, und sieht sie das ein, so wird sie in verstärktem Maße bleiben, was sie schon heute ist: eine der redlichsten, eine der erfreulichsten Erscheinungen dieser Emigration.«[40]

Brieflich scheint Robert Neumann deutlicher geworden zu sein: Er riet ihr wohl ab, sich weiterhin im Genre des Romans zu versuchen. Aber so leicht ließ sich Lilo Linke nicht von weiteren Ausflügen ins Gebiet des Romans abhalten. Sie verwies auf inzwischen vorliegende positive englische Kritiken, die ihre »Kraft« lobten, »Charaktere« statt »Typen« darzustellen[41], und sie berichtete Neumann von dem Plan »einer Frauenstudie vor süd-italienischem Hintergrund«[42], eines Romans, von dem bereits ein Fünftel im Entwurf fertiggestellt sei.[43] Und dennoch sollte Robert Neumann – in einer von ihm nicht vorhergesehenen Weise – recht behalten.

Wir wissen nicht allzuviel darüber, wie Lilo Linkes Leben in England und in London im einzelnen verlief, wie ihre Lebensumstände im einzelnen aussahen. Immerhin vermittelt Storm Jameson mit dem überaus sympathischen Bild, das sie von Lilo Linkes Londoner Zeit entwirft, eine Vorstellung von dem kraftvollen, wenngleich meist flüchtigen Chrakter der stets von Gefühlsstürmen begleiteten Männerbeziehungen Lilo Linkes und ihrem unschuldigen Hedonismus. Eindrucksvoll, so Storm Jameson, blieb der ›preußische‹ Sinn Lilo Linkes für Ordnung und Autorität, wie er sich etwa in der Ordentlichkeit ihres schäbigen Apartments im Stadtteil Camden/Hampstead des Londoner Nordwestens widerspiegelte.[44]

Die Beziehung der beiden Frauen ist nie ganz abgerissen. Darüber hinaus, erwarb sich Lilo Linke die Freundschaft zahlreicher weiterer Engländerinnen und Engländer wie etwa der von Kay Starr, und sie hatte intensive Kontakte zu Schriftstellern des Gastlandes, unter ihnen der walisische Autor Wyn Griffith, der aus Irland stammende Liam O'Flaherty und dessen Frau Margaret (»Topsy«). Zu ihrem Freundeskreis gehörte auch Paul Newman und seine Frau Therese (Resi), geborene Braunthal.

Kontakte zum deutschen politischen Exil in England sind ebenfalls belegt.[45] Besonders eng darf man sich Lilo Linkes Verhältnis zum deutschen Exil jedoch nicht vorstellen, auch wenn sie, von Rudolf Olden eingeführt, Zugang zum deutschen P.E.N.-Club im Exil fand, ohne Mitglied zu werden.[46] Von Anfang an verachtete sie, was sie als ›Emigranten-Mentalität‹ bezeichnete.[47] Als sie wegen des Ablaufens ihres deutschen Passes kurzerhand auf dem deutschen Konsulat erschien, um die Erneuerung des Passes zu beantragen und dank ihrem unverdächtigen, unbekümmerten Auftreten ohne weiteres Erfolg hatte, löste sie mit ihrem Bluff in Exilkreisen und bei englischen P.E.N.-Mitgliedern Zweifel an ihrem Emigrantenstatus aus.[48] Vielleicht gehörte der Vorgang zum Hintergrund eines Anfang 1938 entstandenen Gerüchts, nach welchem Lilo Linke Nationalsozialistin geworden sei. Die Verdächtigung hätte ihren beruflichen Plänen erheblichen Abbruch tun könnten. Mit aller Kraft setzte sie sich deshalb dagegen zur Wehr, energisch in Schutz genommen von Robert Neumann, den sie um Hilfe gebeten hatte und der alsbald bei Olden intervenierte.[49] Die Angelegenheit, die sich anscheinend durch die Ungeschicklichkeit Oldens – Lilo Linke sprach von der »Affaire Olden« – sowie durch die Einschaltung von Hermon Ould, des Generalsekretärs des britischen P.E.N., und von Wilhelm Wolfgang Schütz, noch kompliziert hatte[50], wurde erst nach mehreren Monaten mit der Rehabilitierung Lilo Linkes abgeschlossen, so daß Olden Robert Neumann schließlich mitteilen konnte: »Die Affäre Lilo, für die Sie sich einmal interessierten, ist zu allseitiger Zufriedenheit beigelegt.«[51]

Nachdem im Jahre 1938 die Pläne Lilo Linkes, für einige Zeit nach Südamerika zu gehen, um Material für ein neues Reisebuch zu sammeln, immer mehr Gestalt angenommen hatten[52], traten ihre Vorbereitungen Anfang 1939 in ihr entscheidendes Stadium.

Zu den Vorbereitungen gehörte ein Kontakt zu dem ihr aus gemeinsamer DDP- und Jungdemokraten-Zeit bekannten Hans Albert Kluthe, Mitbegründer der Deutschen Freiheitspartei (DEP), einer liberaldemokratischen Exilgründung.[53] Von dessen Anwesenheit in London hatte sie durch einen anderen Freund aus der Zeit vor 1933, Hans Joachim

Schoeps, erfahren.⁵⁴ Kluthe bescheinigte ihr »im Auftrag der Auslandszentrale der DFP«, daß sie ihm »seit etwa 12 Jahren als aufrechte Demokratin bekannt« sei und »hier in England ausgezeichnete Aufklärungsarbeit in unserem Sinne« geleistet habe. Sie arbeite »in enger Fühlung mit der Auslandszentrale der Deutschen Freiheitspartei« und besitze deren »unbedingtes Vertrauen«. Abschließend wurden die »Freunde in Südamerika« gebeten, »sie in jeder Weise bei ihrer dortigen Tätigkeit zu unterstützen.«⁵⁵ Schoeps gegenüber, dem sie nach seiner soeben geglückten Ausreise nach Schweden Ratschläge für das Leben im Exil erteilte, wiederholte sie ihre Absicht: sie »arbeite mit aller Kraft darauf hin, hier spätestens im Mai nach Süd-Amerika abzureisen«. Südamerika sei ihr »großer Traum«, und sie »wäre sehr unglücklich, wenn der sich nicht verwirklichen würde.«⁵⁶

Eine Ahnung des nahen Krieges lag längst in der Luft, als sie im Mai oder im Frühsommer 1939 von England aufbrach. Auf der ›Reina del Pacifico‹ – das Schiff war voller Flüchtlinge aus Europa – erreichte sie Colon in Panama.⁵⁷

Es folgten Reisen durch Panama, Venezuela, Peru, Kolumbien, Bolivien, Ecuador; jetzt erst konnte sie sich die spanische Sprache völlig aneignen. Zwei Jahre später lag das umfängliche Manuskript einer länderkundlichen Studie über die drei letztgenannten Staaten vor, wiederum in Form einer Reiseschilderung. Storm Jameson, der Lilo Linke das Manuskript schickte, setzte sich vergeblich für eine Veröffentlichung des Werkes bei Constable ein. Nachdem auch andere Verlage sich desinteressiert gezeigt hatten, wurde es endlich Anfang 1944 vom Verlag Hutchinson & Co., London, angenommen, doch nur unter der Voraussetzung erheblicher Kürzungen an dem Manuskript. Storm Jameson unterzog sich der wegen ihres Mangels an Kompetenz für die Materie besonders schwierigen und mühevollen Aufgabe, wobei die Kriegssituation die Rücksprache mit der Autorin unmöglich machte und wobei besonders die Statistiken innerhalb der Studie den Streichungen zum Opfer fielen.⁵⁸

Das Kay Starr gewidmete, mit einem Vorwort des Freundes Wyn Griffith eingeleitete Werk stellt eine alle wesentlichen Aspekte der Andenstaaten erfassende, solide, sachkundige Untersuchung dar, die ihren Wert aus der zuverlässigen Faktenerhebung gewinnt, aus der verständlichen Darstellung der durch Geschichte, spezifische ethnische, soziale, ökonomische, politische Strukturen entstandenen Probleme und aus dem lebhaften, Interviews mit zahlreichen Personen aus allen Schichten geschickt zur Herstellung von Authentizität einsetzenden Stil.

Lilo Linke hatte den Kontakt mit Schriftstellern und bildenden Künstlern der Andenstaaten gesucht und dabei das Problem ausländischer Überfremdung in der Form des euro-amerikanischen Kulturimperialismus gesehen. Die Eindringlichkeit, mit der sie sich dem Problem widmete, dürfte ihr erste Anerkennung in intellektuellen Kreisen dieser Länder verschafft haben, und in der Tat gehörte sie bald wie selbstverständlich zum literarisch-künstlerischen Leben Ecuadors.[59]

Allgemeine Achtung gewann sie im Laufe der Zeit wegen der Intensität, mit welcher sie sich mit Geschichte und Gegenwart des Landes auseinandersetzte. Ecuador – »Country of Tragedy and Frustration« nennt sie es in ihrem Andenbuch – wurde ihre geliebte Wahlheimat. Ende August 1940 war sie in der Landeshauptstadt Quito eingetroffen, gerade rechtzeitig, um etwa die Feierlichkeiten zur Amtseinführung des soeben gewählten ecuadorianischen Präsidenten Dr. Carlos Alberto Arroyo del Río am 1. September des Jahres zu erleben.[60] Im Jahre 1945 erwarb sie die Staatsbürgerschaft des Landes.[61]

Not, Entbehrung, harte Arbeit – damit lassen sich ihre Anfänge in der neuen Umgebung beschreiben. Da war zuallererst und lange bestehend das Problem des physischen Überlebens, das mühsam gelöst wurde durch schlecht bezahlte Tätigkeit als Lehrerin für englische Sprache und in der Sozialarbeit, durch spärliche Einkünfte aus gelegentlichen Beiträgen für südamerikanische Zeitungen und öffentliche Vorträge. Das bedeutete ein Leben am Rande des Existenzminimums.

Vorübergehend schienen emotionale Belastungen hinzugetreten zu sein, ja, Heimweh – nicht nach Deutschland, sondern nach England – kam auf. Aber an eine Rückkehr nach England mit ihrem deutschen Paß war vorerst nicht zu denken, und Storm Jameson bemühte sich, ihr klarzumachen, daß sie während des Krieges in England nichts Gutes zu erwarten habe.[62] Eine Zeitlang war jede briefliche Verbindung zwischen Lilo Linke und der britischen Freundin – auch zu den Stolpers[63] – abgerissen, wie Storm Jameson vermutete, als Folge der Gefühle der Demütigung und des Selbstzweifels, nachdem das Manuskript ihres Anden-Buches vom Verlag Constable zurückgewiesen worden war. Aber schließlich konnte Toni Stolper der gemeinsamen Freundin Storm Jameson mitteilen:

> »A letter of hers reached us these days, giving a picture of success and lively civic activity. Her immense vitality has broken through these impediments, and there does not seem to be anything to worry about her.«[64]

Bei Ende des Zweiten Weltkrieges wurden die Kontakte weiter intensiviert. Eine längere Zeit vorbereitetes Wiedersehen mit Gustav Stolper wurde in Mexiko arrangiert[65]; es ist ungewiß, ob diese Begegnung in der zweiten Hälfte des Jahres 1945 oder in der ersten Hälfte 1946 stattfand. Die Intensität dieser Beziehung hatte auch durch die lange Trennung nicht gelitten. Offenbar war für 1948 ein erneutes Treffen mit Gustav Stolper in Mexiko oder New York ins Auge gefaßt.[66] Im selben Jahr war das Manuskript von Lilo Linkes Yucatan-Buch abgeschlossen.[67] Erscheinen konnte das Buch – ein mit viel einfühlsamer Sympathie für die modernen Mayas und ihre alte Kultur geschriebenes Werk – nach langen vergeblichen Bemühungen um einen Verleger erst 1950.⁶⁸

Der Mexiko-Reise folgte die lange ersehnte, doch von vornherein nicht auf Dauer angelegte Wiederbegegnung mit England. Lilo Linke hielt sich 1946 und die überwiegende Zeit des Jahres 1947 in Großbritannien auf und erneuerte viele Kontakte mit alten Freunden. Aber die Zeit in London scheint ihr mehr Enttäuschungen als Freude bereitet zu haben, soweit wir Storm Jamesons Schilderung folgen dürfen. Sie fühlte sich vereinsamt unter verändert und müde wirkenden Menschen. Die Emigranten – Robert Neumann nicht ausgenommen – schienen sie um ihre Vitalität zu beneiden: »In some way or other she annoyed the London Germans«, so der Kommentar Storm Jamesons, »I think by being so full of life, so amazingly more developed, than they remembered her. It is always hard to forgive people for growing faster than oneself.«⁶⁹

Auch in London setzte sich der ihr längst vertraute tägliche Kampf um das Überleben fort. Gelegentliche Zeitungs- und Zeitschriftenartikel, öffentliche Vorträge – so erneut auf Einladung des Royal Institute of International Affairs –, Hörfunk- und Fernsehsendungen im BBC, das blieb auf die Dauer eine zu ungesicherte materielle Grundlage ihres Lebens, und als ausländische Besucherin konnte sie keine Arbeitserlaubnis erhalten. Dann – im Herbst 1946 – verschaffte ihr Storm Jameson eine Stelle bei der UNESCO in Paris, wo sie bis Ende März 1947 blieb.⁷⁰

Von Paris aus machte sie den Wohnort ihres Bruders in Deutschland ausfindig; ihre Eltern waren während des Krieges gestorben. Zu einem Wiedersehen mit dem Bruder kam es damals noch nicht; es entstand jedoch der Plan, den Neffen Hans Linke, eines der fünf Kinder des Bruders, nach England kommen zu lassen und dann bei sich in Ecuador aufzunehmen⁷¹, ein angesichts der verzweifelten Ernährungslage im Nachkriegsdeutschland verlockendes und wahrscheinlich auch gern akzeptiertes Angebot.

Was mögen Lilo Linkes Motive bei diesem Entschluß gewesen sein? Ging es wirklich nur um den Wunsch, einen dem Nazi-Einfluß ausgesetzt gewesenen jungen Mann nach ihren eigenen Vorstellungen und Idealen, nach demokratischen Prinzipien zu erziehen? War das vielleicht eher eine Rationalisierung anderer, unbewußter Motive? War vielleicht eher ihre Hoffnung ausschlaggebend, sich mit Hilfe ihres Neffen einen Ersatz für die verlorene Berliner Heimat, ein Mittel gegen ihre Einsamkeit zu sichern?⁷² War ihre Entscheidung vielleicht Ausdruck des sie lange quälenden Gefühls der Schuld gegenüber ihrer Mutter, einer Schuld, die sie auf solche Weise abzutragen hoffte? Die Antwort darauf muß offen bleiben. Jedenfalls schlug der Versuch fehl, trotz aller Erziehungsbemühungen Lilo Linkes, und nach vielen Problemen und viel Kummer mit ihrem Neffen⁷³ wirkte sie fast erleichtert, als er eines Tages, ein Jahr später, davonlief⁷⁴, um nach einem Aufenthalt in Kolumbien zu seinem Vater nach Deutschland zurückzukehren.

Doch verrät die im Abstand eines Jahrzehntes verfaßte Erzählung Lilo Linkes *Wo ist Fred?*[75] viel liebevolles Verständnis für die Situation des Neffen.

Auch nach ihrer Rückkehr nach Quito blieben der Englisch-Unterricht an verschiedenen Schulen – so im Centro Norteamericano, in einer von Nonnen geleiteten Mädchenschule, in einer katholischen Knabenschule, in einer Schule für Krankenschwestern, in einer Lehrerinnenbildungsstätte, in einer Schule für soziale Dienste, im ›Centro Linguistico de Verano‹ – und der erwachsenen Privatschülern erteilte Englisch-Unterricht, lange die hauptsächliche, häufig schlecht bezahlte Quelle für ihren Lebensunterhalt. Um manche Unterrichtsstelle mußte sie mit Bittgängen mühsam kämpfen, so beim Erziehungsminister, der ihre Einstellung bei einer Schule für Sozialarbeit zunächst mit der Begründung ablehnte, sie sei Kommunistin.[76]

Von Anfang an war sie bemüht, ihre Lehrtätigkeit mit sozialer Arbeit, besonders unter den durchweg hoffnungslos armen Indios, zu verbinden. Jahrelang besuchte sie an fast jedem Sonntagmorgen ein Indio-Dorf in den Bergen oberhalb Quitos, um dessen Bewohnern Lesen und Schreiben beizubringen.[77] Als sich die Möglichkeit abzeichnete, daß sie bei einem Projekt zur Erforschung der sozialen und ökonomischen Bedingungen der Landarbeiter eingesetzt werden sollte, nahm sie an einem Kurs für Geburtshilfe teil, denn, so ihre Begründung: »Ich fand bei meinen Reisen, daß es besonders für die Indios am wichtigsten ist, daß man ein wenig von Geburtshilfe versteht, denn dabei gehen hier unendlich viele Frauen und natürlich Kinder zugrunde, und ich habe herzzerreißende Fälle gesehen und konnte nicht zupacken.«[78] Aus ähnlichen Gründen begann sie um diese Zeit, die Indiosprache Quechua zu erlernen.

Sie entdeckte die Möglichkeiten des Marionettenspiels für ihre sozialen Anstrengungen. Angeleitet von einer nordamerikanischen Freundin, stellte sie Puppen her, und sie schrieb Texte für eine Reihe von Puppenspielen mit didaktischer Zielsetzung, etwa über die Bedeutung von Hygiene. Gegen Ende 1950 begann sie mit wachsendem Erfolg Puppentheateraufführungen in der Öffentlichkeit, in einem Arbeiterviertel und in einem mittelständischen Viertel von Quito, später begleitet von einer Studentin, der jungen Lia Graciela Aguirre, deren mütterliche Freundin sie wurde.[79] In der Casa de la Cultura in Quito organisierte sie für aus ärmsten Verhältnissen kommende Grundschüler ein wöchentliches Kulturprogramm mit dem Ziel, das Verständnis der Kinder für künstlerische Ausdrucksformen zu wecken.[80]

Eine Weile trat ihre schriftstellerisch-journalistische Tätigkeit hinter so vielen anderen Aktivitäten zurück. Stark beschäftigte sie lange die Absicht, die Lebensgeschichte ihrer Mutter zu schreiben, ein Projekt, mit dessen Hilfe sie mit dem sie bedrängenden Mutter-Tochter-Problem ins reine zu kommen hoffte. Aber eines Tages schien sich der Konflikt wie von selbst zu erledigen, als sie sich plötzlich nicht mehr am Schicksal ihrer Mutter schuldig wußte.[81]

Ende 1950 bahnte sich die Rückkehr Lilo Linkes zum Journalismus an. Sie war inzwischen der Journalisten-Union Ecuadors beigetreten und konnte an einem Regionalseminar von Journalisten aus den Andenstaaten teilnehmen, das sich mit sozialpolitischen Problemen wie Cooperativen, Arbeiterbildung, sozialen Diensten beschäftigte.[82]

Anfang 1951 riefen einige Journalistenfreunde Lilo Linkes eine Tageszeitung in Quito ins Leben, für die sie eine regelmäßige Kolumne soziologischen Charakters beisteuerte.[83] Mit dieser Arbeit fand sie so viel Beifall, daß ihr bald eine zweite Kolumne – jeden Montag – über Probleme der Jugendkriminalität übertragen wurde.[84] Die von ihr angewandte Interview-Methode, die in der Form von Dialogen in ihren Artikeln wiederkehrte, schien sensationell zu wirken: Es überraschte ihre Kollegen, daß man als Journalist viel Interessantes erfahren konnte, wenn man Menschen zum Sprechen brachte. Ein Großteil ihrer Erhebungen sollte als Material für ein Buch über soziale Probleme Quitos dienen, das indes nicht veröffentlicht wurde. Zwei weitere Artikelserien, eine über das Problem der Verschuldung der Mittelschichten und der Arbeiter Quitos, wofür sie praktische Abhilfen vorschlug, und über das Leben in der Provinz, schlossen sich an.[85] Die Journalisten-Union wählte sie 1951 als eine ihrer Delegierten zum ersten nationalen Journalisten-Kongreß Ecuadors[86], ein weiteres Zeichen der Anerkennung, die sie jetzt überall erfuhr.

Seither ergaben sich vielfältige neue berufliche Chancen für Lilo Linke. Mehr als drei Monate lang hielt sie sich Mitte 1952 in Bolivien auf, um die Fortschritte der von den indianischen Bauern und Zinnminenarbeitern unterstützten nationalrevolutionären Bewegung zu studieren:[87] Die Kräfte um Víctor Paz Estenssoro, mit denen sie bereits bei ihrem ersten Aufenthalt im Lande Kontakte geknüpft hatte, waren an die Macht zurückgekehrt. Das Resultat des erneuten Aufenthalts war ein Reisebuch, dessen aus dem Englischen übersetzte spanische Fassung 1956 unter dem Titel *Viaje por una revolución* im Verlag der ›Casa de la Cultura‹ in Quito erschien, nachdem sich kein Verlag in den USA und in England für eine englische Ausgabe hatte finden lassen.[88]

Um die gleiche Zeit erhielt sie den Auftrag des Royal Institute of International Affairs in London für ein Buch über Ecuador.[89] Das Manuskript hierfür war Anfang 1953 abgeschlossen[90] und wurde vom Auftraggeber mit viel Lob bedacht.[91] Unter dem Titel *Ecuador. Country of Contrasts* wurde das Buch – eine nüchterne landeskundliche Bilanz, mit dem sie sich einmal mehr als vorzügliche Kennerin Ecuadors auswies – 1954 in London und New York veröffentlicht.[92]

Für das Bulletin des Internationalen P.E.N.-Club verfaßte sie eine Reihe von Besprechungen moderner Werke der ecuadorianischen und bolivianischen Literatur, und eine Bremische Schulvereinigung beauftragte sie, eine landeskundliche Studie über Ecuador in jugendnahem Stil zu liefern.[93] Sie übernahm eine Aufgabe als Ecuador-Korrespondentin des deutschen Presse- und Wirtschaftsdienstes für Südamerika und schrieb unter dem Pseudonym ›Virginia Grant‹ für englische Zeitschriften und Zeitungen Gelegenheitsarbeiten nach der Art jener short stories, mit denen sie bei ihrem ersten Nachkriegsaufenthalt in England ihre Einkünfte aufgebessert hatte, deren schriftstellerischen Wert sie selbst jedoch gering einschätzte.[94] Aber auch anspruchsvollere Arbeiten konnte sie – vorwiegend in englischsprachigen Zeitschriften – unterbringen.

Seit Anfang 1953 bereitete Lilo Linke ihre zweite Europa-Reise nach dem Kriegsende vor.[95] Die Reise erstreckte sich über mehrere Monate um die Mitte des Jahres 1954 und führte sie nach England, Irland (zu Liam O'Flaherty und seiner Frau), Holland, Spanien und in die Bundesrepublik Deutschland. Die Reise brachte – nach 21 Jahren – auch das Wiedersehen mit dem inzwischen in Remagen lebenden Bruder – eine für Lilo Linke »recht unerfreulich« verlaufene Begegnung: der Bruder schien politisch wenig hinzugelernt zu haben.[96] Storm Jameson sah Lilo Linke in England, fand sie kaum verändert, weniger schlank, mit fahler gewordenem Haar und »just as dogmatic, enterprising, certain«[97].

Der journalistische Niederschlag der Reise, eine Serie von etwa achtzig Artikeln für ihre Zeitung in Quito, das liberale Blatt *El Comercio*[98], zu dessen Redaktion sie seit 1952 gehörte[99], verschaffte ihr weiteren Erfolg. Überhaupt brachte das Jahr 1954 Lilo Linke den endgültigen journalistischen Durchbruch, weniger als zehn Jahre ihres Lebens lagen noch vor ihr. Sie wurde mit festem und besserem Gehalt angestellt, ihr wurde – mit Prestigezuwachs – die sonntägliche Frauenseite der Zeitung übertragen, und sie erhielt – für sie besonders wichtig – die Möglichkeit, künftig von ihren Reisen durch sämtliche Provinzen des Landes über alle ihr wesentlich erscheinenden Sachverhalte zu berichten.[100]

Sie begann damals, an »meine alten Tage« zu denken und erwog den Kauf eines Grundstückes, um darauf ein Haus ganz für ihre Zwecke und Bedürfnisse zu bauen. Als das Gebäude mit Hilfe eines Darlehens der staatlichen Sozialversicherung und nach ihren eigenen Vorstellungen in Quito 1956 errichtet wurde, hatte sie Anlaß, Toni Stolper voller Stolz und Begeisterung von ihrem Haus mit der landesunüblichen Architektur, den vielen Fenstern, der großen Dachterrasse und dem herrlichen Fernblick auf sieben schneebedeckte Gipfel gewaltiger Andenvulkane, darunter den Cotopaxi und den Cayambe, zu berichten.[101]

Sorgen bereitete ihr um die Mitte der fünfziger Jahre die Häufung staatlicher Übergriffe und der wachsende, von dem Präsidenten Dr. José María Velasco Ibarra wohlwollend geduldete Einfluß einer falangistischen Gruppe, deren Aktivitäten sie im Hinblick auf ihre deutschen Erfahrungen sofort sensibel reagieren ließen.[102] Während ihr Verhältnis zu Velasco Ibarra gespannt blieb – er hatte sie einmal aus nichtigem Grund und zu Unrecht ausweisen wollen[103] – und ihre Haltung zu dem 1956 zum Präsidenten gewählten Konservativen Camilo Ponce Enríquez kritisch distanziert war, gehörte der frühere nationaldemokratisch-liberale Präsident Galo Plaza Lasso als treuer Leser ihrer Artikel zu ihren Förderern. Galo Plaza war es auch, der sie in seine Enquête-Kommission aufnahm, welche die Tätigkeit der United Fruit Company in Zentralamerika untersuchen sollte. Mit der Untersuchung der Arbeitsbeziehungen der Company beauftragt, lieferte Lilo Linke nach Beendigung des Unternehmens einen etwa 400 Seiten umfassenden Bericht ab.[104]

Zwischendurch kam sie auf die Anregung eines westdeutschen Verlages aus der Zeit ihres Deutschlandbesuches zurück, eine Abenteuer-Erzählung für Jungen im Alter von zwölf bis sechzehn Jahren zu schreiben. Da das Genre ihr fremd war, machte das Projekt nur langsam Fortschritte, aber schließlich war auch diese Aufgabe mit Hilfe eines ungarischen Freundes in Quito[105] bewältigt. Das Buch – ihr einziges in deutscher Sprache –, das offenbar Erlebnisse ihres Neffen Hans Linke in Ecuador verarbeitete, erschien erst posthum.[106]

In der zweiten Hälfte der fünfziger Jahre erhielt Lilo Linke eine Einladung des US Information Service zu einer Informationsreise in die Vereinigten Staaten, die dem Studium des landwirtschaftlichen Ausbildungswesens dienen sollte. Als eine besondere Verlockung erschien ihr eine solche Chance keineswegs. Ihre Vorbehalte gegenüber den USA bestanden noch immer, und der Aussicht, mit der Praxis der Rassentrennung in den Südstaaten konfrontiert zu werden, sah sie mit Unbehagen entgegen.[107] Noch einmal kam es – unbekannt wann – zu einer Wiederbegegnung mit Toni Stolper in New York.[108]

Im Grunde war sie längst zu sehr in ihrer selbstgewählten Aufgabe – zur Entwicklung Ecuadors beizutragen – aufgegangen, um andere Projekte für wichtig halten zu können, beanspruchte doch die ungewöhnliche Verbindung professioneller journalistischer Arbeit mit humanitären Zielsetzungen ihre ganze Kraft. An der Spitze aller ihrer humanitären Ziele stand die Verbesserung der Lebensverhältnisse der Indios. Für sie organisierte sie Alphabetisierungskampagnen, Rundfunkprogramme zur Erwachsenenbildung, Aktionen, die den Indios die Notwendigkeit der Impfung nahebringen sollten, für sie regte sie Aufforstungsmaßnahmen an.

Was sie als Reporterin für *El Comercio* leistete, überstieg bei weitem das landesübliche Maß journalistischer Arbeit. Mit eher verstärkter Intensität setzte sie in ihren letzten Lebensjahren ihre Reportagereisen durch alle Provinzen, auch zu außerordentlich schwer zugänglichen Teilen des Landes fort. Sie machte es sich zur Pflicht, Jahre nach dem Erscheinen einer Artikelserie über eine bestimmte Region dorthin zurückzukehren, um Fortschritte oder Rückschläge in der Entwicklung zu registrieren. Das Ergebnis waren ihre mehr als 2000 Artikel für *El Comercio*, statistisches Material, sozialwissenschaftliche und anthropologische Daten sorgfältig verarbeitende, auf genauer Beobachtung beruhende Studien, die vielen ecuadorianischen Lesern zum ersten Mal zu vertiefter Kenntnis ihres eigenen Landes verhalfen.[109]

Daß sie ihren Wagemut so weit trieb, als erste weiße Journalistin sogar die gefährliche Ostregion mit dem Dschungel nördlich des Quellgebiets des Amazonas – auf dem Kanu den Río Napo abwärts – zu bereisen, erregte weithin Bewunderung. Diese letzte Erkundungsreise, der noch eine weitere zu den Galápagos-Inseln hätte folgen sollen, schildert das in ihrem Todesjahr erschienene letzte Buch *People of the Amazon*[110]. Darüber hieß es in einer Besprechung: »Mr. Linke writes well about the jungle and it's people.«[111] Offenbar war es für den Rezensenten undenkbar, daß eine Frau solche Strapazen und Gefahren auf sich zu nehmen vermochte.

Lilo Linkes letzte große Reise führte sie Anfang 1963 zunächst nach Israel. Besuche in einer Reihe von europäischen Ländern – zumeist auf Einladung regierungsamtlicher Stellen – hätten sich anschließen sollen.[112] Auf dem Flug von Athen nach London war Lilo Linke jedoch am 27. April 1963 an Herzversagen gestorben.[113] Als habe sie ihr nahes Ende geahnt, hatte sie sich vor ihrer Abreise einer ärztlichen Untersuchung unterzogen, bei der eine Herzerkrankung festgestellt worden war.[114] Ihren letzten Willen hatte sie bereits längere Zeit vorher verfügt:[115] Als Alleinerbin war nunmehr Lia Graciela Aguirre, die Tochter des ihr befreundeten Rechtsanwaltes Manuel Augustin Aguirre in Quito, bestimmt.[116]

Um das Haus im Sinne Lilo Linkes zu erhalten, vermietete Lia Graciela Aguirre es an ihre Schwester Clara, die das im wesentlichen unverändert gebliebene Gebäude – mit der Wandmalerei des nordamerikanischen Malers Lloyd Wolf in der Eingangshalle, der Sammlung indianischer Volkskunst und von Werken zeitgenössischer lateinamerikanischer Maler – bis auf den heutigen Tag bewohnt.

Die Trauer, die die Nachricht vom plötzlichen Tod Lilo Linkes in Ecuador auslöste, fand Ausdruck in einer Fülle von Todesanzeigen, Beileidsbekundungen und Nachrufen, die *El Comercio* eine ganze Woche lang abdruckte. Wegen der zeitraubenden Bemühungen, Angehörige Lilo Linkes in der Bundesrepublik Deutschland zu ermitteln –der Bruder zeigte sich später anscheinend auch desinteressiert, seine Schwester in Westdeutschland bestatten zu lassen[117] – konnten die sterblichen Überreste Lilo Linkes erst mehr als ein halbes Jahr später von London nach Quito überführt werden. Lilo Linkes Freunde dort erinnern sich genau: Es war der Tag von John F. Kennedys Ermordung am 22. November 1963. Die von Lilo Linkes Freunden, dem Ehepaar Gene und Arthur Fried und Olga Fisch organisierte Überführung, die von der Familie Aguirre finanzierte Beisetzung in der Heimat ihrer Wahl[118] entsprachen wohl dem Willen Lilo Linkes am ehesten.

Wer Lilo Linke wirklich war, und wie sie wirklich war, darüber gab und gibt es unter den Menschen, die ihr begegneten, bewundernde, aber auch kritische Urteile. Toni Stolper zum Beispiel stellte narzißtische Züge an ihr fest und wußte sich dabei in Übereinstimmung mit Storm Jamesons Beobachtung.[119] Willi Soukop war bei seiner flüchtigen Begegnung mit ihr aufgefallen, daß sie »Gelegenheiten zu ihrem

Zweck gut zu nutzen wußte.«[120] Hans Newman, der sie als junger Mann 1947/48 im Hause seiner gastgebenden Eltern in London fast täglich erlebte, fand sie in ihrem Urteil, besonders in Fragen künstlerischer Natur, oberflächlich und unsensibel, aber als Autodidaktin lernbegierig genug, aus dem Umgang mit »intellektuellen, größeren Persönlichkeiten« den Vorteil der Wissenserweiterung zu ziehen, wobei er bei ihr tiefere Intelligenz und auch Humor vermißte.[121] Ihr Optimismus habe sie oft zu naiven, allzu positiven Urteilen über Personen und Sachverhalte verleitet, bemerkte Gene Fried[122]; »naiv ... in rührender Weise« fand sie auch Hans Newman. Von »faltas personales« Lilo Linkes spricht Gene Fried, doch ohne zu präzisieren, worin jene »persönlichen Fehler« bestanden.[123]

Von sich selbst sagte Lilo Linke, sie habe sich niemals als irgendjemandes Besitz betrachtet.[124] Sie war in der Tat ein ganz und gar unabhängiger Mensch »mit einem eigenen Verhaltenskodex«, wie Gene Fried es ausdrückte. Das vor allem mag erklären helfen, weshalb sie auf eine besondere, gewiß oft schmerzliche Weise hat erfolgreich werden können.

1 Ohne die Auskünfte, Hilfe und Hinweise von vielen Seiten hätte dieser – vorläufige und lückenhafte – Lebensbericht nicht geschrieben werden können. Zu besonderem Dank bin ich verpflichtet Srta. Lila Graciela Aguirre, Mr. Eugen M. Brehm, Prof. Dr. Paul Engel, Sra. Olga Fisch, Mr. Arthur Fried und Mrs. Gene Fried, Frau Dorothea Hasbargen-Wilke, Frau Irmgard Laaf, Prof. Jan van Loewen, Herrn Erich Lüth, Mr. Hans Newman, Frau Else Reinhard, Herrn Prof. Dr. Julius H. Schoeps, Mr. Willi Soukop, Herrn Wolfgang Steigert, Herrn Werner Stephan†, Frau Dr. Toni Stolper, Mrs. Margaret Jameson†.- 2 In dem von Wilhelm Sternfeld versandten Fragebogen der deutschen Akademie für Sprache und Dichtung, Darmstadt, beantwortete Lilo Linke die Frage nach Zeitschriften und Zeitungen, in welchen »nach 1933 wesentliche Arbeiten« von ihr erschienen: »Zu zahlreich, um sie auch nur annähernd zu erwähnen. Beiträge zu: Time & Tide, New Statesman, World Review, The Fortnightly, The World Today, alle London; Globe, Milwaukee, U.S.A., P.E.N. International etc., etc., alle englisch. Gelegentliche Beiträge zu holländischen Zeitschriften, und – nach 1952 – zu deutschen Tageszeitungen, z.B. Badische Neueste Nachrichten. Es handelt sich in allen diesen Fällen hauptsächlich um Reiseberichte, Buchbesprechungen, allgemeine Feuilletons. Nur die Beiträge für die deutschen Tageszeitungen wurden deutsch geschrieben ... Seit 1952 gehöre ich zum Redaktionspersonal der Tageszeitung ›El Comercio‹, ... Quito. Mit Deutschland habe ich schriftstellerisch kaum noch etwas zu tun.« EB Sternfeld-Nachlaß A IV, Deutsche Bibliothek, Frankfurt a.M., Abt. IX, Exil-Literatur 1933–1945. Literaturarchiv. — 3 Siehe unten Anm. 75 und 106. — 4 Eine unvollständige Sammlung ihrer Werke befindet sich in der Deutschen Bibliothek, Frankfurt/M., Deutsches Exilarchiv 1933–1945. — 5 Solche Fehlinformationen finden sich in: *International Biographical Dictionary of Central European Emigrees 1933–1945*, Vol. II, Part. 2 L–Z, München/New York/London/Paris 1983, S. 773; Gabriele Tergit: »Die Exilsituation in England«, in: Manfred Durzak (Hg.), *Die Deutsche Exilliteratur 1933–1945*, Stuttgart 1973, S. 136, 557; Wilhelm Sternfeld, Eva Tiedemann: *Deutsche Exilliteratur 1933–1945. Eine Bio-Bibliographie*, München ²1970, S. 310f. Dagegen ist zu korrigieren: Lilo Linke ist nicht in Ostpreußen geboren. Sie ist nicht durch einen Flugzeugunfall und nicht im Juli 1963 ums Leben gekommen. Die Behauptung, »Die junge Lilo Linke gab Roman auf Roman ... heraus«, ist falsch, demzufolge auch die pauschale Bezeichnung

aller ihrer Werke als ›novel‹. Die Tatsache, daß sie – neben acht weiteren selbständigen Titeln – einen einzigen Roman veröffentlichte, rechtfertigt ebensowenig die Behauptung, sie sei eine »erfolgreiche Romanautorin« gewesen, wie die Tatsache, daß sie sich nach dem Ende des Zweiten Weltkrieges mehrmals in Europa aufhielt, die durch Verkürzung irreführende Formulierung »nach Kriegsende Rückkehr nach Europa« zuläßt. Streng genommen läßt sich auch nicht aufrechterhalten, sie sei »als Journalistin in Berlin tätig« gewesen. Manche solcher Fehlinformationen lassen sich bis zu dem kurzen Nachruf »Leben und Arbeit Lilo Linkes« zurückverfolgen, der in *Der Aufbau* vom 2. 8. 1963, erschien. — **6** Bibliographische Angaben unten S. 70. — **7** Lilo Linkes Berliner Wohnung: Weichselstraße 26I, Berlin O. 112; vgl. Julius H. Schoeps (Hg.): *Im Streit um Kafka und das Judentum. Max Brod – Hans Joachim Schoeps; Briefwechsel.* Kronberg/Ts. 1986, S. 68. – Die im folgenden mitgeteilten Namen der Eltern nach dem Testament Lilo Linkes, im Besitz von Lia Graciela Aguirre, Quito. — **8** Wahrscheinlich als Mitglied des Gewerkschaftsbundes der Angestellten. — **9** Zeitgenössische Selbstdarstellung des Verbandes: Ernst Schein: »Die demokratische Jugendbewegung«, in: Richard Thurnwald (Hg.): *Forschungen zur Völkerpsychologie und Soziologie*, Bd. IV, *Die neue Jugend*, Leipzig 1927, S. 239–251; siehe auch Bruce B. Frye: *The History of the German Democratic Party and the German State Party*, Carbondale and Edwardsville 1985, S. 94 f.; wenig erhellend: Ernst Lemmer: *Manches war doch anders. Erinnerungen eines deutschen Demokraten*, Frankfurt/M. 1968. — **10** Das Protokoll über die Beschlüsse der Sitzung der Bundesleitung vom 27. 4. 1927 (Privatbesitz des Verfassers) verzeichnet: »Fräulein Linke soll bestimmt eingestellt werden. Gehalt ca. 130,– Mark. — **11** Die Entschlüsselung der Namen nach den Protokollen der Bundesleitung der Jungdemokraten (siehe Anm. 10). – Werner Stephan †, der ehemalige Reichsgeschäftsführer der DDP, hat ebenfalls zur Entschlüsselung mancher Namen beigetragen (briefl. Mitteilung an den Verfasser, 2. 5. 1976). — **12** Briefl. Auskunft von Erich Lüth, 16. 1. 1976. — **13** Briefl. Auskunft von Ernest Selby, 28. 3. 1976. — **14** Briefl. Auskunft von Toni Stolper, 27. 1. 1976. — **15** Briefl. Auskunft von Toni Stolper, 10. 10. 1985. – Über Gustav Stolpers *Deutscher Volkswirt* vgl. Toni Stolper: *Ein Leben in Brennpunkten unserer Zeit. Wien/Berlin/New York. Gustav Stolper 1888–1947*, Tübingen 1960, S. 188–320. — **16** Die Rede Stolpers in Mannheim am 5. 10. 1929 in: Bestand DDP/DStP, Bundesarchiv Koblenz, R 45 III/7, Bl. 138–195; die Rede liegt auch gedruckt vor: Die wirtschaftlich-soziale Weltanschauung der Demokratie. Programmrede von Dr. Gustav Stolper auf dem Mannheimer Parteitag der Deutschen Demokratischen Partei am 5. Oktober 1929, Berlin 1929. – Ein Vergleich mit dem kurzen Zitat aus der Rede in Lilo Linke, *Restless Flags*, S. 317, ergibt weitgehende Übereinstimmung mit dem Redetext Gustav Stolpers, Bl. 193 bzw. S. 42 f., ein Hinweis auf die enge Verbindung beider auch im Exil. — **17** So Toni Stolper in Mitteilung an den Verfasser, 10. 10. 1985. — **18** Storm Jameson: *Journey from the North. Autobiography of Storm Jameson*, I, London 1969, S.270 f. — **19** Ebd., S. 274–282. — **20** Toni Stolper, *Ein Leben ...*, S. 318–330. — **21** So nach den Angaben Lilo Linkes in dem in Anm. 2 genannten Fragebogen; im Oktober 1933 nach den Angaben Storm Jamesons, *Journey from the North*, I, S. 309. — **22** Briefl. Auskunft von Toni Stolper, 7. 8. 1984. — **23** Lilo Linke: *Tale without End*, London/New York 1934. Das Buch ist Gustav Stolper gewidmet: »For G. S. to thank him«. — **24** So Harold Strauss: »A German Girl's Journey in France. Lilo Linke's Well-Written Story of a Year's Impressionable Wandering Gives the Effect of Springing Straight from Life, in: *The New York Times Book Review*, August 12, 1934. — **25** Willi Soukop begegnete Lilo Linke 1934 bei Kay Starr, einer gemeinsamen Freundin, in deren Haus Lilo Linke an ihrem Buch arbeitete. Der Künstler wurde bei dieser Gelegenheit von Lilo Linke um Illustrationen für ihr Buch gebeten. Briefl. Mitteilung von Willi Soukop. 6. 5. 1986. — **26** So Harold Strauss: »A Strong Light on Germany. Lilo Linke's Autobiography Shows a Remarkable Personality Emerging from the Mist and Chaos of the Republican Interlude«, in: *The New York Times Book Review*, April 7, 1935: John Chamberlain: »Books of the Times«, in: *The New York Times*, April 5, 1935. — **27** Eine Rezension aus dem deutschen Exil: F. St. (d.i. Friedrich Stampfer): »Eine Deutsche erzählt englisch. Lilo Linkes ›Restless Flags‹«, in: *Neuer Vorwärts*, 6. 6. 1937. Stampfer schrieb darin: »Das Buch würde verdienen, auch in deutscher Sprache zu erscheinen. Es ist in Form einer Selbstbiographie ein wesentlicher Beitrag zur Geschichte der jüngsten Vergangenheit, und für die Politik ist manches daraus zu lernen«. — **28** Wolfgang Langhoff: *Rubber Truncheon. Being an account of thirteen months spent in a concentration camp.* Translated from the German by Lilo Linke. With a foreword by Lion Feuchtwanger, London (Constable & Co. Ltd.) 1935. — **29** Vgl. Robert Neumann: *Ein leichtes Leben. Bericht über mich sebst und Zeitgenossen*, Wien/München/Basel 1963, S. 107 f. — **30** Dies wird aus den zahlreichen Briefen von Storm Jameson an Robert Neumann im Nachlaß Robert Neumann, Österreichische Nationalbibliothek, Wien, Handschriften- und Inkunabelsammlung, deutlich. — **31** Eine amerikanische Ausgabe erschien 1937 bei Alfred A. Knopf, New York. — **32** So in dem in Anm. 2 zitierten Fragebogen. — **33** Vgl. die Rezensionen in *The New York Times:* Robert van Gelder: »Books of the Times«, August 2, 1937; Katherine Woods: »Lilo Linke's Vivid Panorama of Turkey in Transition«, August 8, 1937. — **34** Storm Jameson, *Journey from the North*, II, S.311. Ihr Ansehen als Kennerin der türkischen Verhältnisse erklärt auch ihren politisch-volkswirtschaftlichen Beitrag »Turkey« in dem Sammelband *Hitler's Route to Bagdad*, London (Allen & Unwin) 1939. — **35** Storm Jameson: *Journey from the North*, II, S. 311. — **36** Lilo Linke: *Cancel All Vows*, London (Constable) 1938._ **37** *Cancel All Vows*, S. 346 f. (im Gespräch mit der Romanfigur »Jochen«, d. i. vielleicht Hans-Joachim Schoeps, dem sie immer freundschaftlich verbunden blieb). - Als eine merkwürdig demonstrative Vorwegnahme der Ecuador-Phase ihres Lebens erscheint auch jene Stelle in *Restless Flags*, S. 273, an der sie als Beispiel ihrer geographischen Unkenntnis in ihrer Schulzeit Ecuador erwähnt. — **38** Lilo Linke an Robert Neumann, 3. 6. 1938, Nachlaß Robert Neumann, Ser. Nr. 21.807. — **39** Lilo Linke an Robert Neumann, 22. 5. 1938, Nachlaß Robert Neumann, Ser. Nr. 22.473. — **40** Robert Neumann: »Miniaturen. Lilo Linke«, in: *Das Neue Tagebuch*, 6. Jg. (1938), S. 598. — **41** Lilo Linke an Robert Neumann, 28. 6. 1938, Nachlaß Robert Neumann, Ser. Nr. 22.473. — **42** Lilo Linke an Robert Neumann, 3. 6. 1938, Nachlaß Robert Neumann, Ser. Nr. 21.807. — **43** Lilo Linke an Robert Neumann, 28. 6. 1938, Nachlaß Robert Neumann, Ser. Nr. 22.473. — **44** Storm Jameson, *Journey from the North*, II, S. 309-312. — **45** Dazu s. Anm. 53. — **46** Lilo Linke an Rudolf Olden, 24. 1. 1938 (mit Beantwortungsvermerk von Oldens Hand, 25. 1. 1938), Deutsche Bibliothek, Frankfurt/M., Abteilung IX, Exil-Literatur 1933-1945, Literaturarchiv, EB 75/175/422 - Auch Storm Jameson, die seit 1938 an der Spitze des englischen P.E.N.-Club stand, könnte sie dem deutschen P.E.N. im Exil empfohlen haben. — **47** Storm Jameson, *Journey from the North*, II, S. 310. — **48** Ebd., S. 312. — **49** Neumann an Olden, 10. 2. 1938; Olden an Neumann, 11. 2. 1938; Neumann an Olden, 12. 2. 1938, in: Deutsche Bibliothek, Abt. Exil-Literatur, Lit. Archiv EB 75-175/438-440. — **50** Lilo Linke an Robert Neumann, 28. 6. 1938, Nachlaß Robert Neumann, Ser. Nr. 22.473. — **51** Rudolf Olden an Robert Neumann, 25. 7. 1938, Nachlaß Robert Neumann, Ser. Nr. 22.833. — **52** Storm Jameson, *Journey from the North*, II, S. 311. — **53** Siehe Beatrix Bouvier: *Die Deutsche Freiheitspartei - DFP - ein Beitrag zur Geschichte der Opposition gegen den Nationalsozialismus*. Phil. Diss. Frankfurt/M. 1972; S. 82-86 über Kluthe. — **54** Lilo Linke an Walter Westphal (d.i. H.A. Kluthe), 18. 4. 1939, in: Nachlaß Kluthe, 12, Bundesarchiv Koblenz. - Möglicherweise war die Bekanntschaft über Gustav Stolper zustandegekommen; einen Hinweis darauf liefert: Hans Joachim Schoeps: *Ja - Nein - und trotzdem. Erinnerungen. Begegnungen. Erfahrungen*, Mainz 1974, S. 202. — **55** Bescheinigung, 15. 6. 1939, NL Kluthe, 12, BA Koblenz. — **56** Lilo Linke an Hans Joachim Schoeps, 28. 2. 1939, Privatarchiv Prof. Dr. Julius H. Schoeps. — **57** Lilo Linke: *Andean Adventure. A Social and Political Study of Columbia, Ecuador and Bolivia*, London/New York/Melbourne/Sidney (Hutchinson & Co.) 1945, S. 7 (Das Buch enthält Illustrationen). - Der folgenden Darstellung von Lilo Linkes Biographie seit 1940 liegen vor allem die in dem Briefwechsel zwischen ihr und Toni Stolper bzw. Toni Stolper und Storm Jameson (mit Durchschriften der Briefe Toni Stolpers) enthaltenen Informationen zugrunde: Toni Stolper Collection, box 5, general correspondence L-O, bzw. box 3, folder 1-3, Leo Baeck Institute, New York. — **58** Storm Jameson an Toni Stolper, 25. 7. 1944, Stolper Collection, box 3, folder 1. — **59** So war sie z.B. Mitglied der LECLA (Liga Ecuatoriana des Sciencias, Literatura y Artes). Aufschlußreich ist auch, daß ecuadorianische Maler Lilo Linke porträtiert haben. Die Bilder befinden sich im Privatbesitz von Gene Fried und Lia Graciela Aguirre, Quito. — **60** Lilo Linke, *Andean Adventure*, S. 179. — **61** So nach eigenen Angaben in dem in Anm. 2 genannten Fragebogen. - Zu ihrer Einbürgerung in Ecuador verhalf ihr einer ihrer dortigen Freunde, der Erziehungs- und spätere Außenminister Vicente Trujillo (So Gene Fried im Gespräch mit dem Verfasser, 28. 12. 1985). — **62** Storm Jameson an Toni Stolper, 25. 7. 1944, Stolper Collection, box 3, folder 1. — **63** Toni Stolper an Storm Jameson, 10. 7. 1944, Stolper Collection, box 3, folder 1. — **64** Toni Stolper an Storm Jameson, 29. 7. 1944, Stolper Collection, box 3, folder 1. — **65** Lilo Linke an Toni Stolper, 3. 1. 1956, Stolper Collection, box 5, general correspondence L-O, und briefl. Mitteilung von Dr. Toni Stolper an den Verfasser, 7. 8. 1984. — **66** Lilo Linke an Toni Stolper, 31. 12. 1947, Stolper Collection, ebd. — **67** Lilo Linke an Toni Stolper, 18. 1. 1948, Stolper Collection, ebd. — **68** Lilo Linke: *Magic Yucatan. A Journey Remembered, with 34 Illustrations*, London/New York/Melbourne/Sidney/Cape Town (Hutchinson & Co., LTD) 1950. (Das Buch ist Charles Fenn gewidmet). — **69** Storm Jameson an Toni Stolper, 5. 10. 1946, Stolper Collection, box 3, folder 2. — **70** Ebd. und Storm Jameson an Toni Stolper, 9. 11. 1946; 30. 11. 1946; 15. 4. 1947, Stolper Collection, ebd. Ihre Tätigkeit bei der UNESCO in Paris endete mit dem 28. Februar 1947. Lilo Linke blieb jedoch noch einige Wochen in Paris, da sie sich dort mit ihrem Bruder zu treffen hoffte. Lilo Linke an Hans-Joachim Schoeps, 28. 2. 1947, Nachlaß 148 (H.–J. Schoeps), Ordner 97, Staatsbibliothek Preußischer Kulturbesitz, Handschriftenabteilung, Berlin. — **71** Nach Auskunft von Gene Fried (Gespräch am 28. 12. 1985). — **72** Daß Lilo Linke sich oft einsam fühlte, haben manche ihrer Freunde und Bekannten dem Verfasser gegenüber betont, so Graciela Aguirre (Gespräch am 2. 1. 1986) und Hans Newman (briefl. Mitteilung, 8. 6. 1986). — **73** Lilo Linke an Toni Stolper, 29. 1. 1948; 25. 11. 1948; 8. 12. 1948; 26. 12. 1948; Stolper Collection, box 5, general correspondence L–O. Lilo Linke an Hans-Joachim Schoeps, 13. 9. 1948, NL H.-J. Schoeps, Ordner 108; 6. 7. 1949; Ordner 113. — **74** Lilo Linke an Toni Stolper, 1. 9. 1949, Stolper Collection, ebd. – Lilo Linke an Hans-Joachim Schoeps, 18. 7. 1950, NL H.-J. Schoeps, Ordner 100. — **75** Hamburg, (Blüchert Verlag 1963); siehe unten Anm. 106. – Auffallend ist die Übereinstimmung des Namens des Helden mit dem Namen der männlichen Hauptfigur in *Tale Without End*. — **76** Lilo Linke an Toni Stolper, 5. 6. 1950, Stolper Collection, box 5, general correspondence L–O. — **77** Lilo Linke an Toni Stolper, 2. 4. 1951, ebd. — **78** Lilo Linke an Toni Stolper, 1. 3. 1949, ebd. — **79** Lilo Linke an Toni Stolper, 31. 3. 1949; 1. 9. 1949; 13. 10. 1950; 17. 12. 1950; 2.4. 1951, ebd. — **80** Lilo Linke an Toni Stolper, 17. 12. 1950, ebd. — **81** Lilo Linke an Toni Stolper, 31. 12. 1947; 5. 6. 1950; 19. 6. 1950; 13. 10. 1950, ebd. — **82** Lilo Linke an Toni Stolper, 5. 6. 1950, ebd. — **83** Lilo Linke an Toni Stolper, 17. 12. 1950 ebd.: »... and finally I am getting ready for my journalistic work: the new paper will first be published on January 15, and I shall have a weekly column on sociology.« Von Lilo Linke, die nie eine universitäre Ausbildung erhalten hatte, wurde eine derartige wissenschaftliche Grundlage ihrer Arbeit aufgrund ihrer Kenntnisse in Ecuador offenbar als selbstverständlich angenommen, und Lilo Linke hat der Vermutung auch vielleicht nicht widersprochen. So kann es bei Arthur Weilbauer: *Die Deutschen in Ecuador. Historische Studien*, Quito 1975, S. 89, heißen: »Lilo Linke: Sie ging aus der Berliner sozialen Studentengruppe hervor ...«. – »Anscheinend tiefes Interesse« an Philosophie, so an der Philosophie Hermann Cohens, stellte Jan van Loewen bei ihr fest. Sie habe auch in Beziehung zur ›Frankfurter Schule‹ gestanden und Theodor W. Adorno persönlich gekannt. (Briefl. Mitteilung von Jan van Loewen, 7. 7. 1986). — **84** Lilo Linke an Toni Stolper, 8. 12. 1951, Stolper Collection, general correspondence, L–O. — **85** Lilo Linke an Toni Stolper, 24. 8. 1953, ebd. — **86** Lilo Linke an Toni Stolper, 8. 12. 1951, ebd. — **87** Lilo Linke an Toni Stolper, 6. 10. 1952, ebd. — **88** Lilo Linke an Toni Stolper, 8. 5. 1955, ebd. Erst seit Ende der fünfziger Jahre war die literarische Agentur von Prof. Jan van Loewen, London, – auf Empfehlung Robert Neumanns – für Lilo Linke tätig, (briefl. Mitteilung von Jan van Loewen, 7. 7. 1986). — **89** Lilo Linke an Toni Stolper, 6. 10. 1952, wie Anm. 84. — **90** Lilo Linke an Toni Stolper, 17. 3. 1953, ebd. — **91** Lilo Linke an Toni Stolper, 9. 5. 1953, ebd. — **92** Im Verlag des Royal Institute of International Affairs, London – New York. Das Buch erlebte 1960 eine zweite, 1976 eine dritte Auflage. Das im Besitz der Schwester von Lia Graciela Aguirre, Quito, befindliche Handexemplar Lilo Linkes enthält zahlreiche Randnotizen, die auf die Absicht einer ergänzten bzw. verbesserten Neuauflage hindeuten. — **93** Lilo Linke an Toni Stolper, 17. 3. 1953, Stolper Collection, box 5, general correspondence, L–O. — **94** Lilo Linke an Toni Stolper, 9. 5. 1953, ebd. — **95** Lilo Linke an Stolper, 26. 3. 1953; 24. 8. 1953; 20. 4. 1954, ebd. — **96** Lilo Linke an Toni Stolper, 15.12. 1954, ebd. – Vom Ergebnis alliierter ›reeducation‹-Politik war sie tief enttäuscht. (Briefl. Mitteilung von Jan van Loewen, 7. 7. 1986). Herzlich verlief dagegen das Wiedersehen mit Hans-Joachim Schoeps, mit dem sie seit 1946 wieder in brieflichem Kontakt stand: Lilo Linke an Hans-Joachim Schoeps, 8. 5. 1954; Hans-Joachim Schoeps an Lilo Linke, 10. 5. 1954 (Durchschrift), NL H.-J. Schoeps, Ordner 123; Lilo Linke an Hans-Joachim Schoeps, 20. 6. 1954, NL H.-J. Schoeps, Ordner 103. — **97** Storm Jameson an Toni Stolper, 19. 11. 1954, Stolper Collection, box 3, folder 2. — **98** Lilo Linke an Toni Stolper, wie Anm. 96. — **99** Nach ihren eigenen Angaben in dem in Anm. 2 genannten Fragebogen. Einer der Besitzer der Zeitung, Carlos Mantilla Ortega, war mit Lilo Linke eng befreundet. (So Gene Fried im Gespräch mit dem Verfasser, 28. 12. 1985). — **100** Lilo Linke an Toni Stolper, wie Anm. 93. — **101** Lilo Linke an Toni Stolper, 6. 11. 1955 und 3. 1. 1956, ebd. — **102** Lilo Linke an Toni Stolper, 8. 5. 1955, ebd., ähnlich besorgt: 13. 12. 1953 aus Anlaß des vorübergehenden Verbotes von *El Comercio*, ebd. — **103** Vgl. Gene Fried, Lilo Linke, in: El Comercio, 29. 2. 1976. — **104** Lilo Linke an Toni Stolper, 11. 11. 1956, Stolper Collection, box 5, general correspondence L–O. — **105** Polly Anhalzer, seine Schwester Olga Fisch – eine Malerin, Zeichnerin, Designerin, Folklore-Kunsthändlerin und deren Ehemann Bela Fisch – gehörten zu den engsten Freunden Lilo Linkes in Quito. (Gespräch mit Olga Fisch am 27. 12. 1985). Vgl. Olga Fisch: *El folclor que yo viví*.

The folklore through my eyes. Memorias, Quito 1985. — **106** Siehe oben Anm. 75; Lilo Linke an Toni Stolper, 6. 11. 1955, Stolper Collection, box 5, general correspondence, L–O. — **107** Lilo Linke an Toni Stolper, 3. 1. 1956; 11. 11. 1956; 31. 5. 1957, ebd. — **108** Briefl. Mitteilung von Toni Stolper, 27. 1. 1976. — **109** So in dem dreispaltigen Nachruf der Redaktion: »Lilo Linke fue infatigable viajera para informar sobre la realidad de nuestro país«, in: *El Comercio*, 2. 5. 1963. — **110** Das Gene Fried gewidmete, mit Illustrationen ausgestattete Buch erschien bei Robert Hale, London. — **111** *Times Literary Supplement*, 14. 11. 1963, Books Received, Travel und Adventure. — **112** Auskunft von Gene Fried im Gespräch mit dem Verfasser, 28. 12. 1985. — **113** Dem Verfasser erteilte Auskunft der Civic Aviation Authority, London, 5. 2. 1985, mit Auszug aus ›Deaths in Aircraft Registered in the United Kingdom‹, 1963, Nr. 693, wonach die Obduktion als Todesursache »Coronary Occlusion due to Atheroma« ergab. Die Nachricht von den Umständen ihres Todes erschien manchen ihrer Freunde und Bekannten so widersprüchlich und rätselhaft, daß der Gedanke an einen Selbstmord aufkam. (So Hans Newman in briefl. Mitteilung an den Verfasser, 8. 6. 1986). Von Katja Gould, der Londoner Agentin Lilo Linkes, erfuhr Storm Jameson, Lilo Linke habe sich im Februar 1963 in Paris aufgehalten, sei danach in Griechenland gewesen und habe sich plötzlich entschlossen, zurückzukehren, ohne wie vorgesehen ihren Bruder in Frankfurt zu besuchen und ohne, vor der Rückreise über New York, als Gast des British Central Office of Information nach London zu kommen und dort die Agentin, Storm Jameson und andere Freunde zu treffen; Storm Jameson an Toni Stolper, 1. 6. 1963, Stolper Collection, box 3, folder 3, – Informationen, die sich in den nächsten Wochen als teilweise inkorrekt erwiesen: Storm Jameson an Toni Stolper, 20. 6. 1986, ebd. – Ähnlich ratlos: Franziska (›Rolly‹) Becker-Neumann an Robert Neumann, 20. 7. 1963, Nachlaß Robert Neumann, Ser. Nr. 21.840: »...niemand weiß, warum sie zurückflog, sie war auf dem Weg nach Deutschland, wurde erst viel später in London erwartet, hat dort niemand angerufen ...« — **114** Gene Fried: »Lilo Linke«, in: *El Comercio*, 29. 2. 1976, und im Gespräch mit dem Verfasser, 28. 12. 1985. — **115** Testament vom 6. Juni 1957, im Besitz von Srta. Lia Graciela Aguirre (Kopie beim Verfasser), Eröffnung des Testaments: 13. 9. 1963. — **116** Gene Fried und Olga Fisch erinnern sich, Lilo Linke habe das Haus vor ihrer Abreise für den Fall ihres Todes nacheinander ihnen und anderen Freunden angeboten. Graciela Aguirre bestätigte, daß auch ihr das Haus von Lilo Linke angeboten worden sei; sie habe erst nach langem Zögern das Angebot angenommen. (Gespräch mit dem Verfasser, 2. 1. 1986). — **117** Storm Jameson an Toni Stolper, 20. 6. 1963; 28. 6. 1963; Stolper Collection, box 3, folder 3. — **118** Ebenfalls am 22. 11. 1963 (Nach dem Register der Friedhofsverwaltung, Quito). — **119** Gespräch mit Toni Stolper, 5. 10. 1985. — **120** Briefl. Mitteilung an den Verfasser, 6. 5. 1986. — **121** Briefl. Mitteilung an den Verfasser, 8. 6. 1986. — **122** Gespräch mit dem Verfasser, 28. 12. 1985. — **123** Gene Fried, Lilo Linke, in: El Comercio, 29. 2. 1976. — **124** Lilo Linke an Toni Stolper, 31. 5. 1957, Stolper Collection, general correspondence, L–O.

Jürgen Nieraad

Deutschsprachige Literatur in Palästina und Israel*

Zur Forschungslage

In einer ganzen Reihe von in den letzten Jahren in der Bundesrepublik erschienenen Anthologien (vgl. Faerber 1979, Pazi 1981, Schwarz-Gardos 1983, 1984, Mytze 1980, 1982) haben sich deutschsprachige Dichter und Schriftsteller aus Israel zu Wort gemeldet. Bei den Beiträgern dieser Sammlungen handelt es sich nahezu ausschließlich um die Generation der zwischen 1890 und 1920 Geborenen, die vor dem Nazismus fliehen mußten, in den dreißiger Jahren nach Palästina einwanderten und seitdem dort schriftstellerisch tätig sind. Alte, sehr alte Menschen heute, Angehörige einer aussterbenden Generation, diese letzten ›Jekkes‹ – wie die deutschen Juden damals bissig-ironisch, heute eher liebevoll-nostalgisch genannt werden[1] – und Zeugen verschütteter, barbarisch zerstörter literarisch-kultureller Traditionen. Aufmerksamkeit gebührt ihnen also auch um solcher Zeugenschaft willen, diesen in ihrer Vitalität, ihrer Zitierlust und Erinnerungsfreude beeindruckenden Literaten, deren Enkel schon nicht mehr ihre Sprache sprechen und deren oft großartige Bibliotheken deutscher Literatur von Weimar bis Weimar – »für Zufluchtsjahre/ein Schilderhaus« (Werner Bukofzer) – keine Erben mehr finden werden. Mit dieser Generation wird wohl auch die deutschsprachige Literatur in Israel zu Ende gehen. Um so dringlicher also wäre es, das in Archiven, Nachlässen, Bibliotheken, Manuskripten, autobiographischen Entwürfen zerstreute, in den Erinnerungen der noch Lebenden präsente Material zu sammeln, auszuwerten, tradierbar zu machen.[2] Was Hans Sahl (in Winkler 1977, S. 15) für die exilierten Literaten im allgemeinen sagt, hat hier besonderes Gewicht: »Wir sind die letzten. / Fragt uns aus. / Wir sind zuständig. / Wir tragen den Zettelkasten...« Tatsächlich aber hat sich bislang die germanistische Forschung eher zurückhaltend gegeben.

In der seit den sechziger Jahren zunehmend erforschten Exilliteratur, im allgemeinen auf den Zeitraum 1933–1945 datiert, hat die

---

* Es handelt sich bei diesem Aufsatz um die überarbeitete und erheblich erweiterte Fassung eines Berichts, der unter dem Titel »›Hier ging ich hin, hier ward es Licht‹ – Über deutschsprachige Literatur in Israel« in der *Tribüne* (1985), H. 93 u. 95 erschienen ist. Die Arbeit wurde unterstützt vom Eingliederungszentrum Wissenschaft, Einwanderungsbehörde des Staates Israel.

deutschsprachige Literatur in Palästina keinen eigentlichen Ort gefunden.³ Ähnliches gilt für die deutschsprachige Literatur in Israel, also für die seit der Staatsgründung bis zur Gegenwart im Lande entstandene Literatur in deutscher Sprache. Auch das im Zuge des neuen Regionalismus der siebziger Jahre sich entwickelnde Interesse für deutschsprachige Minderheitenliteraturen (vgl. etwa Ritter 1985) hat Israel nicht in den Blick gebracht.⁴ Diese Forschungsabstinenz hat ihre Gründe, denn weder fällt die deutschsprachige Literatur in Palästina ohne weiteres unter den Begriff der Exilliteratur, noch handelt es sich bei der deutschsprachigen Literatur im heutigen Israel um Minderheitenliteratur im allgemein akzeptierten Sinn dieses Terminus. Beide Feststellungen sollen im folgenden erläutert werden, verweisen sie doch auf die Eigenart des Phänomens und geben den Blick auf mögliche Untersuchungsperspektiven frei.

Deutschsprachige Literatur in Palästina – Exilliteratur?

In der sogenannten 5. Alija (Einwanderungswelle) sind zwischen 1933 und 1940 etwa 65 000 deutschsprachige Juden aus dem deutschen Reichsgebiet, aus Polen, Österreich, der Tschechoslowakei in Palästina eingewandert.⁵ Die vorausgegangenen Einwanderungswellen, zunächst in unmittelbarer Folge von Pogromen in Rußland (1. Alija ab 1882, 2. Alija ab 1904), dann auch unter zionistischen Vorzeichen, hatten vorwiegend osteuropäische Einwanderer ins Land gebracht. 1931 befanden sich, einer offiziellen Zählung zufolge, 175 000 Juden, 90 000 Christen und 760 000 Moslems in Palästina (vgl. dazu die Darstellungen bei Walter 1978 und, zusammenfassend, bei Wiznitzer 1983, 49 ff.). 1933 sollen es nach einer Angabe Herbert Freedens (in Schwarz-Gardos 1983, S. 21) 230 000 Juden gewesen sein, davon 2000 deutsche Juden. Zu diesem Zeitpunkt hatte sich das Hebräische als Sprache des täglichen Lebens in der jüdischen Bevölkerung durchgesetzt – dies allerdings nicht ohne bittere Auseinandersetzungen zwischen dem ›Hilfsverein deutscher Juden‹, der das jüdische Unterrichtswesen im Lande zum erheblichen Teil finanzierte und kontrollierte und an Deutsch als der primären Unterrichtssprache festhalten wollte, und der vor allem von der jüngeren Generation getragenen Hebräisierungsbewegung. Dieser ›Sprachenstreit‹, der sich 1913 entlud, als das Technion in Haifa eingeweiht wurde und dort mit Deutsch als Unterrichtssprache begonnen werden sollte, ist in die Geschichte des Zionismus eingegangen. Er hat bei den Juden Palästinas zu einer noch lange nachwirkenden Abneigung gegen die deutsche Sprache geführt.⁶ Ben-Chorin (1982, S. 33 f.) qualifizierte das Deutsche in jener Zeit geradezu als öffentlich verfemte »Untergrundsprache«.

Dies also war für den deutschsprachigen Einwanderer der 5. Alija die Situation: In seiner Heimat überwiegend der eher wohlhabenden und gebildeten Mittelschicht zugehörig, weitgehend assimiliert, ohne zionistische Einstellung⁷, hat er nun seinen Platz in einem auf Landbesiedlung und Handwerk ausgerichteten, von osteuropäischen Juden gestalteten und beherrschten, gegenüber der deutschen Sprache und Kultur höchst empfindlichen, orthodox zionistischen Gemeinwesen zu suchen. Reichliches Konfliktpotential also – sei's die traditionelle Spannung zwischen Ost- und Westjuden, sei's die zwischen Zionisten und Nicht-Zionisten, Sozialisten und Bürgerlichen, Hebräisch- und Deutschsprechenden –, das die gesellschaftliche Eingliederung dieser Alija über das Übliche hinaus problematisch gemacht hat.[8] »Wir begegneten einem osteuropäischen Kleinbürgertum, einem uns wesensfremden orientalischen Judentum, einer seit zwei bis drei Generationen im Lande ansässigen Schicht, die uns als mehr oder minder lästige Fremdlinge behandelte – und wir sahen uns einer Sprache, dem Hebräischen, konfrontiert, die wir als unsere Volkssprache akzeptierten, aber nicht verstanden«, so die Erinnerung eines Zionisten (Ben-Chorin 1982, S. 29).

Aus den Untersuchungen Eva Belings (1977) geht denn auch hervor, daß sich die Mehrzahl dieser Einwanderer – mehr als 70% – in den Städten und Kleinstädten, jedenfalls nicht auf dem Lande[9] niederließen, daß etwa 50% der Befragten die israelische Volkskultur ablehnten und daß Deutsch bei diesem Personenkreis als erste oder sogar einzige Umgangssprache dominierte. Beling zeichnet den folgenden Typus des damaligen ›Jekke‹: Er kam zwischen 1933 und 1939 mit dem Kapitalistenzertifikat[10] ins Land; zwischen 25 und 45 Jahre alt; gehobener Bildungsgrad, oft Akademiker; meist in einer großen Stadt lebend; loyaler Staatsbürger, politisch inaktiv, gegen den Kibbuz-Kollektivismus; Verhältnis zu Judentum und Zionismus sekundär; liest die englischsprachige *Palestine Post*, spricht fast nur Deutsch, im Hebräischen unsicher; hält an einem idealisierten Bild von Deutschland fest; Aversion gegen den Ostjuden; alles in allem »ein guter Deutscher in der jüdischen Diaspora«. Die Untersuchungen von Gerda Luft und Curt Wormann bestätigen im weiteren die Feststellungen Belings. Wormann spricht (1962, S. 313) von der »Enttäuschung und Einsamkeit der mitteleuropäischen Alija« und trifft sich – als intimer Kenner der Szene, der damals die hebräischen Sprachkurse von Seiten der HOG[11] mitorganisiert hat – mit Lufts Bemerkung: »Der Prozentsatz der Einwanderer, der bei der Ankunft in Palästina das Hebräische beherrschte, war verschwindend gering. Der Prozentsatz derer dagegen, die sich um die Erlernung der Sprache bemühten, ungewöhnlich groß. Die Resultate waren leider in vielen Fällen ungenügend« (S. 118).

Nun wäre es sehr ungerecht, in diesem Zusammenhang nicht auch auf die Aufbauleistungen der deutschsprachigen Einwanderer insbesondere in Verwaltung, Wirtschaft, Wissenschaft und im Bildungswesen hinzuweisen: der Bankier Aron (Arnold) Barth, Pinchas (Felix) Rosen (Rosenblüth), der erste Justizminister des Landes oder Siegfried Moses, dessen erster Staatskontrolleur, stehen dafür.[12] Darauf macht auch Gerda Luft in ihrer Arbeit aufmerksam, wobei sie insbesondere den Bereich der Wissenschaft, und hier der Medizin, als ›deutsche Domäne‹ hervorhebt. Gleichwohl kursierte damals die Scherzfrage

»Kommen Sie aus Deutschland oder aus Überzeugung?« wohl nicht von ungefähr.

»Heimat oder Asyl?« – mit dieser Frage hat der Herausgeber des *Orient*[13] einen seiner Artikel überschrieben, und er beantwortete sie mit dem Hinweis darauf, die meisten deutschsprachigen Juden seien nicht in Palästina eingewandert, sondern aus Deutschland und den deutschsprachigen Gebieten vertrieben worden. Sie seien nicht als praktizierende Zionisten, also aus Überzeugung, gekommen und betrachteten demgemäß Palästina lediglich als Asyl. Sicher ist bei dieser Feststellung die scharf gegen den zionistischen Nationalismus des Jischuw gerichtete sozialistische Position des *Orient* in Rechnung zu stellen.[14] In dieser viel und leidenschaftlich diskutierten Frage der Haltung der Einwanderer aus Mitteleuropa zum Zionismus[15] hat aber auch Robert Weltsch gesagt, der Zionismus habe im Westen etwas geistig Paradoxes an sich gehabt, er sei auf Widerstand gestoßen, da er gerade in die Emanzipations- und Assimilationsbemühungen der Westjuden geplatzt sei. Wenn ein Westjude Zionist war, dann bedeutete das »im Grunde nichts als die Bestimmung eines Standorts, der an historisches Bewußtsein anknüpfte und sich mit einer politischen ... Zukunftsforderung verband« (Weltsch 1972, S. 51 ff.). Als Indiz mag in diesem Zusammenhang wohl auch die Tatsache gelten, daß die Mehrzahl der 1980 noch lebenden deutschsprachigen Autoren aus der 5. Alija relativ spät, häufig gegen Ende der dreißiger, Anfang der vierziger Jahre in Palästina eingewandert ist, das heißt zu einem Zeitpunkt, als der Druck der Diskriminierungen und Verfolgungen keine andere Lösung mehr zuließ. Demgegenüber ist von unmittelbar Beteiligten aber auch zu hören, daß »die weitaus überwiegende Mehrzahl ... sich als aus der ungastlichen Fremde in ihre wahre Heimat zurückgekehrt« empfand und daß es irreführend sei, »die deutschsprachige Einwanderung in ihrer Gesamtheit und damit auch die ihr angehörenden Schriftsteller als Nichtzionisten ... abstempeln zu wollen. Wir sind eben nicht in dem Sinne Exulanten und unsere Schriften sind nicht in dem Sinne Exilliteratur, daß wir uns in Israel als in der Fremde befindlich betrachten. Wir sind im Gegenteil aus der Fremde, in der wir geboren und aufgewachsen sind, in unsere eigentliche Heimat zurückgekehrt, viele durch den Antisemitismus gezwungen, manche (!) aber aus aufrichtigem Zionismus.«[16]

Mag man nun die damalige Situation vom Gesichtspunkt eines kosmopolitischen Sozialismus her oder aus der Perspektive der offiziellen zionistischen Heimkehr- und Eingliederungsideologie sehen[17], dies jedenfalls steht fest: daß es sich bei der jüdischen Emigration aus Mitteleuropa nach Palästina nicht um eine Exilbewegung gehandelt hat, sofern unter Exil das zeitweilige Leben von aus primär politischen Gründen Vertriebenen in einem fremden Land verstanden wird; daß aber auch die klassischen Merkmale der Auswanderung – freiwilliges Verlassen des Erstlandes und dauerhafte Ansiedlung in einem anderen Land freier Wahl – hier nicht zutreffen. Als »zeitlebens gespaltene, wahrhaft zwiespältige Persönlichkeiten« charakterisiert denn auch Schwarz-Gardos (1983, S. 11) die aus Mitteleuropa eingewanderten Juden.[18]

In seinem bekannten Gedicht mit dem Titel »Über die Bezeichnung Emigranten« sagt Brecht: »Immer fand ich den Namen falsch, den man uns gab: Emigranten / Das heißt doch Auswanderer. Aber wir / Wanderten doch nicht aus, nach freiem Entschluß / Wählend ein anderes Land. Wanderten wir doch auch nicht / Ein in ein Land, dort zu bleiben, womöglich für immer.« Im Sinne dieser Zeilen waren die deutschsprachigen Einwanderer nach Palästina in sehr vielen Fällen also weder Emigranten noch Exulanten, wenn auch einzelne Schicksale nach diesem oder jenem Muster bruchlos sich beschreiben lassen. Max Brod und Martin Buber auf der einen, Arnold Zweig und Else Lasker-Schüler auf der anderen Seite sind dafür die prominentesten und vielzitierten Beispiele. Und doch, nimmt man auch nur oberflächlich Kenntnis von der deutschsprachigen Literatur, wie sie in den dreißiger und vierziger Jahren in Palästina geschrieben und verbreitet wurde, so stößt man rasch auf die für die Literatur im Exil typischen Phänomene und Voraussetzungen. Worum es dabei im weiteren geht, hat Alfred Polgar bündig so charakterisiert: »Im fremdsprachigen Land wird die eigene, die Muttersprache – sonst war sie Haus und Heim, Sicherheit verbürgend, Wärme und, in ihren Grenzen, das himmlische Gefühl der Grenzenlosigkeit – zum Gefängnis, aus dem auszubrechen auch bei größter Wendigkeit und Geschicklichkeit nur schwer gelingen will. Was Gerüst war einer herrlich weit gespannten Welt, schrumpft ein zu engenden Gitterstäben« (in Schöffling 1983, S. 366).

Ins Leere schreiben

Mit den folgenden exkursorischen Hinweisen soll lediglich ein Eindruck von der Situation vermittelt werden, und es soll an einigen exemplarischen, vor Ort gesammelten biographischen Daten und Aussagen das Spektrum der Optionen angedeutet werden, das dem aus Mittel-, Süd- und Osteuropa kommenden deutschsprachigen Schriftsteller der 5. Alija offenstand. Einläßlichere Forschung hätte hier allererst mit einer systematischen Materialsicherung zu beginnen.

Wenn auch zu unterscheiden ist zwischen der Gruppe derer, die, wie etwa Manfred Sturmann, Ludwig Strauss, Shalom Ben-Chorin, bereits hebräisiert, das heißt als praktizierende Zionisten mit zum Teil umfassenden Kenntnissen der Sprache des Jischuw, ins Land kamen; und der Gruppe derer, die – Werner Kraft gehört dazu, Arnold Zweig, Manfred Vogel, Heinz Politzer – ganz unvorbereitet als Nicht-Zionisten und ohne Möglichkeit oder Bereitschaft, sich das Hebräische anzueignen, sich ansiedelten: es war im Grunde zunächst für alle die gleiche Situation. Man hatte in Deutschland schon veröffentlicht, sich einen Namen gemacht, stand, so jedenfalls schien es, am Beginn einer literarischschriftstellerischen Karriere, war nun von seinem Publikum, seinem kulturellen Lebensraum abgeschnitten. Was also lag da zunächst näher als zu versuchen, in der neuen Heimat ein deutschsprachiges Kulturleben in Gang zu bringen. Der Vervielfältigungsverlag Edition Peter Freund, die Edition Junge Dichtung, der Romena-, Willi Verkauf- und Rubin Mass-Verlag in Jerusalem, der Walter Menke- und ABC-Verlag, der Verlag Matara und Feuchtwangers Edition Olympia in Tel Aviv verlegten damals deutschsprachige Dichtung. Vor mir liegt eine Reihe schmaler Heftchen, bewegende Zeugnisse eines letztlich doch vergeblichen Bemühens:

Menora, eine Auswahl literarischen Schaffens in Erez-Israel, 1941 von Ben-Chorin und Gerson Stern herausgegeben, mit Erzählungen und Gedichten von Manfred Sturmann, Samuel Josef Agnon, Ludwig Strauss, Hugo Bergmann; Else Lasker-Schülers *Blaues Klavier* ist hier erstveröffentlicht, Arnold Zweig, Felix Weltsch, Max Brod sind vertreten.

Ariel, Almanach für Literatur, Musik, Graphik, herausgegeben von Manfred Vogel, ebenfalls 1941, in der Edition Junge Dichtung. Max Brod, Arnold Zweig, Lasker-Schüler sind, neben anderen, auch hier präsent, dazu Graphiken und ein Gedicht in englischer Sprache von dem damaligen britischen Informationsbeamten in Palästina, Wolfgang Hildesheimer.

Gedichtsammlungen – Hefte von 15 bis 20 Seiten, von Manfred Vogel (*Herzfloethen solo*, *Spiegelsterne*, *Inselfahrt*), Werner Krafts *Gedichte I* und *II*, im Selbstverlag herausgebracht.

Die bekannten Namen finden sich auch in dem bereits 1936 erschienenen Büchlein *Die Ernte* (Ben-Chorin), auf dessen erster Seite das Ziel der Unternehmung genannt wird: »Die jüdische Dichtung in deutscher Sprache ist heimatlos geworden. Mit diesem Heft soll der Versuch gewagt werden, dieser Dichtung ein neues Heim zu schaffen.«

Die Auflagen dieser libelli mag nach Aussagen von Beteiligten zwischen 300 und 500 gelegen haben, von einer literarischen Öffentlichkeit kann man da wohl nicht sprechen. Ein kollektives, institutionalisiertes Kulturleben der deutschen Emigranten war wegen des Widerstands zionistischer Organisationen offenbar nicht möglich, jedenfalls nicht in deutscher Sprache, und so kam es zur Bildung kleiner, privater literarisch-kultureller Gesprächs- und Vortragskreise, so etwa dem Jerusalemer Kreis um Else Lasker-Schüler, zu dem Werner Kraft, Heinz Politzer, Manfred Vogel, Manfred Sturmann, Shalom Ben-Chorin gehörten und wo auch Max Brod vorlas; oder dem von Ernst Küttner und Walter Grab, dem heute emeritierten Direktor des Tel Aviver Instituts für deutsche Geschichte, geleiteten Kreis für fortschrittliche Kultur in Tel Aviv.

Trotz all dieser Aktivitäten war jedoch letztlich jeder auf sich allein verwiesen in dem Bemühen der Bewahrung, der Fortentwicklung seiner sprachlich-literarischen Identität, im Versuch des Kultursprungs, auch in der Resignation und dem zeitweiligen Verstummen. Selten, ganz selten nur gelang, was Ben-Chorin in seinem in den vierziger Jahren entstandenen Gedicht »Traumgeographie« (in Schwarz-Gardos 1983) so schön beschreibt, die geglückte Verknüpfung nämlich von alter und neuer Heimat, alter und neuer Sprache und ihrer Kultur: »Es geschieht nun, daß ich ungehindert / Von Jerusalem nach Schwabing geh... / Tausend Meilen sind zum Sprung vermindert: / Tel Aviv liegt nah am Tegernsee.« Aber auch diese Verknüpfung ist, wie sich rückblickend zeigt, nicht bruchlos: »Da steh ich nun also, keineswegs allein, sondern fast wie ein Repräsentant einer scheidenden Generation, zwischen zwei Heimaten, die aus Exodus und Exil erwachsen sind. Die Bande der Sprache binden mich noch immer stärker an das Land der Herkunft; die Bande des Schicksals und des Glaubens stärker an das Land der Verheißung, das Land der Väter und der Kinder – und bereits der Enkel.« (Ben-Chorin 1982, S. 32).

In der Literatur ist es eigentlich nur einem einzigen – dem 1892 in Aachen geborenen, 1935 in Palästina eingewanderten und in Jerusalem 1953 gestorbenen Ludwig Strauss – geglückt, das Hebräische neben dem Deutschen zu seiner eigenen, zur Dichtersprache zu machen. Strauss selbst (in Strauss 1959, S. 97 ff.) beschreibt diesen Vorgang sehr genau: Wie bei einem vorbereitenden Aufenthalt in Palästina 1934, während der Phase eines sehr intensiven Hebräisch-Studiums, nach vorhergegangenen Versuchen in deutscher Sprache, ganz überraschend die hebräischen Worte sich einstellten und in Melodie, Rhythmus und Reim sich zusammenfügten zu seinem ersten hebräischen Gedicht, einem Lied an die Bucht von Akko-Haifa; wie er für einige Freunde eine wörtliche Übersetzung in deutscher Sprache anfertigte, die ebenso überraschend zu einem wirklich deutschen Gedicht in freien Rhythmen geriet; und daß fünf Jahre danach ein zweites hebräisches Gedicht entstand und erst nach einer weiteren Pause von eineinhalb Jahren, im Herbst 1940, ihm die kontinuierliche Möglichkeit lyrischen Ausdrucks in hebräischer Sprache gegeben war.[19]

Ein glückliches Gegenbeispiel bietet Krafts Vita (vgl. zum folgenden auch Kraft 1978). Er, der im stillen Rechavia-Viertel Jerusalems wohnend, heute noch, als neunzigjähriger, mit ungebrochener Energie schreibt, sich erinnert, zitiert und erzählt: von Stefan George, Rudolf Borchardt, Karl Kraus, Walter Benjamin, Else Lasker-Schüler. Er hat sie alle persönlich gekannt, mit ihnen korrespondiert, hatte unter ihnen Freunde, sie haben seine geistige Existenz bestimmt. Kraft wuchs in Hannover auf. Ab 1927 arbeitete er dort als Bibliotheksrat an der Niedersächsischen Landesbibliothek. Gerade noch rechtzeitig ließ er sich 1933 beurlauben, seit 1934 lebt er mit seiner Familie in Jerusalem. In seiner Autobiographie *Spiegelung der Jugend* sagt er über sich, von früh auf sei er sich dessen völlig sicher gewesen, daß er sich ausschließlich für deutsche Literatur, Geschichte und alles, was damit im Zusammenhang steht, interessiere. Und er hat in der Tat mit erstaunlicher Hartnäckigkeit hier sein Leben als deutsch schreibender Schriftsteller und Dichter fortgesetzt. Ob es für den damals Siebenunddreißigjährigen die Überlegung gegeben habe, den Raum seiner weiteren schriftstellerischen und dichterischen Existenz im Horizont der hebräischen Sprache und Kultur zu suchen?»Nein, eigentlich nicht. Eine Entscheidungssituation war da letztlich nicht gegeben. Denn ich konnte und wollte auf die deutsche Sprache nicht verzichten, die deutsche Sprache und der deutsche Geist blieben mir – trotz des ungeheuren Frevels, der von Deutschland ausging – mein Zentrum.« Es sei dann zunächst maßlos schwer gewesen, Jahr für Jahr ins Leere hinein zu schreiben, in einer verfemten Sprache, für eine nicht-existente und kaum vorstellbare Leserschaft. Mit seinem 1956 in der Bundesrepublik erschienen Karl-Kraus-Buch machte Kraft dann auf sich aufmerksam, es folgten große Arbeiten über Carl Gustav Jochmann, über George, Borchardt, Hofmannsthal, Kafka, zuletzt über Heine, dazu Gedichtbände, ein Roman, Literarisches und Literaturkritisches in Zeitschriften und Zeitungen. Seit einiger Zeit gibt es in der Nähe Bonns ein rühriges Werner-Kraft-Archiv, ein Teil der literarhistorisch bedeutsamen Briefe und Manuskripte Krafts lagert bereits dort.

Glückliches Gegenbeispiel, weil es hier gelungen ist, gegen die Einflüsse und Ansprüche einer kulturell, gesellschaftlich und sprachlich so ganz anderen Umwelt die in dieser Situation weniger problematische literaturtheoretische, aber um so problematischere dichterische Existenz durchzuhalten und letztlich doch das Publikum zu finden.

Ganz in der Nähe, einige Straßen weiter im Rechavia-Viertel, lebt Manfred Sturmann. Der heute über Achtzigjährige, langjähriger Verwalter des Nachlasses von Else Lasker-Schüler, war, im Gegensatz zu Kraft, von früh auf Zionist, Mitglied der zionistischen Jugendbewegung ›Blau-Weiß‹, hatte in Deutschland einen Gedichtband veröffentlicht, für den er 1929 den Lyrik-Preis der Stadt München erhielt, war in namhaften Anthologien mit Gedichten vertreten, hatte althebräische Lyrik übersetzt und in einer sehr schönen und kostbaren Ausgabe publiziert, eine jüdische Gedichtsammlung herausgegeben. 1938 kam er nach Palästina, hatte, wie er sagt, als überzeugter Zionist mit hebräischen Anfangskenntnissen keinerlei Anpassungsschwierigkeiten. In einem Schweizer Verlag ist von ihm 1954 noch eine Gedichtsammlung *Die Sanduhr* erschienen, eine frühe Novelle ist vor einigen Jahren noch einmal aufgelegt worden. Es ist dies der Fall – und der wohl häufigere Fall – einer im Dichterisch-Schriftstellerischen auf schlimme Weise abgeschnittenen Biographie.

Konnte die Emigration den Abbruch einer literarischen Laufbahn bedeuten mit bestenfalls nach dem Krieg noch gelegentlichen Veröffentlichungen in deutschsprachigen Verlagen, die ohne Wirkung geblieben sind, so gilt andererseits doch auch, daß gerade die Erfahrung der Verfolgung und Vertreibung, die damit verbundenen Leiden, auch die Mühen des Sich-Einfügens in eine neue Kultur und Gesellschaft weiterhin oder überhaupt erst zur literarischen Äußerung getrieben haben, mochte diese auch kein oder erst sehr spät ein Publikum finden – Zeugnis dessen ist die deutschsprachige Literatur Israels, der wir uns im folgenden zuwenden.

Deutschsprachige Literatur in Israel – Minderheitenliteratur?

»Allmählich, ob wir es wollen oder nicht, werden wir selber verändert von der neuen Umwelt, und mit uns verändert sich alles, was wir schaffen... Denn wenn das Exil zerreibt, wenn es klein und elend macht, so härtet es auch und macht groß. Es strömt dem Schriftsteller im Exil eine ungeheure Fülle neuen Stoffes und neuer Ideen zu, er ist einer Fülle von Gesichten gegenübergestellt, die ihm in der Heimat nie begegnet wäre.« Lion Feuchtwanger hebt so in seinem 1943 geschriebenen Artikel »Arbeitsprobleme des Schriftstellers im Exil« (in Winkler 1977, S. 333ff.) die produkiven Seiten des Exils hervor, wie sie zweifellos auch in den Arbeiten derjenigen deutschsprachigen Schriftsteller zum Ausdruck kommen, die nach der Gründung des Staates Israel sich (weiterhin) literarisch geäußert haben und in den eingangs erwähnten Anthologien vertreten sind. Der Leser erfährt hier viel über die Situation der Juden unter dem Nationalsozialismus, über die moralische Stärke und Integrität der Gequälten, über Flucht, Rettung und über die neue Heimat Palästina/Israel. Es ist freilich spürbar auch eine problematische Literatur, die da in deutscher Sprache geschrieben wird von Autoren, die zum großen Teil jahrzehntelang außerhalb der deutschen Sprachgemeinschaft gelebt haben und die zu der literarischen Öffentlichkeit, für die sie schreiben, keinen oder nur sehr mittelbaren Kontakt haben; und denen auch keine nachwachsende Literaturgeneration mit neuen Entwicklungen und Schreibweisen antwortet. Diese Situation wird noch dadurch kompliziert, daß eine Reihe dieser Autoren aus Gebieten wie Böhmen, Siebenbürgen, der Bukowina kommt, in denen das Deutsche seinerseits bereits eine Minderheitensprache oder doch nicht die alleinige Landessprache war, so daß hier ein noch schärferer und tiefenwirksamer Bruch zwischen der Literatursprache dieser Autoren und ihrer lebensweltlichen Sprach- und Kulturerfahrung zu vermuten sein dürfte, eine Art doppelter Entfremdung also. Kann hier von Minderheitenliteratur die Rede sein und kann gegenüber der deutschsprachigen Literatur Israels eine entsprechende Forschungs- und Beschreibungsperspektive eingenommen werden?

Hält man sich an eine sehr offene Definition von ›Minderheitenliteratur‹ – Literatur aller Textformen in deutscher Sprache in einem sprachmehrheitlich anders bestimmten Raum (vgl. Froeschle 1970) –, dann fällt die deutschsprachige Literatur Israels unter den Begriff. Aber schon gegen die anschließende Charakterisierung solcher Literatur als unmittelbarer Funktion von Minderheitenbewußtsein und Gruppenidentität werden sich die israelischen Autoren – und mit Recht – zur Wehr setzen. Definiert man von einem empirienäheren, kommunikationstheoretischen Ansatz her mit Helmut Kreuzer (s. Ritter 1985, S. 7) ›Minderheitenliteratur‹ als die von Zuwanderern oder abgetrennten ethnischen Gruppen hervorgebrachte Literatur innerhalb eines häufig mehrsprachigen Nationalstaats mit von den Literatursystemen der beiden deutschen Staaten deutlich abweichenden Produktions-, Distributions- und Rezeptionsbedingungen, dann wird vollends deutlich, daß die deutschsprachige Literatur Israels schon deshalb nicht ›Minderheitenliteratur‹ im Sinne dieser Definition sein kann, weil sie über kein spezifisches Distributions- und Rezeptionssystem verfügt. Die deutschsprachige Literatur, die hier geschrieben wird, erscheint fast ausschließlich im Ausland, in bundesrepublikanischen, österreichischen, Schweizer Verlagen, unterliegt also vollständig den für deutschsprachige Literatur im allgemeinen geltenden Distributions- und Rezeptionsbedingungen. Das kann aber natürlich nicht zu der Folgerung führen, die deutschsprachige Literatur Israels schlicht der deutschen Literatur(geschichte) zuzuschlagen und den in Tel Aviv, Haifa oder Jerusalem lebenden israelischen Autor deutscher Zunge in einem Atemzug mit dem in London, Paris und Stockholm lebenden Produzenten deutschsprachiger Literatur zu nennen. Denn tatsächlich – und hier wiederum sind denn doch typische Züge einer Minderheitenliteratur zu verzeichnen – definieren sich die deutschsprachigen Autoren Israels ohne Einschränkung von der politischen, gesellschaftlichen, ideologischen Wirklichkeit ihres Staates her, aus ihr werden Welterfahrung, Themen, Motive, Stoffe, auch literarische Traditionen bezogen. Und dieser nationalstaatliche und -kulturelle Bezug ist so ausgeprägt, daß man fast geneigt sein könnte, nach dem Beispiel Stiehlers – der dies für die rumäniendeutsche Literatur geltend machen will (Stiehler 1979) – von »ausländischer Literatur deutscher Sprache« zu reden. Man sieht: Wenn sich schon die deutschsprachige Literatur Palästinas mindestens von ihrem Selbstverständnis her nicht eindeutig der Exil-, Emigranten- oder gar ›Heimkehrer‹-Literatur zuordnen lassen wollte, so noch viel weniger eindeutig die deutschsprachige Literatur Israels den zur Verfügung stehenden Kategorien.

Eine Auswertung der oben genannten Anthologien – von denen anzunehmen ist, daß sie die meisten der deutschsprachige Literatur tatsächlich produzierenden israelischen Autoren repräsentieren[20] – führt auf über dreißig Autoren, von denen sechs nach 1945 eingewandert sind. Nach 1933 ist nur einer der Autoren geboren, bezogen auf 1980 ergibt sich ein Durchschnittsalter von über 74 Jahren. Schon diese Zahlen dürften die Behauptung Werner P. Heyds im Nachwort zu Faerbers Anthologie, »daß mehr und mehr deutschsprachige Dichtung in Israel selbst noch immer und auch in Zukunft geschrieben, gelesen und respektiert wird und junge nachwachsende deutschsprachige Literatur somit anregt, initiiert«, eher als Wunsch denn als Wirklichkeit ausweisen. Es gibt – mit einer Ausnahme – keine jüngere Generation, die dem literarischen Schaffen der ›Alten‹ Gegenkonzepte und neue Schreibweisen entgegenzusetzen hätte, es fehlt vollständig die produktive Spannung des Generationsbruchs. Es dominieren denn auch die traditionellen Gattungsformen und Erzählweisen, wobei die Großform des Romans auffallend stark vertreten ist: fast ein Drittel der Autoren haben einen oder mehrere Romane veröffentlicht. Allerdings: »Der große deutsche Roman über Israel ist bisher noch nicht geschrieben worden« (Schwarz-Gardos 1983, S. 14). Damit ist gesagt, daß die Romanautoren bis auf ganz wenige Ausnahmen – etwa Jenny Aloni mit ihrem ›Einwanderungs‹roman *Zypressen zerbrechen nicht* – sich auf Stoffe der Vergangenheit zurückziehen; Schwarz-Gardos spricht von den Hemmungen, die »oft schmerzhaften Auseinandersetzungen mit der Umwelt, diese ›Familienstreitigkeiten‹, vor ein ausländisches Publikum auszubreiten.« Weiterhin ist deutlich, daß auch viele dieser Romanautoren in ihren jüngeren Arbeiten immer stärker auf die literarischen Kleinformen (Lyrik, Aphorismus, Kurzprosa) ausweichen. »Sie ermöglichen es, gleichzeitig sehr persönlich zu sein und doch notfalls unverbindlich zu bleiben. Beides entspricht dem kurzen Atem und der Ungeduld des Unsicheren, sprachlich Unbehausten, seines Echos im eigenen Land meist Entbehrenden...« (Schwarz-Gardos 1983, S. 15). Als einziges noch bestehendes deutschsprachiges Publikationsmedium in Israel kommt eigentlich nur die von Alice Schwarz-Gardos redigierte kleine deutsche Zeitung *Israel-Nachrichten* in Frage, hier erscheinen seit einiger Zeit regelmäßig Gedichte, Kurzgeschichten, literarische Porträts und andere Kleinformen. Alle anderen Publikationen erfolgen bei Verlagen des deutschsprachigen Auslands, wobei insbesondere der Bleicher-Verlag (Gerlingen) es sich zum Ziel gesetzt hat, »der deutschsprachigen Literatur in Israel eine Plattform in Mitteleuropa zu schaffen« (Verlagsmitteilung in Faerber 1979). Demzufolge kann eigentlich – entgegen den Anthologie-Titeln – von einer deutschsprachigen Literatur *in* Israel nicht die Rede sein.

Die folgenden Beobachtungen verstehen sich vor diesem hier nur angedeuteten soziokulturellen Hintergrund.

Themen, Motive, Schreibweisen

Eine genauere Durchsicht der literarischen Beiträge in Faerber 1979, Pazi 1981 und Schwarz-Gardos 1983 hinsichtlich der jeweiligen Themen und Motive ergibt das folgende Bild: Rund ein Drittel der Prosaarbeiten thematisiert einen Zeitraum vor 1945, mehrheitlich Kriegs-, Verfolgungs- und Fluchterlebnisse während der Nazizeit, oft mit autobiographischem Hintergrund, daneben auch Pogromsituationen aus früheren Jahrhunderten, mit historischen Rückgriffen bis hin zur Nachgestaltung biblischer Ereignisse. Ein weiteres Drittel der Texte wendet sich nicht genau lokalisierbaren, häufig anekdotisch-nachdenkenswerten Alltagsgeschehnissen zu. In das letzte Drittel teilen sich Texte, die sich einerseits auf die Geschichte Israels seit der Staatsgründung bis zum 67er Krieg beziehen und die andererseits die israelische Gegenwart, und hier dann in kurzen Schnappschüssen den israelisch-arabischen Konflikt und Einordnungsprobleme zum Gegenstand haben. Lediglich ein Sechstel also der in Israel geschriebenen deutschsprachigen literarischen Prosa läßt sich auf die gegenwärtige Lebenswirklichkeit ein, während demgegenüber zwei Drittel dieser Texte sei's auf die Vergangenheit rekurrieren, sei's ins Anekdotische ausweichen. Ausnahmslos alle Texte folgen den bekannten Erzählkonventionen: Begebenheiten werden in einer kohärenten Handlungsabfolge arrangiert, die Erzählperspektive ist eindeutig definiert, die jeweilige Mitteilungs- und Wirkungsabsicht klar erkennbar, der Rezeption entstehen keinerlei Probleme. Mit Blick auf neuere Entwicklungen in der erzählenden Prosa formuliert: das Erzählen selbst wird an keiner Stelle zum Problem beziehungsweise Thema des Textes. Pazi spricht in den einleitenden Bemerkungen zu der von ihr herausgegebenen Sammlung im Zusammenhang dieser Prosa zu Recht von dem ausholenden Stil, der manchmal überbetonten Bedeutsamkeit psychologischer Momente und der didaktischen Tendenz als den Kennzeichen der älteren Generation der Autoren. Einer derartigen Erzählweise entspricht denn auch das Bemühen um Identifikationsangebote, die desto eindeutiger ausfallen, je rigoroser anstelle einer differenzierenden Sicht die schlichte Gut-/Böse- bzw. Opfer-/Täter-Perspektive eingesetzt wird. Manche der Texte, die sich mit der Situation der Juden im Nazismus befassen, erschöpfen sich in solch schematischer Gegenüberstellung von geschundenem Opfer und gesichtslos-viehischem SS-Henker. Man hat den Eindruck, daß in solchen Fällen der Schritt vom autobiographischen Erlebnisbericht zur Literatur nicht geglückt ist, offenbar aber doch – die literarische Rhetorik, das Pathos der großen Sprachgebärde stehen dafür – intendiert war. Irritierender ist die Beobachtung, daß in den Texten zum jüdisch-arabischen Konflikt ganz überwiegend diese reduktionistische Optik eingesetzt wird. Dies bezieht sich auf die Araber und die Juden als dem Kollektiv von Angreifer/Angegriffenem ebenso wie auf das einzelne, an sich friedenswillige und -fähige Individuum – sei's Jude oder Araber – und die von bösen Mächten bestimmten Verhältnisse. So wird etwa in einer Erzählung die Feindschaft zwischen jüdischer und arabischer Bevölkerung darauf zurückgeführt, daß den Arabern von ihren eigenen Ausbeutern, den ›Effendis‹, eingeredet werde, die Juden beraubten sie ihres Landes. Ein jüdischer und ein arabischer Schafhirte würden sich gern befreunden, wenn da nicht die brutalen arabischen Grenzwächter wären. Eine arabische Krankenschwester pflegt hingebungsvoll einen von einer arabischen Terrorbombe verwundeten Juden. Idyllen werden da erzählt, in denen die guten Einzelnen jenseits aller politisch-militärischen Entzweiungen einander begegnen und erkennen. Ein inzwischen jahrzehntelanger Konflikt mit gewiß tragischen Aspekten für beide Seiten – für die auf dieses Land als ihre Rettungsinsel Angewiesenen wie für die aus diesem ihrem Land Verdrängten – wird in diesen spürbar gutgemeinten Texten auch nicht ansatzweise erzählerisch in den Blick gebracht, sondern schlicht verdrängt.[21]

Für die Lyrik ergibt eine entsprechende Durchsicht, daß etwa die Hälfte der Gedichte die israelische Gegenwart anspricht. Dabei handelt es sich um Jahreszeiten-, Natur- und Landschaftsschilderungen, Atmosphärisches in Jerusalem und Tel Aviv, und nur in ganz seltenen Fällen werden politische Bezüge angedeutet oder ausgeführt. Etwa ein Fünftel der Texte gilt der Erinnerung an die verlorene Heimat, auch dies wieder vor allem bezogen auf bestimmte Natur- und Landschaftserfahrungen. Etwa die gleiche Anzahl gehört zum Typ des Trost- und Ermutigungsgedichts. Einige wenige Texte schließlich beziehen sich auf die Schreibsituation selbst, auf Erfahrungen von Sprachverlust und Sprachnot. Es geht aus dieser Auflistung hervor, daß der Typ des Erlebnisgedichts, der Stimmungslyrik und die dazu gehörigen gesellschaftsfernen Motive dominieren; und daß auf der anderen Seite das politische Gedicht und Formen der lyrischen Reflexion nahezu nicht präsent sind. Diesem Traditionalismus entspricht die Beobachtung, daß zwar die Mehrzahl der Gedichte auf den Endreim verzichtet, aber doch in Zeilenbruch und regelmäßiger, in der Regel vierzeiliger Strophenform das gewohnte Bild bietet. Es sind fast ausnahmslos Texte, die dem Leser keinerlei hermeneutisch-interpretatorische Anstrengungen abverlangen.

Die die Situation unserer Autoren bestimmenden Momente – Entfremdung von der Muttersprache und Verlust des kulturell-gesellschaftlich primären Erfahrungsraums können in doppelter – produktiver und regressiver – Weise künstlerisch verarbeitet werden. Sie können zum Thema der Texte werden und in deren ästhetischer Strukturierung sich geltend machen; sie können aber auch zur Flucht in Pathos, Innerlichkeit und einen Konservativismus der Form veranlassen (vgl. dazu Durzak 1973, S. 13). Es ist dies die charakteristische Ambivalenz der Exilsituation, inbezug auf die das ›Exilland‹ Israel nun sicher wieder eine Sonderstellung einnimmt. Denn hier liegt die Sache ja so, daß der Verlust jenes primären Erfahrungsraums kompensiert oder wenigstens doch bewältigbarer wurde in der Aneignung eines neuen Erfahrungsraums, der für die Betreffenden – im Gegensatz zum Exulanten im Sinne des Wortes – Heimat werden soll und heute auch ist. *Heimat ist anderswo* – der Anthologietitel bei Schwarz-Gardos (1983) meint ja: nicht in Deutschland, sondern in Israel. Von daher gesehen also wird sich die oben angedeutete künstlerische Alternative im Fall der deutschsprachigen Literatur in Israel nicht so scharf formulieren und nachweisen lassen. Im Kern aber gilt sie auch hier. Das Moment der künstlerischen Reflexion auf die eigene Situation und deren künstlerische Konsequenzen – als reflexive Wendung auf die Bedingungen heutiger Möglichkeit des Erzählens und lyrischen Sprechens ein konstitutives Moment der jüngeren Literatur überhaupt – ist in der Literatur, um die es hier geht, kaum auszumachen, und wenn, dann eher in der Lyrik. Es ist dies eine Abstinenz, die um so bemerkenswerter ist, als ja, auch jenseits aller literarischen Innovation, gerade die deutschsprachigen Autoren in Israel sich vor ein fundamentales Legitimations- und Authentizitätsproblem gestellt sehen müßten. Ein großes und erschütterndes Beispiel quälenden Nachdenkens über die Situation fundamentaler Sprach- und Ortlosigkeit bietet Leopold Marx mit seinem Gedicht »Verlorene Sprache« (in Faerber 1979), und auch in den Kurzgedichten von Werner Bukofzer ist das Thema angesprochen, bestimmt aber nicht die Textgestaltung. Im allgemeinen gilt aber: das Erzählen, das lyrische Sprechen ist nicht problematisch, weil das, was erzählt wird, worüber gesprochen wird, die Thematik also, das eigentlich Wichtige ist.

Sprachvariationen

In seinem Nachwort zu Faerber 1979 meint Werner P. Heyd feststellen zu können:»Die (...) Manuskripte sind durchweg von außerordentlichem, hohem Niveau und von schöner sprachlicher Gestaltung, der man die teils mehr als vierzig Jahre der Abwesenheit ihrer Autoren aus der Sprach-Heimat nicht anmerkt. Es scheint vielmehr, als ob gerade diese Lebensumstände ihr sprachlich-gestalterisches Sprachgefühl und stilsicheres Gefühl geschärft und vervollkommnet hätten...« Daß sich das ganz und gar nicht immer so verhält, hat Pazi in ihrer Sammlung überzeugend dargelegt. Literatur, die unter Umständen wie den hier geltenden geschrieben wird, zeigt mehr oder weniger weitgehende Spuren sprachlicher Beeinflussung und Verfremdung. In diesem Fall gilt für die deutschsprachige Literatur Israels, was für jede andere deutschsprachige Minderheitenliteratur gilt: die anderssprachige Umgebung und Kultur, aus der die Autoren in Israel wohl bewußter noch als andernorts ihre Umgangssprache und ihre gültige Wirklichkeitserfahrung beziehen, wirkt zurück auf das von diesen Autoren gesprochene und geschriebene Deutsch. Das Deutsche als Literatursprache in Israel hat Besonderheiten entwickelt, die für eine Sprache-in-Kontakt nach Ausweis der Kontaktlinguistik erwartbar sind und die in unterschiedlicher Weise den morpho-syntaktischen, den semantisch-stilistischen und den lexikalischen Bereich betreffen. Pazi spricht in ihrer zusammenfassenden Charakteristik von einer Modelung der Sprache der Autoren in doppelter Hinsicht: zum einen unter dem Einfluß der hebräischsprachigen Umgebung, die dieser deutschen Sprache »eine eigenartige Färbung« verliehen habe; zum anderen durch die jahrzehntelange Entfremdung von der deutschen Sprachgemeinschaft und den sprachlichen Entwicklungen, was zu einer gewissen »Stagnation« geführt habe.

Blättert man auch nur eine Ausgabe der deutschsprachigen *Israel-Nachrichten* durch, so fällt das von Pazi Angesprochene sofort ins Auge: Die zahlreichen morpho-syntaktischen, insbesondere aber stilistisch-semantischen Eigentümlichkeiten vermitteln den Eindruck, eine Zeitung aus den dreißiger, vierziger Jahren in den Händen zu halten; während im lexikalischen Bereich in den Übernahmen aus dem Hebräischen oder den Analogbildungen zu einem mit Amerikanismen durchsetzten Medien-Hebräisch die politisch-gesellschaftliche Gegenwart präsent ist – ein je nachdem verwirrend-amüsanter Eindruck also von Musealität und Aktualität, den der Leser da mitnehmen kann. Auch die von ihren Herausgebern Faerber und Schwarz-Gardos den Sammlungen mitgegebenen Vorworte zeigen ähnliche charakteristische Auffälligkeiten, mag es sich dabei um die Verwendung von Ausdrücken handeln, die eine heute im allgemeinen nicht mehr vertretene Weise der Auseinandersetzung mit Literatur betreffen (»Literaturbetrachtung«, »Aussage«); oder um Wörter, die, durch den nazistischen Sprachgebrauch diskreditiert, nach 1945 nicht mehr ohne weiteres benutzbar sind (»total«, »Konzentration« der literarisch Schaffenden in einem Verband); um Ausdrücke, die das Pathos einer vergangenen Zeit atmen (»verbindende Menschheitsideale«; die Dichter, die das Heimatgefühl »beglückt«); Wendungen, die eine gewisse stilistische Unsicherheit verraten (»echtes Bedürfnis«; sich »dem Gesamtrahmen anschließen«; etwas »am nagendsten empfinden) und Übernahmen aus dem Hebräischen (»Einordnungsschwierigkeiten«; »jekkisch«).

Sicher wäre es einmal sinnvoll, mit den Mitteln der Kontaktlinguistik – und auch mit dem Blick auf ›linguistic universals‹ in diesem Bereich – die *Israel-Nachrichten* über einen längeren Zeitraum hinweg einer genauen Analyse zu unterziehen, so eine Liste der Abweichungen und Variationen des Israel-Deutschen zum standardsprachlichen Deutsch zu gewinnen und vor diesem heuristischen Hintergrund das Deutsche als Literatursprache in Israel zu untersuchen. Dabei ist zu erwarten – und das wird auch bei einer flüchtigen Durchsicht der literarischen Texte bestätigt –, daß im literarischen, stilistisch elaborierteren Deutsch die standardsprachlichen Abweichungen nicht in der Direktheit durchschlagen und daß hier auch eine weitere Bezugsgröße – die der Variation *literatur*sprachlicher Normen und Standards – in die Analyse einzubringen ist. Und weiterhin gilt, daß allgemeine Aussagen in diesem Bereich des Literaturdeutschen nur mit Vorsicht formuliert werden können, weil tatsächlich die von Pazi angesprochenen Phänomene – ›Einfärbung‹ und ›Stagnation‹ – keineswegs bei allen Autoren in gleicher Deutlichkeit manifest sind. In den außerordentlich stilsicheren Arbeiten Jenny Alonis, Werner Krafts und auch Werner Bukofzers ist davon in sprachlicher Hinsicht wenig zu bemerken, während bei anderen Autoren derartige Phänomene ganz massiv sich durchsetzen und zum Teil irritierende Rezeptionserfahrungen bescheren. Immerhin seien im folgenden ohne weitere Diskussion einige repräsentative Besonderheiten des Deutschen als Literatursprache in Israel angeführt.

Diese Besonderheiten sind insbesondere im semantisch-stilistischen und im lexikalischen Bereich zu lokalisieren, selten im morphosyntaktischen Bereich. A-Grammatikalitäten im morphosyntaktischen Bereich – also etwa abweichender Präpositionalgebrauch, Kasusabweichungen, Verstöße gegen Verbvalenzen und Wortstellung – sind eher erwartbar von Personen, die das Deutsche als Fremdsprache erlernt haben. Kommen derartige Abweichungen bei unseren Autoren vor, dann ist dahinter in der Regel eine stilistische Intention zu erkennen. Das trifft allerdings nicht auf Fälle wie die folgenden zu, die eindeutig nicht als Stilistica zu interpretieren sind: »*in* der ganzen Halbinsel lebten...«; »gab noch rasch *einen Kuß ihrem Liebling*«; »*das* Beileid« übermitteln; »Hilfe*a*ktion«; »zu seinem Verlust*e*«; »in unruhigem Schlaf*e*«. In den ersten beiden Fällen dürfte es sich um direkte Analogiebildungen zum Hebräischen handeln. Das Dativ-e der beiden letzten Fälle verweist eindeutig auf ein älteres Deutsch, wie es in den zwanziger, dreißiger Jahren schriftsprachlich noch anzutreffen war.

Im semantisch-stilistischen Bereich fällt bei einer ganzen Reihe von Autoren auf, mit welcher Unbefangenheit sie sich einer heutzutage höchstens noch ironisierend-zitierend genutzten Adjektiv-Emphase bedienen. Die mit der Vergegenwärtigung der Leidenssituation verknüpften Erinnerungen oder auch die Identifizierung des nur zufällig Entkommenen mit den Opfern scheinen den Schreibenden zu überwältigen, und so ist denn von Hitler als dem »blutdürstigen Tyrannen« die Rede, von der »tyrannischen Wildheit« der SS-Schergen, vom »himmelschreienden Irrewerden« der Opfer, ihren »heißesten Schwüren« und »lodernden Hoffnungen«. So gerechtfertigt die Empörung, auch die rückblickende, angesichts des Geschehenen ist, so hilflos und literarisch unbearbeitet wirkt sie aber auch in solchen Rückgriffen auf archaische Bilder und Gefühlsbeschwörungen. Daß sich im übrigen mit solcher unbefangenen, teils auch ungehemmten Verwendung ›großer‹, geschichtliche Tragik und individuelles Erleben verknüpfender Konzepte auch eine semantische Aushöhlung dieser Sprache vollzieht, ist unübersehbar. Ungewohnt archaisierend wirkt auch die Rede von einer Bombe, die auf die Siedlung »geschleudert« wird. Auffallend ist die stilistische Unsicherheit im Gebrauch von Redensarten, so etwa wenn von einer entwürdigenden und brutalen Leibeskontrolle durch die SS die Rede ist und es dann heißt: »Bei den Männern ging diese leicht von statten; bei dem schwachen Geschlecht(!) dauerte sie länger...« Eine lebensbedrohende Situation wird als »heikel« bezeichnet, man hört den »Aufschrei der Seelen«, und der »Schreck fährt durch das Gebein« – dies alles Wendungen, die allenfalls parodierend noch verwendbar sind, hier aber im Zusammenhang der Darstellung existentieller Situationen benutzt werden.

Im lexikalischen Bereich dominieren die direkten Übernahmen aus dem Hebräischen: Schuk (Markt), Trissim (Sonneblenden), Kwisch (Straße), Jischuw (jüd. Gemeinschaft in Palästina), Haganah (Armee), Pardes (Zitrusfrüchteplantage), Chamsin (heißer Wüstenwind) usw. Gelegentlich werden so nicht übliche Augenblickskomposita gebildet.

Es mag bei diesen Andeutungen bleiben. Sie zeigen u.a., daß der lexikalische Bereich – im allgemeinen bei Kontaktsprachen das ergiebigste Feld – deutlich zurücktritt hinter dem semantisch-stilistischen Bereich. Hier, so scheint es, macht sich die jahrzehntelange Entfremdung von der Sprachgemeinschaft besonders nachhaltig und in zum Teil erstaunlich krassen Formen bemerkbar. Es wäre sicher die Aufgabe eines Verlagslektors gewesen, da korrigierend einzugreifen. Übrigens stammt das Belegmaterial nahezu ausschließlich aus Prosatexten – der Lyriker mag sich wohl doch durch eine größere Stilsicherheit und einen kalkulierteren Umgang mit seiner Sprache auszeichnen.

Wertungs- und Zuordnungsaspekte

Helmut Kreuzer spricht (Ritter 1985, S. 8) von der Schwierigkeit und der Notwendigkeit einer praktikablen, nicht normativen Wertungstheorie für Texte der Minderheitenliteraturen, »die nach ihren Voraussetzungen und Funktionen in der Regel eine ›Provinzliteratur‹ darstellen, zugleich aber eine Dimension der Multinationalität aufweisen.« Ritter selbst (S. 23) hält dem entgegen, »wie groß die Gefährdung eines literarkritisch angemessenen und international vergleichbaren Niveaus ist, wenn isolierte Minderheitsliteratur durch zusätzlich isolierende Literaturkritik fast nur noch affirmativ im Sinne einer politisch verstandenen Funktion von Literatur gestützt wird.«

Gerade im Hinblick auf die von ehemaligen deutschen Juden und Opfern des deutschen Nazismus geschriebene deutschsprachige Literatur Israels ist eine ›objektive‹ literarkritische Wertung nach allgemeinen oder verallgemeinerungsfähigen Standards – wie immer diese aussehen mögen – kaum durchzuhalten, wenngleich mit der Registrierung von ›Abweichungen‹ auf der sprachlich-kompositorischen Ebene offensichtlich ein literarischer Standard immer schon vorausgesetzt und damit implicite auch eine Wertung nahegelegt wird. Man würde aber diesen Texten nicht gerecht, wenn man nicht berücksichtigt, daß es sich dabei zunächst einmal in ganz extremer Weise um Selbstverständigungs-, Selbstvergewisserungsversuche handelt. Das Widerfahrene in der deutenden Wiedergabe ordnen und verstehen zu können, des neuen Lebensraums, seiner Geschichte, seiner Landschaften, seiner Menschen sich zu vergewissern – das sind wohl ernstzunehmende Schreibanlässe oder auch: Schreibzwänge. Insofern liegt hier auch ›Bewältigungsliteratur‹ vor, wie es sie nach Katastrophenzeiten immer gegeben hat, immer auch mit Vorrang des thematisch-moralischen Moments vor der literarisch-ästhetischen Innovation. Eine Wertung, die dies nicht in Rechnung stellt und lediglich das Provinzielle an solcher Literatur festzustellen vermag, greift da entschieden zu kurz. Sie geht wohl auch von einem unzulässig verengten Literaturbegriff aus.

Will man zum anderen von *der* deutschsprachigen Literatur Israels sprechen als einer selbständigen, gegenüber der deutschsprachigen Literatur der BRD, der DDR, der Schweiz und Österreichs usw. abgrenzbaren Literaturbewegung, dann wohl nach den bisherigen Feststellungen in erster Annäherung insofern, als hinsichtlich des thematischen Spektrums, der häufig archaischen und biblischen Motive und Bilder, bestimmter kompositorischer Eigenschaften, der Sprache und Rhetorik für die einzelnen Texte übergreifende Gemeinsamkeiten festzustellen sind. Einige dieser Züge sind es sicher auch, die von dem spezifisch jüdischen Erfahrungsraum dieses Jahrhunderts gespeist werden und zugleich mit der Ausgrenzung gegenüber anderer deutschsprachiger Literatur eine Beziehung dieser Literatur zur hebräischsprachigen Literatur des Landes herzustellen erlauben.

1 Vermutlich handelt es sich bei diesem Wort um eine nach Palästina ›importierte‹ osteuropäisch-jiddische Bezeichnung für den Westjuden, d.h. den Jackenträger im Gegensatz zum (osteuropäischen) Kaftanträger. Andere wohl eher volksetymologische Erklärungen: die auch bei größter Hitze das korrekte Jackett tragenden deutschen Juden in Palästina; die ›jehudim kashe havana‹ = die Juden deutscher Herkunft, die (gegenüber der hebräischen Kultur und Sprache) schwer von Verständnis sind. — 2 In der Abteilung für deutsche Sprache und Literatur der Hebräischen Universität in Jerusalem wird derzeit an einem Projekt gearbeitet, dessen Ziel es ist, auf der Basis von Interviews ein soziokulturelles Gruppenprofil der deutsch-jüdischen Intellektuellen in Palästina/Israel zu erstellen. Klaus Müller-Salget (Bonn) bereitet derzeit ein umfangreiches Forschungsprojekt zum Thema vor. Es geht dabei um die Darstellung von Leben und Werk der in Palästina eingewanderten deutsch-jüdischen Schriftsteller, im besonderen um die spezifischen Entstehungs-, Rezeptionsbedingungen und die Äußerungsformen dieser Literatur. — 3 In den Textsammlungen zur Exilliteratur sind deutschsprachige Schriftsteller aus Palästina gar nicht (s. Schöffling 1983) oder nur sehr am Rande vertreten: Arnold Zweig und Max Brod bei Winkler 1977, bei Loewy 1979, daneben noch Louis Fürnberg, Josef Kastein, Else Lasker-Schüler, Heinz Politzer, Hans Rosenthal und Wolfgang Yourgrau. In den Literaturgeschichten, soweit sie überhaupt Exilliteratur ansprechen (z.B. Berg 1981, Glaser 1983), taucht Palästina nicht auf. Die einschlägigen Abschnitte in der Forschungsliteratur haben eher Hinweis-Charakter (vgl. Knütter in Durzak 1973, wo Palästina neben der Türkei und China als Exilregion fungiert), behandeln einen spezifischen Aspekt (s. Walter 1978, der im Kapitel »Politisch-kulturelle Zeitschriften der jüdischen Massenemigration« über den deutschsprachigen, in Palästina 1942/43 erschienenen *Orient* berichtet) oder geben eine sehr selektive Perspektive vor (s. die DDR-Produktion *Kunst und Literatur im antifaschistischen Exil 1933-1945*, Hoffmann 1980). Weitere Informationen sind in Arbeiten zu finden, die sich aus sozial- und kulturgeschichtlichem Blickwinkel mit der Einwanderung deutschsprachiger Juden in Palästina beschäftigen (etwa: Simon 1959, Wormann 1962, Luft 1977, Beling 1977), auch in einzelnen Dichterbiographien (insbesondere zu Arnold Zweig, vgl. zuletzt Wiznitzer 1983) oder in autobiographischen Werken (etwa Hauser 1980, Danziger 1980, vor allem: Ben-Chorin 1982). — 4 Es gibt da lediglich – neben Ben-Chorins kurzem Überblick (vgl. Deutsche Dichtung in Israel, in: Ben-Chorin 1982, S. 79-85) - das kleine Büchlein von Dov Amir, das auf ca. 75 Seiten Leben und Werk von ca. 120 israelischen deutschsprachigen (davon 73 ehemals deutschen) Autoren, etwa die Hälfte unter ihnen der Literatur im engeren Sinne zugehörig, aufführt. Einschlägiges Material findet sich auch in der Bio-Bibliographie von Stern (1970), dem von Renate Heuer (1982 ff.) auf 3 Bände konzipierten Verzeichnis jüdischer Autoren deutscher Sprache; daneben natürlich noch in dem *Biographischen Handbuch der deutschen Emigration nach 1933* und der von Sternfeld/Tiedemann zusammengestellten Bio-Bibliographie. — 5 Die Zahlen schwanken, bewegen sich aber in diesem Bereich. Luft (1977: Tabelle nach S. 41) gibt für die Einwanderung aus Deutschland zwischen 1933 und 1941 55000 = 24% der Gesamteinwanderung an, für die Einwanderung aus Mitteleuropa überhaupt in diesem Zeitraum 75500 Menschen. — 6 Zu etwa der gleichen Zeit hat es übrigens eine ganz ähnliche Entwicklung in den USA gegeben. Vom hier sehr stark entwickelten ideologischen Funktionsverständnis der deutschsprachigen Minderheit als kulturellem Vorposten Deutschlands her wurden da Ansprüche auf politischen und kulturellen Einfluß im öffentlichen Leben gemeldet, die dann vor dem Hintergrund des Lusitania-Zwischenfalls (1915) und der amerikanischen Kriegserklärung (1917) heftige Polemik provozierten und für die nächsten Jahrzehnte alle weiteren Versuche der deutschen Gemeinde in diese Richtung zum Scheitern verurteilten. — 7 Es sei immerhin daran erinnert, daß der Erste (Basler)

Zionistenkongreß nach dem Willen Herzls in München stattfinden sollte, dies aber am Protest des Allgemeinen Deutschen Rabbinerverbandes scheiterte. — 8 Vgl. dazu auch den anschaulichen Bericht von Herbert Freeden: »Requiem für die Jekkes« (in Schwarz-Gardos 1983). — 9 Freeden (a.a.O.) merkt an, daß lediglich 15% der 55 000 zwischen 1933 und 1939 eingewanderten deutschen Juden in bestehende Dörfer gingen oder eigene Siedlungen errichteten. — 10 Wer ein Barvermögen von mindestens 1000 Pfund nachweisen konnte, erhielt von der britischen Mandatsbehörde ein Einwanderungszertifikat der Kategorie A, das sog. ›Kapitalistenzertifikat‹. — 11 HOG = Hilfsorganisation der Einwanderer aus Deutschland. — 12 In einer Zuschrift an den Verf. weist Dr. E. Hildesheimer (Jerusalem) zu Recht auf diese und andere Jekkes hin, »die hier kleinere oder größere industrielle Unternehmen, Banken und dergleichen errichteten... die zahlreichen Administratoren und Politiker, die bereits während der Mandatszeit und noch mehr nach der Gründung des Staates Israel... geholfen haben...«. — 13 Der Orient liegt seit 1982 im Reprint in 2 Bänden vor (Gerstenberg-Verlag: Hildesheim und Zentralantiquariat Leipzig). — 14 Die Orient-Gruppe (neben Wolfgang Yourgrau u.a. Arnold Zweig, Alexander Zak, Walter Zadek, vgl. die Darstellung bei Walter 1978) wandte sich in erster Linie gegen den Absolutheitsanspruch des Jischuw-Nationalismus, der eine politische Lösung der Araber-Frage ebenso verhinderte wie er innergesellschaftlichen Konfliktstoff schuf. Die elementaren Grundsätze geistiger Freiheit und Duldsamkeit, so schreibt Wolfgang Zak, seien solange nicht realisierbar, wie einzig die jüdische Religion und die darauf basierende Weltanschauung als Bedingung der Zugehörigkeit zum jüdischen Volk zugelassen seien. Zu fordern sei »die radikale Lösung der national-religiösen Verquickung«. In diesem Zusammenhang spricht Zak auch einen an der Behandlung der Araber-Frage immer deutlicher werdenden zionistischen Nationalismus mit »totalitären« Zügen an, den dann Arnold Zweig direkt mit dem Faschismus in Verbindung bringt. Er sei, so liest man da, nicht nach Palästina gekommen, »um einem Faschismus zu entkommen und dem anderen zu verfallen«. Imperialistische Mittel dürften bei der Gründung eines Gemeinwesens nicht angewendet werden (alle Zitate nach Walter 1978, S. 729 ff.). Die in solchen Äußerungen von einer sicher radikalen Minderheit vollzogene Koppelung des Jischuw-Zionismus mit Totalitarismus und Faschismus ist so gewiß kaum zu halten und jedenfalls auch übertragen im Hinblick auf die spezifischen Bedingungen, die sich aus der Notwendigkeit des Aufbaus einer nationalen Heimstatt und der dafür unabdingbaren Förderung eines nationalen (Selbst-)Bewußtseins ergeben. Im übrigen verhalf der Orient auch prinzipiell anti-zionistischen, kosmopolitischen Positionen zur Sprache, wie sie insbesondere von der kommunistischen Orthodoxie vertreten wurden. Worauf aber die Mehrzahl der Orient-Beiträger abstellt, das ist eine Grundentscheidung des palästinensischen Zionismus, deren schlimme Folgen das Land bekanntlich bis heute nicht hat zur Ruhe kommen lassen: die Entscheidung nämlich, die Araber, 1919 nach vorsichtigen Schätzungen mehr als 80% der Gesamtbevölkerung in Palästina, nicht in den Aufbau einer jüdischen Gemeinschaft miteinzubeziehen, sondern sie rigoros auszuschließen, und in Verfolg dieser Politik so weit wie eben möglich mit der englischen Mandatsmacht zu kooperieren. Die Methode, derer man sich dabei bediente, zielte nicht, wie bei der herkömmlichen Form des Siedlerkolonialismus, auf die Ausbeutung, sondern auf die Verdrängung der einheimischen Bevölkerung (vgl. dazu Flores 1981). Gegen diese Grundentscheidung haben übrigens auch so ›unverdächtige‹ Zionisten wie Ernst Simon (vgl. Simon 1959), Martin Buber (vgl. Buber 1983) oder der 1982 verstorbene große jüdische Publizist Robert Weltsch, Herausgeber der Jüdischen Rundschau (vgl. insbes. sein Aufsatz ›Deutscher Zionismus in der Rückschau‹ (1962), in Weltsch 1972) engagiert Stellung bezogen (vgl. dazu Nieraad 1984). — 15 Die in den beiden Heften der europäischen ideen geführte Diskussion zwischen Walter Zadek – der unter dem Titel »War dies mein Judenstaat?« einige sehr kritische Überlegungen zum palästinensischen Zionismus jener Jahre vorgelegt hatte – und Erich Gottgetreu sowie Miriam Michaelis zeigt in geradezu beklemmender Weise, welche Empfindlichkeiten noch heute mit dieser damaligen Problematik verbunden sind. — 16 Aus einem Brief vom 19.6. 85 des Vorsitzenden des Verbandes deutschsprachiger Schriftsteller in Israel, Meir Faerber, an den Verfasser. — 17 Für diese die 5. Alija bestimmenden Polaritäten – hier der Zionist, dem unter Mühen letztlich doch die Eingliederung gelingt, dort der Einwanderer, dem seine sozialistische Einstellung die Einordnung am Ende unmöglich macht – stehen die im gleichen Jahr erschienenen autobiographischen Bücher von Martin Hauser (Shalom al Israel) und Carl-Jacob Danzinger (Kein Talent für Israel). — 18 Als Indiz dafür mag auch gelten, daß rund 20 000 Jekkes neben der israelischen heute auch die deutsche Staatsangehörigkeit besitzen (nach Freeden, in Schwarz-Gardos 1983, S. 29). — 19 Vgl. auch Martin Bubers Deutung des Vorgangs im Vorwort der von W. Kraft edierten Dichtungen und Schriften von L. Strauss (= Strauss 1983). — 20 Der Verband deutschsprachiger Schriftsteller in Israel (1975 gegründet, Vorsitzender: Meir Faerber) zählte 1979 39 Mitglieder (s. Vorwort Faerber 1979). Daneben existiert ein weiterer von Alice Schwarz-Gardos ebenfalls 1975 begründeter Autorenverband (Arbeitsgemeinschaft deutschsprachiger Schriftsteller und Publizisten in Israel) mit 15 Mitgliedern. Bei Amir (1980) wird die Gesamtzahl der Mitglieder beider Verbände mit 50 angegeben. Diese Zahlen gelten auch heute noch, bei deutlich rückläufiger Tendenz allerdings. — 21 »Wissen Sie, wie man das jüdisch-arabische Problem lösen kann? Es gibt nur einen Weg: Freude schaffen. Wir gründen einen Rummelplatz für Juden und Araber, den beide Völker besuchen werden und wo sie gemeinsam Reibepfannkuchen essen, Karussell fahren und Glückshafen spielen.« (Else Lasker-Schüler zu Ben-Chorin. In: Lasker-Schüler 1951, S. 36).

Zitierte Literatur

Faerber 1979: Meir M. Faerber (Hg.): *Stimmen aus Israel. Eine Anthologie deutschsprachiger Literatur in Israel.* Gerlingen.
Mytze 1980: Andreas W. Mytze (Hg.): »Israel.« (= *europäische ideen.* Heft 47). Berlin.
Mytze 1982: Andreas W. Mytze (Hg.), »Israel.« 2 (= *europäische ideen,* Heft 53). Berlin.
Pazi 1981: Margareta Pazi (Hg.): *Nachrichten aus Israel. Deutschsprachige Literatur in Israel.* Hildesheim.
Schwarz-Gardos 1983: Alice Schwarz-Gardos (Hg.): *Heimat ist anderswo. Deutsche Schriftsteller in Israel.* Freiburg.
Schwarz-Gardos 1984: Alice Schwarz-Gardos (Hg.): *Hügel des Frühlings.* Freiburg.
Amir 1980: Dov Amir: *Leben und Werk der deutschsprachigen Schriftsteller in Israel.* München.
Beling 1967: Eva Beling: *Die gesellschaftliche Eingliederung der deutschen Einwanderer in Israel. Eine soziologische Untersuchung der Einwanderung aus Deutschland zwischen 1933 und 1945.* Frankfurt/M.
Ben-Chorin 1982: Shalom Ben-Chorin: *Germania Hebraica. Beiträge zum Verhältnis von Deutschen und Juden.* Gerlingen.
Berg 1981: Jan Berg u. a. (Hg.): *Sozialgeschichte der deutschen Literatur von 1918 bis zur Gegenwart.* Frankfurt/M.
Biographisches Handbuch: *Biographisches Handbuch der deutschsprachigen Emigration nach 1933.* Hg.: Institut für Zeitgeschichte. München 1984.
Buber 1983: Martin Buber: *Ein Land und zwei Völker. Zur jüdisch-arabischen Frage.* Hg.: P. Mendes-Flohr. Frankfurt/M.
Danziger 1980: Carl-Jacob Danziger (d. i. S.C. Schwarz): *Kein Talent für Israel. Autobiographischer Roman.* Düsseldorf.
Durzak 1973: Manfred Durzak (Hg.): *Die deutsche Exilliteratur 1933–1945.* Stuttgart.
Flores 1981: Alexander Flores: »Die Entwicklung der palästinensischen Nationalbewegung bis 1939«, in: H. Mejcher/A. Schölsch (Hg.): *Die Palästina-Frage 1917–1948.* Paderborn, S. 89 ff.
Froeschle 1976: Hartmut Froeschle: »Die deutschkanadische Literatur. Umfang und Problemstellungen«, in: K. Gürttler (Hg.): *Annalen I. Symposium 1976.* Montreal, S. 18 ff.
Glaser 1983: H. A. Glaser (Hg.): *Deutsche Literatur. Eine Sozialgeschichte.* Bd. 9. Reinbek.
Hauser 1980: Martin Hauser: *Shalom al Israel. Tagebuch eines deutschen Juden 1929–1967.* Bonn.
Heuer 1982: Renate Heuer: *Bibliographia Judaica. Verzeichnis jüdischer Autoren deutscher Sprache.* Frankfurt/M.
Hoffmann 1980: *Kunst und Literatur im antifaschistischen Exil 1933–1945.* Bd. 5: »Exil in der Tschechoslowakei, in Großbritannien, Skandinavien und Palästina.« Von Ludwig Hoffmann u. a., Leipzig. Autor des Beitrags über Palästina ist Rudolf Hirsch.
Kraft 1978: Werner Kraft: *»Ich bin an meinen Punkt gebannt«. Werner Kraft im Gespräch mit Jörg Drews.* München.
Lasker-Schüler 1951: Else Lasker-Schüler: *Dichtungen und Dokumente.* München.
Loewy 1979: Ernst Loewy: *Literarische und politische Texte aus dem deutschen Exil 1933–1945.* Bd. 1–3. Frankfurt/M.
Luft 1977: Gerda Luft: *Heimkehr ins Unbekannte. Eine Darstellung der Einwanderung von Juden aus Deutschland nach Palästina... 1933–1939.* Wuppertal.
Nieraad 1984: Jürgen Nieraad: »Ich will in die Augen meiner Kinder sehen können –

Ein israelischer Kriegsdienstverweigerer berichtet«, in: *Frankfurter Hefte*. 3 (1984).

Ritter 1985: Alexander Ritter (Hg.): *Deutschsprachige Literatur im Ausland*, Göttingen.

Schöffling 1983: Klaus Schöffling (Hg.): *Dort wo man Bücher verbrennt. Stimmen der Betroffenen*. Frankfurt/M.

Simon 1959: Ernst Simon: *Aufbau im Untergang*. Tübingen (Schriftenreihe des Leo-Baeck-Inst.).

Stern[3] 1970: Decider Stern: *Werke von Autoren jüdischer Herkunft in deutscher Sprache. Eine Bio-Bibliographie*. Wien.

Sternfeld/Tiedemann[2] 1970: Wilhelm Sternfeld u. Eva Tiedemann: *Deutsche Exil-Literatur 1933–1945. Eine Bio-Bibliographie*. Heidelberg.

Stiehler 1979: Heinrich Stiehler: *Paul Celan, Oskar Walter Cisek und die deutschsprachige Gegenwartsliteratur Rumäniens. Ansätze zu einer vergleichenden Literatursoziologie*. Frankfurt/M./Bern/Circencester.

Strauss 1959: Ludwig Strauss: *Fahrt und Erfahrung*. Heidelberg.

Strauss: 1983: Ludwig Strauss: *Dichtungen und Schriften*. Hg.: W. Kraft. München.

Walter 1978: Hans-Albert Walter: *Deutsche Exilliteratur 1933–1950*. Bd. 4: »Exilpresse«. Stuttgart.

Weltsch 1972: Robert Weltsch: *An der Wende des modernen Judentums*. Tübingen (Schriftenreihe des Leo Baeck-Inst.).

Winkler 1977: Michael Winkler (Hg.): *Deutsche Literatur im Exil 1933–1945. Texte und Dokumente*. Stuttgart.

Wiznitzer 1983: Manuel Wiznitzer: *Arnold Zweig. Das Leben eines deutsch-jüdischen Schriftstellers*. Frankfurt/M.

Wormann 1962: Curt Wormann: »Kulturelle Probleme und Aufgaben der Juden aus Deutschland in Israel seit 1933«, in: H. Tramer (Hg.): *In zwei Welten*. Tel Aviv, S. 280 ff.

Mulan Ahlers

»Die Emigranten kämpfen mit Shanghai wie Jacob mit dem Engel«[1]

I

Ebenso pointiert wie in diesem Zitat von 1941 zur Zeit seines Exils sah Alfred Dreifuss fast vierzig Jahre später jene prägenden Jahre seines Lebens im Rückblick: »Schanghai – Eine Emigration am Rande.«[2] Trotz der Achtung vor einem unschätzbaren Augenzeugen und obwohl sein Bericht über die Vorgänge im Fernen Osten andere Darstellungen bestätigt hat, gilt es, diese These zu überdenken. Die Definition »am Rande« ist immerhin eine Frage des Standpunkts. Das Leben und Wirken der circa 20 000 Verfolgten, die vor dem nationalsozialistischen Regime in Shanghai Zuflucht fanden, gehört ebenso zur Geschichte der jüdischen Diaspora[3] wie zur Geschichte der größten chinesischen Hafenstadt[4] oder zur Geschichte der deutsch-chinesischen Beziehungen.[5] Die Perspektive sagt so mehr über die Denkweise des Betrachters aus als über den Gegenstand selbst. Hier wird dafür plädiert, die Geschichte der Flüchtlinge in Shanghai in einem integrierten Ansatz zu behandeln. Aus dem Wissen etwa um die Begegnung zwischen den unbekannten Opfern einer europäischen Diktatur und den unbekannten Opfern einer Gewaltherrschaft in Ostasien kann sich zum Beispiel ein Vergleich ergeben, der auch dazu beitragen kann, mit den Erkenntnissen der Exilforschung eine spezielle Kontaktsituation von Fremden in China zu bestimmen.[6]

In Europa ist über die unmittelbare Betroffenheit durch die verheerenden Schäden des Zweiten Weltkrieges häufig vergessen worden, wie sehr in die weltumspannenden Kämpfe auch Staaten des asiatischen Kontinents als Gegner und Verbündete verwickelt waren. Die Entscheidung der deutschen Regierung, als Bündnispartner das japanische Kaiserreich zu gewinnen, bedeutete, der chinesischen Republik die Gunst zu entziehen. Das schuf eine politische Konstellation, die weit mehr beinhaltete als einen Wandel in den diplomatischen Beziehungen. Daß die Entscheidungen der deutschen Regierung nicht zügig erfolgten und voller Widersprüche waren, ist heute bekannt. Ebenso, daß viele deutsche Abgesandte und Kaufleute in China eine solche Politik nicht billigten. Sie waren der Kultur Chinas in Sympathie verbunden, lebten gerne dort und genossen einen vertrauenswürdigen Ruf.[7] Es nimmt nicht wunder, daß es in der Handelsmetropole Shanghai zunächst so aussah, als würden die Bestrebungen der Hitler-Regierung in der fernen Heimat von diesen Kreisen ignoriert werden. Aber auch in Shanghai baute die einzig zugelassene Partei im Deutschen Reich allmählich ihre Organisation auf.[8] Gleichzeitig wurden am selben Ort diejenigen aufgenommen, die deren lebensgefährlicher Verfolgung ausgesetzt waren. Seit dem japanischen Angriff auf Shanghai im Jahre 1932 hatte diese Stadt mit ihrer gesamten Bevölkerung teil an den maßgeblichen internationalen Konflikten der dreißiger Jahre. Shanghai war bis 1945 ein Brennpunkt des Weltgeschehens.

Nach dem 30. Januar 1933 war die Bedrängnis für große Bevölkerungsgruppen im Deutschen Reich offensichtlich geworden. Diesen Menschen blieb als Rettung nur die Auswanderung oder die Flucht. Auf Grund der restriktiven Asylpraxis in den begehrtesten Niederlassungsländern, wegen der persönlichen Bindungen an die deutsche Heimat und nicht zuletzt in der Hoffnung auf Besserung der Lage in Deutschland zögerten jedoch viele, vor allem die verfolgten Juden, vor dem letzten Schritt zurück. Nach dem Pogrom im November 1938 war die unmittelbar drohende Gefahr für das eigene Leben indessen nicht mehr zu übersehen. In dieser dramatischen Situation war Shanghai im Fernen Osten der einzige Ort, wo eine große Anzahl von Flüchtlingen ohne große Formalitäten noch aufgenommen wurde.

Shanghai ist für die Entwicklung des modernen China ein Synonym für das »andere« China geblieben.[9] Die historischen Ereignisse in dieser Stadt zeigten deutlich die kaum zu bewältigenden Probleme und qualvollen Auseinandersetzungen, die nach der Auflösung des chinesischen Kaiserreiches das Entstehen einer neuen Staatsform begleiteten. Der Zusammenbruch der traditionellen Ordnungsprinzipien war nicht nur der Beweis für ein marodes Regierungssystem, sondern vor allem Ausdruck einer neuartigen Denkweise. Durch seine einmalige Anlage war Shanghai zum Schauplatz für die unmittelbare Konfrontation der althergebrachten chinesischen Produktionsweise mit den aufgesetzten Bedingungen einer fortschreitenden Industrialisierung geworden. Die faszinierende Konstellation von chinesischer Lebensart hinter einer westlichen Fassade ist genügend beschrieben worden. Hierbei stellt sich die Frage nach der Einordnung des mit Zwang aufgebauten Zentrums Shanghai in das Gefüge der modernen chinesischen Geistes- und Kulturgeschichte. Denn das halbkoloniale Shanghai war ein prägnantes Beispiel für die vielfältigen Beziehungen zwischen Chinesen und Ausländern, ihre Möglichkeiten und Grenzen. Schon ein oberflächlicher Blick auf den im Vertrag von Nanjing 1842 geschaffenen Vertragshafen, d.h. die Öffnung des Hafens für den ausländischen Handel und die Ablösung der chinesischen Gebietshoheit durch die Personalhoheit ausländischer Konsuln, läßt erkennen, daß es rechtliche, wirtschaftliche, gesellschaftliche, politische und kulturelle Verflechtungen und Probleme gab, die offenzulegen und zum Nutzen aller zu lösen waren.[10]

Für den Historiker bedeutet dies, daß er jene vielschichtigen Strukturen transparent zu machen hat und die feinen Verästelungen in den menschlichen Beziehungen aufspüren muß. Die Ereignisse in der Weltstadt Shanghai bieten ein einmaliges, unverwechselbares und teilweise aktuelles Beispiel, das Verhältnis zwischen Ausländern und Chinesen darzulegen. Bedroht, vertrieben und beraubt traf in den dreißiger Jahren dann auch noch eine Gruppe fremder Flüchtlinge in der Stadt ein, die an keinem anderen Ort der Erde Zuflucht fand und gezwungen war, sich den vorhandenen Gegebenheiten anzupassen. Allein ihre äußeren Lebensbedingungen brachten sie in vieler Hinsicht den chinesischen Einwohnern näher als es bisher den Fremden widerfahren war.

II

Bis heute fehlt eine umfassende Analyse der Shanghaier Stadtgeschichte, der man die jüngsten Geschehnisse entnehmen kann. Die Suche nach den Ursachen dieses Mangels führt hinein in die Katastrophen der chinesischen Zeitgeschichte. Nicht von ungefähr kann die Entwicklung Shanghais nur bis etwa 1937 gut belegt werden. Die Auswirkungen des sino-japanischen Krieges haben in dieser Stadt nämlich ebenso ihre Spuren hinterlassen wie anschließend die des Krieges in Europa. Während des Zweiten Weltkrieges bekämpften sich hier nicht nur die Anhänger der verschiedenen chinesischen Parteien, sondern es standen sich, grob gesehen, Alliierte und Achsenmächte gegenüber. Im Bürgerkrieg nach 1945 wiederum waren sich die einstigen chinesischen Kontrahenten darin einig, die Souveränität Chinas gegen die ehemaligen Kolonialmächte durchzusetzen. Als schließlich die meisten Fremden die Stadt verlassen hatten, begann die Periode der politischen Kampagnen und Umerziehung durch die siegreichen Kommunisten, von deren Folgen das chinesische Volk und alle, die ihm als ausländische Berichterstatter oder Wissenschaftler verbunden blieben, bis heute betroffen sind. Das erklärt auch, warum die schriftlichen Zeugnisse der Periode vor fünfzig Jahren, falls überhaupt noch vorhanden, schwer oder gar nicht zugänglich sind.[11]

Die »oral history« führt ebenfalls nicht sehr weit, denn sie wird durch lückenhaftes Erinnerungsvermögen, politische Erwägungen und jene konsequenten Umdenkungsprozesse beeinträchtigt. Als ich 1985 in Shanghai recherchierte, erinnerte sich kaum noch jemand an die jüdischen Flüchtlinge aus Mitteleuropa. Bekannter waren nur die Namen und Bauten von Sassoon und Hardoon[12], den einstigen Geldmagnaten und »Bagdad-Juden«.[13] Mir hat sich eine Episode besonders eingeprägt, weil sie die Schwierigkeiten der Spurensuche treffend kennzeichnet: Die Synagoge Beth Aaron, eine Stiftung für die sephardische Gemeinde aus den zwanziger Jahren, hatte für die jüdische Flüchtlingsgemeinde eine gewisse Bedeutung gehabt.[14] Darüber hinaus war sie für ihre architektonische Schönheit berühmt, eine stilvolle Anlage in der Nähe des ehemaligen »Bund«, der Prachtstraße mit ihren repräsentativen Bauten. Dank der Beredsamkeit meines chinesischen Betreuers und Lehrers glückte es mir, den wohl letzten Blick in die nunmehr zerstörte Synagoge zu werfen. Shanghais größte Tageszeitung, die jetzige Benutzerin des Geländes, benötigte den Platz für eine neue Druckerei. Eine Blitzaktion des amerikanischen Konsulats bewahrte einzig einen Menorahstein vor der Vernichtung.[15] Mein Betreuer arrangierte später außerdem eine Zusammenkunft im Shanghai-Museum, damit ich das Relikt noch einmal mit eigenen Augen sehen konnte. Der Stein allerdings, so hieß es dann, sei beim Transport beschädigt worden, er werde restauriert und eines Tages in einem »speziellen« Stadtmuseum aufgestellt. Diese Nachricht, in Shanghai solle ein jüdisches Archiv eröffnet werden[16], ist jedoch mit Vorsicht zu genießen. Sie scheint vielmehr die Situation der Geisteswissenschaften in der Volksrepublik China und die Entwicklung des modernen China insgesamt widerzuspiegeln.

Die Episode um die Shanghaier Synagoge weist symbolisch auf die komplizierte Zusammenstellung der Quellen hin. Die noch lebenden Augenzeugen sind weit verstreut über Australien, Israel und die Vereinigten Staaten, um nur die wichtigsten Länder zu nennen (der Wert ihrer Aussagen wäre ein anderes komplexes Thema). Ebenso lagern die Schriftstücke in den Archiven – oder anderen Räumlichkeiten – aller Herren Länder.[17] Der amerikanische Bibliothekar David Kranzler legte 1976 nach langjähriger Forschung das bisher einzige wissenschaftliche Werk über die jüdische Flüchtlingsgemeinde in Shanghai vor, das aber nur an folgenden Ereignissen orientiert ist: der Flucht aus Europa; den Hilfsaktionen der Shanghaier und der amerikanischen Juden; der Schaffung einer jüdischen Gemeinde; dem Verhältnis zwischen den japanischen Besatzern und den Flüchtlingen; dem Krieg im Pazifik und der Errichtung eines Sperrbezirkes für die Flüchtlinge.[18] Wenig beschäftigt es sich hingegen mit den Problemen der Niederlassung und Einpassung der Vertriebenen in die neue Umgebung, die vor allem für die Exilforschung interessant sind. Hierzu soll meine geplante Arbeit die bereits bekannte Überlieferung neu bewerten und mit zusätzlichen Materialien ergänzen. Augenzeugenberichte, Memoiren, zeitgenössische Darstellungen, Presseerzeugnisse und Akten, wie zum Beispiel die der Shanghai Municipal Police, sollen hierbei das Bild einer ungewöhnlichen Nachbarschaft konturieren.

III

»Shanghai, wo is'n det?« fragte Herbert Braun, als er erfuhr, daß er nur aus dem Konzentrationslager Sachsenhausen entlassen werden würde, wenn er innerhalb dreier Monate das Land verließe. Dabei war er Speditionskaufmann von Beruf, er hätte also etwas über einen der damals in der Welt größten Umschlagplätze wissen können. Seine Fachkenntnisse ermöglichten ihm aber immerhin, kurz nach der Landung in Shanghai eine Stelle in einer britischen Firma zu bekommen.[19] Herbert Braun verkörperte nur das Schicksal von vielen tausend; es gab eine große Anzahl Leidensgenossen, die gleich ihm aus einem KZ nach Shanghai entlassen wurden, hingegen gab es nur eine kleine Anzahl ähnlich Glücklicher, die schnell gutbezahlte Arbeit fanden.

Eine Statistik aus dem Jahre 1946 nennt Anzahl, Nationalität und Religionszugehörigkeit der Flüchtlinge:[20] Gesamtzahl: 13475; Deutsche: 7498, Österreicher: 4337, Polen: 654, Tschechen: 181, andere: 805; Juden: 12407, Protestanten: 588, Katholiken: 367, ohne Angabe: 94, andere: 19. Die genannten Zahlen bieten lediglich einen Anhaltspunkt. Man wird sich damit abfinden müssen, exaktere Daten nicht mehr ermitteln zu können.[21] Obwohl eine Registrierung der Ankommenden bei den Hilfskomitees vorgeschrieben war, tauchten etliche unter, ohne eine Unterstützung der Organisationen in Anspruch zu nehmen; sie besaßen genug, um auf eigene Faust eine Existenz aufzubauen.[22] Vor Ausbruch des Krieges im Pazifik gelang es darüber hinaus mehreren Flüchtlingen, Shanghai in Richtung Amerika oder Australien zu verlassen. Außerdem starben mindestens 1700 Menschen im Shanghaier Exil, viele an Altersschwäche, Krankheit oder Hunger.[23] Klar zeigt jedoch das vorhandene Material, daß mehr als Zweidrittel der Betroffenen Bürger des Deutschen Reiches und des »angegliederten« Österreich sowie jüdischer Herkunft waren.[24]

Tatsächlich begann die große Einwanderungswelle ab August 1938 nach der Annexion Österreichs und der Errichtung der »Zentralstelle für jüdische Auswanderung« in Wien. Weder die Ereignisse nach der ›Machtergreifung‹, noch die ›Nürnberger Rassegesetze‹ hatten ein starkes Ansteigen von deutschen Immigranten in Shanghai zur Folge gehabt.[25] Endgültig bekam die Stadt ihre überragende Bedeutung als letzte Zuflucht nach dem Novemberpogrom 1938. Die jetzt folgende Ansiedlung der Flüchtlinge läßt sich in unterschiedliche Phasen gliedern:

1. Bis August 1938   Die ungehinderte Einwanderung
Eine geringe Anzahl Deutscher, hauptsächlich jüdischer Herkunft, wandert nach Shanghai aus und gründet dort eine Existenz.

2. Bis August 1939   Der frei zugängliche Zufluchtsort
Eine große Anzahl mitteleuropäischer Flüchtlinge trifft, größtenteils mittellos, in Shanghei ein. Sie werden von privaten Hilfsorganisationen versorgt. Im August 1939 stoppt die Stadtverwaltung zunächst die Zuwanderung.

3. Bis Dezember 1941   Konsolidierungsphase
Ein eigener, fast selbstverwalteter Stadtteil entsteht, der bald »Klein-Wien«, »Klein-Berlin« oder auch »Klein-Israel« genannt wird.

4. Bis Februar 1943   Die Besatzung
Japanische Truppen besetzen das Gebiet der Internationalen Niederlassung, ganz Shanghai steht unter japanischer Verwaltung.

5. Bis September 1945 Die Segregation
Die feindlichen Ausländer werden von den japanischen Behörden in

Lagern interniert. Die ›staatenlosen Flüchtlinge‹ bekommen ein abgegrenztes Gebiet zugewiesen, das sie nur mit Sondererlaubnis verlassen dürfen.

6. Nach 1945 Die Rückkehr oder Weiterwanderung

Die einschneidensten Maßnahmen für ein unbeschränktes Leben in Shanghai bestanden in den Restriktionen für Einwanderungswillige aus Mitteleuropa kurz vor Ausbruch des Zweiten Weltkrieges[26] und der Proklamation eines Sperrbezirkes für staatenlose Flüchtlinge durch die japanische Militärbehörden im Februar 1943.

Der Aufenthalt der deutschen Flüchtlinge in Shanghai war insgesamt nur auf kurze Zeit gedacht gewesen, zumal die meisten auf eine baldige Genehmigung zur Einwanderung in die USA hofften, eine Zeit jedoch, in der die politischen Machtkonstellationen in Ost und West völlig verändert wurden. Auch die paar tausend Vertriebenen im Fernen Osten wurden in die Kriege einbezogen, deren Verlauf zum Entstehen eines einheitlichen souveränen chinesischen Staates führte. Barbara Tuchmann illustriert die Folgen für die Ausländer beispielsweise mit der Mission des amerikanischen Generals Stilwell in China: »Am Ende ging China seinen eigenen Weg, als wären die Amerikaner nie dort gewesen.«[27] Um wieviel mehr müssen die Spuren einer viel kleineren ausländischen Minderheit verwischt werden, die zudem nicht einmal direkten Einfluß auf chinesische Regierungsgeschäfte hatte? Eine solche Betrachtungsweise läßt aber mindestens zwei Fragen offen: Ob denn nur der greifbare, langfristige und in jenem Falle zweifelhafte Einfluß relevant für eine Betrachtung sei, oder ob es nicht auch gelte, schlichte individuelle Lebensleistungen anzuerkennen? Die Repräsentanten einer ausländischen Kolonialmacht in China hatten vorgegebene politische Interessen durchzusetzen, eine sicherlich grundverschiedene Position von dem Überlebenskampf unfreiwillig Gestrandeter. Gleich war für beide lediglich, als Außenstehende einer fremden Kultur zu begegnen.

Neben der Untersuchung zum Überleben im Holocaust bleibt für das Phänomen der Zuflucht in Shanghai die Untersuchung vom Überleben in einer nicht vertrauten Umgebung. Dabei kann nicht die wie immer geartete Integration in den Vordergrund gerückt werden, sondern es geht um den grundsätzlicheren Aspekt des Nebeneinander, der Nachbarschaft so unterschiedlicher sozialer und kultureller Milieus. Hierfür bieten die Überlegungen von Herbert A. Strauss einen geeigneten Weg, Erkenntnisse der Exilforschung und der Sozialanthropologie planvoll miteinander zu verknüpfen.[28] Für den Ansatzpunkt einer sinologischen Arbeit stellt die Theorie einer funktionellen und subjektiven Akkulturation eine nutzbringende Methode dar, die auch den jahrhundertealten Erfahrungen und Rezepten, Nichtchinesen ins ›Reich der Mitte‹ aufzunehmen, eine weitere Perspektive erschließen könnte.[29]

IV

Die Metapher im Titel vom Kampf Jakobs mit dem Engel gibt im Kern die Lebenspraxis der Shanghaier Flüchtlinge wider, die von hartnäckigem Widerstehen, trotzigem Fordern und sichtbaren Schädigungen geprägt war. Als Segen empfingen sie das Leben selbst, das Überleben in einer unfaßbaren Katastrophe und das Erleben der eigenen Entwicklungsmöglichkeiten. Michael Blumenthal, der ehemalige U.S. Finanzminister während der Präsidentschaft Jimmy Carters und einer der prominentesten ›Shanghailänder‹, erklärte hierzu: »We are the fortunate ones. We are the survivors of the historical upheaval in Europe that led to the destruction and personal tragedies of millions. ... While it was tough and difficult in that little backwater, we learned some valuable lessons that I hope we have not forgotten and have passed on to our children.«[30] ... I learned on a personal level that what one does with one's life depends on one's inner resources and inner strength rather than on who one is. ... Some people with fine backgrounds collapsed in Shanghai while others with little education managed to handle that kind of environment.«[31] Eine fundamentale Erfahrung, die das Erfolgsgeheimnis mancher Karriere nach den entbehrungsreichen Tagen in Shanghai ausmachte, war das Überleben und Behaupten in einer fremden Kultur: »What you had in Shanghai was an experience. ... You came here (in die Vereinigten Staaten), you were not a greenhorn. You were at least as sharp as they were.«[32] Die Einschätzungen stammen von Augenzeugen, die als Jugendliche nach Shanghai kamen und dort die Schule besuchten.[33] Sie waren allerdings in der Minderzahl; von den 13 475 Personen, die 1946 registriert wurden, waren knapp die Hälfte im Alter zwischen 35 und 54 Jahren, und gut ein Viertel sogar über 55 Jahre.[34] Setzen wir 1938 als Richtmaß, hatten also 75 % der Flüchtlinge bei ihrer Ankunft die Fünfundzwanzig bereits überschritten.

Seit der Ernennung Hitlers zum Reichskanzler gab es mit Gewißheit keinen ungestörten, selbstverständlichen Alltag mehr für Juden in Deutschland. Trotzdem lebten viele in der vertrauten Umgebung weiter. Verschiedene Beispiele belegen, wie sorglos und zuversichtlich auch nach dem Nürnberger Parteitag 1935 die nach den neuen ›Rassegesetzen‹ Stigmatisierten der drohenden Gefahr gar nicht gewahr zu werden schienen.[35] Erst als sie den Wandel am eigenen Leib spürten, als sie brutal verhaftet, eingesperrt und mißhandelt wurden, brach das Bild von Recht und Ordnung endgültig zusammen. Um die Lage der Flüchtlinge in Shanghai zu erkennen, den Wechsel in ein ungewohntes Milieu nachvollziehen zu können, ist es unerläßlich, jene Erfahrungen als Juden zu bedenken. Für viele Flüchtlinge war die jüdische Kultur, aber auch das Dritte Reich, fremd geworden, bevor sie am anderen Ende der Welt wirklich als Fremdlinge eintrafen.[36] In Shanghai trafen sie auf kleinstem geographischen Raum eine Gesellschaftsordnung an, die ebenfalls in der Auflösung begriffen war.

Die Tage der eindeutigen Vorherrschaft westlicher Mächte in China waren gezählt, das Land sollte bald darauf eine eigene, selbstständige Verwaltung erhalten. Den damaligen Konflikt zwischen kolonialem Herrschaftsanspruch und nationalem Widerstand auf Zwangsherrschaft und rückständige Verhältnisse zu reduzieren, wird der bedeutenden Rolle der Vertragshäfen, allen voran Shanghai, für die Entwicklung des modernen China nicht gerecht. »During the century-long Western interlude, a modern Chinese tradition has been established. This tradition expresses a fundamental requirement: that of a development which is at once national and open to the rest of the world. It marks a deep rupture with Sinocentrism and the policies of a rural and bureaucratic state. This more or less complete integration into the world civilization characterizes every manifestation of life in Shanghai – the negotiations of a businesslike bourgeoisie capable of surveying equally attentively the Stock Exchanges of London or New York and the Szechuanese market, the growth of a Communist Party and a worker's movement which up to 1927 had been a part of the international revolutionary scene; the activities of an intelligentsia, familiar with liberal, Marxist, Leninist, Trotskyist, anarchist, or esperantist philosophies.«[37] Genau in diesem Klima finden auch die Flüchtlinge aus Mitteleuropa ihren Platz.

Der Sprachgebrauch meint unter Shanghai im allgemeinen das Gebiet der Fremdensiedlung, die ›Französische Konzession‹ und die ›Internationale Niederlassung‹. Die Verwaltung der »French« oblag dem französischen Generalkonsul, der nur der französischen Regierung verantwortlich war, während das »Settlement« von einem international zusammengesetzten Stadtrat regiert wurde. Als der starke Zustrom der Flüchtlinge Ende 1938 einsetzte, wurde der Großteil von ihnen direkt nach Hongkou[38] geleitet. Dieses Viertel jenseits des Suzhou-Flüßchens unterstand bis 1937 dem internationalen Stadtrat, wurde aber nach der Niederlage Shanghais im chinesisch-japanischen Krieg von japanischen Militärbehörden kontrolliert.

Wiewohl dieser Umstand zunächst einen Vorteil für die Neuankömmlinge darstellte, bewegten sie sich doch in einer äußerst diffizilen und gefährdeten Rechtssphäre. Aus chinesischer Sicht gehörten sie zum Kreis der privilegierten Kolonialherren, faktisch waren sie jedoch abhängig vom Wohlwollen der herrschenden Mächte. Und den eigenen Erfahrungen nach waren sie Verfolgte, Vertriebene und Diskriminierte. Ihre Identitätspapiere waren besonders gekennzeichnet und wiesen sie sofort als Verstoßene und Mittellose aus, bis sie Ende 1941 sogar ihre Staatsbürgerschaft vollkommen verloren. Mit wertlosen Pässen, ohne konsularischen Schutz waren die Flüchtlinge weitgehend Freiwild geworden. Ihre Hilflosigkeit sollten sie spüren, als im August 1939 die japanischen Behörden und der Stadtrat die Zuwanderung stoppten, als sie im Februar 1943 von den japanischen Militärs in eine Art Ghetto gezwungen wurden, als sie im November 1945 nach dem Willen der chinesischen Regierung repatriiert werden sollten und generell bei ihrem Bemühen, Shanghai nach Kriegsende zu verlassen.³⁹ Die Staatsbürgerschaft war eine der zentralen Fragen, um überhaupt langfristig am Ort bleiben zu können. Außerdem boten andere juristische Bereiche Schwierigkeiten genug, rechtmäßig anerkannt zu werden, genannt sei zum Beispiel nur der Schutz durch die Gerichtsbarkeit.⁴⁰

Der sichtbare Gradmesser, ob und inwieweit eine Flüchtlingsgemeinschaft am Niederlassungsort Fuß gefaßt hat, ist die Eingliederung in die Wirtschaft. Wie erfolgte die fundamentale Versorgung mit Nahrung, Kleidung und Wohnung? Dieser Bereich bietet die ganze Palette von Grenzen und Möglichkeiten der Mitteleuropäer, im Fernen Osten eine erfolgreiche Existenz zu gründen.⁴¹ Die Mehrheit hing von der Unterstützung durch die Hilfsorganisationen ab. Altersstruktur, Ausbildung, die Finanzlage und persönliche Beschaffenheit machten es den Neuankömmlingen selbst schwer, in der ostasiatischen Metropole Arbeit zu finden. Ihre Unerfahrenheit mit der Sprache und bestimmten Geschäftspraktiken hinderte sie außerordentlich, selbstständige Unternehmen aufzubauen. Wenn man andererseits einen Blick in das »Adreßbuch der Emigranten-Betriebe« aus dem Jahre 1940 wirft, so findet man dort von »Adreßbuch-Verlage« bis »Zukunftsdeutungen« die mannigfaltigsten Tätigkeiten aufgeführt.⁴² Durch Verkauf von mitgebrachtem Gepäck, durch Kredite und Eigeninitiative gelang es einigen Wagemutigen, Tüchtigen oder Begünstigten, in ein paar Branchen Fuß zu fassen. Die Textilindustrie, die Lebensmittelindustrie und die Gastronomie, um nur die wichtigsten Beispiele zu nennen, empfingen durch die Flüchtlinge neuartige Impulse.⁴³ Seitdem – und bis heute – ist Shanghai berühmt für seine Strickwaren – wie für seine Modewaren insgesamt – und bis heute geschätzt für manche Cafés und Backwaren.

Nicht allein Geldnot und Schicksalsschläge beeinträchtigten die wirtschaftliche Leistungskraft, sondern mehr noch die ökonomische Struktur der Stadt. Auf dem Arbeitsmarkt konkurrierten qualifizierte ausländische und chinesische Angestellte, das Massenangebot billiger chinesischer Arbeitskräfte erschwerte die Niederlassung der Handwerker, und Hilfsarbeiten wurden von ›Weißen‹ nicht ausgeführt. Ihre Einstufung als potentielle Kolonisateure verschaffte den Flüchtlingen zwar den Vorteil, bei Engpässen wie Streiksituationen gebraucht zu werden, vernichtete aber gleichzeitig die legendäre Chance, sich vom Tellerwäscher zum Millionär hochzuarbeiten. Den eingesessenen Industrie- und Handelsbetrieben war der neue Wettbewerb wenig willkommen, sie behinderten die Eingliederung der eintreffenden Arbeitssuchenden wo es nur ging.⁴⁴ Gerade als die Flüchtlinge begannen, sich einzuleben, als sie ihr Stadtviertel aus den Trümmern des chinesisch-japanischen Krieges erbaut hatten, als die Versorgung aller im großen und ganzen zu funktionieren schien, brach der Krieg im Pazifik aus. Japanische Soldaten besetzten die Internationale Niederlassung und japanische Aufsichtspersonen die feindlichen ausländischen Betriebe. Viele Flüchtlinge verloren ihre Arbeit und, weit schlimmer, die finanzielle Hilfe des American Jewish Joint Distribution Committee. Gut ein

Jahr später mußten alle Wohnungen und Geschäfte außerhalb eines eingegrenzten Gebietes aufgegeben werden. Von Mai 1943 bis September 1945 konnte ein ›staatenloser Flüchtling‹ den Sperrbezirk in Hongkou nur noch mit einem Sonderpaß verlassen. Die Wirren des Bürgerkrieges und die wenig einladende Haltung der chinesischen Regierung ließen nach dem Ende des Zweiten Weltkrieges dann ebenfalls kaum Möglichkeiten, eine geschäftliche Existenz weiterzuführen. »Das Ende war erreicht«, so sah es ein erfahrener Journalist; »aus dem Nichts war einmal eine Millionenstadt entstanden, ein gewaltiger Hafenplatz, ein mächtiges Industrie- und Handelszentrum, Mittelpunkt des Finanzwesens eines Riesenreiches, eines Halbkontinents. Der Traum war ausgeträumt, die Welt war um ein Wunder ärmer geworden.«[45]

Was war das Wunder von Shanghai? Wahrscheinlich wird es ebenso schwer in Worte zu fassen sein wie das Flair des Berlin der zwanziger Jahre oder des heutigen New York. Die an dem Wunder teilhatten und es vollbrachten, waren, wie in eben diesen Städten, Menschen der unterschiedlichsten Herkunft. Sehr häufig waren es Flüchtlinge: Chinesen auf der Flucht vor den Taiping-Rebellen, Russen auf der Flucht nach der Oktoberrevolution und wiederum Chinesen, die vor den japanischen Angreifern flohen. In der Reihe der Sicherheit Suchenden bildeten die Flüchtlinge aus Mitteleuropa das letzte Glied. Sie erhielten wie die anderen Unterstützung, vor allem durch private Hilfe. Wäre allerdings das American Jewish Joint Distribution Committee nicht von außen eingesprungen, hätten sie nicht überleben können. Der lokale und internationale Beistand der Juden gab nicht zuletzt Anlaß zu antisemitischer Propaganda[46], wobei allerdings viele Zeitzeugen den Chinesen eine tolerante, unbeeinflußte Haltung bescheinigen. Der genaueren Untersuchung dieser Zusammenhänge müßte ein eigenes Kapitel gewidmet werden.

Antisemitische Tendenzen und gerade der Vorwurf der kommunistischen Unterwanderung[47] zeigten den Einfluß der nationalsozialistischen Politik bis nach Shanghai. Der starke deutsche Druck auf die japanischen Verbündeten manifestierte sich in der Errichtung des Sperrbezirkes von 1943.[48] Und sogar in Shanghai gab es Anzeichen einer ›Endlösung‹.[49] Politische Aktivitäten waren besonders für die KZ-Entlassenen gefährlich. Die Flüchtlingsgemeinschaft aber des puren »Individualismus« zu zeigen, wie es geschehen ist[50], scheint angesichts der schwierigen Verhältnisse nur wenig seriös zu sein. An den Stadtratswahlen von 1940 läßt sich die prekäre Situation der Gruppe exemplarisch verdeutlichen. Wer wollte nicht die Erlaubnis erhalten, seine Angehörigen nachzuholen; das jedenfalls versprachen die japanischen Behörden, wenn man ihre Kandidaten wählte. So befanden sich die Flüchtlinge zwischen den Fronten, auf der einen Seite fühlten sie sich zu den westlichen Demokratien hingezogen, aber auf der anderen Seite standen die mächtigen japanischen Militärs, unter deren Obhut sie lebten. In dieser ausweglosen Lage entschlossen sich viele, sich still zu verhalten und nicht zu wählen. Tatsächlich konnten und wollten nur wenige Flüchtlinge ihre antifaschistische Haltung offen in die Praxis umsetzen. Der bereits erwähnte Herbert Braun zum Beispiel half nur heimlich beim Schmuggel von Waffenteilen nach Chongqing.[51]

V

Der treffsichere Kommentator Alfred Dreifuss beschrieb mir den Shanghaier Alltag mit einem Anflug von Sarkasmus so: »Such is life und es wird täglich sucher.«[52] Hier eine wissenschaftliche Untersuchung anzusiedeln, erschien bisher nicht nur ihm sehr spekulativ. Die materielle Überlieferung ist nur unzulänglich, außerdem: Neue gesellschaftliche Erfahrungen, die Auseinandersetzung mit einer fremden Kultur sind mit unmittelbar greifbaren Belegen nur schwer zu messen. Wir halten lediglich einzelne Steine in der Hand, die niemals das vollständige Mosaik ergeben werden. Und doch können wir allmählich im größeren Zusammenhang Stück für Stück ein Bild zusammensetzen. Das Bild der Akkulturation der Exilanten beinhaltet im Falle Shanghais eine Perspektive auf die chinesische Geschichte. Dabei läßt sich beobachten, daß die fremden Flüchtlinge und die einheimische Bevölkerung trotz aller Gegensätze ähnliche Erfahrungen machten: Unterdrückung, Diskriminierung und Gewaltherrschaft durch die verbündeten Achsenmächte hatten einen starken Einfluß auf ihr unfreiwilliges Nebeneinander. Jedoch sollten aus den gemeinsamen Erlebnissen keine einheitlichen Zielvorstellungen erwachsen, das Verlangen nach Eigenständigkeit und Freiheit führte die ehemaligen Nachbarn bald nach 1945 in grundverschiedene Richtungen.

1 Zitiert nach: *8-Uhr-Abendblatt*. 3. Jg. Nr. 138.15.6. 1941. S. 2. — 2 »Shanghai – Eine Emigration am Rande«. Bericht von Alfred *Dreifuss*, in: Eike Middell u.a.: *Exil in den USA. Mit einem Bericht »Shanghai – Eine Emigration am Rande«*, (Leipzig) Frankfurt/M. 1980 (= Kunst und Literatur im antifaschistischen Exil 1933–1945. Bd. 3), S. 449–517. — 3 David *Kranzler*: *Japanese, Nazis & Jews. The Jewish Refugee Community of Shanghai, 1938–1945*, New York 1976. — 4 S. *Shanghai: Stadt über dem Meer*. Hg. von Siegfried Englert, Folker Reichert, Heidelberg 1985. — 5 S. Fritz van Briessen: »Deutsche Institutionen und Persönlichkeiten in China«, in: *Deutsch-chinesische Beziehungen. Ein Handbuch*. Hg. von Rüdiger Machetzki, Hamburg 1982. — 6 Mein Dank gilt der Friedrich-Ebert-Stiftung für die großzügige Unterstützung und kritische Begleitung meines Projektes. — 7 S. William C. Kirby: *Germany and Republican China*, Stanford 1984. — 8 S.

u. a. Dreifuss: *Eine Emigration am Rande.* — **9** S. Marie-Claire Bergère: »The Other China«. Shanghai from 1919 to 1949«, in: *Shanghai. Revolution and Development in an Asian Metropolis.* Ed. by Christopher Howe, Cambridge u. a. 1981. S. 1–34. — **10** S. *All about Shanghai. A Standard Guidebook.* (Shanghai 1934–35), Hong Kong 1983. — **11** S. William W. Moss: »Archives in the People's Republic of China«, in: *American Archivist,* Vol. 45, No. 4, Fall 1982, S. 385–409; und Bryna Goodman: »The Shanghai Municipal Archives«, in: *China Exchange News* 12: 3. September 1984, S. 18–20. — **12** S. Pan Ling: *In Search of ›Old Shanghai‹,* Hong Kong 1983. — **13** »Romanze von den Bagdad-Juden«, in: Egon Erwin Kisch: *Geschichten aus sieben Ghettos,* (Berlin/DDR 1973) Hamburg 1980, S. 49–59. — **14** S. Pan Ling: *Old Shanghai,* S. 71 ff. — **15** Tess Johnston: »The Affair of the Stone Menorah. Consulate General Seeks to Preserve Jewish Relic in Shanghai«, in: *Points East. An occasional publication of The Sino-Judaic Institute,* Vol. 1, Nr. 3, September 1986, S. 7 ff. — **16** »Jüdisches Archiv in Shanghai«, in: *Jüdische Rundschau* Nr. 28, 10. 7. 1986. Meinen Dank an Frau Dr. Richarz, Germania Judaica, Köln, für ihren Hinweis. — **17** Nach Aussage von Frau Dr. Francoise Kreissler, Paris, sind die Akten über die französische Verwaltung in Shanghai nicht zugänglich. Dr. Erich Hildesheimer, Jerusalem, schrieb mir, daß in bisher nicht geordnetem Material über die Reichsvertretung der Juden in Deutschland auch Dokumente über die Ausreise nach Shanghai zu finden sind. — **18** S. Anm. 3. — **19** Interviews mit Herbert Braun im Frühjahr und Sommer 1981. — **20** »American Jewish Joint Distribution Committee. Far Eastern Office. Statistical Analysis of 13475 Refugees in Shanghai China as of January 1st-March 31st 1946. Statistical Department. Shanghai, August 1st 1946«, in: Sammlung Gertrude van Tijn, Leo Baeck Institute, New York. — **21** S. auch Kranzler, S. 605 f. — **22** S. u. a. »Central European Jews-Arrival in Shanghai«. Report der Shanghai Municipal Police, 15. 3. 1939. Washington: National Archives. RG 263. D 5422. — **23** Kranzler. S. 605. — **24** S. außer van Tijn, die Unterlagen der Shanghai Municipal Police. — **25** S. Fritz Kauffmann: »Die Juden in Shanghai im 2. Weltkrieg. Erinnerungen eines Vorstandsmitglieds der Jüdischen Gemeinde«, in: *Bulletin des Leo Baeck Institutes,* 73. 1986, S. 13–23. — **26** S. David Kranzler: »Restrictions Against German-Jewish Refugee Immigration to Shanghai 1939«, in: *Jewish Social Studies,* Vol. 36, Nr. 1, Januar 1974, S. 40–60. — **27** Barbara Tuchman: *Sand gegen den Wind. Amerika und China 1911–1945,* (New York 1970) Stuttgart 1973, S. 542. — **28** S. u. a. Herbert A. Strauss: »Zur sozialen und organisatorischen Akkulturation deutschjüdischer Einwanderer der NS-Zeit in den USA«, in: *Leben im Exil. Probleme der Integration deutscher Flüchtlinge im Ausland 1933–1945.* Hg. von Wolfgang Frühwald und Wolfgang Schieder, Hamburg 1981, S. 235–259. — **29** S. u. a. Wolfgang Bauer: *China und die Fremden. 3000 Jahre Auseinandersetzung in Krieg und Frieden,* München 1980. — **30** Aillen Jacobson: »Haven in Shanghai«. Present Tense, o. Datum, abgedruckt in: *The Hongkew Chronicle.* Vol. 1. No. 2, S. 11. — **31** Ebd. S. 12. — **32** Ebd., Aussage von Heinz Waldmann. — **33** S. auch Arthur M. Louis: »The Triple-Threat Man Who Runs Bendix Corp«, in: *Fortune,* January 1973, S. 81 ff. über die Entwicklung M. Blumenthals. — **34** S. Sammlung van Tijn. — **35** Interview mit Hans Eisenstädt, Berlin, Sommer 1981. — **36** S. zur psychologischen Situation der Flüchtlinge: Anna Ginsbourg: *Jewish Refugees in Shanghai,* Shanghai 1940. — **37** Bergère: *The Other China,* S. 33. — **38** Hongkou gibt die offizielle chinesische Umschrift wieder, frühere Schreibweisen: Hongkew/Hongkju/ Hongkiu. — **39** S. Suzanne D. Rutland: »Waiting Room Shanghai«: Australian Reactions to the Plight of the Jews in Shanghai After the Second World War, Der Aufsatz wird im Year Book des Leo Baeck Institute 1987 erscheinen. Mit freundlicher Genehmigung der Autorin. — **40** S. u. a. Albert Jovishoff: »Jewish Refugee Committee Declared Infringing on Chinese Sovereignty«, in: *The China Weekly Review,* Vol. 91, No. 1, 2. 12. 1939, S. 25–26. — **41** S. Kranzler, S. 281–296; Dreifuss: *Emigration am Rande.* — **42** A.D.E.B.: Adreßbuch der Emigranten-Betriebe in Shanghai aus Handel, Industrie, Gewerbe und Handwerk 1940, Shanghai 1940, in: Sammlung Ludwig Lazarus, München, IfZ, ED 207 Bd. 8/6. — **43** S. »Aus dem Wirtschaftsleben«, in: *The Shanghai Herald. German Language Supplement,* Sondernummer April 1946, S. I. — **44** S. Dreifuss: *Emigration am Rande.* — **45** Julius R. Kaim: *Damals in Shanghai. Kaiser, Kaufleute und Kommunisten,* München 1963, S. 120. — **46** S. u. a. Etappe Schanghai. Wolfgang Weber fährt in das jüdische Auswanderlager in Shanghai, in: *Berliner Illustrierte,* 1940, Nr. 6. — **47** S. u. a. Kranzler, Bildteil: G. Antisemitism. — **48** S. Kranzler, S. 477–519. — **49** Martin Elbaum: »18. Februar 1943. Die Geschichte des Hongkewer Ghettos«, in: *The Shanghai Herald. German Language Supplement,* Sondernummer April 1946, S. 24–25. — **50** Dreifuss: *Eine Emigration am Rande,* S. 457. — **51** Über die Stadtratswahlen und den Schmuggel, Interviews mit Herbert Braun im Frühjahr und Sommer 1981. — **52** Interview mit Alfred Dreifuss im Sommer 1981.

Helga Schwarz

Maria Leitner – eine Verschollene des Exils?

Die Frau, von der hier berichtet werden soll, war keine faszinierende Persönlichkeit im heutigen, zumeist an Äußerlichkeiten orientierten Sinne, und sie erlangte zeitlebens weder literarischen Ruhm noch materiellen Wohlstand. Aber sie machte auch wenig Wesen um ihre Person, sondern wirkte nach Ansicht des Publizisten Otto Schudel aus Basel, der seiner Journalisten-Kollegin in Berlin zwischen 1927 und 1930 wiederholt begegnete, vielmehr durch ihre menschliche Reife.[1] Charakteristisch für sie war beispielsweise folgende kleine Episode: Maria Leitner hatte sich im Jahre 1928 bei einem New Yorker Schönheitssalon in der 57. Straße als »Cleaner« (halb Scheuerfrau, halb Zofe) beworben, um aus eigenem Erleben über solcherart Verdienstmöglichkeit für den Ullstein-Verlag nach Berlin berichten zu können. Aber aus dem Job wurde nichts, denn dafür war sie nicht gut genug gekleidet. Doch nun einmal unterwegs, nutzte sie die Zeit zum Besuch einiger Kunstausstellungen – darunter eine von Manet bei Durant-Ruel. Mit Erstaunen bemerkte sie, daß man sich für ihren Geschmack interessierte: »Angestellte kommen zu mir und wollen zum Ankauf verschiedener Bilder zureden. Man scheint mich für eine Millionärin zu halten, die ihren Bedarf an Kunst eindecken will. Eine schlechtangezogene Frau, die sich Bilder am Vormittag ansieht, kann eigentlich nichts anderes sein.«[2]

Über diese vermeintliche Millionärin, aus deren Tagebuchnotizen das Magazin *Uhu* 1928 authentisch »Unbekanntes aus Amerika« berichtete, schrieb zehn Jahre später Oskar Maria Graf, sie sei »eine sehr aktive antifaschistische Schriftstellerin, die nur wenige kennen... nicht nur eine gute Schriftstellerin, sondern eine der mutigsten und bescheidensten Frauen...«[3] Er beantwortete damit im August 1938 die Bitte der Hilfsorganisation »American Guild for German Cultural Freedom« um ein Gutachten über Maria Leitner, wohnhaft »4 Rue St. Sulpice, Paris«.[4] Fast zu gleicher Zeit hielt auch Anna Seghers, die Maria Leitner bereits vor 1933 in Berlin kennengelernt hatte, ihre Kollegin »einer solchen Unterstützung bestimmt würdig, als begabte Schriftstellerin und als gute und tapfere Reporterin. Sie lebt in äußerst bedrängten Verhältnissen. Bei ihrer schlechten materiellen Lage und der Qualität ihrer Arbeiten wäre eine rasche Unterstützung sehr angebracht...«[5]

Maria Leitner lebte zu dieser Zeit bereits fünf Jahre im antifaschistischen Exil – erlitt zum zweitenmal das Schicksal einer politischen

Emigrantin. Die damit verbundenen Wirren und lange Lebensabschnitte illegaler antifaschistischer Arbeit haben die Privatsphäre Maria Leitners weitgehend den Blicken der Öffentlichkeit entzogen. In ihren Veröffentlichungen jedoch kann man Lebensspuren, Bekenntnisse und Standpunkte finden, die sich, je länger die Recherchen währen, mosaikartig zum Bild einer bemerkenswerten Frau fügen; zudem gleicht der Antrag auf ein Arbeitsstipendium der American Guild von 1938 einer Schaffensbilanz: »...Kurz vor der Hitlerzeit hatte ich in Deutschland zwei Bücher veröffentlicht, einen Roman: ›Hotel Amerika‹ und ein Reportagebuch: ›Eine Frau reist durch die Welt‹. Die Bücher hatten, obgleich sie sehr bald verboten wurden, einen buchhändlerischen Erfolg. Sie wurden in mehrere Sprachen übersetzt. – Dann ging ich in die Emigration, war aber wiederholt in Deutschland. Über meine Reisen im Hitlerreich veröffentlichte ich in fast allen deutschen antifaschistischen Zeitungen Reportagen. Ich schrieb auch einen Roman über das Leben der deutschen Jugend im Dritten Reich. Er wurde unter dem Titel ›Elisabeth, ein Hitlermädchen‹ in der ›Pariser Tageszeitung‹ veröffentlicht... Ich habe einen Roman begonnen, der in Österreich-Ungarn beziehungsweise den Nachfolgestaaten spielt. Ich hatte meine Kindheit und frühe Jugend in diesen Ländern verbracht...«[6] Dieses 1940 fertiggestellte Manuskript ist leider ebenso wie andere im Briefwechsel zwischen Maria Leitner und Hubertus Prinz zu Löwenstein, dem Generalsekretär der American Guild, erwähnte Texte noch nicht wieder aufgefunden worden. So manches Detail in der Biographie der am 19. Januar 1892 in Varazdin/Kroatien geborenen und in Budapest aufgewachsenen Tochter eines kleinen jüdischen Bauunternehmers würde uns dadurch vielleicht verständlicher.

Maria Leitner wurde hineingeboren in das noch scheinbar intakte Milieu und Gesellschaftssystem der k. u. k. Monarchie. Als dem ersten Kind von drei Geschwistern schien ihr der Weg zu einem gutbürgerlichen Leben vorgezeichnet. Die Übersiedlung der Familie 1896 nach Budapest eröffnete ihr zudem die Möglichkeiten einer großstädtischen und weltoffenen Bildung, die ein Auslandsstudium abrundete. 1913 begann Maria Leitner in Budapest bei dem auflagestarken Boulevardblatt *Az Est* (Der Abend) ihre journalistische Laufbahn. Nach Ausbruch des Ersten Weltkrieges berichtete sie als Auslandskorrespondentin u. a. aus Stockholm für Budapester Zeitungen.

Die Kriegsereignisse führten auch in Ungarn zu einem raschen Anwachsen der antimilitaristischen Bewegung, der sich vor allem große Teile der revolutionär gesinnten Jugend anschlossen. Maria Leitners Brüder – der nur wenig jüngere Maximilian, auch Miksa genannt (Dezember 1892–1941) und Johann oder János (1895–1925) – beteiligten sich aktiv an dieser Bewegung, die sich in Budapest als »Galilei-Kreis« tarnte. Die Schwester wurde bald angesteckt von den revolutionären Ideen ihrer Brüder und solidarisierte sich mit ihnen. Über Maria Leitners politische Aktivitäten vor und während der ungarischen Räterepublik sind bisher keine Einzelheiten bekannt bis auf die Tatsache, daß die junge Journalistin zur Kommunistin geworden war. Anfang der zwanziger Jahre mußte sie deshalb wie viele ihrer Landsleute vor dem Wüten des von Horthy entfachten weißen Terrors über Wien nach Berlin fliehen: hier zunächst mittel- und namenlos lebend, willkommen nur beim Verlag der Kommunistischen Jugendinternationale.

1925 aber hat der Ullstein-Verlag erstmals die talentierte und risikobereite junge Frau entdeckt und sogleich mit »der schwierigen Aufgabe nach Amerika geschickt, die dortigen Erwerbsmöglichkeiten... durch das Opfer persönlicher Dienststellung zu studieren.«[7] In New York rang zu dieser Zeit ihr jüngster Bruder mit dem Tode. Der unter den Namen János Lékai und John Lassen bekanntgewordene Schriftsteller und Politiker, 1919 in Berlin Mitbegründer der Kommunistischen Jugendinternationale, war leitender Redakteur von *Uj Elöre* (Neuer Vorwärts), der einzigen kommunistischen Tageszeitung ungarischer Emigranten in den USA. Hier erschien schon 1923 Maria Leitners ungarische Übersetzung des Romans *Die eiserne Ferse* von Jack London. Im selben Jahr hatte auch der renommierte Axel-Juncker-Verlag in Berlin von ihr herausgegebene und durch ein Nachwort ergänzte *Tibetanische Märchen* verlegt. Den Durchbruch als Journalistin erzielte Maria Leitner aber erst mit ihren Berichten und Reportagen aus den USA für die Leser des nach amerikanischem Muster aufgemachten Ullsteinmagazins *Uhu* sowie für andere Presseerzeugnisse des bekannten Verlagshauses. Dabei widmete Maria Leitner stets den Frauenproblemen ihre besondere Aufmerksamkeit. Beredte Zeugnisse dafür finden sich bald auch in linken Zeitungen wie *Die Welt am Abend* (1929–1933), der *Arbeiter-Illustrierten-Zeitung* bzw. *A–I–Z* (1929–1933) und *Der Weg der Frau* (1931–1932). Es schien nicht nur das zumeist fremdländische Sujet gewesen zu sein, welches die Leser interessiert hatte; die zunehmend positive Resonanz auf die Veröffentlichungen Maria Leitners resultierte vor allem aus der keineswegs alltäglichen sozialkritischen Sicht der Autorin, die mittels persönlicher Erlebnisse gesellschaftliche Zustände und politische Hintergründe schildern wollte. Diese Tendenz vermochte sie bei ihren Reportagen während der Exilzeit noch zu verstärken. Analogien zu Egon Erwin Kisch drängen sich auf, zumal Begegnungen und Arbeitskontakte in Berlin vor 1933 und später in Paris mit größter Wahrscheinlichkeit zwischen beiden stattgefunden haben. Zum persönlichen Gedankenaustausch könnte es beispielsweise im Bund proletarisch-revolutionärer Schriftsteller gekommen sein. Dort war auch Trude Richter als Sekretärin mit Maria Leitner bekannt geworden und »schätzte sie sehr..., diese sympathische und kluge Genossin, deren Roman ›Hotel Amerika‹ damals viel Beifall fand. Gleich nach Hitlers Machtergreifung hat sie kurze Zeit bei mir gewohnt, um sich vor Nachforschungen zu schützen.«[8]

Als die deutschen Faschisten bereits ungehemmt mit Mord und Terror Andersdenkende verfolgten, erschien noch Maria Leitners antikolonialistischer Roman *Wehr dich, Akato!* in der *A–I–Z*[9]; er blieb allerdings Fragment, da nach dem Verbot der Zeitung und vor der Neuherausgabe in Prag das Manuskript verschollen ist. Die sozialkritische Reportageserie Maria Leitners über »Frauen im Sturm der Zeit« veröffentlichte die *Welt am Abend* noch bis zum 8. Februar 1933. Die Autorin konnte sich dann nur durch eine »Auslandsreise« wider Willen vor dem Zugriff der Gestapo retten: Prag, Wien, Paris, die Wohnung der Weinerts in Forbach, das Saargebiet, Internierungslager Camp de Gurs, Toulouse und Marseille sind die bisher nachweisbaren Stationen ihres Exils bis zum Frühsommer 1941. Dann verlieren sich die Spuren Maria Leitners; ob es jemals neue Erkenntnisse darüber geben wird, wie das Leben dieser mutigen Frau endete, hängt nicht nur von günstigen Recherchemöglichkeiten ab, sondern auch von der Hilfsbereitschaft vieler Leser.

Noch immer steht in zahlreichen Nachschlagewerken die Version, Maria Leitner sei 1941 als Mitglied der französischen oder belgischen Résistance ums Leben gekommen – eine naheliegende Vermutung, für die jedoch jegliche Beweise fehlen. Während meiner langjährigen Nachforschungen stieß ich auf zwei Veröffentlichungen der Wiener *Arbeiter-Zeitung* von 1947, die mit »Maria Leitner / New York« gezeichnet sind: biographische Texte mit den Titeln »Belgischer Frühling« (25. Mai) und »Betäubt von New York« (15. August). Sollte sich damit ein Lebenskreis schließen, in dessen Mittelpunkt anscheinend Amerika stand? – *Hotel Amerika* (1930) heißt der bekannteste Roman Maria Leitners, der zuletzt 1974 im Aufbau-Verlag Berlin als Taschenbuch neu herauskam. Und der Reportageband *Eine Frau reist durch die Welt* (1932) – im Dietz Verlag Berlin 1962 und 1986 wieder aufgelegt – berichtet ebenfalls von Maria Leitners mehrjährigen Aufenthalten in Amerika.

Doch der Kreis schloß sich nicht. Als Autorin der Veröffentlichungen von 1947 ermittelte ich die in Brüssel lebende Maria Améry-Eschenauer, Witwe des antifaschistischen Publizisten Jean Améry (1912–1978) und damals in New York noch Frau von Dr. Rudolf Leitner aus Wien. Durch Frau Améry erfuhr ich aber, daß im Frühjahr 1941 »am ›poste restante‹-Schalter in Marseille für die Schriftstellerin Maria Leitner Briefe von Theodor Dreiser vorlagen.«[10] Ob diese Schreiben des weltweit bekannten amerikanischen Schriftstellers, mit denen dieser vermutlich seiner bedrohten Kollegin zu helfen versuchte, jemals die Adressatin erreichten, ist noch ebenso ungeklärt wie ihr endgültiges Schicksal. Noch immer gilt die Feststellung von F. C. Weiskopf, die er in seinem Abriß der deutschen Literatur im Exil mit dem beziehungsreichen Titel »Unter fremden Himmeln« gab: »Auf der Verlustliste der literarischen Emigration finden sich auch die Vermißten. Von Johann Rabener, Maria Leitner und Walter Tritsch wurde seit den Tagen, da Hitlers Armeen Belgien bzw. die Vichy-Zone von Frankreich besetzten, nichts mehr gehört.«[11]

Ob Maria Leitner auf ihrer letzten Wegstrecke im Exil alleingeblieben oder alleingelassen war, läßt sich vorerst nicht beantworten. Nachweisbar litt sie jedoch permanent unter den durch die komplizierten Lebens- und Arbeitsbedingungen im Exil bedingten materiellen Problemen, an denen sie aller Wahrscheinlichkeit nach auch zerbrach. Zu bedenken ist dabei, daß diese Frau seit ihrer Jugend das Leben einer Emigrantin zu führen gelernt hatte und politisches Engagement für sie den Verzicht auf ein geruhsames Leben in Wohlstand einschloß. Der unter dem Pseudonym Johann-Lorenz Schmidt lebende Laszlo Radvanyi, der mit seiner Frau Anna Seghers in der Pariser Emigration Maria Leitner näher kennengelernt hatte, betonte noch Jahrzehnte später: »...damals ist mir ihre besondere Bescheidenheit aufgefallen.«[12] Bei dieser augenfälligen Bedürfnislosigkeit erschienen zumindest zeitweilig die minimalsten materiellen Voraussetzungen für ihre Existenz im antifaschistischen Exil vorhanden gewesen zu sein, zumal sie berufliche Kontakte und Verbindungen zur Internationalen Arbeiterhilfe (IAH) sowie zur Roten Hilfe hatte.

Beinah folgerichtig ging sie im Frühjahr 1933 zunächst nach Prag.[13] Eine größere Unterstützung und Wirkungsmöglichkeit muß sich Maria Leitner jedoch durch Freunde und Genossen in Österreich erhofft haben. In Wien waren ihre beiden Bücher verkauft worden, den Reportageband hatte die Wiener Monatszeitschrift *Der Sozialdemokrat* im Januar 1933 wohlwollend rezensiert und *Das Kleine Blatt* (Wien) druckte 1933 wiederholt Erzählungen und Reportagen von ihr. Außerdem hatte sie seit ihren Wien-Aufenthalten während der zwanziger Jahre verschiedene persönliche Beziehungen aufgebaut, die sie nun für ihre antifaschistische Tätigkeit zu nutzen hoffte.

Aber ihre Erwartungen erfüllten sich nicht, wie der unlängst in Wien aufgefundene Schriftwechsel zwischen namhaften Funktionären der Zentralstelle für das Bildungswesen der Sozialdemokratischen Arbeiterpartei Deutschösterreichs beweist. Darin teilt in einem vertraulichen Brief an den Parteivorstand Dr. Josef Luitpold Stern am 30. Oktober 1933 mit, er habe eben eine Unterredung gehabt mit der bekannten und bedeutenden Schriftstellerin Maria Leitner, der Verfasserin der beiden Bücher *Hotel Amerika* und *Eine Frau reist durch die Welt*: »Genossin Leitner hat die Absicht, nach Deutschland zurückzukehren. Sie will zunächst auf einer Reise durch Bayern, Mitteldeutschland und das Ruhrgebiet das Deutschland von heute wirtschaftlich, politisch und kulturell beschreiben. Sie braucht hierzu für etwa einen Monat S 1000.— Genossin Leitner ist außerstande, mit der sozialistischen Weltpresse in Fühlung zu treten. – Ich gestatte mir die Anfrage, ob nicht unsere Partei dem Internationalen Sekretariat die Anregung zur Finanzierung dieser Expedition geben sollte.« Noch am Abend des gleichen Tages antwortete der ebenfalls im Parteisekretariat tätige Julius Deutsch: »Nach meinem Dafürhalten geht es nicht gut an, daß die Partei eine private Reise nach Deutschland in der von Ihnen angeregten Weise unterstützt. Ich glaube auch nicht, daß das internationale Sekretariat einer solchen Anregung entsprechen würde.«[14] Es dürfte allerdings Julius Deutsch schon damals klar gewesen sein, daß es sich bei dem Ersuchen Maria Leitners um keine übliche Privatreise nach Deutschland gehandelt hatte; parteipolitische Erwägungen waren sicher ausschlaggebender für diese Ablehnung, zumal Maria Leitner ja als Kommunistin bekannt war. Allerdings ist ihre Parteizugehörigkeit nicht bis ins Detail geklärt. Im Jahr 1937 veröffentlichte bemerkenswerterweise die sozialdemokratische Budapester Tageszeitung *Népszava* von März bis Juni in Fortsetzungen *Eine Frau reist durch die Welt* – allerdings ohne biographische Hinweise auf die Autorin.

Nach den Enttäuschungen in Wien ist Maria Leitner etwa 1934 nach Paris gegangen, wenngleich von 1933 bis 1936 in kommunistischen tschechischen und sudetendeutschen Zeitungen und Zeitschriften gelegentlich Beiträge von ihr – zumeist Nachdrucke – erschienen sind. Honorare dafür werden wohl kaum die Autorin erreicht haben. So mancher ihrer Freunde und Kollegen aus Ungarn und Deutschland hatte ebenfalls in der französischen Hauptstadt Zuflucht und neue Wirkungsmöglichkeiten gesucht. Die Sorgen und Nöte des Exils, das Bangen um die in Hitlerdeutschland verbliebenen Freunde oder Angehörigen, vor allem aber der Wille zum Widerstand gegen das antihumane faschistische Regime schufen neue zwischenmenschliche Beziehungen. Als Erich Weinert und seine Frau Li nach einer Wiederbegegnung in Paris Maria Leitner zu Ferien einluden, hatte bereits der sogenannte Saarkampf begonnen. Da blieb nicht viel Zeit für die eigentlich dringend notwendige Erholungspause. »Ich erinnere mich«, schrieb Li Weinert, »daß Maria Leitner 1934, ich glaube im Sommer, ungefähr zwei Wochen bei uns in Forbach – einem Grenzort zwischen Saargebiet und Elsaß Lothringen – gewohnt hat... Sie erzählte uns, daß sie in Paris bei einer französischen Familie als Hausangestellte gearbeitet hat... Sie bewohnte – wie sie erzählte – ein winziges Zimmer und schrieb nachts bei Kerzenschein. Nach ihrem Besuch bei uns haben wir nichts mehr von ihr gehört... Ich weiß nur, daß Maria Leitner öfter nach Deutschland gefahren ist und illegal gearbeitet hat.«[15]

Im Versailler Vertrag vom 28. Juni 1919 war in Artikel 49 festgelegt worden, daß die Bevölkerung des Saargebietes, welches seitdem in Treuhandschaft des Völkerbundes stand, sich 15 Jahre nach Inkrafttreten des Vertrages »für diejenige Staatshoheit zu entscheiden habe, unter welche sie zu treten wünscht.« Die vor der Gestapo in das Saargebiet geflüchtete Kommunistin Lore Wolf etwa wurde zur Zeugin des jetzt gerade tobenden Kampfes um den »status quo«, denn nun wollte Hitler auch im Saarland die Macht übernehmen: »Dem Volk wurden große Versprechungen gemacht. An Häusern und Straßenecken tauchten Losungen und Plakate auf wie: ›Nix wie ham ins Reich!‹ Die sozialdemokratische und kommunistische Partei stellten sich auf einen schweren Kampf ein...«[16] Als Johannes R. Becher im Auftrag der Internationalen Vereinigung Revolutionärer Schriftsteller im Herbst 1934 die westeuropäischen Exilzentren bereiste, berichtete er an seine

Freunde in Moskau, die Arbeit sei »durch die Saar-Ereignisse außerordentlich geschwächt... da alle Kräfte dorthin gerufen wurden.«[17] Im Büro der Roten Hilfe arbeitete Lore Wolf eng mit einer Gruppe von Schriftstellern zusammen, die Flugblätter und Zeitungsartikel verfaßte und verbreitete; und sie erinnerte sich: »Ich habe Maria (Leitner) im Herbst 1934 in Saarbrücken kennengelernt. Wir hatten nie persönlichen Kontakt. Ich traf sie des öfteren im Büro der Roten Hilfe, dahin kamen auch hie und da die Schriftsteller Hans Marchwitza, Bruno von Salomon und andere... Maria war ein bescheidenes Menschenkind und sehr scheu. Die Illegalität und die Widerstandstätigkeit bedingten konspiratives Verhalten... Nach dem ›Wahlsieg‹ Hitlers begann eine Massenflucht. Es herrschte Chaos. Die Emigranten flüchteten nach Forbach (Frankreich)... Von Maria habe ich niemals wieder etwas gehört.«[18]

Maria Leitner war während ihres französischen Exils Mitglied des seit Sommer 1933 bestehenden Schutzverbandes deutscher Schriftsteller im Ausland geworden. Das wurde von Michael Tschesno-Hell bestätigt, der in Paris bis Ende 1935 Sekretär der kommunistischen Fraktion des SDS war. Nach seinen Angaben wurde 1934 die in Paris noch bestehende Gruppe des Bundes proletarisch-revolutionärer Schriftsteller mit etwa 25 Mitgliedern in den Schutzverband integriert.[19] Die Zusammenkünfte des SDS fanden jeden Montagabend im Café »Mephisto« am Boulevard St. Germain statt. Es wurden auch Autorenabende veranstaltet. An einem solchen las Maria Leitner im April 1937 aus ihrem Buch *Eine Frau reist durch die Welt*.[20] Völlig menschenscheu kann Maria Leitner also nicht durch die Bedingungen des Exils geworden sein.

Ihr zweifellos unauffälliges Wesen und Tun waren sicher von großem Vorteil, als sie ab 1935 wiederholt gefahrvolle Erkundungsreisen in die »Höhle des Löwen«, an die Brennpunkte der geheimen Kriegsvorbereitungen im faschistischen Deutschland unternahm. Ob sie dabei im Auftrag oder in Verbindung mit einer Widerstandsorganisation handelte und wer sie dabei unterstützte, konnte nicht ermittelt werden. Wohl verdichten sich dazu einige Vermutungen, doch zu deren Konkretisierung sind weitere Fakten notwendig.

Ein Brief Maria Leitners vom 7. Oktober 1938 aus Paris an Volkmar von Zühlsdorff von der American Guild erscheint mir recht aufschlußreich zu sein; dort schrieb sie in äußerster Verzweiflung: »...Leider gehöre ich zu jenen Schriftstellern, die, obgleich ich mehrere Bücher veröffentlichte und in der Emigration immer, oft in größter Gefahr, für die antifaschistische Sache gearbeitet habe, nie eine Arbeitshilfe (bekam). Ich wurde nie unterstützt. Ich mußte oft schwere physische Arbeiten verrichten, um nicht zu verhungern. Das Ende: ein physischer Zusammenbruch. Ich habe, so lange es ging, um keine Hilfe gebettelt, aber sollen deshalb jene, die immer unterstützt wurden, bevorzugt werden, während man mich verhungern läßt...?«[21] Die große Bedrängnis dieser Frau läßt sich angesichts solcher Zeilen nur ahnen. Jede der von ihr vor allem in den Jahren 1936 bis 1939 veröffentlichten Reportagen ist unter Todesgefahr recherchiert worden. Die damit gemachten Enthüllungen über die wahren Vorgänge im Dritten Reich erfüllten – jede für sich genommen – den Tatbestand des Hochverrats in den Augen der Gestapo. Um derart detailliert berichten zu können, mußte Maria Leitner über vertrauliche Kontakte zu gut informierten Personen in Wissenschaft und Wirtschaft des NS-Staates verfügt haben. Allerdings konnte sie auch an frühere Berichte anknüpfen, wie beispielsweise aus ihrer Reportage über die »Dorfschule im Dritten Reich« – veröffentlicht in *Das Wort* (Moskau) 2/1938 – im Vergleich zu Passagen aus der Reportageserie »Entdeckungsfahrten durch Deutschland« von 1932 in *Die Welt am Abend* hervorgeht.

In diese Richtung weist auch ihre Reportage in *Das Wort* 2/1936 über das Sprengstoffwerk Reinsdorf. Offenbar hat Maria Leitner im Herbst 1935 über diesen geheimen Rüstungsbetrieb bei Wittenberg an der Elbe recherchiert, wo Wochen zuvor eine schwere Explosion viele Opfer forderte und die Öffentlichkeit noch äußerst erregt war. Aus dem Bericht geht hervor, daß sie in Wittenberg nach dem Unglück Bekannte aufgesucht und in Reinsdorf mit jungen und alten Arbeitern gesprochen hat. So vermochte sie überzeugend darzustellen, wie das von Göring am Grab der Explosionstoten pathetisch geforderte »große Opfer am Altar des Vaterlandes« in Wirklichkeit aussah, nämlich als Opfer für die Profite und Eroberungspläne der Konzerne.

Auch der 1937 in der *Pariser Tageszeitung* als Fortsetzungsdruck erschienene Roman *Elisabeth, ein Hitlermädchen*[22] zeugt davon, daß Maria Leitner im antifaschistischen Kampf den vollen persönlichen Einsatz wagte. Dieser Roman war übrigens zu der Zeit der einzige gewichtige antifaschistische Beitrag der *Pariser Tageszeitung*. Es gelang Maria Leitner damit zwar keine bemerkenswerte literarische Leistung, vordringlicher war aber wohl auch die Hoffnung, damit politisch – vielleicht sogar nach Deutschland hinein – wirken zu können. Maria Leitner wußte sehr genau, daß Aufklärung mit Hilfe von Reportagen und Flugschriften nicht für jedermann die Überzeugungskraft hat wie die fiktional gestalteten Literaturformen, und sie bediente sich deshalb der Technik des Unterhaltungsromans. Die *Pariser Tageszeitung* hatte ihre Ankündigung vom 21. April auf der ersten Seite entsprechend formuliert: »Morgen beginnt unser neuer Roman. Er führt mitten in das Deutschland von heute... Elisabeth, ein Hitlermädchen, erlebt das Schicksal eines jungen Mädchens im heutigen Deutschland. Sie geht durch Hitlerjugend und Arbeitsdienst, macht Gasschutzübungen mit und streift durchs Gelände. Sie träumt vom blauen Waldsee und grünen Wiesen, aber der ›heroische‹ Geist der neuen Ära will nur Geländeübungen und Nachtmärsche gelten lassen. Zwischen den Disteln dieser Zeit blüht dennoch Liebe, beglückend, verderbend...«

Zweifellos handelt es sich bei diesem Roman um eine geglückte Synthese von journalistischen Recherchen und belletristischer Gestaltung – eine besondere Eigenart der Schreibweise Maria Leitners. Die Zitate von Liedern und aus Gesetzesblättern sowie die Schilderung des nationalsozialistischen Alltags sind von großer plastischer Prägnanz. Der Roman, der auch die sich formierende Widerstandsbewegung in Deutschland besonders hervorhebt, half Maria Leitner jedoch kaum, ihre Existenz während der Zeit der Veröffentlichung zu sichern. Aus zwei erhalten gebliebenen Quittungen der *Pariser Tageszeitung* geht hervor, daß ihr beispielsweise für die Romanfolgen zwischen dem 21. und 26. April insgesamt 100 frs angewiesen worden sind.[23] Im Archivbestand der *Pariser Tageszeitung* befinden sich auch einige weitere Honoraranweisungen, die für anonym veröffentlichte Beiträge gezahlt worden sind. Dazu gehörte etwa der als Sonderbericht bezeichnete Text »Leverkusen« vom 7. Juli 1936, der ebenfalls als Reportage Maria Leitners identifiziert werden kann und wofür sie lediglich fünfzig Francs erhielt.[24]

Wie sehr Maria Leitner unter der materiellen Not litt, ist ihrem Briefwechsel mit der American Guild – vor allem mit Hubertus Prinz zu Löwenstein – aus den Jahren 1938 bis 1941 zu entnehmen. Dort berichtete sie nicht nur über Einzelheiten ihres komplizierten Lebens, sondern auch über aktuelle Vorhaben, wofür sie um jeweils 35 Dollar Arbeitsstipendium (etwa 1500 ffrs) für drei Monate bat. Über den Stand der Arbeit an dem eingangs erwähnten Roman, der in Österreich-Ungarn handeln und Menschen wie Ereignisse ihrer frühen Jugend schildern sollte, berichtete sie am 8. März 1939: »An dem Roman habe ich auch große Fortschritte gemacht. Ich baue ihn vollkommen um. Er soll viel komplizierter, dramatischer werden. Dadurch entfällt allerdings mein Plan, Teile daraus in Zeitschriften unterzubringen...« Im gleichen Brief erwähnt sie außerdem »Vorarbeiten für Aufsätze, die für amerikanische Blätter bestimmt sind«. Und sie kann von einer insgesamt erfolgreichen Arbeit der letzten Wochen – nachdem ein paar Dollar ihr das Weiterleben ermöglicht hatten – berichten: »Eine Novelle hat das ›Wort‹ angenommen, einen längeren Aufsatz eine holländische und gleichzeitig auch eine Schweizer Zeitschrift. Kleinere Artikel bringt die ›Weltbühne‹... Die Hauptsache wäre, daß ich einige Monate lang stetig arbeiten könnte; ich glaube, daß ich mir dann eine Lebensmöglichkeit schaffen würde...« Im März 1939 übersandte Maria Leitner an Prinz Löwenstein auch ein »soeben beendetes Filmmanuskript ›Krieg dem Krieg. Der Lebensroman Bertha von Suttners‹« mit der Hoffnung, »daß diese Arbeit in Amerika Interesse finden würde«. Sie bat gleichzeitig darum, es »in Washingten copyrighten zu lassen«. Wie aus den Akten bei der Deutschen Bibliothek in Frankfurt ersichtlich ist, erfolgte eine Registrierung tatsächlich auch im August 1939. Die anderen erwähnten Arbeiten, bis auf die in der *Neuen Weltbühne* veröffentlichten, wurden bisher noch nicht aufgefunden.

Im Verlauf der folgenden Monate komplizierte sich das Leben Maria Leitners jedoch bald wieder. Im April 1940, nachdem sie aus finanziellen Gründen von der Pension in »4, rue Saint-Sulpice« nach »75, rue de

Seine« wechseln mußte, schrieb sie nach New York: »Ich bin seit einem halben Jahr fast ständig krank. Es begann mit einer schweren Grippe, und in einer ungeheizten Dachkammer, hungernd, ist es schwer, gesund zu werden, besonders wenn sich obendrein die Weltgeschichte auch in unserem so bescheidenen Privatleben bemerkbar macht. Aber trotz allem, oder vielleicht auch deshalb, habe ich sehr viel gearbeitet«. Sie kann berichten, daß der österreichische Roman fast fertig sei. Nachdem sie ihn wiederholt überarbeitet habe, erscheine ihr die jetzige Fassung gelungen. Außerdem wolle sie in einem Buch, welches sie englisch zu schreiben versuche, von ihren Amerikaerlebnissen als Arbeiterin, Hotelangestellte usw. erzählen. Weiter habe sie ein Theaterstück über das Leben der Flüchtlinge geschrieben und verschiedene short-stories in Englisch. »Bestünde die Möglichkeit, einige dieser Arbeiten in amerikanischen Magazinen unterzubringen?«, fragt sie den Generalsekretär der American Guild, an den sie in dieser Zeit auch einige Manuskripte geschickt hat. Andere Texte sind vermutlich im Zusammenhang mit der kurz darauf erfolgten Internierung im Camp de Gurs Mai/Juni 1940 verlorengegangen oder beschlagnahmt worden.

Es gelang Maria Leitner, in einem unbeobachteten Moment aus dem Internierungslager zu entfliehen und sie schrieb am 6. Juli 1940: »Nach allerlei Fahrten kreuz und quer durch Frankreich kam ich nach Toulouse. Ich habe ungeheuer viel Interessantes erlebt, das ich selber literarisch verwerten kann, falls ich am Leben bleibe. Denn meine Lage ist jetzt wirklich schwierig: Ohne Mittel, abgeschnitten, muß ich befürchten, neu interniert zu werden, was für mich diesmal bedeutend ernsthaftere Folgen haben könnte. Überdies habe ich mein Gepäck eingebüßt – so daß ich kaum das Primitivste bei mir habe. Nur aus Amerika könnte jetzt Hilfe kommen...«. Sie zieht wieder die Ausarbeitung antifaschistischer Beiträge für amerikanische Zeitschriften und ein Buch über ihre Kriegserlebnisse in Frankreich zur Sicherung der Existenz in Betracht. Doch schon am 12. August 1940 muß sie erneut um Hilfe bitten: »Ich werde mich kaum noch lange halten können... Wie steht es mit der Möglichkeit eines amerikanischen journalistischen Auftrages? – Das Beste wäre natürlich, wenn ich so bald wie möglich fort könnte, aber inzwischen (würde) mir so ein Auftrag einige Sicherheit bieten... Mein Name kursiert hier auf verschiedenen Listen für Einreiseerlaubnis – außer der Quote für Amerika... Auf dem amerikanischen Konsulat sagte man mir, daß ich, obgleich ich hier als Saarländerin gelte, unter die ungarische Quote fallen würde« (mit den geringsten Chancen für ein Visum, da als nicht sehr gefährdet geltend – H. Schwarz). Maria Leitner bat deshalb, eine Verbindung zu Theodore Dreiser herzustellen. Sie war zwei Jahre zuvor vorübergehend dessen Sekretärin gewesen, etwa zu der Zeit der Internationalen Friedenskonferenz aus Anlaß des Spanienkrieges. Dreiser hatte ihr damals eine von ihm zu finanzierende Besuchsreise in die USA vorgeschlagen. Aber: »Für das Besuchsvisum hätten allerlei Formalitäten erfüllt werden müssen. Inzwischen ist der Krieg ausgebrochen, und ich hörte nie wieder von Theodore

Dreiser«, ergänzte sie. Noch einmal schrieb sie am 28. Oktober von Toulouse nach New York, bedankte sich für eine finanzielle Unterstützung von 35 Dollar, wofür ihr 1500 französische Franc ausgezahlt wurden, die für sie »eine sehr große Hilfe« bedeuteten, und erklärte: »Ich bin gesundheitlich in einem sehr schlechten Zustand, und ich hätte kaum noch lange Stand gehalten. Sie werden sicher denken, daß wir es hier nicht leicht haben, aber von dem Zustand der ständigen Gereiztheit und der unhygienischen Lebensweise kann sich ein Fernstehender kaum eine Vorstellung machen. Für meine Arbeit ist solch unmittelbares Erleben sicher gut, aber es ist noch besser, daß ich jetzt, Dank Ihnen, die Möglichkeit zur Erholung, zu einer kleinen Atempause habe... Ich erwarte jetzt mit größter Spannung Ihren Brief über Möglichkeiten zur Erlangung eines Besuchsvisums...«

Den vermutlich letzten Hilferuf sandte Maria Leitner am 4. März 1941 von Marseille an Zühlsdorff von der American Guild nach New York: »Ich bin noch immer ohne Antwort von Ihnen. Ich weiß nicht, wie lange ich noch warten muß, hier sind Hunger und Angst das Schlimmste. Meine Situation verschlimmert sich aus jeder Sicht. Wie ist dieses Leben auszuhalten? – Bitte, könnten Sie mir etwas Geld telegrafisch schicken? Und bitte entschuldigen Sie, daß ich Sie die ganze Zeit belästige. Ich danke Ihnen immer für alles, was Sie für mich getan haben...« Im April 1941 öffnete ein Angehöriger vom Oberkommando der Wehrmacht einen an »Miss Maria Leitner – Poste principale restante / Toulouse« adressierten Brief der American Guild vom Dezember 1940 und sandte diesen danach zurück nach New York. Wie der nachweislich noch bis Juli 1941 weiter geführte Schriftwechsel beweist, war man dort also um ihre Rettung bemüht. Zu dieser Zeit wurde Maria Leitner letztmalig in Marseille von Anna Seghers und deren Mann gesehen.[25] Alexander Abusch erinnerte sich gleichfalls, »Maria Leitner illegal im Sommer 1941 in Marseille, nach der Abfahrt von Anna Seghers« getroffen zu haben, und er gab ihr, »wie so vielen anderen, bei diesen Treffen Ratschläge, wie sie am günstigsten aus Frankreich herauskommen könnte.«[26] Doch dafür haben die Energien und Mittel Maria Leitners aller Wahrscheinlichkeit nach nicht mehr ausgereicht. Konnte auch die Frage nach ihrem endgültigen Schicksal bis heute trotz intensiver Nachforschungen nicht beantwortet werden, so ist uns doch der größte Teil ihrer Texte als Vermächtnis geblieben – als Mahnung zur Wachsamkeit gegenüber Rassismus, Krieg und Faschismus.

---

1 Otto Schudel: Brief v. 15. 4. 1978 an die Autorin. — 2 Maria Leitner: »Unbekanntes aus Amerika«, in: *Uhu*, Berlin, 4 Jg., H. XI, August 1928, S. 59 ff. — 3 Oskar Maria Graf: Brief vom 9. August 1938. Aus Briefwechsel Oskar Maria Grafs mit der American Guild for German Cultural Freedom, Archiv des PEN-Clubs im Exil 1933–40. — 4 Deutsche Bibliothek Frankfurt/M., Literaturarchiv, EB AmGuild. — 5 Ebd. — 6 Ebd., sowie alle nachfolgend genannten Briefe Maria Leitners an die American Guild. — 7 *Uhu*, Berlin, August

1928, S. 59. — **8** Trude Richter: Briefe (undatiert) 1964 an die Autorin. — **9** Maria Leitner: *Wehr dich, Akato!*. Roman (Fragment). In: *AIZ*, Berlin, XI. Jg. (1932), Nr. 51, S. 1195, bis XII. Jg. (1933), Nr. 10, Januar 1933, S. 230. — **10** Maria Améry: Brief v. 21. 12. 1982 an die Autorin. — **11** F. C. Weiskopf: *Unter fremden Himmeln*. Dietz Verlag, Berlin 1947, S. 115 und: Aufbau-Verlag, Berlin 1981, S. 142 (Walter Tritsch, 1892–1961, lebte seit 1952 in Ascona). — **12** Johann-Lorenz Schmidt: Brief v. 14. 1. 1978 an die Autorin. — **13** Friedrich G. Kürbisch: Brief v. 4. 11. 78 an die Autorin. — **14** Allgemeines Verwaltungsarchiv, Wien, SD-Parteistellen, Reichsparteisekretariat, Korresp., Karton 120. — **15** Li Weinert: Brief vom August 1964 an die Autorin. — **16** Lore Wolf: *Ein Leben ist viel zu wenig. Autobiographie*. Verlag Neues Leben, Berlin 1973, S. 51 f. — **17** Dieter Schiller: »Schriftsteller im Saar-Kampf«, in: *Weimarer Beiträge*, Berlin, Nr. I/1985, S. 41 ff. — **18** Lore Wolf: Brief v. 5. 2. 1985 an die Autorin. — **19** Michael Tschesno-Hell: Brief v. 3. 5. 1979 an die Autorin. — **20** Albrecht Betz: *Exil und Engagement*, edition text + kritik, München 1986, S. 305. — **21** Deutsche Bibliothek Frankfurt/M., EB AmGuild. — **22** Maria Leitner: *Elisabeth, ein Hitlermädchen* (Roman). In: *Pariser Tageszeitung*, 2. Jg. Nr. 315, 22. April 1937 bis Nr. 367, 21. Juni 1937. Und: *Elisabeth, ein Hitlermädchen. Erzählende Prosa, Reportagen und Berichte*. Hg. u. Nachw. v. Helga Schwarz, Aufbau-Verlag, Berlin 1985, S. 267–465. — **23** Zentrales Staatsarchiv Potsdam. Bestand: *Pariser Tageszeitung*, Nr. 65, Bl. 294. — **24** Ebd., Nr. 65, Bl. 297. — **25** Johann-Lorenz Schmidt: Brief v. 14. 1. 1978 an die Autorin; Anna Seghers: Brief v. 14. 2. 1978 an die Autorin. — **26** Alexander Abusch: Brief v. 21. 3. 1978 an die Autorin.

Karsten Witte

Siegfried Kracauer im Exil

Fast die Hälfte seines Lebens hatte Siegfried Kracauer im Exil verbracht. Es war die Zeit seiner schlimmsten Jahre und seiner höchsten Anerkennung. Der Ruhm verdeckte die Angst, der Erfolg die Empfindlichkeit. Im Schatten der amerikanisch geschriebenen Standardwerke stehen, noch immer, seine frühen Schriften der Frankfurter Zeit. In dieser Stadt wird Kracauer heute verlegt, dort wurde er geboren, und dort verband sich sein Name mit dem der *Frankfurter Zeitung*. Aus Frankfurt wurde er auch vertrieben; dorthin wurde er, im Unterschied zu seinen Freunden vom Institut für Sozialforschung, nie zurückgerufen. »Daß diese Art Wiedergutmachung, die an dem beschädigten geistigen Leben selber, versäumt ward, ist unverantwortlich nicht nur den Opfern sondern erst recht dem gegenüber, was sonst mit Vorliebe als deutsches Interesse sich vorträgt. Was ein Mann wie Kracauer an maßgeblicher Stelle, etwa als Kulturpolitiker einer großen Zeitung, Gutes hätte tun können, läßt sich nicht überschätzen«, schrieb Adorno.[1] Als er das schrieb, war der Anlaß Kracauers 75. Geburtstag.

Das Exil hatte wie bei allen anderen Exilierten zwei Seiten: die Zwangsbefindlichkeit und die Werksituation. In welchem Verhältnis sie zueinander standen, soll anhand von Zeugnissen und Zitaten entworfen werden. Das hier vorgestellte Material besteht zum einen aus unveröffentlichten Briefen und Dokumenten Kracauers sowie aus Gesprächen, die mit Freunden und Kollegen aus seinem Umkreis geführt wurden; zum anderen seinen Texten, die er zu Zeiten seines Exils veröffentlichte. Ich werde hier keine Werkanalyse der Offenbach-Biographie leisten, keine neue Debatte über die Wirkungsgeschichte des Buches *Von Caligari zu Hitler* eröffnen, noch einen Diskurs über die *Theorie des Films* oder die so gut wie nicht angenommenen Meditationen zur Philosophie des Buches *Geschichte* anzetteln. Vielmehr behandle ich diese Bücher als Stationen auf der Reise ins Exil, lese in ihnen wie in Städtebildern, um deren Entzifferung es Kracauer stets ging.

An realen Stationen wird in Städten wie Frankfurt, Berlin, Paris, Lissabon und schließlich New York Halt gemacht. Im Maße wie der ehemalige Architekt Kracauer in seinen Denkbildern die versteckten Räume der Gesellschaft dechiffrierte, so entwarf er auch in seinen Büchern ganz themenunabhängig Räume, deren Linien er mit Leidenschaft nachspürte, um ihre Bewohnbarkeit, ihre Qualität als Habitat zu prüfen. In der *Theorie des Films* findet sich ein versteckter Hinweis auf ein solches Vorgehen: »Der geometrische Stadtplan von New York ist allgemein bekannt; aber die Bekanntschaft wird nur dann konkret, wenn wir uns zum Beispiel vergegenwärtigen, daß alle Querstraßen im Nichts des blanken Himmels enden.«[2]

Endeten die Straßen des Exils im Nichts, so möchte man dem Topograph auf dieser Spur auch rückwärts folgen, um zu erfahren, wo die Straßen des Exils begannen. Was Kracauer in New York »konkrete Bekanntschaft« nennt, nannte er früher im Jargon der von ihm verfochtenen Neuen Sachlichkeit: Tuchfühlung. Gehen wir nach Frankfurt zurück, um die Befindlichkeit zu erforschen, aus der Kracauer aufbrach. Laut Selbstangabe des Autors im Verzeichnis *Who's Who* von 1929 wurde Kracauer in der Sternstraße 29 geboren. Dieses Haus bewohnte er bis zu seiner Versetzung in die Berliner Redaktion der *Frankfurter Zeitung* 1930. Mit ihm wohnten seine Frau Elisabeth, seine Mutter Rosette und sein Onkel Isidor Kracauer, der Historiograph der Frankfurter Juden. Im Roman *Ginster* entwarf Kracauer ein unheimliches Bild jener Wohnung. Ich besuchte 1971 das Haus in der Sternstraße und sprach mit den alten Bewohnern: »Ja, der Dr. Kracauer, der ist zur rechten Zeit ausgewandert. Es wohnten nur Juden in diesem Haus. Das alte Ehepaar im 2. Stock haben sie abgeholt. Haben die gejammert. Wohin mit uns? Keine Sorge, hat man gesagt, nur in ein Heim. Dann waren die weg. Die Nazis haben den Kracauer verfolgt. Der schrieb ja gegen die.«

Gemeingut in des Wortes prekärer Bedeutung ist die Tatsache, daß Kracauer Jude und Antifaschist gewesen ist. Der Leitartikel zum Reichstagsbrand, den die *FZ* druckte, mit dem Pseudonym »Hellfried« gekennzeichnet, stammte von ihm. Danach begann das Exil, das nicht nur in der Sprachregelung von Kracauers alten Mitbewohnern »Auswanderung« hieß, sondern eine offizielle Verlautbarung war, z. B. im Fragebogen der Devisenstelle des Landesfinanzamtes Berlin, den Kracauer 1934 ausfüllen mußte. Dort heißt es: Frage 1: »Wohin und aus welchen Gründen wollen Sie auswandern?« Kracauers Antwort: »Nach Frankreich. Weil ich in Deutschland keine Existenzmöglichkeit mehr habe.« Frage 3: »Aus welchen Gründen haben Sie Ihre Stellung bzw. Ihr Geschäft freiwillig aufgegeben bzw. aufgeben müssen?« Die Antwort: »Ich bin vom Verlag der *Frankfurter Zeitung*, bei der ich als Redakteur fest angestellt war, zum 30. Sept. 1934 gekündigt worden.« Diesen Antrag mußte Kracauer stellen, um 8020 Reichsmark aus der Versorgungsanstalt der Reichsarbeitsgemeinschaft der Deutschen Presse nach Paris ausführen zu dürfen. Der Antrag ist gezeichnet mit der neuen Anschrift: 143, Boulevard St. Germain, Hôtel Madison.

Kracauer schreibt in dieser Zeit seinen Roman *Georg* über die Tendenzwende der *Frankfurter Zeitung*, der erst vierzig Jahre später aus dem Nachlaß publiziert werden sollte. Seine kulturpolitischen Kommentare lehnt Ernst Korrodi für die *Neue Zürcher Zeitung* ab; immerhin kann Kracauer dort im Filmteil, ebenso wie in der liberalen Basler *National-Zeitung* Kritiken unterbringen. Hermann Kesten, den er aus den Frankfurter Tagen als freien Mitarbeiter der *FZ* kannte, vermittelt sein Offenbach-Manuskript an den Allert de Lange Verlag in Amsterdam. In einem Gespräch, das wir im Städel-Museum 1972 führten, sagte Kesten: »Biographien sind immer gute Waren im Verlagsgeschäft. Wir verkauften die ausländischen Rechte am *Offenbach* nach Stockholm, London, Paris und New York.«

Die kläglichen Vorschüsse reichten nicht. Elisabeth Kracauer gab Musikstunden, Siegfried Kracauer arbeitete anonym bei der sozialistischen Zeitschrift *L'Europe Nouvelle* mit. Seine Kommentare zur Kulturpolitik der deutschen Faschisten, zur neuen Lage der Angestellten, zur deutschen Literatur kurz vor der Machtergreifung, zum Widerstand der deutschen Protestanten gegen Hitler waren mit drei großen X. gezeichnet. Nur eine Filmkritik zu Frank Wisbars Film *Anna und Elisabeth* erschien in jener Zeitschrift, neben der Gegenkritik von Philippe Soupault, unter Kracauers Namen.

Ernst und Karola Bloch, die im Gespräch mit mir 1976 das apolitische Verhalten von Kracauer im Pariser Exil behaupteten, sagten zu dieser Aktivität: »Davon wußte niemand unter deutschen Emigranten.« Ernst Bloch stellte die Zusatzfrage nach dem Genre von Kracauers Prosa: »Waren das Politika oder Stimmungsberichte?« Es waren keine Stimmungsberichte. Bloch aber blieb, auch nach dem Wiedersehen mit Kracauer, von dessen Existenzangst im Exil »befremdet«. Im Briefwechsel Bloch-Kracauer ist jetzt zu lesen, was Kracauer aus Paris auf die Zusendung des Bloch-Buches *Erbschaft dieser Zeit* am 7. 2. 1935 antwortete: »Wenn ich Ihnen nicht ausführlich darüber schreibe, so nur deshalb, weil ich Tage dazu gebrauchte und die Misere mit Ruten hinter uns herhetzt; sodaß es eben ein Ausruhen, ein Betrachten nicht gibt.«[3]

Das Exil holt die Theoretiker der Theorie vom Zwang zur Zerstreuung auf zynische Weise ein. Hier erfahren sie am eigenen Leibe, was sie als Taylorisierung der Wahrnehmung an anderen Klassen beschrieben, denen der Arbeitsprozeß keinen Takt zum Ausruhen, zur müßigen Betrachtungsweise ließ. Vielleicht ist diese für Kracauer neue, ihm aufgedrängte Befindlichkeit der Grund, warum er sich, erstaunlich genug, im frühen Pariser Exil vom Film abwandte, um sich dem 19. Jahrhundert und dem Musiker Jacques Offenbach zuzuwenden, über den er eine Gesellschaftsbiographie zu schreiben gedachte.

Im Vorwort zur 1937 erschienenen Offenbach-Biographie wird explizit das Gegenwarts-Interesse des Historikers Kracauer angesprochen: »Welche Gesellschaft wird in dem Buch angesprochen? Die französische des neunzehnten Jahrhunderts mit ihren Monarchien und Diktaturen, ihren Weltausstellungen und Revolutionen. Diese Gesellschaft ist nicht nur deshalb die unmittelbare Vorläuferin der modernen, weil sich in ihr die Geburt der Weltwirtschaft und der bürgerlichen Republik vollzieht, sie ist es auch insofern, als sie auf den verschiedensten Gebieten Motive anschlägt, die sich heute noch fortbehaupten. Und zwar reagiert sie im Rahmen übersehbarer Verhältnisse mit solcher

Deutlichkeit, daß ihre Reaktionen den Wert von Modellen erlangen. Desto größerer Nutzen erwächst aus ihrer Betrachtung.«[4]

Der entsprechende Schritt war, daß aus dem Kritiker Kracauer im Exil der Historiker wurde, einer, der in der bodenlos gewordenen Gegenwart nach Fundamenten in der Geschichte suchte. Ein Historiker, der mit dem erklärten Gegenwarts-Interesse in der Historie, sei es der Musik des Second Empire, sei es im Film der Weimarer Republik, »Vorläufer« und »Motive« suchte, von deren »Modell«-Charakter er sich »nützliche Einsicht für die Gegenwart versprach. Der Kritiker, der aufgegeben hat, einzugreifen, hakt gleichsam als Historiker nach. Anstatt Kritik als ein Reich der Gegenentwürfe zu behaupten, wird ihr eine Gasse in den Hintergrund gebahnt, dessen Modell-Charakter sich in der zwangsläufigen Folge weder auf die Geschichte noch auf die Gegenwart beziehen kann, einzig höchstens auf den Weg, den das Unternehmen vom Bereich des einen in den Bereich des anderen nimmt. Kracauers Intention galt der Vorläuferschaft inniger als der Vorläufigkeit. Das Prekäre, das Inkongruente, das auf dem methodischen Übergang vom Mikrobereich in den Makrobereich der Geschichte nicht aufgeht, fiel flach.

In dem Maße, wie die geschichtliche Analogie vom Second Empire, von der Diktatur Napoleon Bonapartes zur damaligen Gegenwart der Hitler-Diktatur verfehlt wird, erfüllte sich das Versprechen des Modell-Charakters im Verfahren selbst: Das *Offenbach*-Buch bleibt eine »Gesellschafts*biographie*«, nicht mehr, nicht weniger. Und das Genre der Biographie ist von der klandestin erhofften Teleologie bestimmt. Grob verdeutlichend gesagt: die *Offenbach*-Biographie ist eine groß angelegte Reflexion von Kracauers innigster Befindlichkeit zur Zeit der Niederschrift: dem Faschismus entronnen, dem Exil noch nicht anheimgegeben. Ein Autor, dem Gegenwart Gefahr bedeutet und dem Geschichte nur Unruhe verspricht, machte sich auf die Suche nach dem, was er in seinem letzten Werk *Geschichte* als »Zwischenräume« bezeichnen wird.[5] Als der dem Exilanten typische Standort wird dort das »Exterritoriale« bestimmt werden, ein Begriff, der an sich selber diplomatisch die ihm innewohnende Ortlosigkeit mit Schutz camoufliert. Schon im *Offenbach*-Buch ist dieses Grundgefühl im bezeichnenden Kapitel »Die Heimat der Heimatlosen« ganz unscheinbar im historischen Kostüm versteckt: »Die Journalisten, alle überhaupt, die mit der Zeitung zusammenhingen, fühlten sich aber deshalb zum Boulevard hingezogen, weil sie hier die Dandys und die Jeunesse dorée antrafen, deren Geistesverfassung annähernd der ihren entsprach. Wie sie selber, waren diese mondänen Bohémiens Außenstehende, die den Boulevard zum Hauptquartier gewählt hatten, um ihr Dasein nicht innerhalb des Juste-Milieu oder im Faubourg Saint-Germain verbringen zu müssen. Auf dem Boulevard lebten sie sozusagen exterritorial. Und auch insofern glichen sie den Journalisten, als sie keine direkte Fronde gegen das Regime machten, sondern sich auf die Rolle von Outsidern beschränkten.«[6]

Die Journalisten sind »Außenstehende« und »Outsider« auf »exterritorialem« Gelände, der gesellschaftliche Raum wird hier durch Negationen definiert von einem, dessen Situation selbst die des Outsiders ist und die seinen Blick für die Zwischenbereiche schärft. Als Kracauer in diesem Kapitel über die Boulevards das Vergnügungsleben der Jeunesse dorée jener Zeit beschreibt, fließt ihm bei der Beschreibung des Jockey-Klubs ein Selbstzitat in die Feder: »Der Klub war das Asyl der Obdachlosen.«[7] Den zeitgenössischen Lesern mag noch die Erinnerung an Kracauers Untersuchung *Die Angestellten* (Frankfurt/M. 1930) lebendig gewesen sein, in der das zentrale Kapitel zur Vergnügungsindustrie, abgelesen am Etablissement »Haus Vaterland«, überschrieben war mit der Zeile: »Asyl für Obdachlose«.[8] Kracauer stellt Analogien her, um sie wieder zu verstecken. War das »Haus Vaterland« ein »Asyl für Obdachlose«, so wurde der Boulevard die »Heimat der Heimatlosen.«

Diese Analogie aus dem Zwischenbereich von Kritik und Geschichte, aus der Spanne, die in Kracauers Schreiben zwischen 1930 und 1936 lag, hat sich nicht ganz verflüchtigt. Im Gegenteil, Adorno beflügelte die Metapher in einer seiner »Reflexionen aus dem beschädigten Leben«, deren Schlußfolgerung im Munde der Adepten geradezu zum Kleingeld der Kritischen Theorie geworden ist: »Es gibt kein richtiges Leben im falschen«, endet Adornos Reflexion, die der Moral galt, »nicht bei sich selber zu Hause zu sein.« Die Überschrift dieses Prosastückes aus den *Minima Moralia* lautet: »Asyl für Obdachlose«.[9] Das war nicht nur Reverenz an den Freund Kracauer, das ist ein Motto des Exils.

Was der Begriff des Exterritorialen für Kracauer bedeutete, behauptete er im *Offenbach*-Buch zunächst für die Person Offenbachs sowie für das gesellschaftliche Gelände, in dem der sich bewegte. »Der Boulevard war selber eine Landschaft, aber eine künstliche, von unsichtbaren Dämmen umgebene Landschaft. Die Befestigungswälle, deren Ring damals Paris einzuschließen begann, wirken wie ein sinnfälliges Gleichnis dieser Dämme, die den exterritorialen Charakter des Boulevards noch unterstrichen. Es war ein dem Zugriff der gesellschaftlichen Realität entrückter Ort. Ein neutraler Treffpunkt. Ein unwirkliches Gelände. Zur Steigerung seiner Unwirklichkeit trug auch der Umstand bei, daß sich mit den inneren Emigranten, die ihn bevölkerten – den Dandys, den Lebeleuten und in gewissem Sinne den Journalisten –, eine Anzahl echter Emigranten vermischte. Polnische, spanische, italienische Aristokraten siedelten sich auf dem Boulevard an. (...) War nicht auch Offenbach ein Emigrant? Hier auf dem Boulevard fand er seinesgleichen, fand er einen Raum, in dem er den ihm gemäßen Zustand des freien Schwebens aufrechterhalten konnte. Hier fühlte er sich deshalb zu Hause, weil der Boulevard kein Zuhause im üblichen Sinne war.«[10]

War denn der Boulevard tatsächlich dem Zugriff gesellschaftlicher Realität entrückt, neutral und unwirklich? Oder entsprach diese Sicht nicht eher Kracauers Zugriff der Entrückung, Neutralisierung und

Entwirklichung der Geschichte durch sein übermächtiges Gegenwarts-Interesse, dem Idealentwurf seiner eigenen Existenz, die sich gleich Offenbach als eine freischwebende Intelligenz wähnte? Im Frankfurt von 1930 hätte Kracauer diesem Begriff von Karl Mannheim seine kritische Zustimmung nicht versagt. Im Paris von 1936 schlug er die Gegenwartserfahrung der »Volksfront« aus und idealisierte in Offenbach ein Stück seiner Wunschexistenz. Auch das ist eine Antwort aufs Exil.

»Zehntausende von Sozialisten, Republikanern und Mitgliedern geheimer Gesellschaften wurden nach dem Staatsbereich auf höchst summarische Weise verhaftet und wie gemeine Verbrecher deportiert oder in die Verbannung geschickt. Wer wäre schon durch das Schreckensregime aufgeschreckt worden? Die Bourgeoisie gewiß nicht. Sie sprach vom Terror wie von einer Polizeiaktion, nannte diese etwas rüde und beruhigte sich dabei.«[11] Das ist kein Auszug aus Kracauers Hellfried-Artikel zum Reichtagsbrand, das ist ein Auszug aus dem Kapitel des *Offenbach*-Buches, in dem der Coup d'Etat der Gesellschaft vom 2. Dezember 1851 beschrieben wird, analytisch erkannt in Karl Marx' Schrift *Der 18. Brumaire des Louis Bonaparte*, die Kracauer als eine seiner Quellen angibt. Aus dieser Schrift entwickelte August Thalheimer in Berlin um 1930 die sogenannte Bonapartismus-Theorie, die er auf den Analogie-Zwang zwischen dem Staatsstreich des Louis Bonaparte und Mussolinis Machtergreifung gründete. Kracauer mag diese These eines abtrünnigen Kommunisten, der 1933 auch nach Paris exilierte, zur Kenntnis genommen haben; fest steht es nicht. Unbestreitbar ist jedoch, daß auch sein *Offenbach*-Buch im Ton mit dieser These kokettiert. Sein Verlag Allert de Lange hatte zuvor zwei Romane von Alfred Neumann über Napoléon III. und das Second Empire verlegt: *Neuer Caesar* und *Kaiserreich*, zwei Titel, die Kracauer nicht zur Kenntnis nehmen wollte, denn in der Bibliographie zu seinem *Offenbach* figurieren sie nicht.

Interessanter scheint mir, das erwähnte Kapitel (»Freut euch!«) über die Funktion der Schauspiele in einer Diktatur als Kracauers Vorschau auf seine kommenden Forschungsprogramme zu lesen: »Schauspiele verrauschen schnell. Zur wirklich nachhaltigen Verzauberung der Massen waren Vorkehrungen anderer Art erforderlich, solche, die ins Dasein der Massen selber eingriffen. Es kam darauf an, dem Denken und Handeln des Volks eine neue, einheitliche Richtung zu schenken, seine Kräfte in einer Weise zu entfesseln und zugleich zu fesseln, daß ihm Hören und Sehen verginge. Hierzu genügte keineswegs die bloße Vorspiegelung von Freude und Glanz. Die Aufgabe bestand vielmehr darin, der Nation im Hinblick auf Glanz und Freude einen Impuls zu erteilen, der sie völlig zu beschlagnahmen vermochte. Eine Nation, die voller Aktivität unpolitischen Zielen nachjagt: das war die Voraussetzung einer stabilen Diktatur.«[12] Die Schauspiele, die dort verrauschten, waren nicht einzig Operetten des Second Empire. Mitgedacht sind darin die Schauspiele des Dritten Reiches: der Film, dessen gesellschaftliche Doppelfunktion von entfesselter Imagination und gefesselter Form geradezu das Spezifische ihrer Wirkungsweise ausmachte. In dieser analogen Operation der Genres Operette und Film, die Kracauer anlegt, schrumpfte die Zeit, die dazwischen lag. Aus der bonapartistischen Vergnügungsdevise: »Glanz und Freude!« wird wie im Fluge das faschistische Programm von »Kraft und Freude!« Der von Kracauer später beschworene Zwischenraum der Geschichte ist hier, tout court, die Welt, die zwischen Napoléon III. und Hitler liegt. Sie wird durch den Blick des Historikers entwirklicht.

Unmittelbar nach Abschluß seines *Offenbach*-Buches erreichte ihn ein Auftrag der Direktoren des exilierten Instituts für Sozialforschung. Kracauer nahm den Auftrag an, der einige Monate materielles Überleben versprach. Er schrieb eine Untersuchung über die faschistische Propaganda, auf deren spezifischen Zug der Mobilisation und Immobilisation er in einem versteckten Abschnitt des *Offenbach* vorausgewiesen hatte. Neun Seiten Typoskript seines Exposés »Masse und Propaganda« sind im Nachlaß erhalten. Kracauers zentrales Argument sieht als Zweck der faschistischen Propaganda »die Erzeugung des Scheins der Reintegrierung der Massen. Dieser Schein verflüchtigt sich aber sofort, wenn er nicht durch ständige Propaganda aufrechterhalten würde.« (S. 5) Im *Offenbach*-Kapitel hieß diese Operation der scheinhaften Reintegrierung: »Die Aufgabe bestand vielmehr darin, der Nation einen Impuls zu erteilen, der sie völlig zu beschlagnahmen vermochte.« Im Propaganda-Manuskript heißt es weiter: »Man zwingt die Masse dazu, sich überall selbst zu erblicken (Massenversammlungen, Massenaufzüge usw.). Die Masse ist sich so immer gegenwärtig und oft in der ästhetisch verführerischen Form eines Ornamentes oder eines effektvollen Bildes.« (S. 6) Es liegt auf der Hand, daß dieses wichtige Manuskript Kracauers den Angelpunkt zwischen seinem Weimarer Aufsatz »Das Ornament der Masse« von 1927 und seiner New Yorker Filmgeschichte *Von Caligari zu Hitler* von 1947 bildet.

Bekanntlich ist Kracauers Aufsatz in der *Zeitschrift für Sozialforschung* nie erschienen. Er wurde aber, weit über das eingereichte Exposé hinausgehend geschrieben. Dieses Manuskript (ca. 150 Seiten) ist weder im Nachlaß Kracauer oder in den Nachlässen von Adorno und Horkheimer noch im Besitz von Leo Löwenthal zu finden. Es muß als verloren gelten. Was aber erhalten blieb, war die Bearbeitung, der Adorno das Manuskript Kracauers unterworfen hatte. Sie umfaßt 31 Typoskript-Seiten (im Nachlaß Kracauer), versehen mit Tintenkorrekturen von der Hand Adornos, Rotstift-Marginalien von der Hand Kracauers und Bleistift-Redaktionsvorschläge von der Hand Löwenthals. Das Typoskript trägt die einleitende Bemerkung: »Siegfried Kracauer hat im Auftrag des Instituts für Sozialforschung eine umfangreiche Arbeit über die autoritäre Propaganda geschrieben. Da für den Augenblick die Publikation des vollen Textes unmöglich ist, werden im Folgenden die Resultate zusammengefaßt.«

Das Manuskript ist nur als Zusammenfassung, kaum als analytischer Text zu beurteilen. Die Redaktion von Adorno/Löwenthal tilgte, nicht immer konsequent, Kracauers Adjektiv »totalitär«, um es durch »autoritär« zu ersetzen. Die eingestreuten Marginalien werfen eher ein Licht auf die Bearbeiter als auf den Text. »Falsch«, »unmöglich«, »unverständlich«, »unmöglich: wenn auch geistreich!« sind die das Dunkel erhellenden Ausrufe. Zwei Stellen, die dem Verdikt: »Weglassen!« anheimfielen, möchte ich anführen. Zur Phänomenologie der Nazibonzen schien Kracauer geschrieben zu haben: »Falsche Grammatik und Friseurlocke, Keglerbauch und Jägerpracht stehen ihnen wohl an. Zuweilen drapiert sich die Macht selbst mit den Insignien der Ohnmacht: das Chaplinbärtchen ist nicht unbemerkt geblieben.« Hier liegt die Kracauer sehr eigene Figur der Verkleinerung vor, des scheinbaren Duckens vor der Macht, um ihren Druck zu entrinnen. Chaplin ist Kracauer dafür eine seit dem *Ginster*-Roman gültige Metapher. Erst spät hat Adorno zugegeben, daß Kracauers »Strategie der Anpassung« ein Mittel entschiedener Distanzierung war.[13]

Die andere Stelle, in Kracauers Text inkriminiert, galt weniger einer Verwunderung als einer Wunde. Über Hitler sagt der überlieferte Text: »Daß er ein Hysteriker sei, ist eine psychologische Binsenweisheit, die für sich genommen so gleichgültig wäre wie Homosexualität.« Nicht um die Tilgung einer Binsenweisheit scheint es der Redaktion des Instituts an dieser Stelle gegangen zu sein, eher um die Tilgung eines Reizwortes, eines soupçon. Ich breche kein Tabu, wenn ich Martin Jays Vermutung aus seinem Aufsatz über Adorno und Kracauer (»Notes on a troubled friendship«[14]) verstärke, daß Kracauer, seit gemeinsamer Kant-Lektüre im Banne des jungen Adorno, die das Verhältnis belastende Angst vor Homosexualität nie ablegte. Die Konstellation in seinem Exil-Roman *Georg*, wie sie unter dem Journalisten Georg und dem brillanten Schüler namens Fred herrscht, ist transparent genug.

Das endgültige Gutachten, das Adorno im März 1938 über Kracauers Manuskript wohl vor seiner Umarbeitung für das Institut abfaßte, ist allerdings nicht vom Versuch, es zu retten, als vielmehr vom Versuch, dessen Autor schneidend abzulehnen, geprägt. So heißt es darin: »Man hat von vornherein davon auszugehen, daß Kracauer weder seiner theoretischen Haltung nach verbindlich zu uns gehört, noch seiner Arbeitsmethode nach als wissenschaftlicher Schriftsteller überhaupt rangiert, und hat zu fragen, ob seine Arbeit, unter diesen uns vorweg bekannten Voraussetzungen, uns etwas zu bieten hat, was wir, seis publizistisch, seis für die eigene Theoriebildung verwerten können.«[15]

Die Abfuhr war aprioristisch. Kracauer war, von einem Insider des Instituts gesehen, ein Outsider. Er gehörte nie dazu. Er schrieb exterritorial. Er suchte keine Allianzen. Er war, in Adornos fürchterlichem Verdikt, nicht verwertbar. Der eigene Text wird ein fremder Text. Am 20. August 1938 schrieb Kracauer aus Paris an Adorno: »Es scheint mir, als würden jene Strukturen Deines Manuskripts die mir ein Placet unmöglich machen, zum Teil durch Deine Absicht verschuldet, die Hauptinhalte meiner Arbeit auf einem Fünftel des von ihnen im Original eingenommenen Raums zusammenzudrängen und die so entstehende Fassung überdies als ein geschlossenes Ganzes darzubieten. (...) Bei Dir tritt der Fascismus als eine fertige Sache auf, die hundertprozentig ein- und zugeordnet werden kann. Du identifizierst ihn von vornherein mit der Gegenrevolution, stellst seine Interessen in diametralen Gegensatz zu denen der Majorität und schaffst die Zweideutigkeit seiner Beziehung zum Kapitalismus beiseite. Bezeichnend für die Dimension, in der Du operierst, ist die Bagatelle, daß Ortega y Gasset, der bei mir ein ›großbürgerlicher Denker‹ ist, bei Dir zum ›Reaktionär‹ wird. (...) Während ich eine von den Erfordernissen und den Schwierigkeiten des Stoffs her diktierte Disposition bringe, behandelt die Deine den Gegenstand wie eine kategorial bereits vollkommen subsumierte Affäre, die man ohne viel Rücksicht auf die vorgegebene Gestalt des Stoffs beliebig aufziehen kann. Dein Arrangement trägt meinem Ermessen nach zum Teil einen rein ornamentalen Charakter.« (Nachlaß Kracauer)

Dieser Streit hat nicht die Dimension wie der um die gültige Gestalt des Baudelaire-Manuskripts von Walter Benjamin. Der Auszug aus Kracauers Brief dient nicht zur Profilierung einer Auseinandersetzung, eher zum Profil einer Absetzung, in der Kracauer gegen Adornos Eingriffe sein eigenes Verfahren behauptet. Das gilt es festzuhalten: ihm ist der Faschismus keine fertige Sache, ihm geht es um die Definition von politischen Zweideutigkeiten. Ihm gab der Stoff eine Gestalt vor. Kategorien sind ihm Ornament. Das Material diktiert ihm die Methode. Im Licht der Theorie besehen, hatte Adorno recht. Kracauer gehörte, seiner Haltung nach, nicht verbindlich dazu.

Aufschluß zu seiner Befindlichkeit im Exil bietet ein kurzer undatierter und unveröffentlichter Prosatext aus dem Nachlaß, »Pariser Hotel« überschrieben. Es handelt sich um einen Text, der Kracauers kurzen Denkbildern aus *Straßen in Berlin und anderswo* gleicht, insofern er wie jene die Grenze von beschriebener und befürchteter Realität mühelos und angstvoll überschreitet. Doch tritt nun im Exil an die Stelle des früheren Spiels mit der Ich-Reduktion das erschreckende Innewerden des Ich-Verlustes des Erzählers. »Auf Wohnungssuche begriffen, verirrte ich mich« – was könnte eine Grunderfahrung des Exils schlagender zusammenfassen. Das aufgesuchte Hotel ist Schauplatz der in Angst antizipierten Heimsuchung. Das Hotel ist »ein böser Traum«. Das Hotel beansprucht, das »anderswo« zu definieren, das den Kracauerschen *Straßen in Berlin* noch als Appendix diente. Die Erfahrung beim Eintreten ist paradox. In der Hotelhalle von »unerwarteter Großartigkeit« überkommt den Erzähler »ein Grauen«. Er spürt, »aus dieser Halle ist längst jedes Leben gewichen«. Folgerichtig erscheint ihm die Halle als »Gruft«, das Leben, das er dort sucht, als »Stilleben«, als »Leichenstarre«. Es ist eine Grunderfahrung der Moderne, daß Schriftsteller Subjekte beschreiben, die ihren eigenen Tod träumen (E.A. Poe) oder in den abgestorbenen Dingen wahrnehmen (F. Kafka). Für den ihn führenden Hotelier findet der Erzähler den Vergleich: »Wie ein feistes Haustier schlürft er durch seinen Bau.« Wie konnte Kracauer bei der Niederschrift nicht an Kafka denken, dessen Nachlaß-Geschichte »Der Bau« ihn in seinem Kafka-Essay (1931) so beeindruckt hatte. Erscheint Kracauers Erzähler das besichtigte Zimmer wie eine »Zelle«, wie ein »Fragment«, so erzeugt seine Anwesenheit in ihm ein »Unbehagen« und eine »Niedergeschlagenheit, die überhaupt nicht mehr zu tilgen ist«. Ein gedeckter Tisch erweckt den Eindruck, als stünde er »in einem Wachsfigurenkabinett«, als thronten auf den Stühlen »zwei Puppen«. Sofort wird ein früherer Zimmerbewohner imaginiert, der sich »als Opfer« von seinem »Mörder« am Tisch belauert sieht. Außengeräusche, hinter denen der ängstliche Gast eine »Schule« vermutet, werden vom Wirt auf ein »Spital« gelenkt. Nur in der Flucht liegt Rettung. »Eilig suchte ich eine Gegend auf, die voller Licht ist.«

Dieser Prosatext ist eine Angstvision von der Welt als Beinhaus. Die Subjekte darin haben abgedankt und mutwillig die Objekte inthronisiert. Dem Bewußtseinsverlust korrespondiert ein Verdinglichungsgewinn. Es wird nicht nur Zeugnis abgelegt von der Enteignung der Individuen, sondern auch von der Mechanisierung ihrer Körper. Es ist, als dränge dieser Erzähler im Hotelzimmer, in das er sich auf Wohnungssuche verirrt, in die Automatenwelt, die den trunkenen Hoffmann bei Offenbach im Labyrinth und Laboratorium des Coppelius umfängt. Anders gesagt: der Erzähler Kracauer wird im Exil Opfer der Déja-vus seiner Theorie-Arbeiten. Der Historiker Kracauer wird sich dieses Verlustes früherer Provinzen bewußt. Nur lagert er dieses Innewerden der Phänomenologie des Films an. In einer Glosse zum Thema »Der historische Film«, veröffentlicht in der Basler *National-Zeitung* 1940, schrieb Kracauer: »Indem der Film die an der historischen Schwelle gelegene Zeit bewußt macht, weckt er die Medaillons der Großeltern aus dem Schlaf und veranschaulicht blitzartig, daß das Totgeglaubte in uns fortlebt und das eigene Leben dem Tod entgegeneilt.«[16]

Diese Grunderfahrung trat im Exil täglich auf. Wie unzählige andere Exilanten führten die Kracauers einen jahrelangen Kampf um Einwanderungsvisen und »Affidavits« für die U.S.A. Von Max Horkheimer und insbesondere Leo Löwenthal erhielten sie schließlich die lebensrettenden Bürgschaften. Ihre Pariser Habe, einschließlich eines legendären blauen Kabinenkoffers mit Kracauers Manuskripten, sollte der Beschlagnahme durch die Gestapo in Paris anheimfallen und im Gegensatz zum Benjamin-Nachlaß in den Nachfolgestaaten des Deutschen Reiches nie wieder auftauchen.

Über die Pyrenäen führte der Fluchtweg nach Lissabon. In Marseille lernte Kracauer auf dem amerikanischen Konsulat den Regisseur Jean Renoir kennen, dessen Werk er viele Kritiken gewidmet hatte und der sich zur gleichen Zeit um ein Einreisevisum für Hollywood bemühte. (Der Briefwechsel zwischen Renoir und Kracauer ist im Nachlaß Renoir noch ungehoben. Einzig ein Brief Renoirs an Kracauer, der ihrer gemeinsamen Anstrengung zur Rettung des Filmkomponisten Joseph

Kosma galt, wurde 1984 in Renoirs *Lettres d'Amérique* veröffentlicht.)

Am 28. März 1941 schrieb Kracauer an Adorno: »Dieses Wort soll Dir nur sagen, daß wir am 15. April mit der ›Niassa‹ zu fahren hoffen; kommt nichts dazwischen, so werden wir zwischen dem 25. und 30.April in New York landen. Es ist schlimm, so anzukommen wie wir – nach acht Jahren einer Existenz, die nicht diesen Namen verdient. Ich bin älter geworden, auch in mir. Jetzt kommt die letzte Station, die letzte Chance, die ich nicht verspielen darf, sonst ist alles vorbei. Und diese letzte Chance, ich kann sie nur wahrnehmen, wenn ich gleich in New York eine erste erhalte – denn ich komme arm an, ärmer als ich je war, und so ist es unmöglich, die ersten Schritte aus eigener Kraft zu tun.« Horkheimer, Löwenthal und Adorno halfen aus ihrer Kraft, diese Schritte zu tun. Der Kunsthistoriker Meyer Shapiro tat das Seine, um Kracauer mit einem notdürftigen Forschungsauftrag zur Filmpropaganda der Nazifilme im Museum of Modern Art unterzubringen, wo sich Iris Barry seiner annahm. Seine innere Verfassung beschrieb er wenige Wochen später, im Juni 1941, in einem Brief an Max Horkheimer aus New York nach Los Angeles: »(...) Und auch der Gedanke an Selbstmord lag in einer gewissen Epoche nicht fern. Wir waren übrigens in Marseille viel mit Benjamin zusammen gewesen und wanderten nur wenige Tage nach ihm über das Gebirge nach Port-Bou, wo wir gleich ihm refouliert wurden. Es war die dunkelste Zeit dunkler acht Jahre. Wenn ich jetzt nur halbwegs zur Ruhe komme, werde ich, unter dem Titel: ›Reise nach Amerika‹ unsere Erlebnisse während der letzten zwei Jahre notieren. Entweder es gelingt mir, Kafka in den Schatten zu stellen, oder ich bin unfähig dazu gewesen, die Ereignisse richtig darzustellen.«

Dieses ist der letzte Hinweis Kracauers aus dem Exil auf ein literarisches Vorhaben. Hatte er sich in seiner Berliner Kurzprosa manches Mal in den Schatten Kafkas gestellt, so scheint ihn die Katastrophe des Exodus aus Paris und die Flucht über die Pyrenäen nach Lissabon dazu herausgefordert zu haben, nun Kafka in den Schatten zu stellen. Doch warf die Hyperbel nur Licht auf den Grad der Verzweiflung. Kafka sollte Katalysator einer Katastrophe werden, die nicht zu bewältigen war. Die selbstgestellte Bedingung für dieses Unterfangen lautete: »Wenn ich jetzt nur halbwegs zur Ruhe komme ...« Diese Bedingung war nicht zu erfüllen, war es Kracauer doch schon in Paris unmöglich gewesen, Bloch auf seine *Erbschaft dieser Zeit* zu antworten, weil »die Misere mit Ruten« hinter ihm herhetzte, so daß es »eben ein Ausruhen, ein Betrachten« nicht gab.

Die letzte Chance, die Siegfried Kracauer in New York sah, wo er eintraf, als er bereits 52 Jahre alt war, lag darin, ein englischsprachiger Autor zu werden. Der Kritiker, der Soziologe der Gesellschaft, der Erzähler in ihm blieben in Europa zurück. Vor ihm lag die Neue Welt, die Geschichte, und ein neues Medium, sie darzustellen. Kracauer wird Amerikaner. Nur ein einziges Mal hat er den Übergang aus der einen in die andere Kultur öffentlich beschrieben, wieder an einem – wie es ihm zukommt – versteckten Ort, einer Passage, die 1942 der nicht sonderlich aufregenden Frage galt: »Why France Liked Our Films.« Bemerkenswert daran ist nur die Identifizierung verheißende Benutzung des Possessivpronomens in der Wendung »Our Films«, womit die Wirkung von Hollywoodfilmen in Frankreich angesprochen wird. Hierin schildert Kracauer den bedeutsamen Augenblick des Übergangs: »There is only one short moment in which the European observer can judge the validity of the image of American life he had received in European theatres: the moment of his arrival in this country. (...) To the passionate movie-goer it was like a dream: either he had been suddenly transplanted onto the screen, or the screen itself had come into three-dimensional existence.«[17]

Auch im fremden Medium bewahrte Kracauer sich einen Sinn für die Eigenheiten seines Ausdrucks. Der Eintritt in die USA ist mehr als der schiere Enthusiasmus über das gelungene Überleben. Der Eintritt ist eine Verwandlung, die aus der Leidenschaft des Filmbegeisterten zum Traum allein nicht erklärt ist. Der Eintritt ist eine Überwältigung um den Preis der Ich-Enteignung. Das wird in der virtuell paradoxen Bewegung des Zuschauers auf die Leinwand hin, oder der Leinwand auf den Zuschauer hin deutlich gesagt. Kracauer spricht von einer »Transplantation«. Das gleicht einer ziemlich schmerzlichen Operation, die den Zuschauer zum Schemen im Leinwandgeschehen degradiert. Gleichzeitig scheint es Kracauer, der Film auf der Leinwand führe plötzlich eine dreidimensionale Existenz, die ihn als Zuschauer einschlösse. Kracauer, in Deutschland Erforscher der Wirklichkeit im Film, wird in den USA zum Erforscher der Möglichkeit des Films. Kein Wunder, daß in seiner *Theorie des Films* die verkappte Lieblingswendung der Gedanken »Als ob/As if« lautet. Radikalisiert man Kracauers ontologische Bemerkung beim Eintritt in die USA und läßt ihre taktische Dimension des artigen Komplimentes an das Filmland Hollywoods außeracht, kann man kaum umhin, die Lebenswelt Amerikas bei Kracauer für ein filmisches, ja verfilmtes Phänomen zu halten. Seine unscheinbare Bemerkung, getarnt durch den trutzig-patriotischen Titel »Why France Liked Our Films«, dessen Sache seine noch nicht sein konnte, rettet in der paradoxen Formulierung ein Stück der von ihm so geschätzten Zweideutigkeit.

»Wenn ich jetzt nur halbwegs zur Ruhe komme«, so lautete im zitierten Brief an Horkheimer eine Bedingung seines Schreibens. Zur Ruhe kam er nicht, wohl aber zur Erfüllung der adverbialen Wendung *halbwegs*. Es ist die typische Stationenbeschreibung des Exterritorialen, der Vorläufigkeit, des historischen Zwischenraums, den Kracauer in seinen letzten Forschungen erkundete. Halbwegs – das war nicht mehr da, das war noch nicht hier. Das bezeichnete eine Situation unterwegs, in ungeklärter Richtung, welche Strecke zurückgelegt, welche Strecke noch zu bewältigen sei. In alter Verehrung richtete Kracauer an Hermann Hesse einen Brief. Er gratulierte dem Schriftsteller zum Nobelpreis im gebührenden Abstand zum Ereignis, und sagte über sich: »Ich habe das Buch *From Caligari to Hitler* auf Englisch geschrieben. Diese Sprache als Schriftsteller halbwegs zu erobern, ist mir eine wahre Leidenschaft, und jeder Zollbreit gewonnenen Terrains bedeutet mir viel.«[18] Wieder taucht hier die Wendung »halbwegs« auf, die Kracauers unerhörte Anstrengung mit Understatement tarnen soll. Das neue Medium läßt ihn »Terrain erobern« und »gewinnen«. Deutsch schreiben wird er fortan nicht mehr, nur noch einige seiner englisch geschriebenen Artikel mühsam, wie er zugibt, ins Deutsche übertragen.

War ihm die europäische Existenz Kritik und das französisch-amerikanische Exil das Reich der Geschichte, so wird Kracauers spätere Reise aus dem Exil nach Europa eine Reise in die Déjà-vus, aus denen die Dimension der Zeit herauszufallen scheint. Nach einer solchen Reise schreibt Kracauer am 12. Oktober 1959 aus New York an Ernst Bloch nach Leipzig: »[Die seltsame Wiederbegegnung in Europa] war vielleicht das Wiedersehen mit unsrer Berliner Wohnung aus den Jahren vor Hitler. Das Haus steht noch, und die Wohnung selber dient jetzt als eine Pension. (...) Wir fühlten uns blind von Raum zu Raum. Da war noch derselbe Riß im Holz der Eingangstür; und der alte wacklige Aufzug führte immer noch an den farbigen Treppenfenstern vorbei. Es war als hätte die Zeit aufgehört, dieser entsetzliche Regen, der plätschert und plätschert.«[19] Déjà-vu und die fließende Zeit, ein blindes Fühlen und ein entscheidendes Als-Ob, das auch die Filmtheorie durchzieht. Aber doch wird die Zeit nicht in ein Nichts entlassen, sondern als »entsetzlich« qualifiziert. Daß die Zeit, wie Kracauer sie 1959 in Berlin erfuhr, als sei in der alten, nicht mehr ihm gehörenden Wohnung der böse Traum seines Prosastücks »Pariser Hotel« eingezogen, daß die Zeit bei der Wiederbegegnung ins Banale verfließt, macht sie entsetzlich.

Hermann Kesten sagte mir 1972: »Materiell ging es Kracauer nicht glänzend in den ersten Jahren in New York. Erst später als Berater diverser Stiftungen wie Ford und Bollingen hat er viel Geld verdient. Solche Posten waren hoch dotiert. Aber aus seiner Lebensangst heraus hat Kracauer nie über seine Lage, ob gut oder schlecht, gesprochen. Von veröffentlichten Werken sprach er gern, von Plänen nie. Er war ein Geheimniskrämer, der sich versteckte.« Ernst Erich Noth sah es 1970 noch krasser: Kracauer habe in den USA ähnlich wie Kurt Weill, George Grosz oder Erwin Piscator die materialistischen Grundlagen seines Denkens verloren, sei zum ersten und einzigen Male mit sich und der Welt »einverstanden« gewesen. Was Kracauer von der Welt erhoffte, delegierte er an die Welt der Erscheinungen. Nur so ist zu verstehen, daß er seine *Theorie des Films*, zumindest im Schlußkapitel »Film in unserer Zeit«, als eine verkappte Erlösungsphilosophie anlegte. Es war Adorno, dem der deutsche Untertitel: »Die *Errettung* der äußeren Wirklichkeit« für das originale »The *Redemption* of Physical Reality« verdankt wird. In einem impliziten Zugriff auf die Prämissen der ihm altvertrauten Lebensphilosophie schmuggelte Kracauer eine Bemerkung ein, die wie ein Abfindungsprogramm im Exil zu lesen ist: »Filme tendieren dazu, dieses Gewebe des täglichen Lebens zu entfalten, dessen Komposition je nach Ort, Volk und Zeit wechselt. So helfen sie uns, unsere gegebene materielle Umwelt überall hin auszudehnen. Sie machen aus der Welt virtuell unser Zuhause.«[20]

Ist es nicht eher umgekehrt so, daß dieser Theoretiker sich in den Filmen einrichtet, sich ihre Textur des Alltags anverwandelt, um nicht länger Filme als Konstrukt und Artefakt ansehen zu müssen? Denn Filme an sich haben keine Tendenz zur Entfaltung, höchstens die Produzenten, die mittels jener Filme Tendenzen entfalten. Wieder findet ein Akt der Delegation statt in einer für Kracauer bezeichnenden Weise: er gibt die subjektive Verfügungsgewalt an das Objekt ab. Und die Summe der von ihm als verfügungsmächtig ernannten Objekte bildet dann, zwangsläufig in seinen Augen, eine »gegebene materielle Umwelt«. Kracauer empfindet, was er sich nie genommen hat, als gegeben.

In seinem letzten Buch *Geschichte* kommt er zum ersten Mal direkt auf das Exil zu sprechen. Im Kapitel »Die Reise des Historikers« behauptet Kracauer, nur im Zustand der »Selbstvertilgung oder Heimatlosigkeit« könne der Historiker mit seinem Material kommunizieren. Er beschreibt die Szene in Prousts Roman *A la recherche du temps perdu*, in der der Erzähler Marcel seine altgewordene Großmutter besucht und sich dabei seine Eindrücke überlagern: »Manchmal bringt das Leben selbst solche Palimpseste hervor. Ich denke an den Exilierten, der als Erwachsener aus seinem Land vertrieben wurde oder es freiwillig verließ. Sobald er sich woanders niederläßt, werden alle jene Loyalitäten, Erwartungen und Hoffnungen, die einen so großen Teil seines Seins umschließen, automatisch von ihren Wurzeln abgeschnitten. Seine Lebensgeschichte ist zerrissen, sein ›natürliches‹ Ich in den Hintergrund seines Geistes verwiesen. Sein unvermeidliches Bemühen, den Anforderungen einer fremden Umgebung gerecht zu werden, wird natürlich seine Auffassung, seine ganze geistige Ausrichtung beeinflussen. Da jedoch sein früheres Ich unter seinem jetzigen weiter schwelt, muß seine Identität sich im Fluß befinden; und das Verquere ist, daß er niemals ganz der Gemeinschaft angehören wird, der er nun so gut wie angehört. (Ihre Mitglieder werden ihn auch nicht bereitwillig für einen der ihren halten.) Tatsächlich hat er aufgehört, ›anzugehören‹. Wo lebt er dann? Im fast vollkommenen Vakuum der Exterritorialität, dem wahren Niemandsland, das Marcel beim ersten Anblick seiner Großmutter betrat. Die wahre Existenzweise des Exilierten ist die eines Fremden.«[21] Im »Verqueren« dieser Situation ist das altbekannte »Halbwegs« angesprochen. Diese Reise des Historikers ist eine abgebrochene, die gleichwohl Rückschau hält. So wird die Zwangsbefindlichkeit des Exils am Ende eine Ontologie und der Text, der die Reisen beschreibt, ein Palimpsest. Das Exil ist ein Text, den viele Hände schrieben.

1 Theodor W. Adorno: »Der wunderliche Realist. Über Siegfried Kracauer«, in: Adorno: *Noten zur Literatur*, Frankfurt/M. 1965, Band III, S. 104. — 2 Siegfried Kracauer: *Theo-*

rie des Films. Die Errettung der äußeren Wirklichkeit, (Schriften, Band 3), Frankfurt/M. 1973, S. 386. — **3** Siegfried Kracauer in: Ernst Bloch: Briefe 1903–1975. Erster Band (Bloch-Kracauer-Korrespondenz hg. von Inka Mülder), Frankfurt/M. 1985, S. 385. — **4** Siegfried Kracauer: Jacques Offenbach und das Paris seiner Zeit, (Schriften, Band 8), Frankfurt/M. 1976, S. 9. — **5** Siegfried Kracauer: Geschichte – Vor den letzten Dingen, (Schriften, Band 4), Frankfurt/M. 1971, S. 19. — **6** Kracauer: Jacques Offenbach, a.a.O., S.74–75. — **7** Kracauer: Jacques Offenbach, a.a.O., S. 75. — **8** Kracauer: Die Angestellten, (Schriften, Band 1), Frankfurt/M. 1971, S. 282. — **9** Theodor W. Adorno: Minima Moralia. Reflexionen aus dem beschädigten Leben, Frankfurt/M. 1964, S. 40–42. — **10** Kracauer: Jacques Offenbach, a.a.O., S. 83–84. — **11** Kracauer: Jacques Offenbach, a.a.O., S. 129. — **12** Kracauer: Jacques Offenbach, a.a.O., S. 131. — **13** Adorno: Der wunderliche Realist, a.a.O., S. 101. — **14** Martin Jay: Permanent Exiles. Essays in the Intellectual Migration from Germany to America, New York 1986, S. 217–236. — **15** Theodor W. Adorno zitiert nach: Rolf Wiggershaus: Die Frankfurter Schule. Geschichte, Theoretische Entwicklung, Politische Bedeutung, München 1986, S. 184. — **16** Siegfried Kracauer: Kino. Essays, Studien, Glossen zum Film, hg. von Karsten Witte, Frankfurt/M. 1974, S. 45. (Text zuerst in der Basler National-Zeitung vom 9. Mai 1940). — **17** Siegfried Kracauer: »Why France Liked Our Films«, in: National Board of Review Magazine, Band 17, Nr. 5 (Mai 1942), S.19. — **18** Siegfried Kracauer, Brief an Hermann Hesse, New York, 2. Februar 1947, im Nachlaß Kracauer. — **19** Kracauer in: Ernst Bloch: Briefe, Bd. I, a.a.O., S. 393. — **20** Kracauer: Theorie des Films, a.a.O., S. 394. — **21** Kracauer: Geschichte, a.a.O., S. 84–85.

Uwe Naumann / Michael Töteberg

»Zänks for your Friendship und für die Kopfhaltung«

Ulrich Becher und seine Freundschaft mit George Grosz

Ein junges Talent und sein Lehrmeister

»Es meldet sich ein junges Talent: Ulrich Becher zählt erst 21, schwankt noch, ob er Musiker, Dichter oder Maler werden soll.« Mit diesen Worten stellte Alexander Roda Roda den Autor des 1932 bei Rowohlt erschienenen Erzählungsbands *Männer machen Fehler* vor. Der Rezensent lobte die eigenwillige Darstellung, die auffallende Gabe der Beobachtung und vor allem den melancholischen Humor.[1] »Hier springt ein metaphysischer Clown auf die literarische Bühne«, hieß es in der Besprechung Ernst Leonhards, der sich von »Übermut und Kletterlust« des Artisten beeindruckt zeigte.[2] Ein paar Tage zuvor hatte Peter Suhrkamp in der *Vossischen Zeitung* den Autor ähnlich charakterisiert: In allen Geschichten, sei es nun »eine Märchenphantasie, eine Clownerie oder ein halb burleskes, halb empfindsames Spiel mit Worten«, bewege sich Becher, souverän und nicht ohne ein paar Saltos zu schlagen, auf dem »dünnen Seil der Wirklichkeit«[3].

Es war ein vielversprechendes Debüt, doch bevor das erste Buch des jungen Autors seine Leser finden konnte, landete es auf dem Scheiterhaufen, den die Nazis der Literatur errichteten. Eine größere Rezension erschien erst Jahre später, 1937 in der Exilzeitschrift *Das Wort*. Lion Feuchtwanger rühmte: »Diese Erzählungen des damals Zwanzigjährigen fallen auf durch die Sicherheit, mit der sie höchst Unsicheres wiedergeben, durch die Klarheit, mit der sie Unklares, Helldunkles gestalten.«[4] Geschildert wird bei Becher jene zwielichtige Stimmung zwischen Tag und Traum, wo die Konturen nicht mehr klar zu unterscheiden sind. Die Kontrollinstanzen des Bewußtseins scheinen ausgeschaltet, man überläßt sich den aufsteigenden Erinnerungen und Phantasien, bis man plötzlich zusammenzuckt und sich die Augen reibt. Denn der Autor führt den Leser in nebelverhangenes Gelände, läßt ihn aber nicht dort. Da wird fabuliert, mit Sinn für skurrilen Humor und groteske Abschweifungen, aber die Realität holt uns am Ende immer wieder ein. Ein kurzes Zwischenspiel nur, dieses Heraustreten aus der nüchternen Alltagswahrnehmung, und doch sehen wir die Welt in veränderter Perspektive. Es ist eine kritische Sicht: »Vom Unzulänglichen der Wirklichkeit« hieß damals programmatisch die erste Novelle, und dies ist auch der Titel eines fünfzig Jahre später vorgelegten Erzählungsbandes mit neuen und alten »nicht so netten Geschichten«.

Ulrich Becher hat eine Begabung für die mit stilistischer Eleganz ausgeführte Skizze. Musikalität zeichnet seine Prosa aus. Hier beherrscht einer so souverän sein Handwerk, daß er sich verspielte Schnörkel leisten kann. Und er verfügt über »jenen Schuß von Selbstironie und Skepsis, für den in Österreich das Pulver trockengehalten wurde«[5]. Dieser Autor hätte ein witzig-gescheiter Feuilletonist werden können, nur: Nach dem Einmarsch der Hitlerdivisionen funktionierte dieser »Schuß made in Austria« nicht mehr recht.

Doch Roda Roda und das Wiener Caféhaus ist nur die eine Seite; der andere Lehrmeister Ulrich Bechers war George Grosz und das unruhige Berlin der zwanziger Jahre. Grosz nahm den siebzehnjährigen Oberprimaner als einzigen Malschüler an; damit begann eine lebenslange Freundschaft. Hier hat Becher die scharfe Milieuzeichnung gelernt, den satirischen Blick, die Faszination des Abseitigen. Von Grosz abgeguckt wirken auch bestimmte Posen, die Selbststilisierung und Camouflage. Bechers erstes Schauspiel, das »neuzeitliche Mysterienspiel« *Niemand*, wurde von der Grosz-Zeichnung »Christus mit der Gasmaske« angeregt. Das Stück, das in Deutschland nicht mehr aufgeführt werden konnte, empfahl Grosz dem Verleger Kurt Wolff als »ein sehr merkwürdiges und interessantes Theaterstück mit Panizzahaften Zügen«[6].

Die umfangreiche, größtenteils unveröffentlichte Korrespondenz beider Künstler belegt, daß der Kontakt auch während der Jahre des Exils nicht abriß. Nach der nationalsozialistischen Machtergreifung ging Becher zunächst nach Wien, später dann in die Schweiz; 1941 gelang ihm die Flucht über Frankreich, Spanien und Portugal nach Brasilien, wo er sich in der Nähe von Rio de Janeiro als Farmer und Journalist durchschlug. Grosz half dem mittellosen Schriftsteller, wo er nur konnte: Er suchte in seinem Bekanntenkreis Subskribenten für dessen Lyrik, vermittelte den Kontakt zu Verlegern und Zeitungsleuten. 1944 konnte Becher in die USA übersiedeln und traf in New York den alten Freund wieder. »Er hatte hier einen eigenartigen Hang zu kleinen Leuten«, beobachtete Grosz, »zu armen, oft versoffenen, oft zweideutigen Bummlern, abgelebten Boxern, die ihr Leben in drittrangigen Bars in der 3. Avenue zubrachten, schmutzige kleine Schweizer Bier- & Weinstuben, wo Hotelportiers usw. verkehrten. Seltsam, das Milieu zog ihn an – er benutzte wohl auch derart Typen und Charaktere für seine Schreibereien.«[7] Bechers Romanfiguren sind Umhergetriebene, Entwurzelte, fern der Heimat und ständig unterwegs, Exzentriker und Sonderlinge. Schauplatz seiner Bühnenwerke sind oft Hotelhallen und Bars, wo sich eine zusammengewürfelte Gesellschaft trifft, die kein Zuhause hat. New York oder Rio de Janeiro – die exotische Kulisse vieler Geschichten hat einen realen Hintergrund, darin spiegelt sich ein Emigrantenschicksal.

Becher beschreibt diese Figuren mit Sympathie, er teilt ihre Abenteuerlust und den Hang zur Clownerie und Maskerade. Noch in seinem zweiten Novellenband *Die Eroberer* (1936) wird die politische Realität nur angedeutet oder bleibt ganz ausgespart. Ernst Glaeser schrieb für das Buch ein Geleitwort: Die Novellen setzten »den Glauben an die absolute Wichtigkeit des Einzelschicksals voraus«; Kennzeichen der hier vorliegenden Geschichten sei »das Starren der Kreatur über den Bord der Aktualität hinaus«. Glaesers Resümee war eine dezidierte Absage an die engagierte Literatur: »Aus dieser Furcht, die tiefer reicht als gesellschaftliche Kämpfe, wird es einigen Dichtern aufgetragen sein, jenseits der Zeitbühne zu arbeiten.«[8] Wenn dies vielleicht auch nicht Bechers Programm war, so war es doch ein mögliches Fazit aus der vorgelegten Novellensammlung. (Becher charakterisierte in einem Brief an Grosz, 26. Juni 1936, Glaeser als »ziemlich guter Freund von mir«. Als dieser 1939 nach Deutschland zurückkehrte und Hetzartikel für Frontzeitungen lieferte, veröffentlichte Becher eine scharfe Abrechnung mit diesem »literarischen Kriegsverbrecher« und »mediokren Verräter an seinem, unsrem Exil«.[9])

Das Geleitwort dürfte dem Autor mehr geschadet als genützt haben, denn in der Exilpresse wurden Bechers Novellen unter dem Aspekt gesehen, ob sie Glaesers Ausführungen Beweiskraft gaben. Klaus Mann widersprach dem allerdings, ähnlich wie zuvor schon F. C. Weiskopf[10]; er wußte zu differenzieren und lobte die Erzählkunst Bechers: »Aber es sind gute Geschichten, sind Geschichten, die das Herz beschäftigen, und sie sind vorgetragen in einer redlichen, soliden Prosa, – in einer Prosa, die auf Mätzchen und Tricks mit Noblesse verzichtet, die mit Würde und nicht ohne eine gewisse epische Behaglichkeit ihren Gang geht.«[11] Grosz, häufig erster Leser von Bechers literarischen Arbeiten, bescheinigte dem Freund: »Bist ein talentierter boy, da gibt's nichts gegen zu sagen – sehr schön fand ich auch einige Restaurantmiljöhschilderungen, und Du bist überhaupt gut in ›Stimmungen‹ (oft gemißbrauchtes Wort) ... Die Kontraste, die Du schilderst, liegen mir sehr – diese Zartheit und auf der Gegenseite die Brutalität – (...) Du hast hinwiederum auch eine Art Romantik in diesen Geschichten verwoben, die mir zusagt – und die wohl heute mancher ›Moderne‹ wiederentdeckte – surréalistisch ist vielleicht nicht das passende Wort – aber da nahe bei...«[12]

Die beiden Freunde machten eine gegenläufige politische Entwicklung durch. Ulrich Becher hatte sich früher nicht politisch exponiert; allein der Kontakt zum Grosz-Kreis hatte ausgereicht, ihn auf die Liste der in Nazi-Deutschland verbotenen Autoren zu setzen. Erst im Exil wurde er zu einem konsequenten Antifaschisten. Grosz dagegen, der »Kunstbolschewist«, der einstmals das »Gesicht der herrschenden Klasse« konterfeite, schwor im Exil dem politischen Engagement ab. Hatte er früher postuliert, daß »alle Kunst Tendenzkunst« sei und sich selbst als »Propagandist und Verteidiger der revolutionären Idee und ihrer Anhänger« verstanden[13], so wollte er nun seine satirisch-politische Grafik am liebsten ungeschehen machen. »Ich verdamme meine früheren Zeichnungen«, schrieb er 1945 an Erwin Piscator. »Ich verdamme alle diese saudummen Tendenzblätter, weil ich wirklich nicht mehr an diese Art Feengeschichten für große (kleine) Kinder glaube.«[14] Auffällig ist, daß solche verbalen Amokläufe gerade in Briefen an die alten Freunde, etwa den Malik-Verleger Wieland Herzfelde, wiederkehren. Auch Becher hatte er sich dafür als Diskussionspartner ausgesucht, nachdem er ihn schon 1936 aufgefordert hatte: »Also berichte mir sofort ob Du darüber eine Meinung hast. Wenn Du Interesse hast können wir einen bescheidenen Briefwechsel über mancherlei Gesprächsstoffe aufrechterhalten.«[15]

Aus der Distanz mußten Grosz' Attacken aussehen wie Gesinnungswandel (und der damit verbundene Verlust an schöpferische Potenz erschien manchem Kritiker wie konsequente Selbstzerstörung[16]). Doch die Briefe sind als Hilferuf und Verzweiflungsschrei zu werten; sie geben einen erschreckenden Einblick, wie das Exil eine Künstler-Existenz vernichten kann. »Wir sind Rausgeschmissene, nicht Gewünschte, Parias«, schreibt Grosz über die Situation der Emigranten in einem unveröffentlichten Brief. »Wir sind Treibholz, Dreck und Scheisse, und das Beste ist noch dasz wir das erkennen und danach handeln.«[17] Seine Briefe an Becher nennt er mehrfach »Flaschenpost«.

Der Briefwechsel zwischen Böff (Grosz) und Uhl (Becher) ist ein bewegendes Dokument. Man darf sich durch den launigen Tonfall, eine oftmals forciert wirkende Witzigkeit nicht täuschen lassen: Hinter seitenlangen Grotesken, eingestreuten Gedichten und tagebuchähnlichen Mitteilungen, Insider-Jokes und privaten Frotzeleien, allerlei Späßen und kaum entzifferbaren Verballhornungen taucht immer wieder das eigentliche Thema auf: die Isolation und Gefährdung des Künstlers in düsterer Zeit. Resignation und Pessimismus konnten da leicht umschlagen in Zynismus und Nihilismus. Man half sich gegenseitig, depressive Phasen zu überwinden. »Ja, Böffel, mein Lieb, Deine Gedichte und Messages haben mein etwas müdes Herz stark erfreut«, dankte Becher etwa seinem Briefpartner.[18] Grosz wiederum gestand, er »habe sozusagen ein bischen ›Sehnsucht‹ nach Dir. Also ruf mal an. Ich lebe manchmal wie so in einer Art Tunnel, doll, kanns nichtenich naeher erklaeren«, und setzte in Klammern dazu: »Kunst ansich ist Skeisse enniweh, weh, weh, Uhl!«[19] Er, der doch ein Meister der Mimikry war, offenbarte dem Freund rückhaltlos seine Depressionen. In einem unveröffentlichten Brief heißt es: »Ul? Hast Du auchso das Gefuehl in einen vollkommen absurden Zeitabschnitt hereingeboren zu sein (bitte lass Dich nicht beeinflussen vondem was ich hier tippetippe) mir geht es jedenfalls so, doll, bleibt nur noch stiller Suff (den man heimlich ausuebt..........) viele trinken uebrigens oeffentlich, ich heimlich. To kill the ›moralist‹ I drink to kill, moechte ich sagen Ul to drown (zu ertrinken) die Reste von ›Humanisme‹ & eventuell ›Gerechtigkeitsgefuehl‹ (bullshitt, beide Sorten, bullshit Ul).... ich glaube es ist wenig Hoffnung, nach dem dritten Heiball (heimlich) fuehle ich mehr gottverdammtes Gottvertrauen (so nennen sies doch, they do) ja, fuehle ich mich ›erhoben‹ & ›erhabener‹...... nicht direkt besser wie die anderen Canaillen batt ein bischen erhoben-erhabener, thats all... Du bist der einzigste Freund (wenn auch ne Generation juenger) den ich neben Wiel hier habe..... Und mit dem ich ›korrespondiere‹ .... und wo mir denn auch hie und da etwas einfaellt beim schreiben.... so long as ever yours olde Boeff«.[20]

Chronik einer Freundschaft in Briefen

127 Briefe, dazu zahlreiche Postkartengrüße, umfaßt die Korrespondenz. Einige Schreiben sind offensichtlich verlorengegangen, doch trotz solcher Lücken ist der Briefwechsel in seiner die Exilzeit überspannenden Kontinuität erstaunlich dicht überliefert. Der erste Brief datiert vom 11. September 1932 und stammt von Ulrich Becher. Grosz hatte gerade eine Dozentur an der Arts Students League in New York angenommen. »Alle diejenigen, die Dich kennen, finden es grossartig, dass Du drüben bist«, berichtet Becher. »Alle tragen sich mit Auswanderungsplänen, von Ernst Rowohlt bis zu meinem Vater, aber keiner kann sich letzten Endes dazu entschliessen. Daß Du Dich letzten Endes dazu entschlossen hast, wurde Dir durch Deine alte Liebe platonischer Art für Amerika erleichtert.« Der letzte Brief datiert vom 30. Januar 1959 und stammt von George Grosz. Er lobt auf kauzige Art die soeben erschienene Neuausgabe von Bechers erstem Erzählungsband *Männer machen Fehler*: G!E!G! – die Initialen spielen auf seinen Geburtsnamen Georg Ehrenfried Groß an – habe in seinem Leben viele Geschichten gelesen »und (im Stehen) sagte er mir neulich, von den 23510 schortschtories he has gelesen, sind die Becherschen, sagte er (im Stehen), sagte er, mit die feinsten – ...« Der Brief wurde noch in Amerika geschrieben. Fünf Monate später siedelte Grosz nach Berlin über. Doch die späte Rückkehr aus dem Exil überlebte er nur um wenige Tage: Grosz starb am 6. Juli 1959, zu einem Treffen mit Becher kam es nicht mehr.

Im Oktober 1932 kehrte Grosz noch einmal kurz nach Deutschland zurück, um die endgültige Auswanderung zu regeln. Am 12. Januar 1933 schiffte er sich nach Amerika ein, am 23. kam er in New York an, wenige Tage bevor Hitler Reichskanzler in Deutschland wurde. »Lieber George! Mit einer überirdisch anmutenden Treffsicherheit in der Wahl des Zeitpunktes bist Du losgedampft«, schreibt Becher seinem Freund im April 1933. Dies steht allerdings erst im letzten Absatz; drei Seiten lang ist der Brief eine bissige Satire auf Nazi-Terror und Machtergreifung: »Es ist nun endlich alles in schönste Ordnung gekommen. Man atmet auf. Die roten Halunken werden samt und sonders in Konzentrationslagern exerziert, vielleicht kriegen sie da wieder etwas Murr in ihre vermantschten Knochen. Gottlob lässt man nicht locker und lässt sich von einem greuellügenhetzerischen Auslande nichts dreinreden, sondern nimmt täglich neue Verhaftungen vor, und zwar werden diese Verhaftungen nicht von den alten, im Liberalen vertrottelten Amtsschimmeln vorgenommen, sondern von unseren herrlichen jungen S.A.knaben. Rüstige, unverbildete neunzehnjährige Kommissare leiten solche Verhaftungen und holen die Familienväter, an deren Hosenbein sich die rote Kinderbrut klammert, immer weiter massenhaft aus ihren stinkigen Moskowiterhöhlen heraus.« Becher schildert Verfolgung und Mord in »diesen klaren und milden Hitlerfrühlingsnächten«, und er mokiert sich über die Propagandaanstrengungen der neuen Machthaber: »Ach George, ach Daum, dass ihr nicht bei den Siegesfeiern habt dabeisein können! Dieses nichtendenwollende Fackellicht auf den Strassen gleichwie in unseren Herzen! Dieses Gewoge von Fahnen und Menschen!« Der Brief schließt mit der Bitte, ihm von den Erfahrungen in der Neuen Welt zu berichten, auch will Becher wissen, »was die Leute trinken, was sie sagen, was Deutschland in ihren Köpfen für eine Rolle spielt.« Er gibt eine Adresse in der Schweiz an, wo ihn Post unter Wahrung des Briefgeheimnisses erreicht.

Grosz antwortet am 6. Mai 1933. Er beteuert überschwenglich: »Hier fühle ich mich wohl und FREI. (...) Ich bin ein etwas altertümlicher Mann .... passe besser hierher, wo es wenigstens (alles in allem) noch so etwas wie persönliche ›Freiheit‹ gibt. Yeah .... die gibt's hier tatsächlich!« Zur Bücherverbrennung schreibt er: »Sollen sie ruhig den ganzen Bockmist verbrennen! Was wirklich gut ist bleibt ja doch. Vom ganzen 30jährigen Krieg ist ja auch nur der Simplizissimus geblieben. Feste noch Petroleum drauf. Wurde ja zuviel verlegt. (...) Bibel Gesangbuch und Armeekommando und Exerxierreglement genügen vollkommen. (...) Sollen sie ruhig meine Bücher verbrennen okay. Ist etwas dabei was Goya würdig ist .... wirds schon bleiben (im Sinne der Zivilisations und Culturfatzken gesprochen) okay.« Grosz konstatiert, man lebe »im Zeitalter der Haue. Mit der Waffe ›det Jeistes‹ is et vorbei .... Ullrich.« Links werde genauso gehauen und gestochen wie rechts, die Dikaturen seien alle gleich. »Also keine unnötige Sentimentalität in satirischem Gewande.«

Damit war das Fundament für eine ideologische Debatte gelegt, die in den folgenden Jahren den Briefwechsel beherrschte und zeitweilig sogar zum Abbruch der Korrespondenz führte. Grosz erklärte, er mißtraue allen Sinngebern, und »der ganze Menschenverbesserungsrummel« sei bankrott. Seine Zeitdiagnose: »Ich sehe eine ungeheure riesige Mostrichwelle fast biblisch alles verschlingen. Es wird ein gewaltiges grosses total sinnloses Naturschauspiel sein. Man könnte sich nun gegenüber sitzen und anfangen zu reden ..... was soll das? ... alles ist wunderbar sinnlos.«[21] Becher dagegen will nicht tatenlos zusehen, er will kämpfen »gegen die Mostrichwelle. Gegen den Krieg (iss nischt Neues.) Es ist furchtbar schwierig, aber ich bin sicher: dazu könnte man sie vereinen, die Demokraten, Sozialisten und Christen, jedoch nicht zum Händeringen, sondern zum Fresseschlagen.«[22]

Im ersten Brief aus New York hatte Grosz seinen Partner aufgefordert, ihn über die politische Entwicklung zu informieren: »Also übe fleissige und genaue Berichterstattung. Auch Nebentöne .... aber nicht zu abergläubisch.«[23] Ende Mai 1934, Becher wohnte inzwischen in der Schweiz, schreibt der junge Schriftsteller, er habe sich, seit er das letzte Mal in Deutschland war, die ironische Betrachtungsweise abgewöhnt: »Ich war in verschiedenen kleinen Städten, in einer eine Woche – schwupps, waren die geruhsamen Vorsätze hin, allein aus dem, was man selber vollkommen ungeschoren mitanhört und -sieht, steigt in einem, der sich zur grössten Objektivität gemahnte, drängend die Erkenntnis auf: vergiftete Scheisse! Viel Unangenehmes, Peinliches, Peinvolles auch – aber eine unvergleichlich viel grössere Menge Ueberblödes, Allzudummes, Todlächerliches, das vor sechs Monaten noch nicht an der Oberfläche schwamm. Ich sah Hitlermädchen, die, als sie aufs Klosett gingen, ›Heil Hitler *einstweilen*‹ zu ihren Genossinnen sagten. (...) Ich habe niemals herrenfremdere, sklavenhündischergebnere, schweissglänzend und missgelaunt und traurig und abstrapaziert sich in ihr Schicksal fügende Spiesser-, Kleinbürger- und Arbeitergesichter gesehn, in ihr Schicksal, zu marschieren und strammzustehen und zu warten, zu warten, zu warten – als die guten Berliner am spähten Nachmittag von der Bombenfeier auf dem Tempelhofer Feld zurückkehrten.«

Als Becher Anfang August schildert, welchen grausamen Torturen Erich Mühsam im KZ ausgesetzt war, kann auch Grosz die Pose des unbeeindruckten Zuschauers nicht aufrechterhalten: »Ich kannte Erich ganz gut... er war ja eigentlich ein gänzlich harmloser idealistischer Anarchisterich .... seine Zeit war längst vorbei. (...) Aber trotzdem, dasz sie sich gerade oftmals solche Schwärmer für ihre unbotmässigen Zotereien und Gewalttätigkeiten aussuchen ...... es ist schon eine widerliche Gesellschaft. (...) Herrgott muss der ausgesehen haben so verschnipzelt und kahl geschoren und schunden. Hell, sowas in dieser Zeit, ... ich kenne ja diese stupide Geistesart ..... aber immer wieder stösst es einem doch an ...... no eine gewisse Sorte Menschen bleiben eben Schweine.«[24]

Überzeugt von der Notwendigkeit des Kampfes und gewillt, die Position des lamentierenden Einzelgängers zu überwinden, sah sich Becher nach einer politischen Organisation um. »Die sozialistische Partei aber hat zu viel Schwächen – denk an Deutschland – die mir in ihrer Mythenlosigkeit zu liegen scheinen, und gerade im Zeitalter der Maschine braucht das Volk Märchen und Träume, das ist klar, wie wäre sonst das Blubomärchen und der Traum vom 1000jährigen 100000000-reich so beliebt geworden?«[25] Becher sympathisierte mit der Europa-Union, und damit ging die Diskussion mit Grosz 1936 in eine neue Runde. In der Zeitschrift *Europa* veröffentlichte Becher am 28. März einen an Sozialisten und Christen gerichteten Aufruf, sich unter dem Zeichen Jesus Christus gegen Hitler zu vereinen. Der Artikel begann mit den Worten: »Dies soll mehr als ein überschwenglich beschwörender Ausruf sein«[26], aber es handelt sich, allen gegenteiligen Beteuerungen zum Trotz, um einen jener zahlreichen Appelle, die wirkungs- und folgenlos verhallten. Darüber hinwegtäuschen kann weder der Nachdruck in den *Mitteilungen der Deutschen Freiheitsbibliothek*, wo Heinrich Mann und Münzenberg die Schaffung einer Volksfront propagierten, noch die prompte Veröffentlichung von zwei zustimmenden Stellungnahmen aus beiden Lagern: Der Katholik Moeller-Dostali meinte, die flammenden Worte »haben in katholischen Kreisen aller Länder großen Eindruck gemacht«[27], und »ein Sozialist« ohne Namen antwortete emphatisch: »Ihr Wort sei künftig Parole: Wahrhafte Christen, wahrhafte Sozialisten reicht euch die Hand! Kämpft Schulter an Schulter gegen Hitler, für den Frieden!«[28] Solche publizistischen Aktivitäten, allgemein gehaltene Aufrufe ohne politische Konsequenzen, waren, da hatte Grosz sicher recht, naiv. Er belehrte den Jüngeren: »Dein Aufruf ist sicher gut und edel gemeint ..... aber überschätze solche Aufrufe bitte nicht. Gehört wird so ein Stimmlein eben doch nur wiederum in den üblichen sattsam bekannten intellektuellen Zirkeln. Und wenn Herr Thomas Mann sogar noch ›zögernd-zögernd‹ in vornehmer Zurückhaltung aber hinwiederum denn doch sozusagen irgendwie ergriffen doch angemessen tief platterdings in einem der dortigen Emigranten-Käseblätter so ein Stimmlein bestätigt ... nun dann ist Illusion gross. Ulli täusche Dich nicht.«[29]

Hatte Grosz schon früher auf die Ausführungen des Freundes gekontert: »Deine Ideale sind nett ... gewiss schön ..... aber total utopisch, boy«[30], so weist er jetzt jede Bemühung um politische Aufklärung barsch zurück: »Das was Du und ein Teil der Emigranten zu vertreten haben ...... eine Art Humanismus, eine Art Brei mit rationalistischer Soosse ......«[31] »Alle Menschenverbesserei ist zum kotzen!!!!!!!!«, erklärt er, und unter dieses Verdikt fällt auch die eigene künstlerische Arbeit der Vergangenheit.[32] Der Glaube an die Vernunft sei »dämlicher Quatsch«, in Wahrheit stehe man allein: »Solidarität ...... zum Tränen lachen und kotzen. Alles Scheisser die irgendeinen Götzen anbeten wollen .... heute den heiligen Hitler und morgen den heiligen Stalin.«[33] Die »reichen Scheisser« hätten völlig richtig erkannt, daß Hitler die Welt vor der bolschewistischen Gefahr rettet, und deshalb werde der Faschismus für die nächsten vierhundert Jahre in Europa herrschen: »Unsere Ideen sind leer gedroschen, dummrationalistisch, unverständlich fürs Volk kraftlos, ... unwirksam. Die Zukunft gehört den Faszisten, Faszisten=Communisten! Alle diese humanistischen Scheissideen, die pazifistischen religiösen Tanten, die Überbrücker mit ›Nuvatragteuchmaallee‹, die haben ausgespielt. Regiert wird mit Schlächtergesellenerfahrung.«[34]

Verbittert und ohne jeden Funken Hoffnung rettet sich Grosz in aggressive Haßtiraden und rüde Attacken gegen die ehemaligen Mitstreiter und jetzigen Emigranten, das ganze »eingebildete Intellektuellengesindel«[35]. Das Vokabular unterscheidet sich kaum noch vom Nazi-Jargon. Die blanke Menschenverachtung wird zum Programm erhoben. Ungerührt kommentiert Grosz den Freitod Kurt Tucholskys: »Mehr Zyniker sein. Sehen was ist. Keine himmelblauen Vorstellungen von morgen. Tucholsky hat sich umgebracht mit Gift. War zu schwächlich war auch erledigt. Wer liest denn auch den Dreck nachherher? ..... gutes Beispiel dieser Herr. Hat sich selbst umgelegt. Kein Verlust weiter.«[36] Becher, erschrocken über so viel Zynismus, nahm den Freund vor sich selbst in Schutz; er wollte die Sätze über Tucholsky als »Yankeescherz« verstanden wissen und unterstellte geradezu beschwörend: »Du fandst es genauso scheusslich wie ich, dass er sich killen *musste*, Hand auf den Dreck um nicht aufs Herz zu sagen.«[37] Verwirrt durch im Abstand weniger Tage eintreffende, abwechselnd »freundliche« und »feindliche« Briefe, ließ er sich mit der Beantwortung manchmal bewußt viel Zeit: »um unsere immer schlechtgelaunter werdende Diskussion, ob der vorliegende Verschissmus gut ist oder nicht, 400 Jahre dauern wird – wie Du schreibst – oder nicht, abzubrechen.«[38] Grosz war es, der immer wieder den Briefkontakt suchte, sich für seine »Jeremiaden« und »Ketzerbriefe« entschuldigte: »Nun wenn ich auch sehr häufig fauche schimpfe wie ein Rohrspatz, so habe ich dennoch nicht allen ›Contact‹ aufgegeben ..... au contraire .. ich interessiere mich für alles was drüben auf dem infizierten Continente vorgeht und ... bin auch ganz gut unterrichtet über alles«.[39] Tatsächlich waren jene, auf die er verbal einprügelte, sein einziger Halt. Ein Schreiben vom 10. Oktober 1939 verrät, daß der Briefschreiber Grosz nahe am Verstummen ist: »Die paar Freunde und Bekannte wenn auch Lichtpunktlein im Dunkel des Blackout und mit grimmig zugemachten Mäulern .... well es erschien einem ja zweck und sinnlos .... was sollte man wohl auch schreiben .... ohne in Hohngelächter oder Sarkasmus oder Schimhimpferei zu verfallen ..... also da halst aschon lieber dei Muul.«

Der Fall Grosz hat tragische Züge. Amerika war ein naiver Kindertraum des Künstlers gewesen; mit gespannter Erwartung war er in die Neue Welt gekommen. »Es macht Spass Amerikaner zu werden«, versicherte er Becher in den Anfangsjahren.[40] Knapp drei Jahre später heißt es mit Blick auf Europa und speziell die deutschen Verhältnisse ebenfalls noch: »Immer wieder bedauere ich nicht früher hierher gegangen zu sein. Welch Glück dort fort zu sein.«[41] Aber jetzt schrieb er auch schon: »Klar, dasz man sich nicht auf den gepflückten leicht verwelkten europäischen Lorbeeren hat ausruhen können. No Söhr ... das geht hier nunmal schlecht.«[42] Dem Freund schilderte er nun die Schwierigkeiten der emigrierten Künstler im amerikanischen Exil, »wo europäischer Ruhm, wie ich schon einmal sagte, meistens nur ein Pappkasten von Zeitungsausschnitten ist, und sehr selten sich fortsetzen lässt in der gewohnten Weise.«[43] Grosz hatte durchaus einen Versuch gemacht: Unter dem Eindruck der Berichte über Mißhandlung und Tod Erich Mühsams schuf er die Mappe »Interregnum« mit Zeichnungen und Aquarellen, die den Nazi-Terror geißeln. 1936 mit einem Vorwort von John Dos Passos erschienen, wurden gerade zehn Exemplare verkauft, ein finanzielles Fiasko sondergleichen. Die demonstrative Abkehr von der politischen Kunst, der Intellektuellenhaß und der Bruch mit der Vergangenheit sind auch Ausdruck eines verzweifelten Anpassungsversuchs. Klaus Mann, der eine Reportage über »Europas Maler in Amerika« schrieb, notierte: »Es ist ein ergreifendes – und wenn man will, auch melancholisches Schauspiel –: Diese Verwandlung des Mannes George Grosz – zu was?«[44] Zu einem Amerikaner, hätte Grosz geantwortet, denn der Prozeß der Integration verlangte für ihn die völlige Aneignung der gesellschaftlichen Werte und Normen der neuen Heimat. Das Emigranten-Syndrom, »diese lachhafte dussliche Verzweiflung einiger ›aus den Pantinen‹ gekippter oder vom Wertschätzungsthron gestossener Schreiberiche und Kunstmänner«[45], wies er für seine Person weit von sich. In Europa sei »der sogenannte Culturzimmt (...) ja collossal überschätzt« worden[46]; jetzt lebe er in einem realistischen Lande, »und mir ist lieber, man fragt mich wieviel ich die Woche verdiene als welcher Pachtei ick anjeheere.«[47] »By the way: Erfolg ist eben ALLES .... Ullrich«, belehrte er seinen Briefpartner, »darin bin ich Amerikaner.«[48] Diese materialistische Einstellung empfahl er auch dem jungen Dichter und warnte ihn eindringlich davor, sich in der Emigrantenszene zu engagieren: »Ich rate Dir sehr Dich nicht allzutief in den ganzen Unsinn einzulassen .... werde ein guter Schriftsteller und bleibe Egoist ..... vor allem vergiss niemals ERFOLG ist alles.«[49]

Becher, der Anfang Mai 1934 dem Freund seine Vermählung mit Dana Roda Roda mitteilte, hatte nach langem Zögern die Schweiz als Zufluchtsort gewählt. Hier lebten seine Eltern – die Mutter war Schweizer Staatsbürgerin; der Vater, ein Rechtsanwalt, der u. a. 1933 einen Prozeß für Thomas Mann führte, konnte seine Praxis in Berlin nicht aufrechterhalten –, hier war er Deutschland nahe. Als »Standadressen« gab er in seinen Briefen Steinen im Kanton Schwyz sowie Zürich an, eine Stadt, die er als »die einzige typische Deutsche Stadt ausserhalb Germanys« Grosz empfahl, als dieser nach vier Jahren Amerikaaufenthalt eine Europareise ins Auge faßte. »Wer hat Sehnsucht nach Deutschland und möchte in einer Deutschen Grosstadt verweilen, ohne einen Nazi schnuppern zu müssen?!«[50], pries Becher seine neue Heimat Zürich an.

Die Korrespondenz offenbart, daß der junge Autor seinen Platz noch nicht gefunden hatte, sondern unstet die Länder wechselte und sich in den europäischen Zentren der Emigration, in Wien, London, Paris und Prag umsah. Demonstrative Distanz, so könnte man den Grundtenor seiner Berichte darüber kennzeichnen. Grob abfällig äußerte er sich über die Juden, deren geschäftiges Treiben antisemitische Ressentiments fördere, »und sei man auch erblich vorbelastet wie ich.« »Und die Literaten, die hier in Paris zurückgeblieben sind, sind bleicher, lebensunfähiger, papierner und hingeschissener durch all die europäischen Ereignisse denn je.« Zwar gebe es Ausnahmen, »zB Löwe Feuchtwanger«, aber insgesamt gelte: »Die Zeit hat ihnen, statt ihnen innerlich zu nützen, enorm geschadet. Sie sind dümmer, bornierter und vor allem eingebildeter geworden, als sie früher waren.«[51] Die Arroganz und Überheblichkeit, mit der der junge Autor über berühmte Kollegen herzieht, die auf der Flucht vor Hitler die Grundlagen ihrer Existenz eingebüßt haben, muß man wohl als Kompensation des eigenen Unglücks verstehen. Er selbst war ja an den politischen Zeitumständen nicht gewachsen, sondern hatte den Boden unter den Füßen verloren.

Sein Theaterstück *Niemand*, noch in Berlin fertiggestellt, kam 1936 am Stadttheater Bern zur Uraufführung, die Resonanz beschränkte sich jedoch auf die Lokalpresse. In seinen Briefen erwähnte er öfter einen umfangreichen, historisch weit ausgreifenden Roman, der jedoch ungeschrieben blieb. Becher verfügte über keinerlei Publikationsmöglichkeiten, er mußte sich von seiner Familie (und den Schwiegereltern) aushalten lassen. Vom Kaffeehaustratsch der Emigranten hielt er sich fern. Isoliert von der literarischen Szene, wird er anfällig für das negative Menschenbild und die pessimistische Weltsicht seines Lehrmeisters Grosz: »Meine alte Hassliebe zum Menschenschwein böffscher Definition, zu Europa und allen seinen Gegenden, ist mir geblieben. Menschenschweine, die ich lediglich liebe, finde ich kaum neu hinzu. Wenige, wenige, mit denen ich, pruzzischgemeingültig ausgedrückt, Tuchfühlung kriegte. Kaum einer, der sich als Genoss entpuppt für einen Kampf, den es zu kämpfen lohnte. (Gekämpft *hat* zu werden, das lehrt uns Zeit und Natur. O, zur Hölle mit jedem Ismus!) Bei Emigranten pflege ich verpönt zu sein.«[52]

Die zitierte Passage stammt aus einem Brief, der mit einer Naturidylle anhebt: Becher schildert den Genfer See und sein Farbspiel während des Tages, die Entengeschwader und die im See badenden Hunde. Der Brief ist datiert Genf, den 11. Juli 1939. Vier Jahre später hat die Szenerie gewechselt. Becher meldete sich jetzt aus dem brasilianischen Bergurwald. »Es ist hier vollständig einsam, keine Kneipe, nichts, nur eine ›Venda‹, wo man mexikanische Sättel bekommt, Äxte und Zuckerrohrschnaps, halbwilde schwarze Schweine tummeln in den sumpfigen Wäldern, indisches Zebuvieh weidet auf den kahlen, von brandroter Erde durchschimmerten Kuppen.« Und dann folgt die Erklärung für »vier Jahre sehr schuldbewussten Schweigens«: »Es war so: ich hatte Dir bei Kriegsausbruch geschrieben ›ich bleibe in Europa‹. Aber da ichs in ›Axis captive Switzerland‹ (Titel eines Artikels, der kürzlich in der Saturday Evening Post erschien) nicht mehr ertrug, war's etwas wie Scham ob der Nichtbefolgung meiner grossartigen Parole, was mich abhielt, Dir zu schreiben; zwanzig unvollendete Lieber-Böff-Briefe liegen bei meinen Papieren.«[53]

Der Briefwechsel wurde in seiner alten Intensität wieder aufgenommen und brach auch nicht ab, als Becher im nächsten Jahr in die Staaten übersiedelte und man sich fortan gegenseitig besuchen und miteinander telefonieren konnte. Dem ersten Wiedersehen nach fast zwölf Jahren hatte Becher vorausgeschickt: »Mache Dir betreffs meiner sogenannten äusseren Hülle keine Illusionen. Vom flotten Bürschchen, unbekümmerten Ladykiller von einst ist – besonders im Augenblick – nichtenichts übriggeblieben. (...) Zudem mit einer von einem Frontisten- (schweizer Nazis; Keilerei) -hieb gedunsenen Nase, die mir als schmerzhafter Barometer dient. So sieht er aus / Mein Vetter Nick.«[54] Bei der Übersiedlung war Grosz mit Rat und Tat zur Stelle; so half er bei der Visabeschaffung und stellte Becher ein Zeugnis aus.[55] Er sah sich für den Freund auf dem amerikanischen Literaturmarkt um, las die neu entstandenen Geschichten und machte sich Gedanken, welche Zeitschrift, welcher Verlag dafür in Frage kommen könnte. Man müsse den Willen zur Anpassung haben, doch das Spekulieren auf den Publikumsgeschmack sei wohl nicht Bechers Sache: »Zum Generalgrocer gehört eben ein besonderes Belieferungstalent.« Grosz wiederholte seine in früheren Briefen gemachten Warnungen (»Von Emigrantenpolilitic halte Dich bitte bitte ferne, ich bekam wieder einige ihrer Manifeste, gosh, da hakt eine Krähe der anderen die Augen aus und einer denunziert den anderen«), er weckte und dämpfte zugleich Bechers Hoffnungen. Man müsse seine Träume realisieren, die literarische Produktion unbedingt aufrechterhalten, etwas in der Schublade haben – jede Novelle, jeder Roman sei »ein Einsatz eine Karte am grossen überfüllten Gamblingtable«. Diejenigen emigrierten Künstler und Intellektuellen, die bei diesem Spiel nicht »mit wenigstens dem Einsatz (Fahrgeldvergütung und freie Getränke) rauskamen, natürlich die schimpfen wie der berühmte Rohrspatz auf USA.«[56]

Grosz wird zum ersten Leser von Bechers New Yorker Geschichten, und seine Briefe haben teilweise den Charakter von Lektoratsgutachten: »Well, vielleicht zu lang das Ganze, manche Wiederholungen können mehr zusammengezogen werden. Nochmal genau durchsieben. Nochmal einkochen, sone Geschichte musst Du konzentrieren wie Beefthea .... 3 Enten, zehn Kalbslebern, 12 Pfund Rindfleisch gleich einer Tasse Brühe .... Du verstehst.«[57] Er lobte Stimmung und Atmosphäre, kennzeichnete durchaus treffend Stil und Eigenart der Erzählung: »Es ist Realismus, scharfe Beobachtung gemischt mit einer Art Nebel. Das Ende soll im dunklen bleiben. Tschechow hatte das.«[58] Er schickte auch Geschichten wieder zurück (mit knappem Kommentar, z.B.: nicht geeignet für das Magazin *New Yorker*), erkannte in dem Freund einen sehr deutschen Romantiker und kam zu dem Schluß: »Das hiesige Geschichtenfabrizieren ist ja nicht Deine Sache.« In Amerika sei das schwer verkäuflich, »aber Du sollst durchhalten, mit anschmeisserischen Kompromissen ists ja nicht immer getan. Bei Dir nicht.«[59]

Wie damals in Berlin ist Grosz Bechers Lehrmeister, und doch kommt ein neuer Tonfall in den Briefwechsel. Der Schriftsteller ist reifer, souveräner geworden, er versteht es inzwischen, den schwarzen Pessimismus und Nihilismus des Freundes abzufangen und damit spielerisch umzugehen. Man hat eine Form der Kommunikation gefunden, in der nicht unablässig weltanschaulich debattiert werden muß. Mit sanfter Ironie und kauzigen Frotzeleien wird nicht gespart. Da schreibt z.B. »Ulrich der Becher Kurfürst von Steinen, ehemals Kirschwasserfabrik Schibig, zurzeit Wabe No 316 West Strassenschlauch No 88« im breiten Dialekt an »Herrn Fritz Zehner, Geschäftsführer der Illustrationsfabrik Böffel & Grosz A.G.«, und der angeschriebene »watercolor doctor« (der Briefkopf prahlt: »Many gold medals and about a dotzend fellowships«) antwortet »Mr. Uuhl Bitscher«. Gelegenheitsgedichte, »harmlose Liedchen«, auch »Butzenscheibenlyrik« genannt, werden gewechselt, und in guten Stunden rutscht dem Zyniker Grosz das Bekenntnis heraus: »Ich mag Dich als Mensch und Freund, deine Weltauffassung dieser humanistische Scheisssozialismus das nehme ich mit in Kauf. Mir wurscht.«[60] Nicht immer gelingt es Becher, mit übermütigen Eulenspiegeleien die Gespenster zu verjagen, den Freund aus seinen Depressionen zu reißen. Grosz verfällt zunehmend dem Alkohol; mancher Brief, nachts um vier Uhr im Vollrausch auf der Maschine getippt, ist kaum mehr als das unzusammenhängende Gebrabbel eines einsamen Trinkers.

Ein erschütterndes Bekenntnis – niedergeschrieben am 23. März 1945, angesichts der sich abzeichnenden Kapitulation – offenbart, daß Grosz, allen Verbalinjurien zum Trotz, sich den heimatlos gewordenen Emigranten zugehörig fühlte, hier sein Elend begründet sah: »So bleiben wir eine unnütze, versoffene und verhurte Bande wie in Schillers Räubern. Die anderen phrasendrapierten Spiesser wie Thom. Mann oder die politischen Quislinge, die jetzt einen erfolgreichen Posten von Scheissers Gnaden (eventuell mit selbstbezahlter aber erlaubter Alliesuniform) bezogen? To hell with them.«[61] Fünf Tage später schickte Grosz seinem Brief eine Relativierung hinterher, weitere fünf Tage später, Becher hatte offenbar inzwischen geantwortet, schob er die Erklärung nach: »t'schuldige wie Kotzen ist's ..... und es ist auch schön wenn dabei der Freund den dummen dicken Kopf hält über der Wasserleitung. Und kotzen tut man heute allzu leicht, man braucht nur regelmässig die Zeitungen zu lesen. (...) Zänks for your Friendship und für die Kopfhaltung.«[62]

Von den Emigranten-Kreisen distanzierte er sich, und doch hatten sie ihm Halt gegeben. Nun, da der Faschismus besiegt war, die Exilanten an Rückkehr dachten und ihre Koffer packten, wurde es einsam um Grosz. Becher bemühte sich redlich, den deprimierten Freund aufzurichten, aber auch für ihn kam im Juli 1948 der Zeitpunkt, wo er – zunächst nach Basel, dann nach Wien – zurückkehrte. »Muttersöhnchen«, höhnte Grosz und erklärte einem fiktiven Gesprächspartner, sein Bekannter sei verschwunden, abgehauen, »hatts nich mehr aushalten könn hier im, wie ers nennt, Manhattan-Matterhorn-Rhonegletscherland.«[63] Grosz will kein »Desertör« sein, er bleibt auf Long Island. »Bin ziemlich einsam hier auf meinem Leuchtturm .... viele Emigranten gehen verstört und verängstigt an uns vorüber, sie gehen zum Schiff und zurücke nach Europa-Papa-- oder Euromu- Mut-chen. Ich habe kaum noch ausser Du, habe kaum noch connections zu drüben, vernachlässige auch Briefe (wie Du weisst) antworte eben nicht. Die Entfernung wird (GSD – gottseidank) immer grösser.«[64] (Zu den alten Freunden, mit denen Grosz den Kontakt abgebrochen hatte, gehörte Erwin Piscator, der sich bei Becher beklagte: »Böff schreibt mir überhaupt nicht.«[65] Die langen Tiraden und rüden Ausfälle früherer Briefe sind jetzt einer kraftlosen Resignation gewichen. Grosz fühlte sich verlassen; er lamentiert, und seine Briefe werden immer mehr zu Monologen. Das ständige Klagelied, das fast jeden Brief einleitet

– Becher schreibe nicht, habe offenbar nichts mitzuteilen –, wird lediglich variiert durch die ironische Umschreibung, mit der Grosz abschließend Kontakt und Zuneigung einfordert. »Weiss: man hat sich Nichts zu sagen, daher alle 40 Jahre mal'n brieflein, nay es hat keiner geklingelt. War da wer? .... nay, nur der Wind das himmlische Kind.«[66] »NB. Schreib. aber bitte nicht zuviel. die zehn Jahre sind erst in zwei Jahren um. Sag niemand, dasz ich Dir schrieb, die erinnern sich sonst womöglich an mich.«[67] »Diesmal bitte gruesse Niemanden ..... ich schreibe in 30 Jahren wieder, dann lasse ich vielleicht einen oder zwei gruessen, soo long .....«[68] Auf seinen verschiedenen Europa-Trips (ab 1951) traf Grosz regelmäßig mit Becher zusammen, in Hamburg und München, am Schliersee und auch in Innsbruck. Gemeinsam verbrachte man einen Abend mit Gottfried Benn, dessen Buch *Drei alte Männer* den Beifall von Grosz fand. Der Briefwechsel wurde bis zum Schluß aufrechterhalten, denn, so attestierte der Maler seinem Freund: »Bist der zweitbeste Briefschreiber, den ich kenne.«[69] Es ist nicht schwer zu erraten, wen Grosz an die erste Stelle setzte.

Die Krankheit Europas, das Trauma des Exils

Bibliographische Daten können manchmal eine Biographie ersetzen: Berlin 1932 erschien Bechers erstes Buch, Zürich 1936 die zweite Novellensammlung. Als Hitler seine Macht auf die deutschsprachigen Nachbarländer ausdehnte, schien die literarische Karriere fast schon beendet. Rio de Janeiro 1943 kam seine dritte Publikation heraus, die Anti-Hitler-Moritat *Das Märchen vom Räuber, der Schutzmann wurde,* auf billigem Papier in 200 Exemplaren hektographiert, erstes Heft einer »Notbücherei deutscher Antifaschisten«. Becher konnte ein paar Artikel in der Tageszeitung *Estado de São Paulo*, politische Gedichte in der Emigranten-Presse (u. a. in *Das Andere Deutschland*, Buenos Aires, und *Freies Deutschland*, Mexico City) unterbringen. In New York verbesserte sich die Situation nicht, im Gegenteil. Für *Reise zum blauen Tag*, eine Lyrik-Sammlung, fand er in Amerika keinen Verleger, St. Gallen 1946 lautet das Impressum (und ein paar Exemplare konnte der Autor dank der Vermittlung von Grosz im New Yorker Bekanntenkreis absetzen). Vier Bücher in vierzehn Jahren, wahrlich keine reiche Ausbeute für einen Schriftsteller.

Den Entschluß, in die Heimat zurückzukehren, kommentierte Grosz mit grimmigem Sarkasmus: »Ihr geht zurück, kehrt den Staaten den Rücken, weil ihr allemann hoch hierzulande eben keinen Erfolg hattet.«[70] Becher gestand unumwunden ein, keine andere Wahl gehabt zu haben. In New York »hätte ich meine Schreiberwerkstatt einfach schliessen müssen. Stell Dir nicht vor, daß es angenehm ist, an den bescheidenen Kapitalien von Vater und Schwiegermutter zu zehren, andern auf der Hucke zu sitzen unterm Vorwand, dass man etwas leisten KÖNNTE.«[71] Becher blieb den Beweis nicht lange schuldig, denn das Theaterstück, das er bei der Abreise aus New York im Gepäck mitführte, wurde sein erster großer Erfolg, sicherte finanziell für die nächsten Jahre das Überleben und legitimierte zugleich seine Schriftsteller-Existenz.

Der Bockerer weist eine für die Exilliteratur typische Entstehungsgeschichte auf. Im Herbst 1938 war der Schauspieler und Regisseur Peter Preses aus Österreich geflüchtet, nachdem er die ersten fünf Monate der Naziherrschaft in Wien miterlebt hatte. Seine Erfahrungen konzentrierte er in einigen Anekdoten, als deren Hauptfigur ein ›bürgerlicher Fleischhauer‹ namens Neidinger fungierte. In Zürich traf Preses mit Friedrich Torberg zusammen, der vorschlug, einige Anekdoten aufzuschreiben und anonym in der Pariser Emigrantenzeitung *Österreichische Post* zu publizieren. Später veröffentlichte dort Torberg weitere Neidinger-Anekdoten, während Preses zwei Anekdoten zu Sketchen verarbeitete und in London zur Aufführung brachte. Preses und Becher trafen sich im Juli 1946 in Ogunquit (Maine), wo der Wiener Schauspieler ein Engagement gefunden hatte, und verfaßten gemeinsam auf Grundlage der Anekdoten ein dramatisches Possenspiel, das Wieland Herzfelde für seinen neugegründeten Aurora-Verlag unter Vertrag nahm. Nun meldete sich Torberg und beanspruchte Urheberrechte. Um einen Streit zwischen Emigranten zu vermeiden, einigte man sich darauf, in Zukunft auf den Namen Neidinger zu verzichten. Aus Neidinger wurde der Bockerer, und da Herzfeldes Verlagsgründung mangels Startkapitals sich hinzog, erschien das Buch zunächst bei Sexl in Wien. Heinrich Mann, dem Becher das Stück zugeschickt hatte, lobte nach Lektüre: »Das Lesen war eine Wohltat; nichts entbehre ich heutzutage so sehr wie gute Komik, eine dieser Zeit eigene Komik, die aber Tradition und Volkstümlichkeit hat. Auf einer Wiener Bühne wird dies Stück wahrscheinlich großen Erfolg ernten.«[72]

Heinrich Mann irrte sich nicht. Preses, nach Wien zurückgekehrt, brachte den *Bockerer* am Theater in der Scala unter, wo das Stück am 2. Oktober 1948 seine triumphale Uraufführung erlebte. Der in Basel lebende Coautor Becher konnte bei der Premiere nicht dabei sein – die Einreise wurde ihm nicht gestattet –, aber ihm müssen, wie Grosz vermutete, die Ohren geklungen haben. Es gab 30 Vorhänge, und die Erfolgsmeldung des zufriedenen Autors entlockte Grosz freundlichen Spott: Neulich habe es für ein eigentlich eher trauriges Stück in New York 300 Vorhänge gegeben, »aber hier können sie das machen, weil ein Motor, d.h. eine Maschine die Vorhänge auf & nieder gehen lässt .... dadurch wird kein Vorhangzieher benötigt. Es ist ein humanes Jahrhundert und man schont die arbeitenden Menschen wo man kann. Das Händeklatschen ist ansich ein unheimliches Geräusch schwer zu erklären warum, so wie wenn man mit zusammengedrehter nasser Wäsche auf Bretter schlägt, aber für Dich muss es schön geklungen haben.«[73] Es sei nun einmal ein Symptom des Erfolges, aber irgendwie, so Grosz, erinnerten ihn die Händeklatscher an Seehunde.

Der Bockerer erreichte in der Uraufführungsinszenierung an die 100 Aufführungen, wurde zweimal verfilmt und ist ins Repertoire des deutschen Gegenwartstheaters eingegangen. Der Fleischhauer und Selchermeister ist eine Figur von Schweijkschem Format; mit List und Bockigkeit führt er seinen Krieg gegen Hitler. Becher und Preses zeigen den kleinen Mann als Helden, doch sie markieren auch deutlich dessen Grenzen: Mutterwitz und Granteleien, private Überlebensstrategie genügen nicht. »Im Grunde genommen«, heißt es im Stück, »muß man heute mehr sein als ein anständiger Mensch.«[74] Ulrich Becher ist ein Moralist, den die Zeitumstände zu einem politischen, engagierten Schriftsteller gemacht haben.

Das Exil war denn doch keine verlorene Zeit. Seine Prosa ist beeinflußt von der amerikanischen Literatur, von Thomas Wolfe, Ernest Hemingway und John Dos Passos, Autoren, die ihm Grosz zur Lektüre empfohlen hatte. Dem Film entlehnte dramaturgische Techniken – Überblendung, Parallelmontage und Rückblenden – werden überlegt eingesetzt; wie Hitsch Kandrian, Protagonist in seinem Roman *William's Ex-Casino*, versteht sich dieser Autor als »sprechende Kamera«. Der Erzähler Becher fand im amerikanischen Exil nicht bloß seinen Stil, er schuf sich ein Reservoir von Geschichten, die er später literarisch nutzen konnte. Die *New Yorker Novellen*, zum Teil bereits am Ort des Geschehens geschrieben, sind Grosz gewidmet, der dem Freund bereitwillig Material lieferte und ihm auch Modell stand.[75] Prägend sind die bittere Erfahrung der Emigration, des Ausgesetztseins an einer fremden Küste, »gestrandet, hergeschwemmt auf der Geiferwoge ungezügelten Hasses, den die Gewaltherrscher Deutschlands gespien.«[76] »Nachtigall will zum Vater fliegen«, Kernstück der Sammlung, ist eine Schlüsselerzählung, die zwei typische Emigrantenschicksale einander gegenüberstellt: Der große Zeichner Theodosi Boem (= Grosz, der sich natürlich sofort wiedererkannte und seinen nächsten Brief prompt unterzeichnete: Georgie Theodosius Boehm[77]) verfolgt konsequent seine Kunst durch hungrige Exiljahre, obwohl das amerikanische Publikum kein Verständnis für seine apokalyptischen Bilder aufbringt. Sein einstiger Gefährte aus dem Berlin der roaring twenties, Dr. Hans Heinrich Nachtigall, stellt – nachdem sich in den Staaten niemand für seine Dichtung interessiert – die literarische Produktion ein und avanciert zum Modepsychiater der besseren Gesellschaft. Nach Kriegsende will er seinen Vater in Deutschland besuchen, doch die Reise endet schon in Basel mit einem Anfall schizophrenen Irreseins: Doc Nightingale triumphiert über den deutschen Dichter Nachtigall. Richard Huelsenbeck, einst Dada-Mitbegründer und in New York häufig bei Grosz zu Gast, war das reale Vorbild der Figur; er fühlte sich derart betroffen, daß er wütend Becher die Freundschaft aufkündigte.[78]

Züge von Grosz tragen viele Gestalten Bechers, und dies ist nicht bloß als Hommage an den Freund zu verstehen, sondern als Versuch, den Typus des heimatlosen Künstlers im Exil und dessen Überlebensstrategien, seine Zerrissenheit und Widersprüchlichkeiten literarisch zu fixieren. Am weitesten vorgewagt hat sich Becher mit dem 1973 veröffentlichten Roman *Das Profil*. Die Werke des Romanhelden, des

Malers Altdorfer[79], sind wie das historische Vorbild entlarvend und phantasmagorisch aggressiv gehalten; der Schöpfer dieser Bilder verleugnet aber sein politisches Engagement und versteckt sich hinter zynischen Sentenzen. Den erzählerischen Rahmen bildet das mehrere Tage während Interview eines Starjournalisten, vom übervorsichtigen Künstler zunächst als CIA-Agent verdächtigt, dem er deshalb »with the tongue in my cheek« antwortet. Am letzten Abend entpuppt dieser sich unter reichlichem Alkoholeinfluß als »apokalyptischer Schwätzer«, eine Bezeichnung, die den Maler Altdorfer des Romans, aber auch den Korrespondenzpartner Bechers gut charakterisiert. Das aus intimer Kenntnis gezeichnete Porträt, bis in Details authentisch[80], ist ein literarisches Konzentrat von Haltungen, die Grosz sich in Amerika antrainiert hatte. Er habe hier gelernt, sich in der Verborgenheit zu halten, heißt es in einem Brief; in einem anderen: »Ich wähle oft die Travestie um mich auszudrücken, denn in einer Welt voller Narren soll man die Sprache der Narren sprechen.«[81]

»Nun ist er an 40 – die von Faschismus und Zweitem Krieg mehr als dezimierte, teils aufgeriebene junge Generation kommt erst mit 40 ans Licht –, und zögernd nähert sich ihm Anerkennung«[82], heißt es in Bechers Roman *Kurz nach 4*. Diese Sätze über einen aus dem Exil heimgekehrten Maler lassen sich auch auf die Situation des Autors beziehen. Er ließ sich für die nächsten Jahre in Wien nieder, der Stadt, wo *Der Bockerer* Erfolg hatte und die folgenden Theaterstücke zur Uraufführung kamen. Eine Heimat fand er da nicht – »überhaupt sieht hier vieles anders aus als man geglaubt hat«, hatte ihn sein Freund und Coautor Preses gewarnt; »mir fällt der Ausspruch aus irgendeinem Nestroy-Stück ein: Nach Revolutionen kann's kein richtiges Strafausmaß geben. Dem Gesetz zufolge verdienen so viele Hunderttausende den Tod – natürlich geht das nicht; also wird halt einer auf lebenslänglich erschossen, der andere auf fünfzehn Jahr' eing'sperrt, der auf sechs Wochen, noch ein anderer kriegt a Medaille – und im Grund haben s'alle das nämliche getan.«[83]

Das Nestroy-Aperçu übernahm Becher in seinem Roman *Kurz nach 4*, in dem er scharfe und bittere Worte für die zurückgekehrten Emigranten fand. Unter den Fittichen der Besatzungsmacht würden eine Handvoll Intellektuelle und verkrachte Literaten leben, »remigrierend ausgerichtet nach dem Exerzierreglement und Katechismus des ›Komitees Für Unamerikanische Machenschaften‹«. Er klagte über »die Instinktarmut und Fantasielosigkeit jener, die dem Massenmord rechtzeitig entwischt waren und nun, verkleidet als Hyperamerikaner, an einem Lästertisch hockten mit ihrer Brüder Henker, schwelgend in Atomkreuzzugsstimmungen.«[84] So steht es im Roman, so steht es, kaum variiert, doch mit Namensnennung, in seinen Briefen an Grosz: »Cohn and Shine, Torberg und Sahl, McCarthys Waisenknaben. Dein Lügnertum, lieber guter geliebter Böff, war stets Mimikry: ich habe es immer verstanden und hochgeschätzt.«[85] Der vereinsamte Maler in den Staaten, der isolierte Schriftsteller in Europa, beide versuchten in der Zeit des Kalten Krieges eine unabhängige Position zu wahren und fühlten sich ziemlich allein zwischen den Fronten. Vom Literaturbetrieb hielt Becher sich fern; er blieb Einzelgänger und Außenseiter.

»Was blieb? Was blieb zu besichtigen vorm Karussell auf dem Jahrmarkt der wüsten Erinnerungen, die zum Traumata-verseuchten ›Innenleben‹ des havarierten Europäers der Jahrhundertmitte gehörten?«[86] Becher hat mit seinen Theaterstücken und Romanen – neben den bereits erwähnten Titeln ist vor allem *Murmeljagd* zu nennen, sein zur literarischen tour de force geratenes Flüchtlings-Epos – eine Antwort zu geben versucht. Er schildert die Verletzungen und Ängste, das von Erinnerung an eine schlimme Vergangenheit und Furcht vor der atomaren Zukunft deformierte Bewußtsein, »die Geisteskrankheit Europas«[87], der auch die überlebenden Opfer zu erliegen drohen. Alle seine Protagonisten leiden unter einem Trauma, von dem sie sich nur schwer befreien können. Das Thema findet im Stil seine Entsprechung. Bechers Figuren sind auf der Flucht vor Terror und Verfolgung durch viele Länder gehetzt worden. Die polyglotte Grundierung dieser Prosa – der Autor plündert Jargons und Dialekte, ein halbes Dutzend Fremdsprachen und bildet daraus eine synthetische Sprache –, die Überfülle von Wortspielen und Sprachschöpfungen löste bei der Kritik Irritation aus: »Jeder Satz exotisch«[88], überschrieb Martin Gregor-Dellin seine Rezension von *Murmeljagd*, und tatsächlich steht Bechers Werk fremd in der deutschen Gegenwartsliteratur. Und ist doch biographisch und künstlerisch legitimiert: Der Manierismus wirkt geradezu zwanghaft; die Schrecken der Realität lassen nur die Form der Groteske zu. Die Geisteskrankheit Europas und das Trauma des Exils – sie sind unmittelbar in dieses Werk eingegangen. Gewachsen und geprägt in der Auseinandersetzung mit dem Faschismus, will es ein Menetekel zeichnen an unsere bombengeschädigte Wand.

---

1 Alexander Roda Roda: »Ulrich Becher: ›Männer machen Fehler‹«, in: *Neue Freie Presse*, Wien, 17. 1. 1932. — **2** Ernst Leonhard: »Männer machen Fehler«, in: *Deutsche Republik*, 1931/32, H. 17, S. 543 f. — **3** Peter Suhrkamp: »U. Becher: ›Männer machen Fehler‹«, in: *Vossische Zeitung*, 17. 1. 1932. — **4** Lion Feuchtwanger: »Ulrich Becher«, in: *Das Wort*, 1937, H. 8, S. 90. — **5** Ulrich Becher: *Vom Unzulänglichen der Wirklichkeit*, Basel 1983, S. 30. — **6** George Grosz, Brief an Kurt Wolff, 24. 10. 1944. In: Ders., *Briefe 1913–1959*, Reinbek 1979, S. 337. — **7** Ders., Brief an Otto Schmalhausen, 2. 3. 1949. In: ebd., S. 425. — **8** Ernst Glaeser: »Die Kunst der Novelle«, in: Ulrich Becher: *Die Eroberer*, Zürich 1936, S. 11 und 14. — **9** Ulrich Becher: *Die Seine fließt nicht mehr durch Paris oder Der gläserne Verrat*. Wiederabdruck in: Ders.: *Siff*, Zürich/Köln 1978, S. 25. — **10** F. C. Weiskopf: »Neue deutsche Novellen«, in: *Das Wort*, 1937, H. 4–5, S. 117–120. — **11** Klaus Mann: »Ulrich Becher«, in: *Das Neue Tagebuch*, 1937, H. 30, S. 719. — **12** George Grosz an Ulrich Becher, 13. 3. 1937. In: *Briefe*, a.a.O., S. 257. — **13** Ders. / Wieland Herzfelde: *Die Kunst ist in Gefahr*, Berlin 1925, zit. nach: Lothar Fischer: *George Grosz*, Reinbek 1976, S. 90 und 92. — **14** Ders. an Erwin Piscator, 28. 5. 1945. In: Briefe, a.a.O., S. 352. —

15 Ders., Brief an Ulrich Becher, 19. 2. 1936. Die zitierte Passage wurde beim Abdruck in der Grosz-Briefausgabe herausgekürzt. (Auslassungen sind dort leider nicht erkennbar: Herausgeber Herbert Knust deutet sie durch drei Punkte an, doch dasselbe Zeichen benutzt der Briefschreiber Grosz in derart inflationärer Form, daß die Texteingriffe des Herausgebers nicht einmal zu erahnen sind.) Für die Einsicht in die unveröffentlichte Korrespondenz danken die Verfasser Ulrich Becher, Basel, und Peter M. Grosz, Princeton, New Jersey. Die meisten Briefe sind deponiert in der Houghton Library der Harvard University, Cambridge, Massachusetts; ein kleiner Teil der Korrespondenz ist in der Deutschen Bibliothek, Frankfurt/M., archiviert. — **16** Vgl. die »Kontroverse zur Grosz-Briefausgabe« mit Beiträgen von Gisela Elsner und Uwe M. Schneede in: Uwe Naumann (Hg.), *Sammlung 3*, Frankfurt/M. 1980, S. 219–224. — **17** George Grosz an Ulrich Becher, 23. 3. 1945. — **18** Ulrich Becher an George Grosz, 14.2. 1951. — **19** George Grosz an Ulrich Becher, 15. 3. 1947. — **20** Ders. an Ulrich Becher, 22. 4. 1947. (Wiel: Wieland Herzfelde). — **21** Ebd., 12. 5. 1934. — **22** Ulrich Becher an George Grosz, Ende Mai 1934. — **23** George Grosz an Ulrich Becher, 6. 5. 1933. — **24** Ebd., 17. 8. 1934. — **25** Ulrich Becher an George Grosz, 14. 3. 1936. — **26** Ders.: »Einigt Euch um Gottes Willen«, in: *Mitteilungen der Deutschen Freiheitsbibliothek*, 1936, H. 12, S. 12ff. Der Artikel richtet sich zum Schluß an die Sozialisten: »Warum also einigt ihr euch nicht darauf, Christus anzuerkennen, den unbestritten ältesten Sozialisten, zugleich wortbegnadesten Dichter in der unmittelbarsten Dichtform, dem Gleichnis, unerbittlichstem Entlarver des Übels, mutvollstem Verteidiger des Menschenwohls, wortlosen Dulder für das große Gute bis zum letzten Opfer, dem eigenen Tode, und darum wahrhaft Gottes Sohn? Gebt dem Volke diesen ältesten, reinsten, ja überwahrhaften Helfer zum Menschenwohl und zur Menschenwürde wieder und ihr werdet den Sozialismus verwirklichen!« — **27** Moeller-Dostali: »Über die Zukunft Deutschlands«, in: ebd., S. 22. — **28** Ein Sozialist: »Antwort an Ulrich Becher«, in: ebd., S. 26. — **29** George Grosz an Ulrich Becher, 7. 7. 1936. — **30** Ebd., 17. 8. 1934. — **31** Ebd., 7. 7. 1936. — **32** Grosz an Becher, 9. 12. 1936: »Ich habe das wundervolle und schöne befriedigende Gefühl, dasz meine bescheidenen Versuche in Hinsicht der Menschenverbesserung absolut unnütz und auch dumm waren.« — **33** Ebd., 25. 1. 1936. — **34** Ebd., 7. 7. 1936. — **35** Ebd., 9. 12. 1936. — **36** Ebd., 25. 1. 1936. — **37** Ulrich Becher an George Grosz, 14. 3. 1936. — **38** Ebd., Ende November 1936. — **39** George Grosz an Ulrich Becher, 9. 6. 1937. — **40** Ebd., 12. 5. 1934. — **41** Ebd., 13. 3. 1937. — **42** Ebd., 3. 5. 1935. — **43** Ebd., 18. 3. 1943. — **44** Klaus Mann: »Europas Maler in Amerika«, in: TEXT + KRITIK, H. 93/94, 1987, S. 7. – In einem Brief an Ulrich Becher, 13. 3. 1937, schreibt Grosz: »Ich traf hier den Claus Mann und seibne Schwester Erica .... Claus ist nervös und liegt mir nicht .... intellektuell und wie sie es nannten ›sublim‹ ...... stirbt drüben wohl auch langsam ab ..... dieser Art Typ.« — **45** George Grosz an Ulrich Becher, 9. 6. 1937. — **46** Ebd., 9. 12. 1936. — **47** Ebd., 13. 3. 1937. — **48** Ebd., 9. 12. 1936. Ein Jahrzehnt später wiederholt Grosz dieses Bekenntnis, jetzt jedoch voller Verbitterung: »In USA erst lernte ich das ›wirkliche‹ Leben kennen, diese wunderbare Bewertung aller Dinge mit Geld .... Hier erstmal liebte ich ein Land wie man einen sehr strengen Vater liebt ..... Hier wurde ich klein und bin nun solange ich da bin ein Verdammter .... aber nach ScheissEuropa sehne ich mich nun schon überhaupt nicht«, versichert er Becher am 4. 4. 1946. — **49** Ebd., 9. 12. 1936. — **50** Ulrich Becher an George Grosz, 7. 6. 1935. — **51** Ebd., Ende November 1936. — **52** Ebd., 11. 7. 1939. — **53** Ebd., 28. 2. 1944. — **54** Ebd., 19. 6. 1944. — **55** Das Zeugnis, datiert 20. 1. 1944, hat folgenden Wortlaut: »Mrs. Dana and Mr. Uli Becher are old friends of mine. I have known them for over 17 years. They left Germany voluntaryly on account of Hitlers coming to power. They went to South America, and now they want to come to the USA. From the background of Mrs. and Mr. Becher and from former conversations I know that both are in accord with the ideals and principles of our form of government. I can assure you of her highest moral standing and integrety. I am confident that both would make very valuable and desirable citizen for this country and I can recommend them highly for her charakter. – My name is George Grosz, born July 26, Berlin Germany. I am an artist by profession and a teacher for painting and drawing at the Art Students League in New York and at the Columbia University, department of Architekture. I became american citizen November 29, 1938. The number of my citizenpaper is: 4-302216.« — **56** George Grosz an Ulrich Becher, undatiert (November oder Dezember 1944). — **57** Ebd., 6. 5. 1945. — **58** Ebd., 13. 6. 1945. — **59** Ebd., 6. 5. 1945. — **60** Ebd., 4. 4. 1946. — **61** Ebd., 23. 3. 1945. — **62** Ebd., 2. 4. 1945. — **63** Ebd., 31. 8. 1947. — **64** Ebd., 21. 1. 1950. — **65** Erwin Piscator an Ulrich Becher, 13. 1. 1954 (Brief im Besitz der Deutschen Bibliothek, Frankfurt/M.). — **66** George Grosz an Ulrich Becher, Dezember 1950. — **67** Ebd., 26. 1. 1951. — **68** Ebd., Dezember 1950. — **69** Ebd., 14. 2. 1948. — **70** Ebd., Juli 1948. — **71** Ulrich Becher an George Grosz, 22. 10. 1948 **72** Der

Brief Heinrich Manns ist verloren gegangen, er wird zitiert nach: »Literarische Notizen«, in: *Volksstimme*, St. Gallen, 23. 9. 1948. — **73** George Grosz an Ulrich Becher, 29. 10. 1948. — **74** Ulrich Becher/Peter Preses: *Der Bockerer*, Reinbek 1981, S. 43. — **75** In der Erzählung *Der schwarze Hut* trägt der Maler James Higgins unverkennbar Züge von Grosz, der dem KZ entkommene deutsche Intellektuelle Dr. Klopstock Züge von Grosz' Freund Hermann Borchardt. Vgl. Grosz an Willi Wolfradt: »Ulli Becher hatte Material für ›Schwarzen Hut‹ von mir«, in: Ders., Briefe, a.a.O., S. 486. Aus Briefen an Becher: »Die Geschichte vom Schwarzen Hut iss topps is die« (31. 8. 1947); nach Erscheinen der ersten Buchausgabe: »Auf die Widmung bin ich richtig stolz. Thanks a lot old pal. (...) Finde nachwievor die Schwarze Hutgeschichte die beste im Buch« (29. 12. 1950). — **76** Ulrich Becher: *Der schwarze Hut*, Zürich/Köln 1972, S. 94. — **77** George Grosz an Ulrich Becher, 29. 12. 1950. — **78** Vgl. dagegen Grosz an Becher, 14. 2. 1948: »Deine ätzenden Bemerkungen über Doc. H. las ich mit Schmunzeln. Darf ich sagen sie stimmen? Ich denke dein Urteil obwohl scharf stimmt.« — **79** Vgl. Grosz, *Briefe*, a.a.O., S. 318, wo der Maler einer Kunstsammlerin erklärt, das von ihr gekaufte Gemälde enthalte »etwas von meinen Gefühlen in dieser unserer umwölkten Zeit (...), wo die Tage voller apokalyptischer Omen sind. – Es steht jenen alten, ja, mittelalterlichen Meistern wie Hieronymus Bosch oder Altdorfer nahe.« — **80** Hier nur ein Beispiel: Für das Magazin *New Yorker* schrieb Richard Boyer 1943 ein dreiteiliges Grosz-»Profile«, das dem Porträtierten ausgesprochen gut gefiel; vgl. Grosz, Briefe, a.a.O., S. 327. — **81** George Grosz an Ulrich Becher, 26. 5. 1947. — **82** Ulrich Becher: *Kurz nach 4*, Reinbek 1978, S. 49. — **83** Peter Preses an Ulrich Becher, Ostersonntag (1946). (Brief im Besitz der Deutschen Bibliothek, Frankfurt/M.). — **84** Becher, *Kurz nach 4*, a.a.O., S. 42f. — **85** Ders. an George Grosz, 30. 1. 1958. — **86** Ders., *Kurz nach 4*, a.a.O., S. 20. — **87** Ebd., S. 105. — **88** In: *Die Zeit*, 29. 8. 1969.

David Kettler/Volker Meja/Nico Stehr

Schattenseiten einer erfolgreichen Emigration: Karl Mannheim im englischen Exil

Während seiner relativ kurzen, von zahlreichen Problemen gekennzeichneten intellektuellen Karriere schrieb der Soziologe Karl Mannheim eine größere Anzahl von hochgeschätzten Arbeiten und veröffentlichte zwei wichtige Bücher, die die Diskussionen nicht nur innerhalb der eigenen Disziplin, sondern auch die der Nachbarwissenschaften bis heute bestimmen. Beispielsweise ist es kaum denkbar, sich mit der Wissenssoziologie zu beschäftigen, ohne Mannheims *Ideologie und Utopie* in Betracht zu ziehen. Und die nach wie vor aktuellen Auseinandersetzungen über gesellschaftliche Planung beziehen sich von Zeit zu Zeit auf seine Studie *Mensch und Gesellschaft im Zeitalter des Umbaus*. Diese Bücher haben in verschiedenen Ländern jeweils ihre besondere Rezeptionsgeschichte. Die ursprüngliche deutsche Fassung von *Ideologie und Utopie* aus dem Jahre 1929 wurde von einer Anzahl herausragender Repräsentanten der jüngeren intellektuellen Generation der Weimarer Republik, so von Hannah Arendt, Max Horkheimer, Herbert Marcuse, Paul Tillich, mit großem Interesse ausführlich besprochen. Die englische Fassung war in den Vereinigten Staaten außerordentlich erfolgreich und trug kurz nach ihrem Erscheinen 1936 mit dazu bei, die Karrieren der heute bedeutenden Soziologen Robert K. Merton und C. Wright Mills zu beeinflussen. Mannheims Arbeit über gesellschaftliche Krisen, Rekonstruktion und Planung war ursprünglich als Auseinandersetzung mit der deutschen Gesellschaftskrise konzipiert worden, die sich vor allem an Emigranten wandte. Dennoch sollte sie auch eine wichtige Rolle in der englischen Diskussion während des Zweiten Weltkrieges spielen. Sie regte John Dewey und Lewis Mumford an, sie bot eine intellektuelle Herausforderung für Karl R. Popper, Friedrich A. Hayek, Robert A. Dahl und Charles E. Lindblom und sie diente der Nachkriegsgeneration als Einführung in die politische Soziologie. Eine Reihe von wichtigen Editionen weiterer Arbeiten Mannheims, einschließlich einer Anzahl von Schriften, die nach seinem frühen Tod veröffentlicht wurden, ist während der vergangenen vierzig Jahre sowohl in deutscher als auch in englischer Sprache publiziert worden.

Dennoch ist Mannheims Stellung als ein Klassiker des soziologischen Denkens mittlerweile keineswegs unangefochten. Empirisch orientierte Soziologen betrachten seine philosophischen Interessen und spekulativen Vorgehensweisen mit Argwohn. Andererseits werden seine durchaus ernst gemeinten Versuche, solche Verfahrensweisen wissenschaftlich zu systematisieren, von Anti-Positivisten abgelehnt. Allerdings werden Mannheims Bedeutung als Anstoß für eine Anzahl von äußerst wichtigen Fragen erst dann einsichtig und seine Leistungen und Schwächen erst dann unmittelbar relevant für gegenwärtig interessierende Probleme, wenn diese vereinfachenden Alternativen ihre Plausibilität eingebüßt haben.

Zweimal machte Mannheim in seinem Leben die Erfahrung des Exils und zweimal mußte er die für einen Fremden passende Stimme und Sprache finden. Nach dem Mißerfolg der fortschrittlich-liberalen und sowjetischen Regimes in Ungarn ging er 1919 nach Deutschland; 1933 flüchtete er nach England, nachdem ihm das nationalsozialistische »Gesetz zur Wiederherstellung des Berufsbeamtentums« seine Frankfurter Professur genommen hatte.

Nur für kurze Zeit und auch dann nur bei seltenen Anlässen hatte sich Mannheim nach 1919 als ungarischer Emigrant bezeichnet, der seine Erlebnisse und Beobachtungen in Deutschland benutze, um sich Klarheit über seine eigene nationale Identität zu schaffen. Schon bald aber folgte – was sein öffentliches Auftreten und geistiges Profil angeht – die völlige Identifikation mit dem deutschen Kulturleben. In England dagegen trat er bewußt als Flüchtling auf, als eine neue Bleibe suchender Außenseiter, der durch ein leidvolles Schicksal erworbene Einsichten weitergeben wollte. Dort prägte sich etwa seine Anschauung, daß die Flüchtlingssituation durch eine spezifische Marginalität gekennzeichnet ist, die sich außergewöhnlich gut zum Vermitteln eignet. Er wollte als »zeitgenössischer Vermittler verschiedener Kulturen wirken und zwischen unterschiedlichen, bisher voneinander getrennten Welten eine lebendige Verbindung herstellen.«[1] Solche Selbstdarstellung stand in einem merkwürdigen Verhältnis, ja Widerspruch zu seinem Selbstverständnis als Berufssoziologe, der vom Fach her ein überhistorisches Wissen von der Geschichte besitzt. Es ist aber gerade das Ineinanderfließen beider Wahrnehmungsebenen, die die Eigenart und den Inhalt der wissenschaftlichen Gedankengänge Mannheims in England bestimmen sollten.

In Deutschland, davon war Mannheim überzeugt, hatte er zeigen können, daß die von ihm vertretene Soziologie Ausdruck des deutschen geistigen und politischen Lebens war und auf dieses zurückwirkte. Dies war bereits eine der zentralen Thesen in seiner Untersuchung des konservativen Denkens gewesen; und seine vehemente Verteidigung der Wissenssoziologie gegen den Vorwurf des »Soziologismus«, der zum Beispiel von dem einflußreichen Romanisten Ernst Robert Curtius formuliert worden war, bezieht sich genau auf deren Kontinuität in der Tradition der bedeutenden deutschen Klassiker der Philosophie.[2] Seine zunächst ganz andere Einschätzung der englischen Verhältnisse spiegelt sich in einem Brief an Louis Wirth vom 26. Juli 1933 wider, dem er seine Annahme einer zeitlich befristeten Professur an der London School of Economics mitteilt.[3]

Mannheim geht in diesem Brief zunächst auf die Gründe ein, die ihn dazu bewogen, das Ergebnis seiner Verhandlungen mit den Repräsentanten der gerade an der New School of Social Research in New York gegründeten »University in Exile« nicht erst abzuwarten, sondern die ihm in London angebotene Position anzunehmen: »Moralisch und psychologisch entscheidend war für mich [Harold] Laskis Äußerung, daß er es für meine Aufgabe hält, im Zusammenhang mit ihm und [Morris] Ginsberg die Soziologie in England endlich wirklich einzuführen. Es ist de facto unmöglich, daß in einer Zeit, die nur auf Grund soziologischer Erkenntnis weiterkommen kann, eine Weltmacht wie England im Studium dem noch immer nicht entgegenkommt. Sie werden verstehen, daß man gerne dorthin geht, wo man das Gefühl oder die Illusion hat, daß man gebraucht wird und man nicht nur aus Mitempfinden mit der schwierigen Lage gerufen wird.« Dennoch glaubt Mannheim, daß Laski zu optimistisch ist. Seine Erfolgschancen schätzt er eher gering ein: »England scheint mir ein zu selbstbewußtes Land zu sein«, schreibt er, »die Intelligenz noch zu wenig innerlich erschüttert, um an philologisch-historisch-ästhetischem Bildungsbetrieb zu zweifeln und zu sehen, daß das Leben ganz dringend neue Fragen an uns stellt.«

Mannheims Erfahrungen während der nächsten fünf Jahre sollten diese Einschätzung bestätigen. Die von ihm angegangenen Forschungsprobleme und seine Veröffentlichungen während dieser Zeit sind stark von dem Versuch beeinflußt, diese Schwierigkeiten zu überwinden. So schreibt er an Wirth, daß er sich verpflichtet fühle, für einige Zeit in England zu bleiben und mit jüngeren Leuten die deutsche Katastrophe zu analysieren, obwohl er in den Vereinigten Staaten möglicherweise besser in der Lage wäre, sein eigentliches Werk fortzusetzen. Ob es ihm möglich sein werde, auf diese Weise einen Beitrag zur Soziologie zu leisten, hält er allerdings für zweifelhaft, denn, so schließt er, das englische Leben sei von Selbstzufriedenheit durchsetzt und nur Wenigen sei es klar, daß große Anstrengungen notwendig sind, um die Kulturwelt vor ihrer Zerstörung zu bewahren.

So gut es geht, paßt sich Mannheim der neuen Situation an, indem er sein Denken in der englischen Ausgabe von *Ideologie und Utopie* als »wissenschaftliches« Denken im fast positivistischen Sinne darstellt. Seine Wissenssoziologie verändert so ihre Funktion; aus einer analytischen Vorgehensweise, mit der Mannheim kritisch-reflexiv am geistigen politischen Leben teilnimmt, wird eine von politischen Akteuren anwendbare Wissenschaft, die Kausalerklärungen für politische Abläufe anbietet. Mannheim präsentiert sich nicht mehr als Autor, der an einem gemeinsamen Ziel mitarbeitet, der um Selbstaufklärung bemüht ist und der noch voller Hoffnung ist, daß ein Durchdenken der kritischen Lage zu einer realitätsnäheren Praxis beitragen kann. Obwohl er in seinen Arbeiten inhaltlich auch weiterhin bewußt ambivalente Formulierungen beibehält, verändert sich deren Form: der reflexive, komplexe Essay wird zur wissenschaftlichen Abhandlung. Diese Form der Darstellung aber verlangt Präzision, Kürze und Exaktheit und steht damit im Widerspruch zur ursprünglichen Konzeption des Werkes.

Mannheim war über die Reaktion auf *Ideology and Utopia* in amerikanischen soziologischen Zeitschriften sehr enttäuscht. Die *American Sociological Review* veröffentlichte eine lange Besprechung von Alexander von Schelting, der 1927 für die Veröffentlichung von Auszügen aus Mannheims Habilitationsschrift über das konservative Denken im *Archiv für Sozialwissenschaft und Sozialpolitik* mitverantwortlich gewesen war und der *Ideologie und Utopie* kritisiert hatte, als das Buch 1929 in deutscher Sprache erschien. Mannheim ist in einem Brief an Wirth sehr ungehalten. Die deutsche Rezension von Schelting war genau jene Art von Kritik, die er mit Hilfe der neuen Einleitung, »Preliminary Approach«, vermeiden wollte. Mannheim beschwert sich nun, daß Schelting die expliziten Hinweise ignoriert, daß »der Autor auf der Suche ist«, daß die Arbeit die Tatsache reflektiert, daß »im selben Menschen mehrere Systeme operieren«, und daß die neue Methode des »experimentellen Denkens« dies berücksichtigen muß, wenn sie die Systeme selbst einer Prüfung unterziehen will. Erbost deutet er an, daß er »Schelting ganz unmöglich« machen könne, denn dessen neo-Kantianischen philosophischen Einwände seien in der Zwischenzeit lange schon durch ein neues Verständnis der Sinngenese überholt worden. Mannheim behauptet, daß die ganze Angelegenheit von einer solchen Niederträchtigkeit sei, zudem von seiten einer Person ohne Reputation oder Kompetenz betrieben, daß es sich dabei doch wohl nur um »ein Manöver« gegen ihn oder »sicher gegen eine Richtung, die sich mit mir identifiziert«, handeln könne. Er kann eigentlich keinen Grund dafür sehen, warum Parsons oder Becker, die Herausgeber der *American Sociological Review*, eine solche Person mit der Rezension betraut haben, zumal es unter den Emigranten qualifiziertere Leute gäbe. Er fragt Wirth, ob er eine Entgegnung auf die Rezension schreiben solle und ob Wirth ihm im *American Journal of Sociology* Platz dafür zur Verfügung stellen würde oder ob es nicht vielleicht besser sei, wenn eine dritte Person entgegne.[4] Eine Antwort von Wirth ist nicht erhalten, und eine in der Zeitschrift der University of Chicago publizierte Rezension konnte Manheim kaum besänftigen. Wiederum wird das Buch von einem jüngeren deutschen Emigranten besprochen. Auch Hans Speier macht mehrere kritische Bemerkungen. So wirft er Mannheim z. B. philosophische Konfusion vor und mangelnden soziologischen Realismus über die Rolle der Intellektuellen. Mannheim reagiert (für einen damals 44jährigen) eher übertrieben schwermütig: »Man erfährt es doch heutzutage auf Schritt und Tritt – und Ihnen wird es darin wahrscheinlich nicht besser gehen –, daß der nächste Generationsjahrgang sich von uns in den Sattel heben läßt, aus unseren Anregungen lebt und dann, um Karriere zu machen, davon nicht nur nichts mehr wissen will, sondern einen bei der ersten besten Gelegenheit verleugnet. Ich kann in diesem Zusammenhange nicht umhin, an Schelting und Speier zu denken.«[5] Weil er stark von einer Affinität zwischen seinem Werk und einigen Entwicklungen in Amerika überzeugt war, muß ihn die herablassende Behandlung durch andere Emigranten schmerzlich getroffen haben. In den seither verstrichenen fünfzig Jahren haben amerikanische Soziologen in mancher Hinsicht Mannheims Erwartungen zwar gerechtfertigt, allerdings kam diese Anerkennung für Mannheim zu spät, um sein Werk und seine intellektuellen Ziele zu beeinflussen.

In England hatte *Ideologie und Utopie* ein ähnliches Schicksal. Der Rezensent in der Zeitschrift *Sociological Review*, Charles H. Wilson, reflektiert über Mannheims Selbstetikettierung des Buches als Essaysammlung. Er lehnt diese qualifizierende Kennzeichnung ab, weil es dadurch gegen jede Kritik immunisiert werde. Dies sei eine ungerechte »Benachteiligung« des Rezensenten, da »der Kritiker unweigerlich das Gefühl hat, daß er sich falsch oder ungerecht verhält, wenn er dem Autor diese oder jene grundlegende Auslassung, diese oder jene Unzulänglichkeit in der Informationsvermittlung, diesen oder jenen Widerspruch vorwirft.« »Ergebnis ist«, so schließt er, »daß der Autor mit Hilfe dieser Methode alle Vorteile genießt; daß er dem Rezensenten damit fast jede Grundlage der Kritik entzieht.«[6] Aber Wilson, ein Schüler Ginsbergs, hat sich dennoch nicht einschüchtern lassen. Zwar spricht er Mannheim Anerkennung dafür aus, daß er interessante Fragen über den historischen Relativismus aufwirft und in Bezug auf die Analyse sozialer Mythen auf eine nützliche Untersuchungsproblematik hinweist; er leugnet aber, daß es dem Autor gelungen sei, einen angemessenen wissenschaftlichen Ansatz für diese Probleme zu entwickeln und wirft ihm Eklektizismus vor und Inkonsistenz in der Analyse seines Kernproblems, dem Relativismus. Mannheim biete zwar attraktive »spekulative Verallgemeinerungen«, die möglicherweise das ästhetische und philosophische Interesse an der Vergangenheit steigern können, aber er überzeuge nicht, behauptet Wilson, wenn er Intellektuellen eine besondere Rolle in der »wissenschaftlichen, exakten, präzisen Diagnose von Kulturen« zuschreibt.

Mannheim hatte in England große Schwierigkeiten, die Anerkennung seiner Fachkollegen zu gewinnen, wie er dies in Deutschland so erfolgreich erreicht hatte. Er sah bald, daß seine neuen Kollegen keinen Zugang zu den ihm vertrauten kontinentalen philosophischen Begriffen hatten. Trotz einiger Versuche, seinen theoretischen Ansatz in Anlehnung an die mit J. S. Mill verbundene Tradition der Analyse politischen Handelns umzuformulieren, sah er sich starkem akademischem Widerstand und auch Desinteresse ausgesetzt. Seine Verweise auf die akute Wirtschaftskrise und die dringende Notwendigkeit einer Untersuchung ihrer ideologischen Rückwirkungen fanden in den akademischen Fächern wenig Resonanz.

Mannheim konnte allerdings in den ersten Jahren zeitweilig Verbindung zu einer recht bunten Gruppe von Akademikern und Publizisten aufnehmen, die stark von der englischen positivistischen Tradition beeinflußt war. In diesem Rahmen schrieb er einen Aufsatz, »Present Trends in the Building of Society«, für eine Sammlung, die unter dem Titel *Human Affairs* veröffentlicht wurde.[7] In einer autobiographischen Skizze für diesen Band kennzeichnete er sich mit folgenden Worten: »Professor Mannheim studierte zunächst Geschichte, Literatur und Philosophie. In den Zwischenkriegsjahren wurde ihm immer klarer, daß eine zufriedenstellende Erklärung von Veränderungen der menschlichen Kultur nur durch eine umfassende Untersuchung der Gesellschaft möglich ist. Vorbild für diese Untersuchung der Gesellschaft wurde für ihn der Soziologe Max Weber ... Professor Mannheims Aufenthalt in diesem Land hat ihm unmittelbar sowohl die dringende Notwendigkeit als auch die große Schwierigkeit klargemacht, eine Kultur in die Begriffe einer anderen zu übersetzen. Die besten Eigenschaften der englischen und der deutschen Kultur, so behauptet er, müssen zusammengefügt werden. Weder der strikt empirische Ansatz der einen noch der ausschließlich theoretische Ansatz der anderen erweisen sich auf lange Sicht als fruchtbar; es ist notwendig, beide zu integrieren.«[8]

Mannheims wiederholte Behauptung, daß der englischen Soziologie jegliche theoretische Tradition fehle, deutet auf ein grundsätzliches Mißverständnis ihrer Geschichte und wissenschaftlichen Kontroversen hin. Dieses Mißverständnis ist schon deshalb schwer zu verstehen, weil es ihn in einen direkten und unvermeidlichen Konflikt mit seinem Kollegen Morris Ginsberg brachte, dessen Opposition Mannheims Hoffnung, bei der »Etablierung der Soziologie« zu helfen, zunichte machte. Mannheim genoß zwar sowohl als Lehrender als auch Redner vor gesellschaftlich interessierten Professionellen eine wachsende Popularität – viele seiner englischen Veröffentlichungen waren ursprünglich Vorträge dieser Art –, er war jedoch nicht in der Lage, wie er Wirth im Jahre 1938 schrieb, die »intellektuelle Unterstützung« seiner Fachkollegen zu bekommen. Er beschwert sich: »Hier [im Gegensatz zu Amerika] hat man zu viel mit jenen zu kämpfen, die Angst haben, neuen Erkenntnissen ins Auge zu sehen und umzulernen. Vor allem gilt das für meinen Kollegen, den Sie inzwischen persönlich kennengelernt haben [Morris Ginsberg]... und der aus Angst um seine lebensfremde Art, Soziologie zu betreiben, mich sogar loswerden wollte.«[9] Ginsbergs eigene Aussagen über seine Bedenken gegenüber Mannheims Werk laufen jedoch darauf hinaus, daß Mannheim die schlimmsten Fehler eines vagen, spekulativen und moralisierenden Soziologismus reproduziere, der früher einmal die Geschichte der englischen Soziologie beherrscht hatte und dessen Überwindung gerade zu Ginsbergs Hauptziel geworden war.[10]

Die Spannungen zwischen Mannheim und Ginsberg lassen sich aus veröffentlichten Aufzeichnungen zu einer Reihe von Tagungen Mitte der dreißiger Jahre ablesen, die dazu beitragen wollten, die Soziologie in England akademisch weiter zu etablieren. Zwar war die British

Sociological Society schon 1903 gegründet worden und sollte die erste Gesellschaft dieser Art in der Welt sein, aber das Fach hatte an den meisten Universitäten kaum Anerkennung gefunden. Unter den Gründern befanden sich Leonard Hobhouse, Patrick Geddes und Victor Branford, also alles kluge Innovatoren, deren Hauptinteresse der sozialen und politischen Reform galt; der Zuletztgenannte war zudem ein vermögender Förderer. Die institutionelle Basis bildete der mit Stiftungsmitteln eingerichtete Lehrstuhl für Hobhouse, das Institute for Sociology der Universität London, sowie die von Victor und Sybella Bradford finanziell unterstützte und effektiv kontrollierte *Sociological Review*.

Als Mannheim nach England kam, waren Alexander Farquharson and seine Frau Nachfolger der Branfords geworden. »Beide waren leidenschaftliche Verehrer von Geddes und Branford«, erinnert sich T. H. Marshall, »und dennoch waren sie an einem guten Verhältnis zu den ›Akademikern‹ der Universität London interessiert.«[11] Die von Geddes und Branford vertretene Tradition konzentrierte sich auf Feldarbeit und soziale Umfragen, die Geddes in Anlehnung an den spekulativen Ansatz Frederic LePlays, einem Anhänger von Auguste Comte, zu realisieren versuchte. Mannheim kritisierte die Betonung begrenzter, deskriptiver sozialer Feldarbeit in der englischen Soziologie, die er mit dem atheoretischen Empirismus in Verbindung brachte, welchen er auch als Herzstück der amerikanischen Soziologie identifizierte; allerdings wurden ihm die theoretischen Korrelate dieser Arbeit anscheinend nicht bewußt. Daher müssen die Mannheimschen Einwände den britischen Sozialwissenschaftlern – die die Tradition Branfords mit ihrer Betonung der Notwendigkeit einer »dritten Kraft« zwischen Kapitalismus und Sozialismus (in der auch die »Planung« Geddes' eine zentrale Rolle spielte) vor Augen hatten – seltsam bekannt vorgekommen sein. Mit seinem anachronistischen Begriffsapparat wie »Geist« und »Evolution« antizipiert Branford auf fast jeder gedruckten Seite, sogar für den flüchtigen Leser erkennbar, Mannheims Werk. Wenn man bedenkt, daß Mannheim während der Vorkriegszeit der progressiven Bewegung Oscar Jászis verbunden war, und dann die Tatsache berücksichtigt, daß die meisten englischen Soziologen einer ähnlichen sozialen Bewegung für eine »neue Soziologie und einen neuen Liberalismus« angehörten, kann dies nicht weiter überraschen.[12] Weder auf Geddes noch auf Branford wird in *Man and Society* oder in *Diagnosis of Our Time*[13] verwiesen; Hobhouse wird nur zweimal nebenbei in Fußnoten genannt, die im übrigen kontinentalen Denkern gewidmet sind. Mannheim war diese Problematik offenbar nicht geläufig und er hielt es deshalb nicht für notwendig, seine eigene Position von dieser früheren englischen Tradition abzugrenzen, die Ginsberg und seine Kollegen zu überwinden versuchten.

Ein geeigneter Anlaß waren etwa die sozialwissenschaftlichen Tagungen in den Jahren 1935 bis 1937 gewesen. Marshall berichtet: »Nach dem Tod von Hobhouse gelang es den Farquharsons, die Kontrolle des Institute for Sociology und seiner Zeitschrift zu übernehmen, und sie dominierten auch die LePlay-Society und die von ihr durchgeführten Feldstudien (die ebenfalls durch Stiftungsmittel von Branford finanziert wurden). Sie waren also in der Lage, denjenigen, die den einstmals guten Ruf der soziologischen Gesellschaft und ihrer Veröffentlichungen wiederherstellen wollten, wichtige Ressourcen zur Verfügung zu stellen. Später unternahmen die ›Akademiker‹ einen Versuch, die Kontrolle der Zeitschrift und der akademischen Aktivitäten des Instituts zu übernehmen, ohne jedoch die Farquharsons auszuschließen. Die drei Tagungen der Jahre 1935 bis 1937 waren ein wichtiger Teil dieser Kampagne.«[14] Die erste dieser Tagungen fand im September 1935 statt. Sie war dem Thema »The Social Sciences: Their Relations in Theory and Teaching« gewidmet und wurde mit einem Referat des alten J. A. Hobson über »Sociology Today« sowie einem informativen Überblick T. H. Marshalls über die Lage der Sozialwissenschaften, der Sozialforschung und der Soziologie als Lehrfach an englischen Universitäten eröffnet. Außer der Soziologie als Hauptfach an der London University und als Nebenfach an der London School of Economics bieten sich, so stellt Marshall fest, für ein zu einem akademischen Grad führendes Studium der Soziologie keine anderen Möglichkeiten. Das interdisziplinäre sozialwissenschaftliche Studium wird von den meisten Spezialisten zudem mit Mißtrauen betrachtet und existiert nur in einer Art Vorstudium, das Sozialarbeiter ausbildet. »Es fällt auf, daß die anspruchsvollsten Studienprogramme für ein umfassendes sozialwissenschaftliches Studium dort besonders erfolgreich sind, wo der wissenschaftliche Standard nicht hoch ist. Die Häufigkeit dieser Vorgehensweise deutet darauf hin, daß die Erfahrung der Ansicht Recht gibt, daß die beste Erziehung für die akademisch weniger Interessierten in dem stimulierenden Kontakt mit einer Vielfalt allgemeiner Ideen liegt.«[15] Aber dies ist genau das, was Ginsberg und die anderen »professionellen« Soziologen nicht im Sinn hatten.

Mannheims Referat, »The Place of Sociology«, plädiert für eine Anerkennung der Soziologie als »Grundlagendisziplin der Sozialwissenschaften« und behauptet, daß ihr ein der Biologie innerhalb der Medizin vergleichbarer Rang zukomme; er setzt als Ziel der Soziologie »eine allgemeine Theorie des Gesamtsozialgefüges«. Frühere Denker spekulierten vorschnell und moderne Theoretiker gehen fehl, wenn sie sich nicht um »methodologische Grundlagen« kümmerten, keine eindeutigen Begriffe bildeten und »nicht die Totalität des Sozialprozesses ständig vor Augen haben«. Max Webers Leistungen zeigten, daß die Zeit für die Soziologie reif sei.

Ginsbergs Bemerkungen zum gleichen Thema enthalten keine explizite Kritik an Mannheim. Der einzige inhaltliche Verweis auf ihn ist korrekt und sogar lobend. Dennoch impliziert sein Referat im Ganzen gesehen eine Ablehnung Mannheims. Zunächst unterscheidet Ginsberg schroff zwischen dem idealisierten Bild von der Soziologie als Programm und dem realistischen Bild von der eigentlichen Arbeit des Soziologen. Idealisierende Aussagen, stellt Ginsberg fest, führen manchmal zu unnötiger Verwirrung. Wenn Beobachtungen über den zunehmenden Einfluß der Soziologie in anderen sozialwissenschaftlichen Disziplinen gemacht werden, sollte man sich daran erinnern, daß bereits Hobhouse und Westermarck 1907 von der Politikwissenschaft als einer Teildisziplin der Soziologie sprachen. Dann versucht Ginsberg, die Grenzen des Objektbereiches der Soziologie zu reduzieren, indem er den umfassenden Anspruch Simmels und Vierkandts, a priori Begriffssysteme für soziale Beziehungen aller Art zu formulieren, zurückweist. Auch Mannheims programmatisch geforderte »systematische Soziologie« könne deshalb nicht mehr als eine Ansammlung allgemeiner Untersuchungsergebnisse der vergleichenden Soziologie sein. Aussagen, die als Resultat einer »unmittelbaren Anschauung« gemacht werden, wie etwa mit Hilfe der phänomenologischen Methode, seien einfach Zeugnis für den unterentwickelten Stand der Sozialpsychologie. Zwar stellt Ginsberg fest, daß er sich kaum vorstellen könne, daß irgendjemand der »aufschlußreichen« Forderung Mannheims nach einer synthetisierenden strukturellen Soziologie widerstehen kann, fügt dann aber hinzu, daß solche Kapazitäten wie Marshall und Sidgwick vor kurzem sehr interessante kritische Fragen aufgeworfen haben, wie es ja seinerzeit bereits andere taten, als Hobhouse und Durkheim – in Anlehnung an Comte – schon im Jahre 1903 ähnliche Ansprüche stellten.

Jeder noch verbleibende Zweifel über die Absicht Ginsbergs, den Zuhörern anzudeuten, daß es sich bei den von Mannheim so dramatisch als neu angekündigten Problemen um in England altbekannte, erprobte Fragestellungen handelt, wird im folgenden Jahr ausgeräumt. Ginsberg spricht jetzt über »Rational and Irrational Elements in Human Behavior«, was auch Thema der gerade veröffentlichten Hobhouse-Lecture Mannheims war. Er beginnt seine Ausführungen mit der Beobachtung, daß die Termini »rational« und »irrational« in einer verwirrenden Vielfalt Verwendung finden, wahrscheinlich als Resultat einer nicht existenten allgemein akzeptierten Theorie der Werturteile. Für Ginsberg sind die Begriffe selbst sozialphilosophische Termini, und zwar ist »rationales Handeln« letztlich identisch mit »richtigem Handeln«. »Rationales Handeln« bezieht sich auf Handeln, das aufgrund des zur Verfügung stehenden besten Wissens zur Realisierung menschlicher Bedürfnisse zustandegekommen ist, sofern diese Bedürfnisse deutlich bewußt gemacht worden sind, und frei und unabhängig im Hinblick auf alle relevanten Tatbestände und die zur Disposition stehenden Mittel untersucht worden ist. Die den Sozialwissenschaftler interessierenden Fragen konzentrieren sich daher auf eine »Psychologie moralischen Handelns« und insbesondere auf die Frage, ob es »tatsächlich moralischen Fortschritt gibt und um die Rolle der Vernunft dabei.«[16] Der Gegensatz zur Mannheimschen These, daß die Krise der »substantiellen Rationalität« teilweise durch den Fortschritt der

»instrumentellen Rationalität« hervorgerufen worden ist, kann kaum größer sein.

Mannheim war auf dieser Tagung als Redner ursprünglich nicht vorgesehen; er wurde jedoch, wie er anmerkt, »am Vorabend der letzten Sitzung« gebeten, die verschiedenen Fäden der Diskussion zusammenzuknüpfen, eine Aufgabe, die er mit T. H. Marshall teilte. Er erklärte sich bereit, »einige konkrete Beispiele zur soziologischen Beschaffenheit menschlicher Werturteile zu geben, sowie einige theoretische Anmerkungen über den Unterschied zwischen dem soziologischen und dem psychologischen Ansatz zu machen«. Jetzt kann er also einige Gedanken zu den »aufschlußreichen Beobachtungen« seines Kollegen anbieten. Allerdings geht Mannheim gar nicht auf die Ginsbergsche Unterscheidung zwischen philosophischen und soziologischen Aspekten des Problems ein, obwohl diese Fragestellung für Ginsberg und andere englische Denker von besonderer Bedeutung ist. Statt dessen spricht er zunächst über den generellen Unterschied in den Wertvorstellungen kriegerischer und friedlicher Gruppen, wobei er auch Ginsberg zitiert. Dann unterbricht er, um eine seiner Gardinenpredigten über Methodik einzuschieben, was unter den gegebenen Umständen herausfordernd wirken mußte, da es sich bei den hierfür zitierten Arbeiten lediglich um erste theoretische Fragestellungen handelt. Er bemerkt, daß die »Feldbeobachtung« im Gegensatz zur »leeren Spekulation« sicherlich eine willkommene Verbesserung darstellt, daß man aber bedauernswerterweise »in diesem Land dazu neigt, rein deskriptiven Untersuchungen, Umfragen, statistischem Datenmaterial den Vorzug zu geben unter Ausschluß der theoretischen und historischen Analyse der Gesellschaft... [Um] aus der Geschichte lernen zu können, müssen wir Theorien bilden, sonst sind historische Fakten bedeutungslos und können nicht einmal verglichen oder in eine adäquate Beziehung zueinander gebracht werden.« Der Aufzählung einer Reihe ganz allgemein gehaltener Hypothesen über das Verhältnis von Wertungen und sozialen Faktoren folgen dann abschließend Überlegungen zum Unterschied zwischen dem psychologischen und dem soziologischen Ansatz. Er folgert, daß die Psychologie spontane Äußerungen des individuellen Triebverhaltens zu erforschen versucht, die Soziologie dagegen die diesen Äußerungen entgegenwirkenden, durch »etablierte Beziehungsverhältnisse« geprägten Zwänge, und zwar in ihrer gesamtgesellschaftlichen objektiven Funktion. Die Frage, warum das Ausüben dieser Zwänge nicht ebenfalls als impulsives Handeln interpretiert werden kann, läßt er unbeantwortet und schließt statt dessen mit einem Beispiel, das nur provozierend auf die Zuhörer wirken mußte. Ein Psychologe, so Mannheim, würde »meine persönlichen Beweggründe« untersuchen, »die mich veranlaßten, hier Ihre Zeit zu vergeuden«, und zweifelsohne dabei auf »den Selbstschaustellungstrieb« stoßen. Der Soziologe hingegen würde sich auf die intervenierende Funktion des Vorsitzenden konzentrieren, der jene institutionalisierten Regelungen verkörpert, die aus Gründen der Zeitknappheit nötig sind.

Vor britischen Akademikern mag diese entwaffnende Geste, noch dazu am Schluß einer sehr langen aus dem Stegreif gehaltenen Rede, nicht gerade förderlich gewesen sein.

Die Rezeption von Mannheims Diagnosen und Lösungsvorschlägen als zeit- und umstandsbezogen ist wesentlicher Bestandteil seiner Methode. Während er in England unter Sozialwissenschaftlern weiterhin auf Skepsis stößt, ist ihm in anderen Kreisen mehr Erfolg beschieden. Diese neue Bezugsgruppe deutet sich dann in seinem endgültigen Programm für die rationale Aufarbeitung irrationaler sozialer Momente an.

In dem gleichen Brief an Wirth, in dem er den Streit erwähnt, der entstand, weil Ginsberg angeblich »Angst« davor hat, »neuen Erkenntnissen ins Auge zu sehen« und unfähig ist, »umzulernen«, schreibt Mannheim außerdem: »Es gibt Symptome, die zeigen, daß die Art der Erfassung und Interpretation der Kultur, die wir vertreten, in sehr einflußreichen englischen Kreisen bemerkt wird. Ich betrachte es als keine Illusion, daß im Zusammenhang mit der Renaissance der demokratischen Länder, im Feldzug gegen Faschismus, dies ziemlich bald eine Rolle spielen wird«.[17] Wenige Monate später schon schreibt Mannheim in freudiger Erregung: »In London wird das Leben sehr reizvoll – die Engländer ändern sich rapide. Die Dynamik der Zeit erinnert mich ein wenig an die der Weimarer Republik – was sich auch in meiner zunehmenden Gefolgschaft unter Schülern und Publikum zeigt. Man bekommt das Gefühl, eine ›Mission‹ zu haben.«[18] Mit diesem Gefühl einer »Mission«, die an die Aufgabe, »die Soziologie in England endlich einzuführen«, erinnert, ist allerdings jetzt das Handeln auf breiterer Ebene gemeint. Gleich nach Kriegsausbruch schreibt er: »So traurig auch die Ereignisse sein mögen, ich fühle, daß unsere Stunde gekommen ist; unser Studium der Gesellschaft, das wir bisher vielleicht zur Befriedigung wissenschaftlicher Neugier oder aus Freude am fachlichen Können betrieben, muß nun zum Werkzeug des Chirurgen werden.«[19]

Neben diesen erwartungsvollen Zeilen enthält der Brief allerdings auch die Nachricht, daß ihm der Direktor der London School of Economics nahelegt, eine geplante Reise nach Amerika zu unternehmen und dort auch gleich eine Stellung zu suchen, da man ihn für das wegen des Krieges reduzierte akademische Programm nicht mehr brauche. Mannheim vermutet, daß hinter diesem Ratschlag wohl finanzielle Gründe stecken, zweifellos aber auch »der Wunsch, daß die Kriegszeit von Leuten, die, wie ich, Verbindungen nach Amerika haben, dazu genutzt werden sollte, Brücken zu schlagen und Kontakte zwischen England und den USA herzustellen.« In demselben Brief geht er, nachdem er sich nach den Aussichten für eine vorübergehende Beschäftigung erkundigt hat, in seinen Vermutungen noch einen Schritt weiter: »Sollte ich nach Amerika gehen, so würde ich höchst wahrscheinlich mit der Aufgabe betraut, die Zusammenarbeit zwischen Gelehrten und Vertretern der öffentlichen Meinung zu fördern.«

Aus diesen Amerikaplänen wurde allerdings nichts; Mannheim verbrachte die Kriegsjahre an verschiedenen Orten in einer Teilzeitstellung an der aus London evakuierten London School of Economics und schließlich am Institute of Education der University of London, wo er einen ordentlichen Lehrstuhl innehatte. Er zeigte sich während jener Kriegsjahre tatsächlich als Botschafter in einer zu missionierenden Welt, allerdings nicht so, wie er es erwartet hatte. Seine »Mission« machte ihn, wie sich herausstellen sollte, zum Missionar für das säkulare soziologische Denken bei einer Gruppe von Geistlichen und Laien, die sich um J. H. Oldham, den prominenten Publizisten christlicher Werke, Organisator und Missionar, scharten. In diesem Kreis wurde seine Legitimität als Soziologe zwar nie in Frage gestellt, konnte allerdings auch nicht unter Beweis gestellt und bestätigt werden.

Als enger Mitarbeiter des Erzbischofs von Canterbury, William Temple, war Oldham, so schreibt Temples Biograph, zu der Überzeugung gekommen, »daß die größte Gefahr für den christlichen Glauben... im Säkularismus lag, der sich im Entwicklungsverlauf politischer Organisationen und des sozialen Denkens der Zwischenkriegsjahre deutlich abzeichnete... Totalitarismus und ›wissenschaftlicher‹ Humanismus... waren in Staat und Gemeinde die dominierenden Glaubensdoktrinen geworden. Hier zielten zwei Waffen genau auf das Herz des christlichen Glaubens und der christlichen Lebensweise.«[20] Um das in der Oxforder Konferenz für »Kirche, Gemeinde und Staat« entwickelte Konzept christlich-sozialen Denkens zu propagieren, bemühte sich Oldham um die Gründung eines sogenannten »Ordens« zur Förderung einer christlichen Gesellschaft, und zwar mit mehr Initiative und Einsatz, als man von kirchlichen Institutionen erwarten konnte, sowie unter bester fachlicher Beratung.

Mannheim war im April des Jahres 1938 nicht anwesend, als Oldham die Gruppe zum ersten Mal um sich vereinte, deren Rat und Unterstützung er suchte und die sich schließlich zur »Moot« zusammenschloß. Allerdings nahm er am nächsten Treffen im September desselben Jahres teil und ist neben Oldham das einzige Mitglied, das bei allen achtzehn Zusammenkünften, über die Protokolle geführt wurden, dabei war. (Es gab insgesamt vierundzwanzig Zusammenkünfte; die Vereinigung löste sich wenige Tage nach Mannheims Tod am 10. Januar 1947 auf.) Außer Oldham und Mannheim gehörten der Gruppe prominente Geistliche an, daneben der Schriftsteller T. S. Eliot, die Professoren Adolph Löwe (bis zu seinem Umzug nach Manchester im Jahre 1940), H. A. Hodges, John Middleton Murry und Sir Fred Clarke, der Direktor des Institute of Education an der Universität London, wohin Mannheim einen Ruf bekommen sollte. Formal beschränkte sich die Aktivität der »Moot« auf periodische Zusammenkünfte, um Bücher oder Referate von Mitgliedern oder geladenen Gästen zu diskutieren, wobei dieser Diskussion üblicherweise ein schriftlicher Meinungsaustausch zwischen den Diskussionsteilnehmern mit dem größten Interesse für das jeweilige Thema vorausging. Die Gruppe initiierte allerdings auch andere Projekte, so z. B. die Herausgabe der Zeitschrift *Christian News-Letter* mit einer Auflage von 10 000 Exemplaren, die Veröffentlichung von Büchern, die sich hauptsächlich mit Erziehungsfragen beschäftigten, dann eine Reihe von Lunchveranstaltungen, die unter der Bezeichnung »Christian Frontier Council« Persönlichkeiten des öffentlichen Lebens mit Mitgliedern der Gruppe zusammenbrachten, und schließlich die Gründung zahlreicher Ortsgruppen und Zweigstellen, wie z. B. die von dem Master des Balliol College, A. D. Lindsay, in Oxford organisierte, in der Mannheim offenbar auch eine Rolle spielte. Durch dieses erweiterte Netzwerk der »Moot«-Veranstaltungen lernte er Lindsay, Zimmern und andere etablierte Akademiker verschiedenster Fachrichtungen näher kennen, die ein Interesse an sozialer Reform und Erwachsenenbildung unter christlichen Vorzeichen hatten. Mannheim scheint bei Zusammenkünften häufiger als jeder andere referiert und regelmäßiger als andere Memoranda verschickt zu haben; jede seiner nach dem Beitritt zur »Moot« veröffentlichten Arbeiten hatte ihren Ursprung in einem vor dieser Gruppe gehaltenen Referat.

Sein erstes Referat hielt Mannheim, als er zum zweiten Mal teilnahm, und zwar trug er »Planning for Freedom« vor, was später in erweiterter Form zum Teil V des Buches *Man and Society in an Age of Reconstruction* wurde. Hier lieferte er eine definitive Neuformulierung seines Standpunktes, auf die bereits die ersten Essays nach 1933 hinarbeiteten. Nützlich für ein besseres Verständnis von Mannheims Bemühungen erweist sich auch ein Memorandum, das er in Vorbereitung für das zweite zur Diskussion stehende Thema jener Sitzung zirkulieren ließ, nämlich über *True Humanism*, einer Auseinandersetzung mit dem gleichnamigen Buch von Jacques Maritain, dem liberal-demokratischen katholischen Denker. In Mannheims Kritik an Maritain deutet sich an, wie er die Gruppe und seine Rolle in ihr verstand. Zugleich wird hier eine wichtige Veränderung in Mannheims Verständnis seines eigenen »Wegs zum Wissen« sichtbar. An die Stelle von Forderungen nach der allumfassenden Autorität der Wissenschaft, dem Grundpfeiler der Vernunft inmitten einer universellen Krise der Unvernunft, tritt das Bild vom Soziologen als »praktischem Denker«, als Berater und Partner einer den traditionellen Werten verbundenen Elite. Mannheim spricht über »unsere Probleme«, »unsere Philosophie« mit ungewohnt kühnem Selbstvertrauen und großer Konkretheit und versteht sich als Teil einer politisch effektiven Bewegung gegen einen »konkreten Feind«. Er begreift sich nicht nur als Politikberater im weiteren Sinne, sondern als Mitarbeiter an einer »›Summa‹ für unser Zeitalter«. Dieses Ziel könne nur erreicht werden, indem der »philosophische und ontologische Ansatz... mit dem empirischen und instrumentalen« verknüpft wird, und dies wiederum verlange eine »engere Zusammenarbeit zwischen dem Philosophen, dem Theologen, und dem praktischen Denker«[21].

Mehrere Jahre später macht ein Brief Mannheims an Oldham deutlich, daß der Hinweis auf eine »Summa« nicht bloß eine flüchtige respektvolle Bemerkung anläßlich Maritains Hingebung an Thomas von Aquin gewesen war. Der Brief verdeutlicht vielmehr, was Mannheim mit diesem Terminus genau meinte: »Es freut mich, daß mein Vorschlag, eine ›Summa‹ auszuarbeiten, von Ihnen und auch von M. Murray unterstützt wird. Darf ich jetzt noch einen anderen Vorschlag machen? Die Diskussion einer ›Summa‹ könnte in eine allzu abstrakte Diskussion reiner Prinzipien übergehen. Wäre es nicht besser, da es ja unsere Intention ist, unsere Entwürfe mit dem christlichen Geist in Einklang zu bringen, daß wir mit der Diskussion der [von mir vorgeschlagenen] Bestandaufnahme gegenwärtiger gesellschaftlicher Veränderungen anfangen? Dies würde zwangsläufig auf die unseren Entwürfen zugrundeliegenden Prinzipien zurückführen. Auf diese Weise könnte der Stellenwert der christlichen Haltung gegenüber der heutigen Welt [der Hauptinhalt der neuen ›Summa‹] direkt aus der Diskussion konkreter Einzelprobleme herauswachsen.«[22]

»Summa« und praktische Ratgebung sind engstens verbunden. Eine »Summa«, argumentiert Mannheim, erlaubt »unserer Philosophie« eine angemessenere Analyse von »Alltagsproblemen«, und rückt sie in größere Nähe des vom »empirischen Denker vertretenen Standpunkts«[23]. Zwar können das empirische und das instrumentale Denken, auf sich allein gestellt, ein solch umfassendes Wissen nicht hervorbringen, sie sind aber der Ausgangspunkt.

Maritains Humanismus, wendet Mannheim ein, ist zu abstrakt, ist zu ausschließlich mit den Ideen anderer beschäftigt und zu wenig mit gegenwärtigen Ereignissen und dem Problem, was in der jetzigen Zeit getan werden muß: »Maritains Buch wäre noch aktueller, der Auftakt für wirkliche Taten, hätte Maritain einen konkreten Feind im Sinn, z.B. den Kommunismus, Faschismus oder den Liberalismus... In diesem Fall hätte er eine Diskussion von Handlungsstrategien nicht vermeiden können, die ihn wiederum zu einer sorgfältigen Analyse sowohl des sozialen Kontextes gezwungen hätte als auch zu einer Analyse der heutigen Psychologie des Menschen, die verändert werden soll.«[24]

Die Herausarbeitung der Zusammenhänge zwischen gesellschaftlichem Denken, gesellschaftlichem Handeln und »Aktualität« – d.h., das Problem der Zugehörigkeit zu einem sozialen Ort – sind ein typischer Aspekt des Mannheimschen Denkens, und es bestehen große Ähnlichkeiten zwischen diesem allgemeinen Ansatz und dem in seinem Frühwerk analysierten »Situationsdenken« sowie der in den Frankfurter Vorlesungen betonten »lebenswissenschaftlichen Methode«. Es ist jedoch bemerkenswert, daß das im Frühwerk betonte »dialektische« Paradox der »Heimatlosigkeit«, der »relativen sozialen Unverbundenheit«, und der »ungeplanten Planung« einer Zuversicht gewichen ist, die auf eine neue Identität in England verweist und die unter dem Banner der herkömmlichen Symbole von Kirche und Staat gegen »konkrete Feinde« mobil macht. Diese Idee ähnelt in verschiedener Hinsicht der früheren Vorstellung Mannheims, daß es einen Zusammenhang gibt zwischen gesellschaftlich freischwebenden Intellektuellen und den standortgebundenen anti-modernistischen Klassen, die Mannheim in den zwanziger Jahren in seiner Arbeit über den deutschen Konservatismus analysiert hatte. Trotz der scheinbar problemlosen Integration kann man die Paradoxe kaum übersehen; Mannheim weiß sehr wohl, daß er ein Flüchtling unter Einsäßigen ist: Er blieb Jude unter den Christen; er behielt seinen Sinn für Weltlichkeit auch unter den Gläubigen; und trotz seiner vielen zeitbezogenen Gelegenheitsarbeiten, denen er sich ungeachtet aller Betonung einer »Summa« jetzt widmete, glaubte er weiter fest an die Notwendigkeit großer Theorie.

Mannheims »Moot«-Partizipation war nicht seine erste Begegnung mit christlichem Sozialdenken. Während seiner Frankfurter Universitätsjahre war er offenbar Mitglied des Kreises religiöser Sozialisten um Paul Tillich gewesen. In seiner Erwiderung auf Mannheims *Mensch und Gesellschaft im Zeitalter des Umbaus* leitet Eduard Heimann, eine Zentralfigur in Tillichs Kreis, 1935 seine Vorbehalte gegen Mannheims angebliche Kapitulation gegenüber der instrumentalen Vernunft mit der folgenden Bemerkung ein: »Sie haben mit Tillich so eng zusammengearbeitet, daß Ihnen dieser naheliegende Einwand kaum entgangen sein kann.«[25] In seiner Antwort bekennt sich Mannheim zu dem alten Weggefährten, aber besteht darauf, daß neue Erfahrungen ihn zum Umdenken alter Positionen gezwungen hätten. Mannheim schreibt: »Vor allem möchte ich dafür danken, daß die Entfernung und die Tatsache, daß wir in grundverschiedene Situationen geraten sind, Sie mir nicht entfremdet hat, was die Eindringlichkeit Ihrer Auseinandersetzung besser als irgend etwas beweist. Daß diese Zusammengehörigkeit im Grunde bei Ihnen mehr durch ein Sich-Abheben als durch Zustimmung bewußt wird, ist mir nur lieb. Ich wäre froh, wenn die Diskussion zur weiteren Stärkung des Bewußtseins der Zusammengehörigkeit führen wurde, denn ich vermisse die Aussprache gerade über jene Probleme, die uns dadurch entgegentreten, daß wir dereinst Gemeinsames in einer gemeinsamen Weise erlebt haben und jetzt durch die gleichzeitige Begegnung mit neuen Welten sowohl Vergangenes als Zukünftiges in verschiedener Weise als Problem erleben.«[26]

Obgleich es in den dreißiger Jahren unter den verstreuten Veteranen des Tillich-Kreises mehrere interessante Korrespondenzen über zentrale gesellschaftstheoretische Probleme gibt – in denen Mannheims Werk gelegentlich in einer Weise erwähnt wird, die auf seine aktive Rolle bei den früheren Diskussionen schließen läßt –, scheint Mannheim sich an keinem solchen schriftlichen Gedankenaustausch beteiligt zu haben. Unter den Vertrauten der Gruppe hatte Mannheim nur mit Adolf Löwe auch in späteren Jahren ständigen Kontakt, aber auch Löwe fragt sich in einem Brief an Alexander von Rüstow, ob nicht Mannheims Vorstellung von der »Umbaufähigkeit« des Menschen genau jene Anthropologie unterminiere, auf der die gemeinsamen Überzeugungen des Kreises um Tillich beruhten.[27] Mannheim kann kaum als ständiges Mitglied dieses Kreises angesehen werden, selbst nicht in dem eher weiten Sinn, in dem Gruppenmitgliedschaft dort schließlich definiert wurde, obgleich gewisse Kontakte an der Tatsache abzulesen sind, daß es, allem Anschein nach, Löwe war, der Mannheim in die »Moot« einführte, nachdem er von Oldham zu deren konstituierenden Sitzung eingeladen worden war. Für Heimann war der so eng mit der englischen christlichen Gruppe zusammenarbeitende Mannheim von dem Mannheim grundverschieden, dem er in Frankfurt begegnet war. Sowohl Heimann als auch Löwe fürchteten, daß dieser neue Mannheim Rationalität und rationales Handeln allzu instrumentalistisch und relativistisch interpretieren werde.

Wie bereits seine Wendung zum Berufssoziologen in den späten zwanziger Jahren, sollte Mannheims Verbindung mit der englischen Gruppe sozial verantwortungsbewußter Christen nicht als bloß karrieremotiviert angesehen werden. Mannheim gab sein eigenes Projekt nie auf. Wir haben hier ein weiteres seiner vielen »Experimente«, das jedoch nicht gänzlich erfolgreich war. Mannheim hatte einmal über Ernst Troeltsch geschrieben, daß dieser seine »Innerlichkeit« geopfert habe, um besser zwischen der Öffentlichkeit und der Universität vermitteln zu können. Mannheim mußte in seinen Jahren in England einen ähnlichen Preis zahlen: Er gab das theoretische Reflektieren zeitweilig auf, und damit die größte Leistung seiner eindrucksvollen Arbeiten.

Im Gegensatz zu den an den Universitäten arbeitenden Sozialwissenschaftlern, die sowohl Mannheims Ankündigung einer kommenden Systemkrise als auch seinen Ideen über eine totale Erneuerung der Gesellschaft größtenteils skeptisch oder indifferent gegenüberstanden, hatte jene Gruppe von Christen ein Gefühl für die Krise. Aber für sie war die Krise, ganz in der herkömmlichen Tradition der christlichen Kirche, eine wesentlich geistige. Mannheim begann seine Diagnosen deshalb oft mit Kommentaren über die »Wertungskrise« statt über die »Krise der Vernunft«. Dadurch rückte er in die Nähe von Durkheims Anomie-Analysen und entfernte sich immer weiter sowohl von Max Webers fruchtbar ambivalenter Haltung gegenüber dem Rationalisierungsprozeß als auch von Marx' Analyse gesellschaftlicher Entwicklungsstadien. In zunehmendem Maß sieht Mannheim die wichtigste therapeutische Aufgabe jetzt in der adäquaten Substitution solcher Prozesse wie der Arbeitsteilung, der Professionalisierung und der sozialen Verrechtlichung, die Durkheim als konstitutiv für die organische Integration der modernen Gesellschaft angesehen hatte. Der soziologische abstrakte »Planmacher«, dem Mannheim eine wichtige Aufgabe in diesem alternativen Konstitutionsprozeß zugeschrieben hatte, konnte so mit einem historischen Typus kombiniert werden, der auf eigenartige Weise Theorie und Praxis zusammenzubringen versprach.

Mannheims Notizen im Zusammenhang mit einer geplanten, aber nie vollendeten großen Studie über die Intellektuellen enthalten viele Seiten über den Typus des »Gentleman«. Mannheim war davon überzeugt, daß es die historische Entwicklung dieses Typus in England, zusammen mit dem Sonderstatus des »professional man« und des »civil servant«, waren, die das Entstehen einer Intelligentsia im kontinentalen Sinne verhinderte und somit die Theorie-Praxis-Problematik radikal anders fundierten. Obgleich er der bloßen Spekulation gegenüber feindlich eingestellt ist, erkennt der Gentleman, so Mannheim, »Wissen ist Macht« (Bacon), und er fühlt sich verpflichtet, sein Wissen der Öffentlichkeit dienstbar zu machen. In der Sprache von Mannheims früheren Diagnosen mannigfaltiger Krisen in der modernen Gesellschaft könnte man sagen, daß in England die potentielle Krise der Massendemokratie strukturell und nicht nur bloß durch das zufällige Zusammenspiel historischer Faktoren gelindert wurde: die »Massendemokratie« sieht sich einer ungewöhnlich erfolgreichen »Demokratie der Wenigen« gegenüber. Früher hatte Mannheim es als wichtige Aufgabe angesehen, das Gruppenbewußtsein der Intellektuellen zu fördern. Diese Aufgabe wird jetzt umgedeutet. Den Gentlemen soll Organisationsfähigkeit beigebracht werden, und das ihnen zur Verfügung stehende Instrumentalwissen und ihre Machtmittel sollen revidiert werden.

Mannheim behauptet, daß das von dieser Elite in der Vergangenheit Erreichte und in der Zukunft noch zu Erwartende die Notwendigkeit erübrige, die hergebrachten Institutionen der parlamentarischen Demokratie zu verändern. Wie schon die Krone, so legitimiert auch die parlamentarische Regierungsform die Mittel sozialer Kontrolle und garantiert dadurch Kontinuität, aber die substantiellen Entscheidungen müßten jetzt solchen Kräften und Prozessen überlassen bleiben, die des entschiedenen Realismus, der langfristigen Planung und der allgemeinen Koordinierung dieser Prinzipien fähig sind.

Die traditionellen Werte der liberalen Demokratie Englands könnten darüber hinaus für den Planungsprozeß nutzbar gemacht werden. Mannheim sieht Ähnlichkeiten zwischen den herkömmlichen Freiheitsbegriffen und seiner eigenen Vorstellung, daß Freiheit als ein Moment spontaner Wahl und Dezision immer nur im Rahmen von Zwängen existieren kann, die die Freiheit selbst erst ermöglichen. Ohne Freiheit in diesem Sinne, behauptet er, wird die Planung den durch übermäßige Disziplin erzeugten großen Druck nicht aushalten können und auch die Innovationsfähigkeit verlieren. Ein neues Sozialwissen, in anderen Worten, müßte nicht alle etablierten gesellschaftlichen Glaubenssätze als veraltet aufgeben und zerstören, wie Saint-Simon und Comte geglaubt hatten und wie auch Mannheim früher einmal in einer Art Gedankenexperiment angenommen hatte. Aber es ist auch nicht Resultat eines dialektischen Zusammenspiels widerstreitender sozialer Glaubensätze, wie seine Wissenssoziologie bisher postuliert hatte. Es ist vielmehr die Aufgabe der Soziologie, die jenseits von Wissen existierenden Glaubensinhalte, auf denen die traditionellen Wertvorstellungen beruhen, aufzuspüren, zu revitalisieren und zu konkretisieren, und es ist die Aufgabe der genannten Elite, diese Wertvorstellungen in neue Bahnen zu lenken.

Während der »Moot«-Jahre kommt Mannheim immer wieder auf das Thema eines »Ordens« zurück. Es war zweifellos genau diese Idee, die

Mannheim davon überzeugte, daß die einflußreichen religiösen Gentlemen sich durch Organisation ernsthaft auf politische Aktion vorbereiten wollten. Schon aus diesem Grunde schien Mannheim die Vorstellung eines gemeinsamen Zusammengehens mit ihnen bei der Arbeit an einer »Summa« so vielversprechend, die engstens mit einer auf langfristige und umfassende soziale Veränderungen zielenden Strategie verbunden war. Aber es war auch genau dieses Thema, das innerhalb der Gruppe die größten Meinungsverschiedenheiten auslöste. Einige wurden gleich beim ersten Treffen sichtbar. Der katholische Historiker Christopher Dawson etwa sprach von »christlichem Totalitarismus« als letztem Ideal, und der Cambridger Theologe H. H. Farmer sah als Vorbild des zu gründenden Ordens gar die NSDAP. T. S. Eliot und Oldham selbst forderten, daß der neue Orden »informell« und »flexibel« sein und auf »Freundschaft« und »offener Diskussion« basieren müsse.[28]

Auf den folgenden Tagungen, und während der gesamten Existenz der »Moot«, betont Mannheim immer wieder die Notwendigkeit konkreter politischer Arbeit von seiten der Gruppenmitglieder und deren Zusammenschluß in einer politischen Organisation. Während der ersten Tagung wurde prinzipiell vereinbart, daß man »Personal und Zellgruppen« haben müßte. Später schlägt Mannheim vor, daß die »Moot«-Mitglieder ihre eigenen Institute und andere Verbindungen zum Zweck der pädagogischen Vorbereitung sozialer Veränderungen benutzen sollten. Obgleich mehrere andere mit dieser Betonung nicht einverstanden waren, ließ Oldham sich doch dazu hinreißen, von der Gründung von »so etwas wie ›der Partei‹«, allerdings total verschieden von der Nazi- oder der kommunistischen Partei, zu sprechen. Die Pläne verliefen aber bald im Sande, nur eine kleinere Gruppe machte zwar in dieser Richtung weiter, begrenzte die Mitgliedschaft aber auf einen »Kreis von Freunden, die durch gemeinsame Erfahrung ein bestimmtes Verhältnis zueinander« erreicht hatten.

Die Unverbindlichkeit dieser Resolution beeinträchtigte weder Mannheims Erwartungen noch seine Strategie. Im Februar 1940 betont er erneut die Notwendigkeit eines aktivistisch orientierten neuen Ordens, für den er eine »Revolution von oben« vorschlägt. Zwei Monate später distanziert er sich zwar vorsichtig von dieser Formulierung, bekennt aber mit überraschendem Enthusiasmus und großer Leidenschaft: »Die Deutschen, Russen und Italiener sind im Gegensatz zu uns große Meister im Managen der modernen Gesellschaft, aber ihre Zwecke sind falsch und sogar atavistisch. Wir sollten uns auf solche gesellschaftlichen Eliten wie die ›Moot‹ oder auf aufgeklärte Beamte verlassen, diese Managementtechniken für andere Zwecke zu verwenden. Die neuen Techniken bringen sowohl neue Gelegenheiten also auch neue Verpflichtungen mit sich.«[29] Im April 1940, als er diese Bemerkungen machte, können die Moskauer Prozesse und die in ihnen zur Sprache kommenden »Techniken« Mannheim und seiner Bezugsgruppe kaum unbekannt gewesen sein, ganz abgesehen von den deutschen Verwaltungsmaßnahmen, die Mannheim selbst zur Emigration gezwungen hatten. Mannheim war so auf seine eigene Botschaft fixiert, daß seine Urteilsfähigkeit zuweilen stark in Mitleidenschaft gezogen wurde. So fährt er auch fort: »Wir wollen jene, unseren Zielen zugeneigten intelligenten Menschen unseres Landes, die geführt werden wollen, mobilisieren. Aber es muß auch eine Volksbewegung geben, die die führende Elite tatkräftig unterstützt. Eine große Bewegung kann ohne dynamische Führerschaft nie erfolgreich sein. Ich bin über unsere Lethargie erstaunt.«

Dies waren sicherlich schwere Zeiten und Mannheim, äußerst besorgt, richtete sich an eine Gruppe, die er gut zu kennen glaubte und die er mit seiner Entrüstung aufrütteln wollte. Aber all dies zeigt auch seinen außerordentlichen Mangel an politischer Urteilsfähigkeit: »Wir warten ständig auf Mittel. Aber sind die Mittel nicht bereits vorhanden? Z.B. die christliche Jugendbewegung, die auf Führerschaft wartet, Oldhams Zugang zu Leuten in Schlüsselpositionen, der Christian News-Letter, der BBC, Public Schools, Kirchengruppen, usw. Wir sind zu faul, etwas zu tun. Hitler hat mit sechs Leuten angefangen.« Ein »Moot«-Mitglied schlug daraufhin eine »Bill of Duties« vor, die von Mannheim sofort entzückt als »ein großartiges Instrument für die Schaffung einer Volksbewegung« gefeiert wurde. Auch daraus wurde natürlich wieder nichts, und Mannheim beschuldigt Oldham drei Jahre später in einem Brief der Vernachlässigung solcher Handlungsinitiativen.

In einem eher gereizten Brief an Oldham zeigt Mannheim 1943 ein gewisses Maß von Desillusionierung. Oldham hatte ein Memorandum über »Fraternity of the Spirit« in Umlauf gesetzt und Mannheim beschwert sich, daß die Moot weiter von tatsächlichem Handeln entfernt sei als 1940. All dieses Gerede über »Innerlichkeit« und »Geistigkeit« werde den Geist selbst zerstören: »Kein Mensch, der es mit einer Sache wirklich ernst meint, wird Mitglied einer Gruppe werden wollen, wenn er sich nicht ausrechnen kann, was in konkreten Situationen aus seinem Engagement wird.« Er fährt fort: »Ich weiß die Subtilität dieses unsichtbaren sozialen Netzwerks zu schätzen... so lange dessen Aufgabe bloß die Fortentwicklung innerer Erfahrung ist. Aber ich sehe keine Berechtigung für eine solche Subtilität, wenn unser Ziel das Zusammenbringen von Menschen ist, die Ideen in Taten umsetzen wollen.« Mannheim schließt mit so etwas wie einer Abschiedsrede auf seine enttäuschten Hoffnungen: »Vielleicht darf ich Sie daran erinnern, daß die Idee eines neuen Ordens ursprünglich in engstem Zusammenhang mit der Annahme entworfen wurde, daß es eines Tages unsere Mission sein könnte, diesem Land zu zeigen, daß das neue Gesellschaftsmodell hier entworfen werden kann, also eine Gesellschaft, die weder kommunistisch noch faschistisch ist, die zwar geplant ist aber doch die wesentlichsten Freiheitsinhalte bewahrt – und all dies auf der Grundlage einer Übereinkunft zwischen den Parteien, die uns die schädliche Konsequenzen eines revolutionären Umsturzes ersparen könnte. Wenn es eine religiöse Gruppe ist, die das Bild einer neuen gesellschaftlichen

Ordnung entwirft und entwickelt – und das war die Idee –, könnte ihre Vermittlerrolle zwischen den Parteien nicht nur zur Überwindung ihrer eigenen Parteilichkeit führen, sondern auch jene Opfer ermöglichen, die notwendig sind, wenn der Umbau dem sozialen Ganzen dienlich sein soll. Gleichzeitig nahmen wir damals an, daß es gerade der gegenwärtige kritische Augenblick ist – mehr als jede andere vorhergehende historische Situation –, in der die Idee eines sozial orientierten Christentums unsere gesellschaftlichen Institutionen wirklich beeinflussen könne.«[30]

Sicherlich erreichte Mannheim zeitweilig die Zustimmung aller oder zumindest der meisten Mitglieder zu allen oder den meisten seiner Vorschläge, aber im Gegensatz zu ihm war die »Moot« für die anderen weder zentraler Fokus ihrer Aktivitäten noch Mittelpunkt ihrer eigenen Identität. Sir Walter Moberly, zwischen 1935 und 1949 Vorsitzender des University Grants Committee, drückte den Unterschied treffend aus, als er sein Unbehagen über Mannheims Entwurf einer »Revolution von oben« eingestand: »Die Moot bestand teilweise aus Leuten, die sich von normalen Bequemlichkeitsstandards befreit hatten (und die deshalb im Gegensatz zu anderen leicht bereit waren, einfach darauf loszuhauen), und teilweise aus Leuten wie Mannheim selbst, die verhältnismäßig gut besoldet und deshalb in ein Netzwerk sozialer Verpflichtungen verstrickt waren.«[31]

Die »Moot« existierte noch weitere vier Jahre nach diesen Auseinandersetzungen, und Mannheim blieb ein aktives und geachtetes Mitglied. Aber seine Aufmerksamkeit richtete sich zunehmend auf das Institute of Education und die International Library of Sociology and Social Reconstruction. Auch aus diesem Grunde brachte er kein einziges größeres Werk mehr bis zur Veröffentlichung.

Daß wir Mannheim in diesen prekären Situationen analysieren, bedeutet nicht, daß wir das Mannheimsche Werk als Artefakt seiner Biographie interpretieren. Sein Wirken in der Soziologie und für sie ist außerordentlich beispielhaft. Er war zweifellos ein besonders kreativer Soziologe, einer – wie Jean Floud es formuliert hat – der letzten »Klassiker« der Diziplin, der sowohl innerhalb als auch außerhalb der Gemeinschaft der Sozialwissenschaftler als repräsentativ und autoritativ galt. Seine besten soziologischen Arbeiten sind eine fundamentale kritische Herausforderung an die moderne Soziologie. Die zentrale, herausragende Frage dabei war, ob die Soziologie das notwendige und integrative pragmatische Wissen liefern könne, das der Liberalismus braucht, um die zunächst nur von seinen Kritikern konstatierten zersetzenden Irrationalitäten unter Kontrolle zu bringen, die dann durch die realpolitischen Entwicklungen im 20. Jahrhundert auf brutale Weise bestätigt wurden. Das Tragische an Mannheims Schicksal als Denker war, daß er dieses Projekt in seinen reifen Jahren unter Bedingungen durchführen mußte, die ihm das bereits Erreichte als beinahe irrelevant und nutzlos erscheinen ließen.

Jene, die Mannheim in England und in Amerika anzusprechen versuchte, konnten seine theoretischen Interessen oft überhaupt nicht verstehen und sahen seine Versuche, systematische Aussagen zu erarbeiten, als Ausdruck einer kontinental geprägten Schwäche für tiefgründige Spekulationen an. Andere führten ihre Anschauungen in Diskursformen aus, für die Mannheim kaum Verständnis aufbrachte, und reagierten darauf wiederum mit ihrer eigenen Indifferenz gegenüber Mannheims Werk. Die einen, und hierfür ist die »Moot« ein gutes Beispiel, tolerierten seine Schwäche für Systemansätze, da sie viele seiner »Ideen« gerne übernahmen. Die anderen, einschließlich einiger seiner professionellen Kollegen, reagierten schließlich »wütend auf ihn... und hielten ihn für einen Scharlatan, der junge Menschen verwirrte« indem er »tiefgründige« und nicht beantwortbare Fragen aufwarf, »aber nicht in der Lage war, ihnen irgend etwas zu vermitteln, da er nichts Wertvolles zu lehren hatte«.[32] Beide Reaktionen hatten nachteilige Rückwirkungen auf Mannheims theoretische Arbeit.

Mannheim wurde während seiner Jahre bei der »Moot« von einer Reihe bedeutender Persönlichkeiten respektiert und auch bewundert. Sie waren dafür verantwortlich, daß er eine Stelle im Institute of Education bekam, und sie halfen ihm bei der Gründung der International Library of Sociology and Social Reconstruction beim Routledge and Kegan Paul Verlag. Sie dankten ihm öffentlich für seine Vorschläge und lobten ihn für seine Ideen. A. D. Lindsay, Fred Clarke, T. S. Eliot waren von seinen Ideen eingenommen und stimmten mit ihm in seiner politischen Suche nach einem Planungsmodus überein, der sich möglichst eng an etablierte Werte und Institutionen anlehnen sollte.

Das Verhängnisvolle daran aber war, daß das spezifisch englische Konzept der »idea« als einer relativ isoliert durchdachten Vorstellung über ein bestimmtes Problem kaum mit Mannheims lebenslangem Versuch, philosophisch breit fundierte Strukturen des Wissens zu finden, vereinbar war, ja nicht einmal mit John Stuart Mills Zielen in *Logic of the Moral Sciences*.[33] A. D. Lindsay zum Beispiel schließt eine Besprechung von Mannheims posthum veröffentlichten *Freedom, Power and Democratic Planning* mit dem Wunsch, daß »jemand ein kurzes und allgemeinverständliches Buch mit dem Titel ›The Wisdom of Karl Mannheim‹ schreiben möge, dem eine große Leserschaft garantiert wäre«. Die angesprochene »Weisheit« bezieht sich allerdings in keiner Weise auf die Mannheimsche Konzeption soziologischer Theorie als synthetischem Wissen: »Doktor Mannheim weiß so viel, hat ein solch klares Verständnis des gesellschaftlichen Gesamtzusammenhanges und der Art und Weise wie jeder einzelne Faktor auf alle anderen sich auswirkt, daß er die Dinge einfach nicht so lassen kann, wie sie sind. Ich erinnere mich an eine Diskussion mit ihm und einer Gruppe von Freunden, unter ihnen J. H. Oldham, über Sozialreform. Ich argumentierte, daß man die gefährlichen Tendenzen in der Gesellschaft herausfinden muß, sich dann ernsthaft an die Beseitigung der Gefahr macht, aber ansonsten davon ausgeht, daß die moderne Gesellschaft im großen und ganzen gesund ist und allein mit ihren Problemen zurechtkommen wird. Mannheim insistierte dagegen, daß man nichts machen kann, wenn man nicht bereits eine Lösung für alles hat. ...Mannheim lehnte immer vehement die Behauptung ab, daß Gesetzgebung – genau wie moralisches Handeln – in gewisser Hinsicht immer ein Sprung ins Ungewisse sei. Man hatte bei ihm das Gefühl eines unerschütterlichen Glaubens an die Fähigkeit der Soziologie, alle Lücken über Wissen von der Gesellschaft zu überwinden.«[34] Interessant sind in dieser und ähnlichen Besprechungen seines Spätwerks der wohlwollende Skeptizismus, der gegenüber seinem theoretischen Ansatz geäußert wird, und die wiederholten biographischen Hinweise. Mannheim war zu einer prominenten Persönlichkeit geworden, eindrucksvoll, fesselnd, jemand der sich Gehör verschafft, eine prominente Erscheinung im kulturellen und intellektuellen Leben, ein lebendiger, stimulierender Gesprächspartner.

Ein weiterer Aspekt des Ideenaustausches, der im englischen Milieu anzutreffen war und dem Mannheim vergeblich nachzukommen versuchte, ist die Ungezwungenheit, mit der eine Idee gegen eine andere ausgetauscht wird. Als A. D. Lindsay zum Beispiel mit der Planung der späteren Keele Universität begann, war »Mannheim eine der ersten Personen, die er konsultieren wollte... Er war von Mannheims Betonung der Soziologie und seiner Aufgeschlossenheit sozialen Phänomenen gegenüber äußerst beeindruckt.«[35] Bei einer anderen Gelegenheit fand er allerdings die Bemerkung seiner Frau treffend, daß »wir hier in England ... unsere Weltanschauung aus ... der Poesie ableiten.«[36] Diese Vorstellung hatte dann doch einen größeren Einfluß auf die Planung des Studiengangs in Keele, und erst 1966 wurde dort der erste Lehrstuhl für Soziologie eingerichtet.

In ähnlicher Weise beginnt Fred Clarke sein Buch über *Education and Social Change* mit einer Zusammenfassung der Mannheimschen Thesen vom Übergang zur Planung und insbesondere über die Notwendigkeit, das mangelnde englische Verständnis ideologischen Denkens zu überwinden sowie die Unfähigkeit, umfassende gesellschaftliche Entwürfe auszuarbeiten. Aber ein oder zwei Jahre später, während einer Tagung im LaPlay House, lehnt Clarke den Vorschlag, Soziologie in die Lehrpläne für die Schulen aufzunehmen, ab und macht sich für Geschichte stark, indem er R. G. Collingwood zitiert: »die Idee verantwortlichen Handelns ... wird jedem notwendigerweise einsichtig, der sich dieser Frage historisch nähert.«[37] Mit anderen Worten, sogar Mannheims eifrigste Förderer distanzierten sich von seiner Denkweise, obwohl sie viele seiner Denkinhalte schätzten.

Mannheims Beziehungen zu seinem Publikum sind für ein Verständnis seines Denkens von Bedeutung, da er die Verbindung mit einem kollektiven Bewußtsein zu einem konstitutiven Merkmal seiner experimentellen theoretischen Reflexionen machte. Ein entscheidender Aspekt des Experiments war für ihn die Frage der Resonanz. In gewisser Hinsicht ist das der Lukács'schen Konzeption des Klassenbewußtseins ähnlich, allerdings sollte das Erlebnis des Verbundenseins und der intersubjektiven Sicherung empirischer Art sein; d. h. nicht nur eine Herausarbeitung objektiver Interessen und Entwicklungstendenzen, sondern die tatsächliche Klärung wirklicher Verhaltensweisen real existierender Einheiten – etwa einer Generation, der Intelligentsia, einer wissenschaftlichen Disziplin, einer geistigen Elite – um sie präsent und voll verständlich zu machen. Die Versuche Mannheims, Ergebnisse dieser Art zu erzielen, wurden durch Widerstand in den angesprochenen Gruppen, die sich in seinen Darstellungen oft nicht wiedererkannten, teilweise aber auch durch eine Tendenz zur Selbsttäuschung in Frage gestellt. Diese Selbsttäuschung wurde noch verstärkt durch die unheimliche Energie, mit der er diese Projekte anging, und die Frustration, daß die ihm zur Verfügung stehenden Mittel unzureichend waren; schließlich wurde dies alles noch durch den widerborstigen neuen kulturellen Kontext intensiviert. Ohne beim »Patienten« das Erlebnis der »Einsicht« – eine Analogie, die Mannheim besonders schätzte – zu erreichen, war die Diagnose »nicht gültig« und blieb die »Therapie« ohne Ergebnis.

In der Zwischenzeit sind zahlreiche Abhandlungen über den Beitrag der Emigranten zu den Kultur- und Sozialwissenschaften Englands und Nordamerikas geschrieben worden. Über die möglichen Nachteile der Emigration für die Wissenschaftler ist aber kaum Hinreichendes gesagt worden. Die Emigranten sahen sich oft gezwungen, die Rolle eines fremden und esoterischen Propheten zu akzeptieren, gepriesen für den »heuristischen« Wert ihres Werks für die Weiterarbeit an existierenden wissenschaftlichen Projekten, aber nicht für ihren eigenen direkten Beitrag. Auch war es ihnen nur selten möglich, ihre Denkweise genügend zu reorientieren und die impliziten Feinheiten des neuen Denkens zu meistern. Ein besonders qualifizierter Zeuge, der diese Möglichkeiten nacheinander ausprobierte, schrieb zu dieser Zeit: »Jeder Intellektuelle in der Emigration, ohne alle Ausnahme, ist beschädigt und tut gut daran, es selber zu erkennen, wenn er nicht hinter den dicht geschlossenen Türen seiner Selbstachtung grausam darüber belehrt werden will. Er lebt in einer Umwelt, die ihm unverständlich bleiben muß, auch wenn er sich in den Gewerkschaftsorganisationen oder dem Autoverkehr noch so gut auskennt; immerzu ist er in der Irre.... Enteignet ist seine Sprache und abgegraben die geschichtliche Dimension, aus der seine Erkenntnis die Kräfte zog.«[38] Während die intellektuellen Gemeinschaften in den Gastländern die Anregungen der Emigranten oft sehr gut verwerten konnten, war der Nutzen für die Flüchtlinge und ihre eigene weitere intellektuelle Entwicklung nicht unbedingt vorteilhaft. Der Verlust einer inhaltlich anregenden Sprache und eines auf diese Sprache reagierenden Publikums kann manchmal sicher Stimulus für eine neue Kreativität sein. Dennoch trifft häufiger zu, daß die Nachteile größer sind. Der Autor mag versucht sein, seine Gedanken in einen Begriffsapparat zu übersetzen, der sie nicht tragen kann und den er nicht völlig beherrscht. Oder er versucht, wirksame Formulierungen in der neuen Sprache zu erfinden, die aber häufig

Totgeburten sind, tote Worte in einem ritualisierten Vokabular, reifiziert und stilisiert in dem vergeblichen Bemühen, ihnen Leben einzuhauchen. Auch Mannheims theoretische Entwürfe wurden Opfer dieser Umstände, obwohl seine eigenen Arbeiten zur Kontextabhängigkeit kulturwissenschaftlicher Begriffe ihn für Probleme dieser Art besonders vorbereitet hatten.

Mannheim wollte schnell einen eigenen Beitrag liefern, um seine Aufnahme als Flüchtling zurückzuzahlen und sich den ihm zustehenden Platz zu erarbeiten. Infolgedessen nahm er den Rat nicht ernst, dem er Wirth 1930 selbst erteilt hatte, eine »Zeitlang mit uns zusammenzuleben und aus unserer unmittelbaren Lebensproblematik unsere Problemstellungen zu sehen«. Sein anfängliches Interesse an John Stuart Mill – ein Versuch, sich Ginsberg gegenüber erkenntlich zu zeigen – war ein sinnvoller Beginn auf diesem Weg. Allerdings benutzte er diesen Einstieg mehr, um zu Saint-Simon und Comte vorzustoßen, und nicht als Ausgangspunkt für den Versuch, sich mit der englischen sozialwissenschaftlichen Tradition vertraut zu machen. Die Folge war, daß ihn einflußreiche Kollegen manchmal als uninformiert ansahen und ihm auf diese Weise wichtige Chancen entgingen.

In Deutschland sprach Mannheim eine Sprache, deren kultureller Inhalt seinem Publikum verständlich war: Seine Zuhörer und Leser fügten Sinn hinzu und Mannheims ambivalente Formulierungen regten sie dazu an, eigene Unsicherheiten zu durchdenken. Die von Mannheim verwendete Essayform erlaubte ihm, die Komplementarität unterschiedlicher Ansätze zu unterstreichen und über diese Vielfalt zu reflektieren. In der Schrift *Konservatismus* zum Beispiel experimentiert Mannheim mit dem Müllerschen Ansatz einer bipolaren Dialektik, die zwischen Gegensätzen vermittelt, ohne jedoch zu einem dritten, die Gegensätze aufhebenden Begriff vorzustoßen. Bei anderen Gelegenheiten zog Mannheim pluralistische philosophische Alternativen in Betracht. Aber immer sah er die Welt menschlichen Denkens und Handelns als seinen intellektuellen Konstruktionen überlegen. Er war auf der Suche nach einem Wissen, das soziales Handeln kreativ beeinflußt, nicht aber überflüssig macht. Mit Hilfe der soziologischen Sprache erzielte er dabei Resultate, die denen der großen literarischen Essayisten seiner Zeit vergleichbar sind. Hätte er Deutschland nicht verlassen müssen, wären die vielen konstruktiven Kritiken und Reaktionen von solchen Mitgliedern seiner eigenen Generation wie Hannah Arendt, Norbert Elias, Max Horkheimer, Herbert Marcuse, Hans Speier und Paul Tillich wahrscheinlich produktiv in sein Werk aufgegangen.[39] Es wäre möglicherweise exakter geworden als Soziologie, Geschichtswissenschaft oder Philosophie, oder es hätte eine größere Wirksamkeit und Offenheit angenommen, ohne das Genre des kritischen Essays aufzugeben. Die Anpassung an die englischen Verhältnisse war teuer erkauft. Es war unvermeidlich, daß Mannheim mißverstanden wurde und daß er sich auch mißverstanden fühlte.

1 Karl Mannheim: »The function of the refugee«, in: *The New English Weekly* 27 (April, 1945). — **2** Ernst Robert Curtius: »Soziologie – und ihre Grenzen«, in: *Neue Schweizer Rundschau* 33 (Oktober 1929), S. 727–736. (Wiederabgedruckt in Volker Meja und Nico Stehr (Hg.): *Der Streit um die Wissenssoziologie*. Band 2: Rezeption und Kritik der Wissenssoziologie, Frankfurt/M. 1982, S. 417–426. — **3** Brief an Louis Wirth vom 26. Juli 1933 (University of Chicago, Joseph Regenstein Library, Archives, Louis Wirth Papers). T. H. Marshall, Kollege Mannheims an der London School of Economics, berichtet, daß es Mannheim nie eindeutig klar wurde, daß seine Anstellung durch Mittel einer von Lionel Robbins und Lord Beveridge angeregten Sammlung unter Lehrenden der LSE möglich wurde und es sich weder um eine permanente noch um eine mit vollen akademischen Rechten und Pflichten ausgestattete Position handelte (Interview mit Professor Marshall im September 1976). Vgl. auch Lord Beveridge: *The London School of Economics and its Problems, 1919–1937*, London 1960, S. 236. — **4** Mannheim an Wirth, 28. Dezember 1936. — **5** Mannheim an Wirth, 3. Juli 1937. — **6** *Sociological Review* 29 (October, 1937): 414–419. — **7** R. B. Cattell, J. I. Cohen und R. M. W. Travers (Hg.): *Human Affairs* (London: Macmillan, 1937). Mannheims Beitrag ist eine vorläufige Fassung des fünften Teils von *Man and Society in an Age of Reconstruction*, London 1940. Zu den anderen Autoren gehören J. B. S. Haldane, Lord Raglan, Havelock Ellis, B. Malinowski, William McDougall und Morris Ginsberg. — **8** Ebd., S. 355. — **9** Mannheim an Wirth, 13. August, 1938. — **10** Sofern die Intensität seiner Reaktion in einem 25 Jahre später durchgeführten Interview als Hinweis gelten kann, war Ginsberg Mannheim gegenüber sehr feindlich eingestellt. In seinen Erinnerungen betont Ginsberg insbesondere Mannheims »gefällige Popularisierungen«, durch die er viele Studenten anzog und sie mit weitreichenden, ominösen Fragen intensiv stimulierte, ohne ihnen allerdings das analytische Instrumentarium für die empirische Sozialforschung oder die philosophische Reflexion zu vermitteln, und dies nicht zuletzt deshalb, weil Mannheim es unterließ, zwischen Soziologie und Sozialphilosophie zu unterscheiden. Allerdings sollte es zur Ehre beider eminenter Soziologen betont werden, daß die Studenten – wie dem zuverlässigen Bericht Jean Flouds, einer Schülerin Ginsbergs, die auch Mannheims unbezahlte Assistentin an der Übersetzungüberarbeitung von *Ideology and Utopia* mitwirkte und bei der Arbeit an *Man and Society* assistierte, zu entnehmen ist – von diesem Konflikt nie etwas bemerkten. — **11** Interview mit T. H. Marshall, September 1967. — **12** Philip Abrams: *The Origins of British Sociology, 1834–1914*, Chicago und London 1968, S. 60. Eine authentische Schilderung Branfords findet sich in Sybella Gurney Branford Besprechungsaufsatz zu Victor Branford, *Science and Sanctity* in: *Sociological Review* 19 (Oktober 1927), S. 335 ff. — **13** Karl Mannheim: *Diagnosis of Our Time*, London 1943. — **14** Interview mit T. H. Marshall, September 1967. — **15** T. H. Marshall, »Report on the Teaching of the Social Sciences«, in: *The Social Sciences: Their Relations in Theory and in Teaching*, London 1936, S. 40. — **16** In J. E. Dugdale (Hg.): *Further Papers on the Social Sciences: Their Relations in Theory and in Teaching*, London 1937, S. 117. — **17** Brief an Wirth, 13. August 1938. — **18** Brief an Wirth, 6. April 1939. — **19** Brief an Wirth, 17. September 1939. — **20** Vgl. F. A. Iremonger: *William Temple, Archbishop of Canterbury*, London 1948, S. 409. — **21** »Some Remarks on *Humanisme integral* by Jacques Maritain.« 2 S. Mimeographiert. An »Moot«-Mitglieder vor dem »Dinner Meeting« am 11. 5. 1939 verteilt. Die Protokolle und die zwischen den Mitgliedern ausgetauschten Briefe finden sich im Archiv der Audenshaw Foundation (Mucker, Richmond, England). — **22** Karl Mannheim an Oldham. Mimeograph. 2 Seiten. An »Moot«-Mitglieder vor dem Treffen in Cold Ash (April 1941) verteilt. — **23** »Some Remarks on *Humanisme integral* by Jacques Maritain«, S. 149. — **24** Ebd. — **25** Heimann an Mannheim am 31. 1. 1935. Tillich Papers, Andover Theological Library, Harvard University, Box 601, FF 909. — **26** Mannheim an Heimann am 18. 9. 35, Tillich Papers. — **27** Die Korrespondenzen zwischen Alexander Rüstow, Arnold Wolfers, Adolf Löwe, Eduard Heimann, Gerhard Colm und anderen nach 1934 sind im Tillich-Nachlaß zu finden. Viele dieser Briefe wurden offensichtlich als Kopien an die anderen Mitglieder des Kreises geschickt, und natürlich auch an Paul Tillich, dessen Werk und Meinung ständig als gemeinsamer Bezugspunkt auftauchen. Das Leitthema ist die historische und politische Bedeutung des Kapitalismus, und die Autoren sind in zwei Lager gespalten: die einen behaupten einen notwendigen Zusammenhang zwischen politischer Unterdrückung und dem Kapitalismus, die anderen bestreiten diesen Zusammenhang. Mannheim wird als Besucher Rüstows in Istanbul in 1935 erwähnt, und Löwe zitiert sein Buch in einem Brief (vom 15. 7. 1935) an Rüstow. Die Korrespondenz zwischen Heimann und Mannheim wurde auch für Tillich kopiert. Das Problem der genauen Interaktionen Mannheims mit dieser Gruppe zwischen 1930 und 1935, und insbesondere die formative Bedeutung seiner engen Verbindung mit Löwe (die bis zu Mannheims Tod

gedauert zu haben scheint), verdient gesonderte ausführliche Analyse. Einiges Material über Löwe ist enthalten in David Kettler, Volker Meja, und Nico Stehr: *Politisches Wissen. Essays über Karl Mannheim*, Frankfurt/M. 1988. Über Löwe vgl. Claus-Dieter Krohn: *Wissenschaft im Exil. Deutsche Sozial- und Wirtschaftswissenschaftler in den USA und die New School for Social Research*, Frankfurt/M.–New York 1987, S. 43 passim.
— **28** Roger Kojecky: *T. S. Eliot's Social Criticism*, New York 1972. — **29** Ebd., S. 175f.
— **30** Brief von Karl Mannheim an Oldham, 1943. — **31** Roger Kojecky: *T. S. Eliot's Social Criticism*, S. 174. — **32** Interview mit Jean Floud 2. März 1976. — **33** Vgl. Robert D. Cumming: »Is Man Still Man?«, in: *Social Research* 40 (1973), S. 481–510. — **34** Lindsay of Birker: *British Journal of Sociology* 3 (1952), S. 85–86. — **35** Druscilla Scott: *A. D. Lindsay: A Biography*, Oxford 1971, S. 344. — **36** Sir James Mountford: *Keele. An Historical Critique*, London 1972, S. 370. — **37** Dorothy M. E. Dymes (Hg.): *Sociology and Education*, Malvern 1944, S. 95. — **38** Theodor W. Adorno: *Minima Moralia*, Frankfurt/M., S. 32. — **39** Vgl. ihre Arbeiten über Mannheims Wissenssoziologie. Wiederabgedruckt in Volker Meja und Nico Stehr (Hg.): *Der Streit um die Wissenssoziologie*, Frankfurt/M. 1982.

Gerhard Scheit

Vom Habsburgischen Mythos zum Mythos der Masse
Über einige Voraussetzungen und Besonderheiten der österreichischen Exilliteratur

I

Als Robert Musil 1935 beim Pariser Kongreß zur Verteidigung der Kultur mit seiner bekannten Rede auftrat, stießen – deutlich vernehmbar – zwei Welten zusammen. Nicht um den Zusammenstoß der Volksfront-Konzeption mit der Programmatik proletarisch-revolutionären bzw. messianischen Denkens (Brecht, Benjamin) handelte es sich hier. Denn Musil von vornherein ins Lager der streitbaren ›bürgerlichen‹ Humanisten unter den deutschen Autoren zu stellen, wegen seiner bürgerlichen Herkunft und Attitüde einerseits, seiner Teilnahme am Kongreß andererseits, würde sich als eine ziemlich grobe, vulgärsoziologische Vereinfachung erweisen. So ist denn auch der Angriff von Egon Erwin Kisch und Bodo Uhse gegen Musils Rede nicht mit jenem versteckten Brechts und Benjamins gegen einen Schriftstellertypus, wie ihn Heinrich Mann prononciert verkörperte, zu identifizieren. Vielmehr tauchte mit Musils Stellungnahme ein neuer Standpunkt in der Literatur des Exils auf, der sehr eng mit der Besonderheit der österreichischen Literatur und ihrer Traditionen zusammenhängt und in gewisser Weise unabhängig – aber eben nicht isoliert – von den berühmten, fortlaufend ausgetragenen Exildebatten vorwiegend deutscher Künstler und Schriftsteller betrachtet werden muß.

In der Tat müßten hier unausgetragene Kontroversen rekonstruiert werden, wollte man das Verhältnis zwischen den Schriftstellern des deutschen und des österreichischen Exils bestimmen. Der Zusammenstoß zweier Welten beim Pariser Kongreß bildete nämlich ein singuläres Ereignis. Wo immer sich die berühmten Schriftsteller aus Österreich an antifaschistischen Aktionen beteiligten, taten sie es mit Vorbehalt und hielten sich eher am Rande.

Natürlich handelt es sich hierbei keineswegs um die Problematik des österreichischen Exils schlechthin, sondern um die eines bestimmten Typus des österreichischen Schriftstellers – des österreichischen ›Großschriftstellers‹, um Musils polemische Bezeichnung umzuwenden auf die österreichische Literatur und auf ihn selbst; eine Problematik, die ihren Ausgangspunkt deutlich in den Traditionen jenes ›habsburgischen Mythos‹ hat, den Claudio Magris als Paradigma der österreichischen Literatur des 19. und 20. Jahrhunderts erkannte.[1]

Gegenüber diesem Typus zeichnet sich eine überraschende Einheit der streitenden Parteien der Exildebatten ab, nur daß diese Einheit zwischen Brecht und Lukács unterschiedliche Qualität besitzt.

Brecht etwa hätte wohl in Musils Haltung nur eine Zuspitzung jener Thomas Manns sehen wollen. Grobschlächtig zeichnet sich diese Front gegen den bürgerlichen ›Individualismus‹ auch in der Invektive Uhses und Kischs ab: »Robert Musil meint, das kulturelle Schaffen sei an das Individuum gebunden. An wen und was das Individuum gebunden sei, wollte er nicht sagen (...) Man sieht, das soziale Problem ist dem, der bisher ein asozialer Problematiker war, vollkommen neu. Aber er kann ihm nicht entrinnen. Die Hiebe, mit denen man in deutschen Konzentrationslagern die Haut des Denkers und seine Nieren zerschlägt, müssen nicht nur die psychologischen Begriffe des Gepeinigten ändern, nicht nur seine ›persönliche Schaffenskraft‹, sondern auch die eines jeden, der nicht blind und taub ist.«[2] Für Lukács andererseits war mit der Ausarbeitung seiner Realismusauffassung ein wesentlicher Differenzierungsprozeß innerhalb der bürgerlichen Literatur wirksam geworden – und gerade er führte zu einer entgegengesetzten Wertung von Musil und Thomas Mann. Schon 1933 wird Musil im Grand Hotel ›Abgrund‹ als einer seiner prominentesten und bedeutendsten Gäste einquartiert, während für Thomas Mann zu diesem Zeitpunkt noch keine Bleibe diesseits des bürgerlichen Untergangs gefunden ist. In seiner großangelegten Auseinandersetzung mit dem *Mann ohne Eigenschaften* als dem »Totentanz der Weltanschauungen« meint Lukács abschließend, Musil »salviert sein intellektuelles und moralisches Gewissen durch eine radikal ironische Kritik, bleibt aber bei dieser Ironie stehen. Thomas Mann hat in den ersten Nachkriegsjahren einen etwas ähnlichen parasitären Weltanschauungsroman geschrieben, wenn auch nicht auf der intellektuellen Höhe Musils, den *Zauberberg*. Auch hier lösen sich die verschiedenen bürgerlichen Weltanschauungen gegenseitig in ein Nichts auf. Aber Thomas Mann ist noch ein bewußter Ideologe des Bürgertums: er stellt der allgemeinen und allseitigen intellektuellen Zersetzung die einfache, wortkarge ›Haltung‹ einfacher Bürger gegenüber (...) Bei Musil ist die Zersetzung noch viel weiter fortgeschritten. Vor seinen Augen hat bereits nichts Bürgerliches mehr einen positiven Wert, aber gerade aus dieser allzersetzenden Verzweiflung schöpft er seine – skeptisch-mystischen Argumente für das so verachtete Bestehende.«[3] Es bedarf hier kaum des Hinweises, welche Bedeutung später Thomas Mann für Lukács' Ästhetik gewinnen sollte.

Gemeinsam ist diesen Angriffen auf Musil eine charakteristische Indolenz gegenüber der Besonderheit der österreichischen Literaturentwicklung und eines österreichischen Schriftstellerdaseins, gegenüber der kulturellen Frage der Nation in Österreich gewissermaßen. Freilich begann sich das Bewußtsein der kulturellen und nationalen Eigenständigkeit als demokratisches selbst erst im Kampf gegen den Faschismus allmählich herauszubilden; und es kommt das Problem hinzu, daß die Literatur – sieht man von weniger bekannten, gleichwohl bedeutenden Autoren wie Theodor Kramer, Jura Soyfer, Berthold Viertel einmal ab – dabei relativ wenig Anteil hatte.[3a] Konnten sich

Joseph Roth, Franz Werfel und Stefan Zweig von den politischen und nationalen Vorstellungen der Monarchie nicht trennen, so verabschiedeten Musil, Broch und Canetti mit der Welt der Monarchie jede andere politische oder nationale Form einer österreichischen Besonderheit und verstanden sich – zumal im Exil – weniger als österreichische sondern als ›internationale‹ Schriftsteller, die ohne Vermittlung einer nationalen Kultur an der Weltkultur partizipieren wollten. Ungeachtet dieses Selbstverständnisses wären Kontinuität und Diskontinuität zwischen diesen Standpunkten zu bestimmen – und in diesem Vorgang der Differenzierung eine historische Gestalt der österreichischen Besonderheit für die Literatur dieser Epoche zu sehen. Und es ist, glaube ich, Musil, dem bei dieser Erkenntnismöglichkeit eine Schlüsselstellung zukommen müßte.

Wie eine späte Selbstkritik in dieser Hinsicht muten jedenfalls gewisse Aussagen Georg Lukács' über den *Mann ohne Eigenschaften* im teilweise veröffentlichten Briefwechsel mit Cesare Cases (aus dem Jahr 1964) an: »Die ursprüngliche Anlage ist eine Kritik Österreichs vor dem ersten Weltkrieg (...) es wäre an sich möglich gewesen, daß eine österreichische Parallele zum Zauberberg entsteht. Und Sie haben ganz recht, wenn Sie meinen, daß der Faschismus Musil aus dieser Bahn herausgeworfen hat. Infolge dessen ist die unauflösbare Problematik in der Konstruktion des Romans entstanden. Wenn dieses Chaos eine literarische Parallele hat, so ist es – auch eine österreichische Erscheinung – das Verstummen von Karl Kraus beim Aufkommen Hitlers. Nur daß dies bei Kraus eine eindeutige, freilich nicht leicht entzifferbare Geste gewesen ist. (...) Es käme nur darauf an, diese Sache nicht nur als Zusammenbruch des Schriftstellers Musil, sondern auch als österreichische Erscheinung zu begreifen.«[4]

Gerade Musils Bekenntnis zum unpolitischen Schriftsteller – provokativ beim Kongreß vorgetragen – verstellt meist noch heute die spezifisch österreichische Dimension seines Literaturverständnisses. Sein Zurückweichen vor dem ›Zwang zur Politik‹ (Thomas Mann), dem eine »ambivalente« Haltung zu Demokratie und Faschismus entspringt[5], wird in der Regel abstrakt – d.h. ohne die Vermittlung österreichischer Traditionen – in den Kontext der Exildebatten gerückt und gegenüber dem eindeutigen Engagement der Schriftsteller in der Volksfront entweder auf- oder abgewertet.

Es ist natürlich leicht, in Musils Argumentation verschiedene Denkmuster des traditionsreichen österreichischen Bürokratismus nachzuweisen – etwa in dem orginell gemeinten Vergleich von Politik und Hygiene, mit dem Musil sein apolitisches Credo rechtfertigen möchte: »Auch die Hygiene geht jeden an, und doch habe ich mich niemals über Hygiene öffentlich geäußert, weil ich zum Hygieniker ebenso wenig Talent spüre wie zum Politiker oder Geologen.«[6] Aus der Sicht des Bürokraten ist die Politik freilich ein Lebensbereich wie jeder andere, für den man also ebenso bestimmte Fachleuchte benötigt, der aber keineswegs etwas mit Öffentlichkeit zu tun hätte. Doch weniger auf solche unmittelbare, äußere Erbstücke der österreichischen ›Lebensform‹ soll hier das Augenmerk gelegt werden. Interessanter nämlich ist die durch die Geschichte in Widerspruch mit sich selbst geratene österreichische Besonderheit. Denn die österreichische Eigenart äußert sich bei Musil – und bei ihm wohl am frühesten – gerade in seiner immer entschiedeneren Ablehnung der österreichischen Eigenart: »So erwartet etwa meine österreichische Heimat von ihren Dichtern, daß sie österreichische Dichter seien; nicht etwa Dichter und Österreicher, sondern Dichter mit einem besonderen Wohlgeruch, und es finden sich Kulturgeschichtskonstrukteure, die uns beweisen, daß ein österreichischer Dichter immer etwas anderes gewesen sei als ein deutscher. Das hat rasch dazu geführt, daß der Begriff des österreichischen Dichters an die zweite Stelle getreten ist hinter dem des dichtenden Österreichers.«[7]

Natürlich war diese österreichische Heimat 1935 keine Demokratie mehr, und natürlich bezog sich Musils Kritik auf eine austrofaschistische Kulturpolitik, die in vielem der nationalsozialistischen nacheiferte.[8]

Musils Lebenswerk – vom *Törleß* bis zum Nachlaß des *Mann ohne Eigenschaften* – könnte man wohl als Zerstörung des habsburgischen Mythos begreifen, als Kritik an der kulturellen und ideologischen Entwicklung Österreichs seit dem späten 19. Jahrhundert. Vor diesem Horizont erscheint die ganze Rede auf dem Kongreß als eine einseitige Verallgemeinerung der dichterischen Kritik an der österreichischen Kulturentwicklung, gipfelnd in der Aussage, ein österreichischer Dichter sei nie etwas anderes gewesen als ein deutscher. Doch Musil treibt die Abstraktion noch weiter, insofern er ganz allgemein die Bedeutung nationaler Eigenart für die Kulturentwicklung bestreitet – zugunsten der Hypothese, »daß sich die Geschichte unseres Zeitalters in der Richtung auf einen verschärften Kollektivismus entwickelt hat.«[9] Gerade die Alternative von Volksfront und Nationalsozialismus mußte für ihn in der Abstraktion eines »Kollektivismus« zur Unkenntlichkeit verschwimmen. Lediglich eine Folge davon ist der von Geschichte und Politik eines solchen Kollektivismus abgelöste Kulturbegriff – bewahrt einzig als abstrakte Funktion des isolierten Individuums: »Kultur ist an keine politische Form gebunden.«[10]

Dieser Prozeß der Abstraktion, der bei Musil, wie zu zeigen sein wird, unmittelbar aus der Kritik an der habsburgischen Ideologie entsteht, scheint mir typisch für die Entwicklung der österreichischen Exilliteratur; eine Typik, die sich auf das Paradoxon zuspitzen ließe, daß in der Abstraktion von der österreichischen Eigenart immer deutlicher sich eine neue österreichische Eigenart abzeichnet. Die reale Situation des Exils mußte bei diesem Vorgang der gedanklichen Emigration aus der österreichischen Geschichte und Kultur als entscheidender Katalysator wirksam werden. Doch wäre es sicherlich falsch und kurzschlüssig, ihr allein die Dynamik dieser Entwicklung zuzuschreiben. Die paradoxe Eigenart zeichnet sich schon in den vor dem Exil fertiggestellten

Teilen des *Mann ohne Eigenschaften* ab, und zwar als das grundlegende Strukturprinzip des Romans. Im Vordergrund – wenn man so sagen darf – gestaltet Musil eine Welt und Personen *mit* Eigenschaften. Es ist dies vor allem das Geschehen um die sogenannte Parallelaktion, worin Handlung und Personen, am Maßstab des traditionellen Gesellschaftsromans (eines Balzac etwa) gemessen, konkret und vielseitig gezeichnet sind. Mit einem Wort: sie sind ›typisch‹ – im Lukácsschen Sinn – für die Gesellschaft der Habsburgermonarchie in der Phase ihres Untergangs. Die Begeisterung von Lukács für diese Seite des Romans ist darum durchaus logisch und verständlich. Allerdings leidet seine frühe Studie ein wenig daran, daß sie Musils Roman ausschließlich als Paradigma des Zustands der *deutschen* Intelligenz interpretiert – und seine spezifisch österreichischen Züge dabei etwas verzerren muß. Dennoch gelingt Lukács eine überzeugende Darstellung, was die künstlerische Gestaltungsweise der Haupthandlung betrifft.

»Die satirische Kraft in der Erfindung dieser Haupthandlung zeigt sich vor allem darin, daß Musil imstande ist, alle Kreise der höchsten Geistigkeit, vom Klerus über die höhere Bürokratie bis zu Literaten und Universitätsprofessoren aufmarschieren zu lassen, daß alle diese Spitzen der bürgerlichen Geistigkeit in jeder Diskussion die ganze Flotte ihrer Weltanschauungen von Stapel laufen lassen (...) – und daß bei alledem garnichts herauskommt. (...) Er ist imstande, jeder Weltanschauungsnuance der heutigen bürgerlichen Intelligenz ihren gedanklich wie gefühlsmäßigen höchsten Ausdruck zu verleihen; es treten sowohl ihre inneren Widersprüche, wie ihre Widersprüche zur Wirklichkeit krass zutage. Um die äußerlich wie innerlich gleich lächerliche ›vaterländische Aktion‹ spielt sich wirklich ein Totentanz der modernen bürgerlichen Weltanschauungen ab. Jede Nuance der Weltanschauungen hetzt sich selbst und ihre Widersacher in einem ironisch-ernsten Reigen zu Tode (...).«[11] In diesem Reigen tanzt eben auch mit der Nietzsche-Verehrerin Clarisse und mit Meingast (als Klages) der deutsche Irrationalismus, und mit den Wandervogel-Kreisen um Gerda der präfaschistische Rassismus mit. In der Darstellung der intellektuellen Physiognomien gewisser Vorformen des Faschismus ist der *Mann ohne Eigenschaften* durchaus dem *Doktor Faustus*-Roman zur Seite zu stellen. Der Vergleich mit Thomas Mann bietet sich bei Musil nicht zufällig immer wieder an. Denn die Ironie ist gleichsam die Musik zu diesem Totentanz der Weltanschauungen, sie erzeugt jene im strengen Sinn romanhafte Atmosphäre der Handlungsebene, sie ist das Medium der Selbstzerstörung des habsburgischen Mythos. Doch Musils Ironie kreist in sich selbst. Während in Thomas Manns Werk durch die Ironisierung des alten Humanismus (verkörpert v. a. im Erzähler Serenus Zeitblom) die Perspektive auf einen neuen sich andeutet, löst sich Musils ironischer Totentanz in eine Welt ohne Eigenschaften auf: in die Gedankenwelt Ulrichs. Es ist, als ob die Ironie sich immerzu nach ihren eigenen philosophischen und moralischen Grundlagen, nach ihrem Existenzrecht, befragen wollte, woraus eine zweite Ebene der Darstellung entspringt, die wie ein Himmel den irdischen Totentanz überwölbt. Sie macht im eigentlichen Sinn das ›Moderne‹ von Musils Roman aus. Ihre Bedeutung reicht weit hinaus über sonst übliche, rhetorische Einschübe in traditionellen Romanen, die den Leser unmittelbar mit der Meinung des Erzählers konfrontieren wollen. Auch gibt es in Musils Roman keine scharfe Trennlinie zwischen dem habsburgischen Totentanz einerseits und Ulrichs erkenntnistheoretischen Gedankenexperimenten, moralphilosophischen Reflexionen und mystischen Spekulationen andererseits. Vielmehr wandern die Phänomene und Motive ständig aus der einen Sphäre in die andere; die Sphäre der modernen, skeptischen Reflexion scheint dabei unmittelbar aus der ironischen Zerstörung der habsburgischen Gesellschaft hervorzugehen.

An dem Handlungskomplex Clarisse – Moosbrugger – Ulrich ließe sich die hier angedeutete Bewegung zwischen den zwei Sphären des Romans gut zeigen. Clarissens nietzscheanisches Schwärmen gestaltet Musil aus ironisch-kritischer Distanz, indem er ihren Charakter, ihre Lebensweise und -umstände schildert, indem er sie also *in* ihren Beziehungen zu anderen Menschen zeigt. Clarisse schwärmt für Moosbrugger, einen inhaftierten Frauenmörder; mit seiner Gestaltung verliert aber Musil jene epische, die Ironie fundierende Distanz: Moosbrugger wird zum direkt erscheinenden, mystischen Prinzip, je weiter er bewußt in eine, der Romantotalität menschlicher Beziehungen nicht mehr erreichbare, Ferne rückt. Die Darstellung des Irrationalen, das er unmittelbarer als Clarisse und Meingast, durch kein irrationalistisches Weltbild gebrochen, verkörpern soll, wird selber irrational, mündend in den Gedanken Ulrichs: »wenn die Menschheit als Ganzes träumen könnte, müßte Moosbrugger entstehn.«[12] Als ein anderes Beispiel für die Struktur – oder besser: Bewegung – des Romans wäre die Darstellung des Sozialismus, der Vertreter der Arbeiterbewegung und ihrer Ideen in unserem Zusammenhang interessant. Im Handlungsgeschehen taucht einmal der junge verarmte, sozialistisch gesinnte Student Schmeißer auf. In der von Musil gestalteten Auseinandersetzung mit Ulrich zeigt sich die realistische Kraft des Romans darin, daß man die Argumente Lukács' in Schmeißers Argumentation gegen Ulrichs Lebensführung wiederfindet – die Passagen sind etwa Mitte der zwanziger Jahre entstanden, aber unpubliziert geblieben. (Nicht auszuschließen ist allerdings, daß Musil sie in den späteren Jahren des Exils noch einmal vornahm.)[13] Wenn Schmeißer dabei Ulrich mit dem schöngeistigen Großkapitalisten Arnheim vergleicht, gelingt es Musil, dem Romanhelden jene Konturen seiner gesellschaftlichen Lage zu geben, die sonst im Skeptizismus eines Seins ohne Eigenschaften verschwimmen:

> »›Dieser Bankdirektor (...) ist mein Feind. Ich bekämpfe ihn. Ich weise ihm nach, daß seine Überzeugungen nur Vorwände für seinen Profit sind. Aber er hat doch wenigstens Überzeugungen! Er sagt ja, wo ich nein sage, und umgekehrt. Dagegen Sie! In Ihnen hat sich alles schon aufgelöst. In ihnen hat sich

> die bürgerliche Lüge bereits zu zersetzen begonnen!‹ (...) A (= ›Anders‹, der in den späteren Fassungen zu ›Ulrich‹ wird; G.S.), fühlte deutlich, daß Schm. (=Schmeißer; G. S.) die gleiche Abneigung gegen ihn hegte, wie er gegen den verwöhnten Arnh. (=Arnheim; G. S.) – Ich bin weder bürgerlich noch unbürgerlich – sagte er. – Ich habe keine Partei, außer wenigen und verstreuten Menschen, die das gleiche erleiden (...) Es mag sein, daß das, was mich beschäftigt, bürgerlicher Herkunft ist. Es ist anzunehmen. Ich würde wahrscheinlich anders denken, wenn es mir schlecht ginge.«[14]

Freilich versteht es Musil auch aufs Beste, gewisse partikuläre Seiten von Schmeißers Engagement mit dessen abstraktem Idealismus ironisch zu konfrontieren – zunächst jedoch ohne etwas von dem Angriff auf Ulrich, von dem Inhalt seiner Kritik, zurückzunehmen:

> »Auch der Gedanke an die Sonnenbäder der Naturheilfreunde u. die Aussicht, daß eine gesunde Nacktkultur die bürgerliche Kleiderordnung ablösen werde, vermochte dem zwischen breitgespannten Schulterknochen engbrüstigen jungen Mann nicht das Gleichgewicht gegenüber dem athletischen A. zu geben.«[15]

Schmeißer zählt den athletischen Ulrich indessen zu seinen Feinden – »deren Vergehen ohnedies nicht dem Gericht entrinnen konnten, das die materialistische Entwicklung dereinst über sie verhängen mußte.«[16] Doch schließlich hebt Musil auch diese Beziehung seiner Gestalten auf die unironische Ebene einer Gedankenwelt ohne Eigenschaften und es setzt sich hier ohne Widerstand Musils neopositivistischer Standpunkt der Wertfreiheit des Wissens und der Unvereinbarkeit von Tatsachen und Überzeugungen mit erstaunlicher Leichtigkeit durch. Keine Ironie mehr ist auf dieser Ebene imstande, auch diesen Standpunkt nach Maßgabe des Gesamtgeschehens zu relativieren, wenn Musil etwa räsoniert: »Den gleichen Wert (wie Schmeißers Engagement, G. S.) haben Überzeugungen; (...) der Schimmer ›großer Ideen‹; Vorurteile; der Glaube an das Menschengeschlecht; an die Zukunft; an Gott; an die Vergangenheit usw. All dies vereinfacht die Welt auf ein erträgliches Maß und ohne dies würde sie als eine ungeheure Unordnung erscheinen.«[17] Musil hat mit einer Klarheit und Rücksichtslosigkeit wie kaum ein anderer Schriftsteller seine künstlerischen Probleme reflektiert – und darum ist er auch an diesem Grundproblem seines Romans nicht vorbeigegangen:

> »Müßte nicht gesagt werden, daß ich einfach nicht den Mut gehabt habe, was mich philosophisch beschäftigt hat, denkerisch u. wissenschaftl. darzustellen, u. daß es darum hinten herum in meine Erzählungen eindringt u. diese unmöglich macht? (...) Ich könnte mich damit entschuldigen, daß die Phil. mir nicht die Grundlage geliefert hat; aber es ist auch Aus-

druck meines Wesens, worin die beiden Interessen vereinigt u. viell. nicht richtig abgegrenzt sind. (...) Was man rational besser ausdrückt, ja überhaupt so ausdrücken kann, soll man nicht dichten. Es scheint, daß ich darin etwas kompromißlich geworden bin.«[17a]

Diese Struktur war also bereits vor dem Exil dem Roman Musils eigen. Vor diesem Hintergrund stellt sich die Wirkung von Exil und faschistischer Bedrohung als eine Beschleunigung des beschriebenen Abstraktionsprozesses dar: in den Kapiteln, an denen Musil nach 1933 arbeitete, die er 1937/38 in Druck gab und schließlich doch noch bis zu seinem Tod 1942 weiter überarbeitete, verschwindet die habsburgische Welt und ihre ironische Auflösung – bis auf ein Kapitel über General von Stumm – ganz hinter dem Thema der Geschwisterliebe zwischen Agathe und Ulrich. Daß es sich dabei um eine bewußte Abstraktion von Kakanien handelt und daß Musil darin einen Ausweg aus der österreichischen Geschichte suchte, zeigt eindringlich ein Passus aus der Einleitung zu jenen Kapiteln, die Musil in den letzten beiden Lebensjahren noch einmal überarbeitete:

»In der Zeit, die nun folgte, zogen sie sich von ihren Bekannten zurück (...) im allgemeinen folgten sie einfach, sobald sie das Haus verließen, den Großstadtströmungen, die ein Bild der Bedürfnisse sind und mit gezeitenmäßiger Genauigkeit die Massen, je nach der Stunde, irgendwo zusammenpressen und anderswo absaugen. Sie überließen sich dem ohne bestimmte Absicht. Es vergnügte sie, zu tun, was viele taten, und an einer Lebensführung teilzunehmen, die ihnen die seelische Verantwortung für die eigene zeitweilig abnahm (...) und die Geschwister nahmen diese Einladung, sich der Welt zuzuwenden, nicht ungern an.«[18]

Interessant ist hierin zunächst, daß Musil bei den ganz wenigen Wörtern, die er gegenüber der Fassung von vor 1937/38 veränderte, nun von »Massen« spricht und nicht mehr wie in der ersten Fassung von »Menschen«[19], die von den Großstadtströmungen je nach der Stunde an bestimmten Orten zusammengepreßt oder abgesaugt werden. Meiner Meinung nach ist es keine Überbewertung einer Einzelheit, wenn man dieses Detail der Überarbeitung als Bestandteil jenes Abstraktionsprozesses betrachtet. Überhaupt deuten sich – wie auch in Musils Kollektivismus-Begriff – in dem zitierten Abschnitt inhaltliche Positionen, Perspektiven und Probleme an, die auch zum bestimmenden Horizont von Brochs und Canettis Werken werden sollten. Die zunehmende und bewußte Distanz zu Leben und Alltag der ›Massen‹ läßt sie den Schriftstellern fremd, aber erfüllt von einer sonderbaren, exotischen Schönheit erscheinen. So werden sie oft beschrieben als naturhafte Vorgänge (»mit gezeitenmäßiger Genauigkeit ... zusammengepreßt und abgesogen« ...) und je weniger ihr immanenter Sinn noch gesellschaftlich verstanden werden kann, desto mehr werden sie ästhetisiert. Der

Schriftsteller vermag offenbar nicht mehr, mit diesem Alltag der Massen, und sei's nur in der Phantasie, *mitzuleben*; er wird hingegen dem Verhaltensforscher ähnlich, der zusammen mit den Graugänsen im Wasser badet. »Ohne bestimmte Absicht« geschieht dies allerdings. – Musil weiß – dank seiner Ironie und Selbstironie – von den Gefahren einer solchen Sichtweise, die einem die seelische Verantwortung für die eigene Lebensführung abnimmt. Und für Broch sollte unter anderem darum die Ethik zum zentralen Problem seines Denkens werden.

In formaler Hinsicht weist neben Musils intensiver Arbeit der letzten Jahre an den *Aphorismen* auch seine Bemerkung über ein mögliches Nachwort Ulrichs zum *Mann ohne Eigenschaften* auf jene Wende zum wissenschaftlichen Essay und Aphorismus voraus, die sich bei Broch und Canetti vollziehen sollte: »Der gealterte U. von heute, der den zweiten Weltkrieg miterlebt, und auf Grund dieser Erfahrungen seine Geschichte, und mein Buch, epilogisiert. (...) Das wäre aber ein historischer, philosophischer usw. Essayband, oder der letzte der Aphorismenbände«.[20] Die quasi analytische Abstraktion, die bei Musil aus der Ironie des habsburgischen Totentanzes in eine Sphäre hinüberleitet, in welcher neopositivistisch-skeptizistische Reflexion und mystische Unmittelbarkeit ineinander umschlagen, könnte man darum auch als formalen und inhaltlichen Niederschlag einer gewissen Isolation und Entfremdung des österreichischen Schriftstellers von der eigenen Geschichte und Kultur begreifen. Diese Entfremdung war mit der Auflösung der alten habsburgischen Synthese – die sich im Exil endgültig vollzog – erst virulent geworden; einer ideologischen Synthese, die so lange Zeit – eigentlich seit Grillparzer – und im Widerspruch zur Dynamik der bürgerlichen Gesellschaft, die Integration des Schriftstellers und Intellektuellen in die österreichische Gesellschaft – zumindest subjektiv – gewähren konnte. Musil hat nicht nur an der Auflösung der habsburgischen Ideologie – mit einer Emphase wie sonst nur Karl Kraus – mitgeschrieben, er hat auch jenes Dilemma, das damit für den ›bürgerlichen‹ Schriftsteller in einem Land erwächst, das kaum auf historisch entwickelte Citoyen-Traditionen zurückblicken kann, konsequent zu Ende gedacht – oder besser noch: zu Ende gestaltet. Denn der Roman gibt selbst zu erkennen, daß seine Unvollendbarkeit tiefere Gründe hat als die Verlagssituation und die persönlichen Lebensumstände im Exil. Diese Konsequenz, die Musil in der Immanenz des Romans durchhält, verleiht ihm jene zentrale Stelle in der österreichischen Literatur des 20. Jahrhunderts, von der aus der Blick voraus und zurück sich wenden kann: voraus zu Broch und Canetti, zurück zu Roth, Werfel und Zweig.

II

Für Joseph Roth behielt die habsburgische Ideologie noch ganz ihre integrative, identitätsstiftende Funktion im literarischen Schaffen. Stärke und Schwäche der großen Romane Roths liegen gleichermaßen in der Konservierung der habsburgischen Synthese begründet. Denn diese Synthese birgt bei Roth eine gleichsam organische Beziehung zu einer ganz bestimmten sozialen und kulturellen Sphäre der Habsburgermonarchie, die eine besondere kulturelle Homogenität und soziale Resistenz gegenüber den Einbrüchen der bürgerlichen Gesellschaft behaupten konnte: der Sphäre slawischer und vor allem ostjüdischer Lebens- und Gemeinschaftsformen. »Von Ostgalizien bis zur Ukraine und von Litauen bis nach Bessarabien, in diesem ganzen zwischen dem Habsburgerreich und dem Zarenreich aufgeteilten Streifen Osteuropas, waren die Ansiedlungen der größtenteils vom Osten her im Laufe der Jahrhunderte (...) eingewanderten Juden auf einer primitiven und archaischen Grundlage zurückgeblieben und hatten gerade deswegen stärker die zentripetale Kraft des Familienzusammenhangs und der religiösen Vorschriften als Verteidigung gegen die Geschichte zu bewahren vermocht.«[21] Wenn Lucien Goldmann vom ostjüdischen ›Shtetl‹ als einer »relativen Totalität«[22] spricht, so berührt dies nicht nur jene historische Isolation, sondern auch dessen künstlerische und literarische Möglichkeiten – Möglichkeiten, die Claudio Magris als entscheidenden Faktor für Roths Rückkehr zur großen Epik begriffen hat. Der Bezug zum ›Shtetl‹ garantierte Roth eine »Ökumene von Bedingungen und Beziehungen, in der Affekte und Gefühle geteilt und mitgeteilt werden konnten und die Übertragung von Werten möglich war, einer Ökumene also, die Epik im Sinne einer Hierarchie von Bedeutungen zuließ, als Ordnung von Ereignissen und Vermittlung eines solchen Vermögens in der Harmonie der Erzählung.«[23] Bei dieser Grundlage von Roths spätem epischem Schaffen kann es eigentlich kaum verwundern, daß Georg Lukács sich in seiner Besprechung des *Radetzkymarsch*-Romans von 1939 – trotz verschiedener, mehr ideologischer Bedenken – beinahe begeistert über Roths literarischen Stil äußerte.[24] Kraft der engen Verbundenheit mit der versunkenen Welt des Ostjudentums bewahrte sich Roth in seinem künstlerischen Schaffen die unmittelbare Nähe zum Leben und Alltag des Volks, der Massen der kleinen Leute. Keine ideellen Probleme und Reflexionen heben seine Romane von diesem Leben ab, ihre ›ideellen‹ Synthesen sind unmittelbar identisch mit jenen dieses Volkslebens: mit der Religion. Im Kontext der Romane erscheint es unmöglich, daß etwa die »Masse« oder der »Kleinbürger« zu einem Gestaltungsproblem werden könnte, das nurmehr mit ästhetisierten Abstraktionen gelöst werden könnte. Es scheint mir nicht zu weit hergeholt, Roth *in dieser Hinsicht* mit Tolstoi zu vergleichen.

Freilich erweist sich Roths Beziehung zum ›Shtetl‹ kaum so unmittelbar, so ›organisch‹ wie jene Tolstois zur russischen Bauernschaft; genauer besehen, zeigt sie sich als Reminiszenz, vermittelt über die jiddische Erzählliteratur, deren Legendenton noch bei Roth eine gewisse Idealisierung und Verklärung des ›Shtetls‹ und seines sozialen Elends ermöglicht. Über diese literarische Tradition erst gelangte Roth zur Suche nach der versunkenen Welt des Ostjudentums und letztlich auch der Habsburgermonarchie. Der Wert solcher Verklärungstendenz läßt sich meiner Ansicht nach kaum als »Utopie einer Vergangenheit«[25] retten, vielmehr wäre er und die Wahrheit von Roths Darstellung in dem plebejischen Moment, in der Volkstümlichkeit zu suchen, die im religiösen Legendenton – als zur Sprache gebrachtem Seufzer der bedrängten Kreatur – unmißverständlich zum Ausdruck kommen. Während aber bei Tolstoi eine radikale Gesellschaftskritik am Bezug zur russischen Bauernschaft sich entzünden konnte und seinen späten Realismus ermöglichte, führt bei Roth die Verbundenheit mit den Gesellschafts- und Lebensformen des ›Ostjudentums‹ nicht mit solcher Konsequenz zu einer Kritik der bürgerlichen Gesellschaft; einer Gesellschaft, wie sie sich gerade im westlichen Teil der Habsburgermonarchie unter der Herrschaft Franz Josefs mehr und mehr entfaltete und in ihrer Verschmelzung mit den überkommenen feudalabsolutistischen Elementen den charakteristischen operettenhaften Zug dieser Epoche produzierte. Der Widerspruch zwischen den alten östlichen slawischen und jüdischen Gesellschaftsformen und der den Ton der Kapitalisierung angebenden westlichen Realität der Habsburgermonarchie wird nicht in dem Sinne fruchtbar wie bei Tolstoi der zwischen dem Leben der russischen Bauern und der ›großen‹ Gesellschaft in den Metropolen; er wird hingegen oft herabgestimmt zu Resignation, die mit etwas Ironie gleichsam überzuckert ist. Roth blickte ja schon aus einer neuen Epoche zurück auf die alte Zeit, die ihm zur guten alten zu werden droht – angesichts des völligen Durchbruchs und der ungehemmten, dekouvrierten Entfesselung der bürgerlichen Gesellschaft in politischer, nationaler und kultureller Hinsicht. So regenerierte sich auf dem Boden der Republik und des Exils die habsburgische Ideologie, die den Realismus in Roths Darstellung gefährdet, sobald sie deren Widersprüche zur sanften Ironie harmonisiert. Diese Tendenz entsteht im Roman durch die künstlich herbeigeführte »Symbiose« zwischen »Austriazität und Ostjudentum (...), Imperium und Shtetl«[26], eine Symbiose, die in der Wirklichkeit der Monarchie nicht existierte, bildeten doch gerade die Ostgebiete so etwas wie die Kolonien des Reichs. Darum bleibt Roths Ironie der habsburgischen Gesellschaft gegenüber – im Unterschied zu Musil – meist versöhnlich, färbt sich stellenweise sogar etwas sentimental. Nicht zufällig kristallisiert sich diese versöhnliche Ironie an der Darstellung Franz Josephs im *Radetzkymarsch* am deutlichsten aus. Die Figur des Kaisers muß zu einer Allegorie stilisiert werden, um diese harmonische Einheit von Monarchie und ›Shtetl‹, ›oben‹ und ›unten‹, Herrschaft und Volk erscheinen zu lassen. Während Roth den Verfall der Habsburgermonarchie bei seinen Hauptfiguren, die die eigentlichen Stützen der alten Welt einmal waren, bei den mittleren österreichischen Beamten und Offizieren, mit großem Realismus und ohne romantischen Vorbehalt zu gestalten vermag, versucht er gleichzeitig, und diesem Verfall entgegengesetzt, die ›Idee‹ des Habsburgerreichs in der Allegorisierung des Kaisers zu retten.[27] Der Kaiser verkörpert – im buchstäblichen Sinn – diese Idee, aber, und hier entzündet sich die leise Ironie, nur mehr als veräußerte, wesenlos gewordene Konvention.

>»Die Strahlen der habsburgischen Sonne reichten nach dem Osten bis zur Grenze des russischen Zaren. Es war die gleiche Sonne, unter der das Geschlecht der Trottas zu Adel und Ansehen herangewachsen war. Die Dankbarkeit Franz Josephs hatte ein langes Gedächtnis, und seine Gnade hatte einen langen Arm. Wenn eines seiner bevorzugten Kinder im Begriffe war, eine Torheit zu begehen, griffen die Minister und Diener des Kaisers rechtzeitig ein und zwangen den Törichten zu Vorsicht und Vernunft.«[28]

Kommt in dieser Passage im Vergleich des Kaisers mit der Sonne der allegorische Zug von Roths Kaiserbild gut zum Ausdruck – aufs engste korrespondierend mit seinem, durch keinerlei politische Form vermittelten, quasi familiären Bezug zum einzelnen Untertanen, so zeigt sich in den folgenden Zitaten die ironische Aushöhlung solcher allegorischer Existenz:

>»Der Kaiser war ein alter Mann. Er war der älteste Kaiser der Welt. (...) Die Runzeln in seinem Angesicht waren ein verworrenes Gestrüpp, darin hausten die Jahrzehnte.[29] Er hatte das Gefühl, daß er sich vor Gott zusammennehmen müsse wie vor einem Vorgesetzten. Und er war schon alt! Er hätte mir so manches erlassen können! dachte der Kaiser. Aber Gott ist noch älter als ich, und seine Ratschlüsse kommen mir vielleicht genau so unerforschlich vor wie die meinen den Soldaten der Armee! Und wo sollte man da hinkommen, wenn jeder Untergeordnete seinen Vorgesetzten kritisieren wollte.[30] Ihm ging die große, goldene Sonne der Habsburger unter (...) Es paßt ihnen halt nimmer, von mir regiert zu werden! dachte der Alte. Da kann man nix machen! fügte er im stillen hinzu. Denn er war ein Österreicher (...)«[31]

Hält man dem jene andere Allegorie entgegen, die Karl Kraus in den *Letzten Tagen der Menschheit* aus der Figur Franz Josefs entwarf, so zeichnet sich scharf die Problematik von Joseph Roths versöhnlicher Ironie ab:

>»Auch möchte ich glauben, daß es gottgefälliger ist, der Majestät des Todes an den Gräbern von neun Millionen Jünglingen und Männern Ehrfurcht zu erweisen, von hunderttausenden Müttern und Säuglingen, die Hungers sterben mußten – als vor dem einen Grab in der Kapuzinergruft, das eben jenen Greis bedeckt, der das alles reiflich erwogen und mit einem Federstrich herbeigeführt hat (...) Denn dieses blutgemütliche Etwas, dem nichts erspart blieb und das eben darum der Welt nichts ersparen wollte, justament, sollen s'sich giften –

beschloß eines Tages den Tod der Welt. (...) Ich meine jenen blutdürstigen Dämon seines verfluchten Hauses, dessen Walten sich justament in diesem Kaiserbart manifestierte und in einer Gemütlichkeit, die eben das Blut, das sie nicht sehen konnte, gekostet hat.«[32]

1938, ein Jahr vor seinem Tod im Exil, erschien Roths *Kapuzinergruft*, die Fortsetzung des *Radetzkymarsch*. Roths letzter Roman hat die Periode vom Ersten Weltkrieg bis zur Annexion Österreichs zum Gegenstand. Wie der Hauptfigur darin scheint sich aber auch dem Erzähler Roth die neue Wirklichkeit von Republik und faschistischer Gefahr zu entziehen. Nicht zufällig eben verkürzt sich hier die epische Perspektive ganz auf die Ich-Form, auf das Ich des letzten Trotta. Bewußt gibt Roth auf, die Totalität der Gesellschaft zu gestalten. Und Trotta schildert die Vorgänge nach 1918 kaum ironisch, sondern innerlich ganz unberührt in einem gleichgültigen Tonfall; Wärme und Gefühl – auch Ironie, jene liebevolle des *Radetzkymarsch* – kommen nur auf, wenn er das Leben vor dem Weltkrieg beschreibt, oder bei jenen plebejischen, slawischen oder jüdischen Figuren, die ihm noch ganz angehören und als dessen Relikte die Gesellschaft der zwanziger Jahre durchwandern (Manes Reisiger, Joseph Branco). Wenn am Ende Trotta resümierend sich selbst zu beschreiben versucht, so hat man dies schon längst an seiner Erzählweise gespürt – nämlich daß er »ein vom Leben Pensionierter«[33] ist.

Dennoch tauchen am Rande des Geschehens, und eben bei jenen plebejischen jüdisch-slawischen Gestalten, gewisse Perspektiven, Vermittlungsversuche zwischen alter und neuer Gesellschaft, auf – allerdings sehr undeutlich und nicht leicht zu entziffern. Der Sohn des ostjüdischen Fiakers Manes Reisiger soll Musiker werden und wird von seinem Vater aufs Konservatorium in Wien geschickt. Statt dessen wird er Kommunist – und beim Arbeiteraufstand gegen Dollfuß' Regime im Februar 1934 erschossen. Roth verfolgt mit ebenso großer menschlicher Sympathie wie politischer Verständnislosigkeit diese Entwicklung. Er kann sie sowenig aus der Dynamik der Gesellschaftsentwicklung der ersten Republik erklären wie der alte Fiaker Reisiger, der weiterhin an seinen Sohn, »das Genie«, glaubt und seine Mörder dann im Geist der jüdischen Religion verflucht:

»Gott hat ihn gegeben, Gott hat ihn genommen, gelobt sei Sein Name in Ewigkeit. Der Minister hat Blut vergossen, und auch sein Blut wird vergossen werden. Fließen wird es wie ein reißender Strom.«[34]

So deutet sich in dieser Situation ein merkwürdiges und überraschendes Bündnis zwischen habsburgischem Mythos jüdisch-slawischer Prägung und Kommunismus an – ein Bündnis, das für Roth im französischen Exil tatsächlich sich anbahnte, und zwar im offenen Gegensatz zu seiner (oft zitierten) antikommunistischen Grundhaltung.³⁵ Bei der schärfsten Opposition gegen die Sozialdemokratie, die beinahe als Urheber allen Übels gilt – vor allem wegen ihres Deutschnationalismus –, gewinnen scheinbar die Kommunisten, die immerhin von Österreich zu reden begonnen hatten, gewisse Sympathien.

Man findet übrigens im Roman nahezu wortwörtliche Passagen aus Roths damaligen Artikeln in der monarchistisch orientierten *Österreichischen Post*³⁶, allerdings – und dies macht die besondere Selbstironie Roths aus, die hier auch die Erzählperspektive Trottas sprengt – im Munde des verrückt gewordenen, in Steinhof »residierenden« Bruder Chojnickis, eines Freundes Trottas:

> »Österreich ist kein Staat, keine Heimat, keine Nation. Es ist eine Religion. (...) Die Sozialdemokraten haben verkündet, daß Österreich ein Bestandteil der deutschen Republik sei; wie sie überhaupt die widerwärtigen Entdecker der sogenannten Nationalitäten sind. Die christlichen Alpentrottel folgen den Sozialdemokraten.«³⁷

Und Chojnicki fügt diesen Aussagen seines verrückten Bruders hinzu – »Und zu glauben (...) daß dieser Mann verrückt ist! Ich bin überzeugt: er ist es gar nicht. Ohne den Untergang der Monarchie wäre er gar nicht verrückt geworden.«³⁸ Gerade Roths ›Rückständigkeit‹, sein anachronistisches, aber tief empfundenes Festhalten an der habsburgischen ›Idee‹, das sich in diesen Romangestalten nicht ohne selbstkritische Ironie versinnbildlicht, bewirkte letztlich seinen bedeutenden und kämpferischen publizistischen Beitrag zum Antifaschismus³⁹ – worin er an Entschiedenheit und satirischem Haß wohl Musil ebenso übertrifft wie etwa Zweig oder Werfel. Freilich handelte es sich dabei kaum um ein wirkliches, stabiles Engagement, wie es im Rahmen der Volksfront für viele deutsche Schriftsteller auf dem Fundament bestimmter Citoyen-Traditionen möglich wurde. Im österreichischen Exil konnte es bei Schriftstellern wie Roth oder Werfel zu Kontakt und zur Zusammenarbeit mit der Volksfront nur auf der fragilen Basis einer undeutlich bestimmten österreichischen Kulturtradition und eines mehr intuitiv erfahrenen als vernünftig begründeten österreichischen Humanismus kommen. Mit einem Wort: nicht Büchner und Heine konnten als Paten berufen werden – sondern Grillparzer. Damit hängt wohl zusammen, daß jenes – so oft im Exil herbeibeschworene – ›Geistige‹, jenes ›rein‹ Kulturelle, das man dem Faschismus entgegenstellte, im österreichischen Exil, je weniger man sich auf politische Formen einigen konnte, eine noch größere Rolle als Einigungsfaktor erhielt als im deutschen. Nicht zufällig lautete der Name der Organisation, die eine gewisse Zusammenarbeit zwischen monarchistisch gesinnten Schriftstellern und den Kräften der österreichischen und deutschen Volksfront möglich machte »Liga für das *geistige* Österreich«. Kennt man Roths letzten Roman, so ist man nicht überrascht, daß er die Integrationsfigur und der menschliche Mittelpunkt dieser Organisation war, die nach seinem Tod bald verfiel.⁴⁰ Bei seinem Begräbnis versammelten sich Monarchisten und Kommunisten, Ostjuden und Katholiken – und es wird berichtet, daß dieses Zusammentreffen der Delegierten Otto von Habsburgs mit denen des SDS, Egon Erwin Kisch und Bruno Frei, wie auch das der gläubigen Juden mit dem das Begräbnis zelebrierenden katholischen Priester nicht ohne deutliche Spannungen verlief.[41]

Natürlich gab es von seiten der österreichischen Kommunisten, von Ernst Fischer, Albert Fuchs, Eva Priester etc. zumal in den späteren Jahren des Exils ernsthafte – wenn auch durch politische Taktik eingeengte – Bemühungen um eine Vermittlung von Demokratie und Kulturentwicklung, die jene fragile Basis eines Bündnisses gegen den Faschismus zu einem stabilen Fundament ausbauen sollten; Bemühungen, die z.T. auch von bedeutenden Künstlern mitgetragen wurden (Egon Wellesz, Berthold Viertel, Oskar Kokoschka). Doch von Roth selbst ist kaum zu erwarten gewesen, daß er bei dieser Vermittlung auch nur einen Schritt weit entgegengekommen wäre. Sein Verständnis des Volks und seine echt empfundene Liebe zu ihm stießen ihn von der Demokratie ebenso ab, wie sie ihn vor jenen modernen Abstraktionen der ›Masse‹ und des ›Kollektivismus‹ bewahrten, die gerade in der Krise der formalen Demokratie das Denken der Intellektuellen zu erobern pflegen. Dieses Verständnis des Volks, diese Liebe und Nähe zu ihm, die in der Republik in Fremdheit umschlagen mußten, findet am Ende des Romans den schönsten, ehrlichsten und klarsten Ausdruck in dem Resümee Trottas:

> »Ich gehöre heute noch – kurz vor meiner wahrscheinlich letzten Stunde darf ich, ein Mensch, die Wahrheit sagen – einer offenbar versunkenen Welt an, in der es selbstverständlich schien, daß ein Volk regiert werde und daß es also, wollte es nicht aufhören, Volk zu sein, sich nicht selber regieren könne. In meinen tauben Ohren – ich hatte oft gehört, daß sie ›reaktionär‹ geheißen werden – klang es so, als hätte mir eine geliebte Frau gesagt, sie brauchte mich keineswegs, sie könnte mit sich selbst schlafen und müßte es sogar, und zwar einzig zu dem Zweck, um ein Kind zu bekommen.«[42]

Doch im selben Moment gestaltet Roth mit Trottas Ende auch ein Eingeständnis der Ohnmacht und Hilflosigkeit einer solchen, die Demokratie eifersüchtig verachtenden Liebe zum Volk gegenüber der konkreten Gefahr des Faschismus; eine selbstkritische Dimension, wie sie in seinem publizistischen Kampf gegen die Nazis fehlen mußte und die als ein gewisser Sieg des Realismus im Roman verbucht werden kann. Trotta sitzt im Café, als die Tür aufgerissen wird und ein »seltsam bekleideter junger Mann« an der Schwelle erscheint.

> »Ich war, ferne der Welt und der Hölle, die sie für mich darstellte, keineswegs geeignet, die neuen Mützen und Uniformen zu unterscheiden, geschweige denn sie zu erkennen. (...) Daher also war ich zuerst mehr als meine Freunde über die Erschei-

nung dieser Gestalt überrascht (...) Ein paar Augenblicke lang hatte ich tatsächlich geglaubt, die mir wohlbekannte, im Souterrain gelegene Toilette läge plötzlich draußen, und einer der Männer, die sie bedienten, wäre eingetreten, um uns zu verkünden, daß alle Plätze bereits besetzt seien. Aber der Mann sagte: ›Volksgenossen! Die Regierung ist gestürzt. Eine neue deutsche Volksregierung ist vorhanden!«[43]

III

»Börsenhumanismus« – damit brachte Hanns Eisler seine eigene und Brechts Einschätzung des Schriftstellers Stefan Zweig ›auf den Begriff‹.[44] Es ist aber auch Eisler, der leise darauf hinwies, wie wenig Differenzierungsvermögen Brecht im allgemeinen bei gutsituierten, bürgerlichen Großschriftstellern besaß. Thomas Mann hätte wohl ebensolche Chancen gehabt, von ihm (hier im Gegensatz zu Eisler selbst) als Börsenhumanist bezeichnet zu werden.[45] Demgegenüber kam es Georg Lukács eher auf eine sorgfältige, an den Werken selbst orientierte Differenzierung der Positionen dieser Schriftsteller des Exils an – Schriftsteller, die in seiner Sicht wohl nur von ihrer unmittelbaren ökonomisch-finanziellen Lage oder von ihrer Herkunft her gesehen zu einem Typus vereinigt werden können. So analysiert Lukács in seiner größten literarhistorischen Untersuchung des Exils, im *Historischen Roman* von 1937, sehr eingehend die ästhetischen und ideologischen Unterschiede zwischen den historischen Romanen der antifaschistischen Schriftsteller. Dabei kommt er auch auf Zweigs *Erasmus*-Biographie von 1935 zu sprechen, und er begnügt sich hier nicht mit Schlagworten wie »liberaler Humanismus« und »formalistischer Klassizismus«. Nicht nur daß Zweig für ihn »als ehrlicher und vieles sehender Schriftsteller hoch über dem Typus dieses durchschnittlichen liberalen Akademismus«[46] steht; Lukács bemerkt vielmehr auch scharfsinnig die Selbstkritik von Zweig, die dieser im Kapitel »Größe und Grenzen des Humanismus« niedergelegt hatte und setzt dort mit seiner eigenen Kritik ein.

Zweig bestimmt in dieser verschleierten Selbstdarstellung zunächst sein Ideal des Humanismus, indem er ihn vom unbedingten Streben nach Wahrheit ebenso abgrenzt wie von Parteilichkeit. Über Erasmus heißt es zunächst bewundernd: »Wahrheit ist für ihn immer vieldeutig und vielfarbig (...) Alles Recht habe zwei Seiten, alle Dinge seien ›gefärbt, angestrichen und durch Parteien verderbt‹«. Die Einstellung der »geistigen Menschen« »darf niemals sein, die Gegensätze der Meinungen, der Völker, der Rassen und Klassen durch eifernde Parteilichkeit zu verstärken, unerschütterlich haben sie in der reinen Sphäre der Menschlichkeit und Gerechtigkeit zu verharren.«[47] Zweig postuliert mit Erasmus eine »reine« weil einzig geistige Sphäre der Menschlichkeit, die außerhalb der eigentlichen Geschichte bestehen kann, die ja auf Gegensätzen beruhen muß, um Geschichte zu sein, und darum

Einseitigkeit und Parteilichkeit verlangt. So sitzt der Humanist Erasmus den einseitigen und parteilichen Fanatikern und Ideologen gegenüber, wie der österreichische Emigrant Dr. B. dem Weltschachmeister Mirko Czentovic – einem »Spezimen intellektueller Eingleisigkeit« – in der *Schachnovelle*: er unterliegt.[48] Und Zweig weiß sehr genau warum.

Obwohl die Humanisten »zwar abstrakt die ganze Menschheit lieben, hüten sie sich sehr, mit dem vulgus profanum sich gemein zu machen«. »Denn gerade dieses Vorbeisehen am Volke, diese Gleichgültigkeit gegen die Wirklichkeit hat von vornherein dem Reich des Erasmus jede Möglichkeit der Dauer und seinen Ideen die unmittelbar wirkende Kraft genommen: der organische Fehler des Humanismus war, daß er von oben herab das Volk belehren wollte, statt zu versuchen, es zu verstehen und von ihm zu lernen«. Sie überhörten »das Schweigen der großen Millionenmasse und auch das Murren, das immer heftiger aus diesen unmeßbaren Tiefen erdröhnte.« Weil der Humanismus »niemals für das Volk existiert« hat, ist »sein platonisches Menschheitsreich (…) im letzten ein Wolkenreich geblieben.« Als tiefste Tragik des Humanismus bezeichnet Zweig darum diesen »Mangel an Leidenschaft und Volkstümlichkeit«[49].

Wenn Zweig dann mit dem historischen Schicksal dieses Humanismus den Schlußpunkt hinter seine kritisch-selbstkritischen Bemerkungen setzt, zeigt sich, wie tief sein Humanismus-Begriff von habsburgischen Vorstellungen geprägt ist –« (…) so bricht Luther, der fanatische Tatmensch, mit der unwiderstehlichen Stoßkraft einer nationalen Volksbewegung in ihren übernationalen, idealistischen Traum.«[50] Die Selbstkritik, die in diesem Kapitel des *Erasmus* anklingt, bezeichnet eine gewisse Auflösungstendenz jener ›organischen‹ Einheit zwischen Künstlern, Humanisten und Volk, die der habsburgische Mythos als Ideologie den Schriftstellern gewähren konnte. Joseph Roth hatte den Verlust der unmittelbaren Verbindung zum Volk, den er in der Republik erlebte, noch nicht verallgemeinert; Zweig hingegen versucht bereits von seiner politischen und sozialen Lage als Österreicher im Exil auf ein allemeines Prinzip, auf einen quasi metaphysischen Gegensatz zwischen humanistischer Vernunft und irrationalen Massen, zu schließen. Auf den ersten Blick wirkt darum Zweigs Darstellung reflektierter, historisch weitsichtiger, weniger spontan als Roths Verhältnis zur Vergangenheit. Doch gerade die Unmittelbarkeit dieses Verhältnisses bewahrte Roth vor falschen Abstraktionen; und gerade das Bestreben, die eigene Erfahrung des Faschismus als exilierter Schriftsteller zu rationalisieren, führte Zweig zu einer irrationalen Auffassung der Volksmassen. Die Distanz zum Volk, die er an den Humanisten beklagt, läßt ihm selbst dabei die Massen dämonisch erscheinen:

> »Aber was die Menschen der Gasse bewegt, was in den Tiefen der Massen urgründig waltet, das wissen sie nicht und wollen sie nicht wissen.

In ihrer Überschätzung des Zivilisatorischen mißverstehen die Humanisten die Urkräfte der Triebwelt mit ihrer unzähmbaren Gewalt und banalisieren durch ihren Kulturoptimismus das furchtbare kaum lösbare Problem des Massenhasses und der großen leidenschaftlichen Psychosen der Menschheit.«[51]

Lukács reagiert nun gerade auf diese Töne, die bei Zweig nur sehr leise angestimmt werden, mit einem feinen, an den Massentheorien Le Bons und Ortega y Gassets geschulten Gehör. Bei Zweig – so Lukács – mischen sich in sehr charakteristischer Weise zwei heterogene Strömungen: die Ideen einer Erneuerung der Aufklärung und sehr moderne, ›wissenschaftlich‹ drapierte Vorurteile dem Volk gegenüber.

»Solche Vorurteile sind vor allem die, daß das Volk, die Masse das Prinzip der Irrationalität, des bloß Instinktiven gegenüber der Vernunft vertritt. Durch eine solche Auffassung des Volks zerschlägt der Humanismus seine besten antifaschistischen Waffen. Denn der Ausgangspunkt des Faschismus ist gerade eine solche ›Irrationalität‹ der Masse, und mit seiner rücksichtslosen Demagogie zieht er nur konsequent die Folgerungen aus dieser Auffassung. Die wirksame Entlarvung der Volksfeindlichkeit des Faschismus (...) muß nachweisen, wie alle großen Gedanken und großen Taten, die die Menschheit bis jetzt produziert hat, gerade auf dem Boden des Volkslebens entstanden sind. Wird dagegen die humanistische Vernunft der Irrationalität des Volkes metaphysisch ausschließend gegenübergestellt, so muß notwendigerweise eine Ideologie des Verzichts, des Rückzugs des Humanismus aus der Arena der Kämpfe, die das Schicksal der Menschheit entscheiden, entstehen.«[52]

Franz Werfel scheint Joseph Roth viel näher verwandt; gegenüber Zweigs ›westlichem‹, weltoffenem Liberalismus vereinen diese beiden Schriftsteller die explizit politische Orientierung an der Habsburgermonarchie und die im Exil vertiefte Bindung an religiöse Transzendenz. Auch bei Werfel ermöglichte die habsburgische Ideologie – und kein demokratisches Citoyen-Ideal – das politische Engagement, die Zusammenarbeit mit den anderen antifaschistischen Kräften. Wie Roth wirkte er im französischen Exil innerhalb der »Liga für das geistige Österreich«[53]. Doch weil Werfel dessen spezifische Verbundenheit mit dem Volksleben des Ostjudentums fehlt, erscheint dieses Bündnis bei ihm noch prekärer, noch unvermittelter – unfaßbar nahezu wie jenes phantasmagorische zwischen Franz Josef und dem »revolutionären Proletariat«, das Werfel aus seiner Exilsituation in die Endphase der Monarchie hineinprojiziert.[54] Roth konnte noch in der Perspektive slawisch-ostjüdischer Lebensformen – wenn sie ihm von seiner Kaiser-Allegorie nicht verstellt wurde – die konkrete Realität des habsburgischen Verfalls gestalten. Demgegenüber erscheint die habsburgische Welt in Werfels Werken durchwegs als abstraktes Prinzip, für das jeweils ein variables Anschauungsmaterial gesucht wird.

Nahezu karikaturistische Züge einer Selbstpersiflage nimmt dies an, wenn Werfel zur Illustration des habsburgischen Prinzips ein Bordell wählt. In der Erzählung *Das Trauerhaus* von 1927 figuriert das Ende eines Prager Freudenhauses als Allegorie des Untergangs der Monarchie, wobei jenes Bordell, mit humoristischer Ironie positiv gezeichnet, gegen die junge tschechoslowakische Republik, die es schließen läßt, ins Treffen geführt wird. Angeblich soll es von Karl IV. einstmals für junge Kleriker gegründet worden sein, um sie vor den hussitischen Lehren zu bewahren. Mit diesem Freudenhaus scheint Werfel gewissermaßen den gesamten sozialen und ideologischen Bewegungen der Neuzeit von der Reformation bis zur demokratischen Republik die habsburgische Lösung entgegenstellen zu wollen. Arm und Reich, Adelige, Bürger, Beamte – und Frauen aus allen Völkern und Klassen erfreuen sich darin aneinander.[55] Was außerhalb des abstrakten Prinzips liegt, droht leicht zur Domäne des Kleinbürgers zu werden. Dieses Kleinbürger-Feindbild, das Werfel vom Boden des habsburgischen Prinzips aus entwirft, korrespondiert in gewisser Weise – sieht man einmal von seiner religiösen Fundierung ab – mit den »Massen«- und »Kollektivismus«-Vorstellungen, wie sie hier bereits erwähnt wurden. Er selbst bringt es charakteristischerweise bei der Interpretation Horváths auf den Punkt (inwieweit diese Interpretation tatsächlich Horváths Werken – zumal den von Werfel eindeutig bevorzugten späten – gerecht wird, soll hier nicht diskutiert werden). Er erwartete sich von Horváth die »erschöpfende Dämonologie des Kleinbürgertums« – »Der Kleinbürger, wie in Horváth schildert, ist weniger der Angehörige einer Klasse als der dumpf gebundene, dem Geiste widerstrebende (...) Mensch. Er ist der Statthalter des Teufels auf Erden, ja der Teufel selbst.«[56] In den eigenen literarischen Arbeiten aber wurde Werfel dieses Kleinbürger-Bild – das eine für Intellektuelle bequeme Faschismus-Interpretation erlaubt – nicht eigentlich zum beherrschenden Problem (und er stieß auch nicht zu einer Selbstkritik wie Zweig im *Erasmus* vor).

Denn der Kleinbürger-Teufel, der die Welt zu beherrschen sich anschickt, hat sein transzendentes Korrelat: in den Exiljahren verstärkt sich Werfels Hinwendung zur religiösen Transzendenz, die wie ein deus ex machina von einer gleichsam zur Maschine entleerten Religion ins Romangeschehen – auch noch des *Stern der Ungeborenen*[57] – herabgelassen wird. Freilich war der Realismus der Romanhandlung nicht immer so einfach aufzuheben. In *Die vierzig Tage des Musa Dagh* etwa bewährt sich Werfels genaue Kenntnis des Befreiungskampfes der Armenier in seiner Darstellung der Einzel- und Massenschicksale, und der Eingriff einer transzendenten »anderen« Macht, wie auch das Auftauchen des Kleinbürger-Syndroms können diesen Realismus nicht mehr zurücknehmen.[58]

Ganz ohne solche religiös-transzendenten Fluchtwege kommt Werfel jedoch in seiner 1941 erschienenen Erzählung *Die blaßblaue Frauenhandschrift* aus, einem kleinen Werk, mit dem Werfel so etwa wie eine Selbstkritik und – bei allen Schranken des Werfelschen Stils – eine Kritik des habsburgischen Mythos gelingt.[59] Er nimmt sich darin nämlich jenen Standpunkt bewußt ironisch zum Gegenstand, von dem aus er selbst viele seiner Werke geschrieben hatte und der den Fokus der habsburgischen Ideologie darstellt: das Bewußtsein des (hohen) österreichischen Beamten. Werfel vermag diesen Standpunkt, der ihm subjektiv sehr vertraut scheint, in dem Maße zu objektivieren, als er imstande ist, die private Konfliktsituation und Lebenslage des Sektionschefs Leonidas zu verallgemeinern zum Anpassungsverhalten der austrofaschistischen Regierung und der Beamten gegenüber der Nazi-Ideologie – ein Verhalten, das der habsburgischen Ideologie endgültig die soziale Basis nehmen mußte. Gewiß macht es die Schwäche auch dieser Erzählung aus, daß Werfel das Problem der Demokratie in Österreich, ihre Zerstörung durch *österreichische* Politiker und Beamte nach 1933 umgeht und den Konflikt zwischen humanem Verhalten und Nazi-Ideologie zu sehr psychologisieren muß; eine Tendenz, die auch von der gewählten Form der erlebten Rede unterstützt werden mußte. Dennoch ist die Ironie schärfer als sonst bei Werfel, die politische und ethische Problematik von Leonidas Verhalten wird durch sie nicht zum Fehler eines ungreifbaren »Allgemeinmenschlichen« relativiert. Die erwähnte Schwäche der Erzählung Werfels hängt natürlich mit seiner eigenen Stellungnahme zum System Dollfuß' und Schuschniggs zusammen. Diese war es auch, die bei vielen Emigranten Mißtrauen an seinem antifaschistischen Engagement wecken mußte. Insbesondere die Sozialdemokraten beargwöhnten jene »vaterländisch-kommunistische Gründung« der »Liga für das geistige Österreich«, die »von notorischen Schuschnigg-Anhängern wie Joseph Roth und Franz Werfel« getragen wird[60], und nutzten sie zur grundsätzlichen Polemik gegen jene kulturelle, ›geistige‹ Konzeption eines selbständigen Österreich, die – wie angedeutet wurde – das äußerst schmale Band zwischen österreichischen Kommunisten und monarchistisch gesinnten Dichtern darstellte.

Von Musil wird berichtet, er wollte der »Liga« nur unter der Bedingung beitreten, daß Werfel nicht ihr Präsident würde.[61] Weniger um unmittelbar politische Bedenken handelte es sich hier, als vielmehr um prinzipielle ästhetische Gegensätze – wie die fortlaufenden Invektiven gegen Werfel im Tagebuch veranschaulichen. Interessant ist, daß auch Joseph Roth von seinem weit von Musil entfernten künstlerischen Standpunkt vor allem ästhetische Bedenken gegen Werfel hegt. In einem Brief an Ernst Křenek vom Oktober 1934 vermag er sie – ähnlich wie Musil beim Pariser Kongreß – zu einer Kritik austrofaschistischer Kulturpolitik zu verallgemeinern:

> »Die neuen Regierenden erscheinen mir zu ›schollenhaft‹, es ist zuviel Alpenland dabei (...) Ich höre manchmal, daß der Bun-

deskanzler (Schuschnigg, G. S.) einen bekannten Dichter schätzt, als ›österreichisch‹ – von dem wir alle wissen, daß er das lokale Genie von Brünn hätte sein müssen, wenn die Welt ordentlich wäre.«[62]

Im Gegensatz zu Musil aber war Roth nach 1938 – im gemeinsamen Exil mit diesem bekannten ›österreichischen‹ Schriftsteller – bereit, seine ästhetischen Bedenken hinter dem aktuellen politischen Erfordernis der ›Liga‹ zurückzustellen und Werfels Nominierung zum Präsidenten oder Vizepräsidenten zu akzeptieren.[63]

Musil, der nach eigenen Angaben 1931 Wien verlassen hatte, »weil Rot und Schwarz darin einig gewesen sind, in Wildgans einen großen österreichischen Dichter verloren zu haben«[64] – Musil mußte nun in der erzwungenen Emigration die Erfolge jener Dichter erleben, die für ihn ästhetisch vermutlich in der unmittelbaren Nachfolge von Wildgans standen, während er selbst immer weniger in der literarischen Öffentlichkeit des Exils beachtet wurde. Diese literarischen Gegner waren spätestens 1938 ebenfalls ins Exil gegangen; zuvor konnte er Werfel und Theodor Csokor noch mit dem austrofaschistischen Ständestaat und seiner Kulturpolitikskultur identifizieren. Doch nun fühlte und bezeichnete er sich innerhalb dieses literarischen Exils als einen »zweiseitig Emigrierenden« – »der sich selbst nirgends ganz hin, nirgends ganz fortgehören fühlt«[65], sein Zustand erschien ihm solchermaßen als »doppelte Exilierung«. »Nicht die Stellung des Dichters zur Politik, sondern die doppelte Exilierung (...) gibt den Ton an«[66], notiert er über sein literarisches Schaffen. In seinem Tagebuch bezeichnete er Stefan Zweig und Feuchtwanger als »Auswurf der Demokratie«, als »Nutznießer der Emigration« und ging so weit, den Satz niederzuschreiben: »Das Glück, von dem der Ns. (=Nationalsozialismus, G. S.) begünstigt ist, hat ihn diese Leute entfernen lassen.«[67]

IV

In dieser Situation der »doppelten Exilierung«, in die sich Musil einerseits dank seiner Kritik der habsburgischen Ideologie und ihrer kulturellen Träger und Ausläufer, andererseits durch die strikte Ablehnung eines »streitbaren Humanismus« (H. Mann) gebracht hatte – in dieser Situation war Musil nicht ganz allein innerhalb der österreichischen Literatur. Nicht zufällig empfand er zu Hermann Broch eine Art Konkurrenzverhältnis, mitunter eine gewisse Angst, von ihm plagiiert zu werden in seinen Bemühungen um den modernen Roman.[68] Broch selbst empfand wohl ebenfalls dieses Konkurrenzverhältnis, das auf einer inneren Korrespondenz der ästhetischen und z. T. auch sozialpolitischen Positionen basierte.[69] Die Momente, die Musils »doppelte Exilierung« bestimmen, erscheinen bei Broch potenziert. Brochs politische Überlegungen und sein Engagement vollziehen sich weitgehend außerhalb des Zusammenhangs des ›organisierten‹ Antifaschismus der deutschen Exilanten. Hier gibt es auch kaum vereinzelte Berührungspunkte wie noch bei Musil. In dieser Isolation bildet sich quasi als Faschismustheorie Brochs Massenpsychologie heraus. Durch die Fixierung auf die Antinomie formale Demokratie versus ›Massenwahn‹, die sich im unmittelbaren Kontakt mit den angelsächsischen Gesellschaftsformen und durch die Isolation von allen Volksfront-Konzepten einer ›revolutionären Demokratie‹ verfestigt haben dürfte, entstand so etwas wie eine frühe Form der Totalitarismustheorie.[70] Was demnach in Musils ambivalentem Demokratieverständnis, in dessen Kollektivismusbegriff sehr unsicher erwogen, aber immer wieder relativiert wird, erfährt bei Broch eine entschieden formulierte, programmatische Wendung.

Gegenüber Musil ist Brochs Verhältnis zur habsburgischen Welt um vieles distanzierter. Seine Romane behandeln überhaupt kaum spezifisch österreichische Themen. Sofern seine theoretischen Problemstellungen einer anthropologischen »Massenwahn«-Konzeption und einer ethischen Werttheorie nicht dem historischen Bezug auf nationale Besonderheiten zuwiderlaufen, erfolgt Brochs Auseinandersetzung mit der österreichischen Vergangenheit essayistisch – etwa in der großen und radikalen Abrechnung mit der Wiener Kultur der Jahrhundertwende in der Studie *Hofmannsthal und seine Zeit*, die in der These gipfelt, das Wien der Jahrhundertwende sei die »Metropole des Kitsches ebenso wie die des Wert-Vakuums« gewesen.[71]

Broch fehlte das, was er hellsichtig als das »Österreichertum« Musils erkannte. Auf die Frage, ob Musil ein österreichischer Dichter sei, antwortete er 1936 »Sein Österreichertum ist die Form der Ironie.«[72] Für den österreichischen Charakter des Musilschen Werks »spräche seine innige Verwachsenheit mit dem österreichischen Ursprung, die sich auch im Thematischen und in der Gestaltenwahl ausdrückt.«[73] Die innige Verwachsenheit mit dem österreichischen Ursprung geht bei Broch selbst ebenso verloren wie die Ironie, die er als Medium dieser Verwachsenheit bei Musil erkannte. So sensibel Broch die Bedeutung der Ironie in Musils Werk begriff, er selbst behielt sich – wie jüngst bemerkt wurde – ein charakteristisches »Mißtrauen gegen die Ironie«[74] vor. »Ironie kann und darf nicht im Dienste der Erkenntnis stehen«[75], heißt es einmal apodiktisch. Bedeutet dies, daß er Musils kosmopolitisches Erbe, jene Art der »Geistigkeit, deren geschliffene Schärfe weit eher im Westen verwurzelt ist«, antreten wollte? Broch spielt mit dieser Formulierung deutlich auf die neopositivistische Dimension des Musilschen Denkens an. Aber es ist wohl nicht ganz richtig, deren Heimat nur im Westen zu orten, war doch Österreich einstmals selbst ein Ursprungsland des Neopositivismus, von Mach bis Carnap und Wittgenstein. (Interessant wäre es darum auch, den ideologischen Zusammenhängen zwischen Neopositivismus und habsburgischem Mythos nachzugehen, wie sie v. a. in der besonderen historischen Rolle und Aufgabe der Bürokratie im Vielvölkerstaat verborgen liegen dürften.[76])

Auch Broch versucht gleichsam ein »Erdensekretariat der Genauigkeit und Seele«[77] zu errichten: allerdings mit dem wesentlichen Unterschied, daß die Selbstironie dieser Musilschen Formulierung – die selbst noch ihren eigenen bürokratischen Impuls entlarvt – getilgt wird. Statt dessen soll das ethische Pathos des Wertzerfalls mit mathematischer Genauigkeit zu einem Sekretariat vereinigt werden. Doch in Brochs Romanen und Erzählungen tendieren die Genauigkeit der Massenpsychologie und die »Seele« der Wert-Theorie – deren Separation ihm wichtige Erkenntnisse etwa über das Wesen des Kitsches ermöglichte[78], im *Mythos* zusammenzufallen. Dies gilt insbesondere für den *Bergroman*.[79] Dem Ausbruch des Massenwahns in einem Gebirgsdorf, angezündet vom ›Versucher‹ Marius Ratti – als Gleichnis für den Faschismus –, steht darin die mythische, der matriarchalischen Ordnung verpflichtete Mutter Gisson gegenüber. Die beiden Prinzipien, die Marius Ratti und Mutter Gisson verkörpern, tragen recht eigentlich keinen Kampf miteinander aus; statt im Widerspruch zueinander zu stehen, verweisen sie dunkel auf eine ihnen gemeinsame Identität, sie »tragen keinen Götter- oder Heroenkampf untereinander aus: Untergründig gehören sie einer Familie von Wesen an (...) Ihre Konfliktkonstellation markiert allerdings den Zerfall der Welt in unterschiedliche Einflußsphären, deren Bestehen und Vergehen vom gemeinen historischen Verstand kaum zu erklären ist.«[80] Die Tendenz der mythischen Reduktion macht es vollends problematisch, das Gleichnis mit Geschichte noch zu vermitteln. Die Annullierung der Geschichte durch den Mythos muß damit die von Broch angestrebte Ethik aushöhlen: die ethischen Differenzen und Widersprüche der Figuren und Handlungsweisen verschwimmen, »so daß man oft im Moment nicht genau weiß, was gut, was böse ist, was gut und böse voneinander trennt. (...) Nicht nur die aufdringlichen und unaufdringlichen Hinweise auf die innere Verbundenheit des Erzählers, des Marius und der Mutter Gisson bezeugen diese Tendenz, zur coincidentia oppositorum zu gelangen. Auch die hymnische Feier der Landschaft geht in eins mit der Versenkung in die verborgenen Abgründe des Ich. (...) Die historisch gewachsene Schicht der humanen Kultur über dem ›nackten, wilden Menschen‹ scheint nur dünn zu sein – jedenfalls nach einer Auffassung, die dank mystischer Reduktion der Welt sensibilisiert ist, unter der Oberfläche überall das Gleiche, das Identische zu sehen.«[81]

Durch diese mystische Reduktion verliert auch Brochs Klage über den Zerfall der Werte einigermaßen ihren historischen Sinn, den sie als Kritik der moralischen Verfassung spätbürgerlicher Gesellschaften haben könnte. Demgegenüber hatte Musil, statt vom Wertzerfall zu reden, ihn in Handlung und Figuren dieser Epoche gestaltet und daraus seine Ironie gewonnen (die nur dann der Mystik weicht, wenn Musil einen unmittelbaren, positiven Ausdruck für das ›Wert-Vakuum‹ sucht – wie in der Figur Moosbruggers).

Der Verlust der Ironie bei Broch und die Rückbindung von ›Genauigkeit‹ und ›Seele‹ an den Mythos bedeuten hingegen eher eine »Rückkehr zur Spätromantik«, wie Günther Anders vermutet hat.[82] So gesehen ist Broch kaum auf dem Weg Musils zur ›geschliffenen Geistigkeit des Westens‹ weitergeschritten. Das Pathos des Wert-Zerfalls entlädt sich zu den Es-Dur Klängen des »Rheingold« und der »Vierten Bruckner«[83]– und es erzählt letztlich nicht von neuen Werten, sondern vom seligen Einswerden mit dem Nichts. Die Ethik, die sich bei Broch oft in hymnisch-feierlichem Tonfall ankündigt, bleibt leer; ein merkwürdig abstraktes, leidenschaftlich postuliertes Negativ zur Gleichgültigkeit. Wenn A(ndreas) in den Schuldlosen vom Steinernen Gast – einer ähnlich mythischen Figur wie Mutter Gisson – heimgesucht wird und endlich seine »Schuld« bekennt, so geraten ihm seine konkreten Taten, sein Leben als Mensch in realen Verhältnissen mit anderen Menschen immer mehr aus dem Blick, und in feierlicher Buße drängen sich ihm letztlich nur mehr ethische Abstrakta auf:

> »Was aber darf als zureichende Begründung von Schuld und Schuldbewußtsein gelten? Auch dem Nicht-Religiösen drängt sich da der Gedanke an das wahrlich klassenunabhängige dem Menschen eingeborene Böse an sich auf, der Gedanke an die christliche Erbsünde. (...) Wohl aber darf ich nach der konkreten Form fragen, mit der sich das Böse in unserer Zeit zum Ausdruck bringt, und wenn ich hierfür nach dem gemeinsamen Nenner meiner eigenen Untaten frage, so sehe ich meine tiefste und ahndungswürdigste Schuld in einer durchgängigen Gleichgültigkeit. Ur-Gleichgültigkeit ist es (...).«[84]

Das Böse, die Schuld und die Gleichgültigkeit ergeben sich nicht aus bestimmten Handlungen und Verhältnissen, sondern existieren an sich und dem Menschen wie die Erbsünde eingeboren. Bei einer solchen Ur-Gleichgültigkeit wird jedoch völlig unwichtig, wogegen man gleichgültig sich verhält. Die ›Buße‹ für sie kann letztlich kaum eine konkrete Parteilichkeit in einer konkreten historischen Situation sein, vielmehr ist es die romantische für den eigenen Tod – als der Verwirklichung des Menschen, als »Freigabe der menschlichen Erbschaft«.

> »War es nicht auch der Ich-Mittelpunkt, den er damit erreicht hatte? (...) Wer noch ans Körperhafte gebannt ist, in dem wohnt noch die Todesschwere, und abgesondert von der Gewichtlosigkeit, in der er schwebt, nein, in der er noch steht, wird seine Seele zur Sehnsucht, unbezwinglich ihr Wunsch nach Überwindung der Absonderung: gelingt es, den letzten Rest irdischer Schwere zu vernichten, so wird es zur Selbstaufhebung des in ihr wesenden Todes und zur Freigabe der menschlichen Erbschaft, die ihre Dauer erringt kraft Selbstvernichtung (...).«[85]

Den Abstraktionen der Massenpsychologie und einer mythischen Ethik, die bei Broch ineinander verschwimmen, scheint eine Sphäre

»penetranter Sinnlichkeit« (G. Anders) und Vulgarität unentbehrlich zu sein, um sich im ästhetischen Zusammenhang exemplifizieren zu können. Die Polarisierung äußerster gedanklicher Abstraktion und äußerster, aufs Biologische (Essen, Sexualität) reduzierter – also ebenso abstrakt gewordener – Sinnlichkeit, eine Polarisierung, die sich in der Gestalt Moosbruggers schon andeutete, dürfte mit Broch und auch Canetti zu einem festen Bestandteil der modernen österreichischen Literatur geworden sein. Dabei ist vor allem bemerkenswert, daß es in erster Linie Hauspersonal, Dienstboten, Hausmeister etc., also Klischeebilder vom »kleinen Mann«, sind, die zu Trägern dieser abstrakten Sinnlichkeit werden, und der vergröberte Wiener Dialekt bildet nicht selten ihr akustisches Medium. Doch sollte mit dem Vorurteil einer mehr an Kontinuität als an Brüchen orientierten Literaturwissenschaft aufgeräumt werden, daß diese Darstellung des »kleinen Manns« an die Traditionen des Alt-Wiener-Volkstheaters, Nestroys zumal, anknüpfen würde. Das Gegenteil, die Umstülpung der Nestroyschen Komik, ist vielmehr der Fall. Canetti insbesondere löst für die »akustischen Masken« seiner Dramen (*Hochzeit, Komödie der Eitelkeit* und seines Romans *Die Blendung*)[86] einzelne, besonders ›pittoreske‹ Zitate aus dem Zusammenhang der Volkstheater-Komik heraus und montiert sie in neue, moderne Sinnzusammenhänge ein. Hat sich doch auch das Verhältnis zwischen Autor und Publikum, Künstler und Volk, gegenüber dem Volkstheater völlig verwandelt: Die Isolation und Entfremdung des österreichischen Schriftstellers von der österreichischen Gesellschaft kann kaum radikaler zum Ausdruck kommen als in der durchgängigen Gestaltung des »kleinen Manns« als akustischer Maske einer gesichtslos gewordenen, abstrakten Masse. Dabei handelt es sich auch hier keineswegs um einen fatalistischen Prozeß. Gerade Canettis autobiographische Schriften können zeigen, wie oft sich Alternativen auf dem Weg durch die zwanziger und dreißiger Jahre boten. In ihnen wird öfters betont, daß der Justizpalastbrand von 1927 das Schlüsselerlebnis für Canettis Entscheidung war, die »Masse« zu erforschen. Empört über die Klassenjustiz, sei er selbst damals mitgezogen mit den Arbeitermassen zum Jusitzpalast.[87] Doch die Empörung und die Parteilichkeit wichen bald, und Canetti zog sich von der Masse zurück, um sie in auratischer Ferne – und nicht mehr im Verhältnis zur formalen Demokratie etwa – zu studieren. Die österreichische Arbeiterbewegung besaß offenbar zuwenig Anziehungskraft, die österreichische Demokratie zu schwache Citoyen-Traditionen, um diese Entfremdung bedeutender Schriftsteller von den Volksmassen verhindern zu können, eine Entfremdung die durch den Verlust habsburgischer Ideologeme akut geworden schien und durch die Exilsituation vollends zum Ausbruch kam.

Mit dem hymnischen ›spätromantischen‹ Stil Brochs tilgt Canetti auch dessen ethische Problematik. Statt Ethik und mythisierende Hymnik vollzieht sich im – vor allem theatralischen – Spiel der akustischen Masken eine quasi-magische Beschwörung des Todes. Das

Brochsche Pathos des Wertzerfalls und das Leiden daran weichen einer fast kindlichen Freude an der Exotik seiner Phänomene.

Mit dem wissenschaftlichen Essay *Masse und Macht*[88] – dem Hauptwerk nicht nur von Canettis Exil, sondern wohl auch seines gesamten Schaffens – scheint der österreichische Großschriftsteller endgültig heimisch geworden in der geschichtslosen Abstraktion; sie ist ihm gewissermaßen zum gedanklichen Exil geworden. Den habsburgischen Mythos vertauscht er nicht mit der wirklichen Geschichte und Kultur Österreichs und deren demokratischen Potentialen, sondern mit einem Mythos der abstrakten Masse, dem der Faschismus nur ein besonders anschauliches Beispiel liefern konnte. In ihm befangen, verliert er die Welt von gestern – ein Österreich-Bild, das der habsburgische Mythos noch garantieren konnte. Er verliert aber ebenso die Erkenntnismöglichkeit für den Weg Österreichs in den Faschismus – und vergibt damit seine Chance, der Nation jene Scham über die eigene Geschichte zu lehren, die ihr bis heute zu fehlen scheint. Wenn die Scham eine Art in sich gekehrter Zorn ist, so könnte einzig dieser antifaschistische Zorn der Nation zu ihrem Bewußtsein verhelfen.

---

1 Claudio Magris: *Der habsburgische Mythos in der österreichischen Literatur*, Salzburg 1966. Zur z.T. berechtigten Kritik an gewissen Einseitigkeiten von Magris' Konzept vgl.: Walter Weiss: »Österreichische Literatur – eine Gefangene des habsburgischen Mythos?«, in: *Deutsche Vierteljahrschrift* 43 (1969) H. 2, S. 333 ff. — 2 Egon Erwin Kisch, Bodo Uhse: »Geist gegen Macht. Zum Internationalen Schriftsteller-Kongreß für die Verteidigung der Kultur«, in: *Neue Deutsche Blätter* 2. Jg. (1935) Nr. 6. Wiederabgedruckt in: *Zur Tradition der deutschen sozialistischen Literatur*. Bd. 1, Berlin, Weimar 1979, S. 894 ff.; hier S. 896. — 3 Georg Lukács: »Totentanz der Weltanschauungen«, in: *Helikon. Sondernummer: Literatur und Literaturgeschichte in Österreich*, hg. v. I.T. Erdélyi, Wien, Budapest 1979, S. 306. Diese in *Helikon* unter dem Titel »Totentanz der Weltanschauungen« abgedruckte Auseinandersetzung mit Musil bildet den zweiten Teil des Essays »Grand Hotel ›Abgrund‹« – der 1933 entstand, aber damals unveröffentlicht blieb. Sein erster, allgemein gehaltener Teil ist mittlerweile unter dem Titel »Grand Hotel ›Abgrund‹« in der Aufsatzsammlung *Revolutionäres Denken: Georg Lukács. Eine Einführung in Leben und Werk*, (hg. v. F. Benseler, Darmstadt/Neuwied 1984, S. 179 ff.) erschienen. — **3a** Vgl.

hierzu Konstantin Kaiser: »Antifaschistischer Widerstand und Kultur«, in: *das pult* 16. Jg. (1984) Folge 71. S. 9 ff. — **4** Ausschnitte aus den Briefen von Georg Lukács an Cesare Cases, in: *Helikon. Sondernummer: Literatur und Literaturgeschichte in Österreich*, hg. v. I. T. Erdélyi, Wien/Budapest. S. 309. — **5** Vgl. hierzu Guntram Vogt: »Robert Musils ambivalentes Verhältnis zur Demokratie«, in: *Exilforschung. Ein internationales Jahrbuch. Bd. 2 (1984)*, München 1984, S. 310 ff. — **6** Robert Musil: (Vortrag in Paris. Vor dem Internationalen Schriftstellerkongreß für die Verteidigung der Kultur. Juli 1935. Korrigierte Reinschrift), in: *Gesammelte Werke. Bd. 8 Essays und Reden*, Reinbek 1978, S. 1259. — **7** Ebd., S. 1260. — **8** Vgl. hierzu Friedbert Aspetsberger: *Literarisches Leben im Austrofaschismus*, Königstein/Ts. 1980. — **9** Robert Musil, Vortrag in Paris, S. 1261. — **10** Ebd., S. 1263. — **11** Georg Lukács, *Totentanz der Weltanschauungen*, S. 301. — **12** Robert Musil: *Der Mann ohne Eigenschaften. Gesammelte Werke, Bd. 1*, Reinbek 1978, S. 76. — **13** Vgl. dazu den Herausgeber A. Frisé in Bd. 5 der *Gesammelten Werke*, Reinbek 1978, S. 2099. — **14** Robert Musil, *Der Mann ohne Eigenschaften*, *Gesammelte Werke, Bd. 5*, S. 1630. — **15** Ebd. — **16** Ebd., S. 1632. — **17** Ebd. — **17a** Robert Musil: *Tagebücher*, hg. v. A. Frisé, Bd. 1, 2. Aufl. Reinbek 1983. S. 931 (Heft 33: 1937 – etwa 1941). — **18** Robert Musil, *Der Mann ohne Eigenschaften*, *Gesammelte Werke. Bd. 4, S. 1204*. — **19** Ebd., S. 1095 f. — **20** Robert Musil, *Der Mann ohne Eigenschaften*, *Gesammelte Werke, Bd. 5*, S. 1943. — **21** Claudio Magris: *Weit von wo. Verlorene Welt des Ostjudentums*, Wien 1974, S. 23. — **22** Lucien Goldmann: »Sur la peinture des Chagall. Réflexions d'un sociologue«, in: *Structures mentales et création culturelle*, Paris 1970, S. 419. — **23** Claudio Magris, *Weit von wo*, S. 15. — **24** Georg Lukács: »›Radetzkymarsch‹«, in: *Literaturnaja gazeta*, Moskva, 15. 8. 1939. Wiederabgedruckt und ins Deutsche übersetzt von Maria Enberg in: Fritz Hackert: *Kulturpessimismus und Erzählform. Studien zu Joseph Roths Leben und Werk*, Bern 1967, S. 147 ff. — **25** Vgl. Claudio Magris, *Weit von wo*, S. 20. — **26** Ebd., S. 16. — **27** Merkwürdigerweise überging Lukács in seiner Rezension des *Radetzkymarsch* (s. Anm. 24) die Problematik der Figur Franz Josephs und ihrer Allegorisierung und legte das ganze Gewicht seines Urteils auf den »richtigen Charakter der Katastrophe« des Zusammenbruchs bei den »verläßlichsten Stützen der alten Welt«, den »mittelmäßigen Beamten und Offizieren«. Vielleicht war es das Bestreben, ›Bündnispartner‹ gegen den Modernismus auch in der österreichischen Literatur – gegen Musil etwa – zu finden, man wird jedenfalls dieser Besprechung Lukács' – auch und vor allem aus der Sicht seiner übrigen Arbeiten zur Literatur – den Charakter eines Mißverständnisses nicht ganz absprechen können. — **28** Joseph Roth: *Radetzkymarsch. Romane Bd. I*. Köln 1984, S. 464. — **29** Ebd., S. 550. — **30** Ebd., S. 554 f. — **31** Ebd., S. 559 f. — **32** Karl Kraus: *Die letzten Tage der Menschheit. Tragödie in fünf Akten mit Vorspiel und Epilog*. (Akt-Ausgabe), Wien 1919, S. 508 f. — **33** Joseph Roth: *Die Kapuzinergruft. Romane Bd. II*, Köln 1984, S. 344. — **34** Ebd., S. 342. — **35** Roths politischer Standpunkt ist bei genauerem Hinsehen schwer bestimmbar. Seine politischen Urteile leiden und profitieren gleichermaßen von der Naivität und Intuition, mit denen Roth sie fällte. Im Briefwechsel mit Stefan Zweig etwa erweist er sich gegenüber Zweig im selben Maße als besserer Antifaschist wie als besserer Antikommunist. Diese beiden liegen im ständigen Widerstreit in Roths politischem Denken, und der eine droht den anderen immerzu aufzuheben, wenn nicht doch meist Roths politischer ›Instinkt‹ in einer konkreten Entscheidungssituation den Hauptfeind im Nationalsozialismus erkennen würde – Vgl. hierzu Joseph Roth: *Briefe*, Köln, Berlin 1970, S. 285 f.; 294 ff; 384 ff; 449; sowie David Bronsen: *Joseph Roth. Eine Biographie*, Köln 1974, S. 450 ff. — **36** Vgl. etwa den Artikel aus der Serie »Schwarz-Gelbes Tagebuch« in der *Österreichischen Post* vom 15. 2. 1939. Teilweise wiederabgedruckt in: *Österreicher im Exil. Frankreich. 1938–1945. Eine Dokumentation*, Wien/München 1984, S. 138 f. — **37** Joseph Roth, *Die Kapuzinergruft*, S. 339. — **38** Ebd., S. 340. — **39** Vgl. etwa Joseph Roth: *Berliner Saisonbericht. Unbekannte Reportagen und journalistische Arbeiten 1920–1939*, hg. v. K. Westermann, Köln 1984, S. 379 ff. — **40** Vgl. hierzu: *Österreicher im Exil, Frankreich*, S. 22. — **41** David Bronsen, *Joseph Roth*, S. 601 ff. — **42** Ebd., S. 345. — **44** Hanns Eisler: *Gespräche mit Hans Bunge. Fragen Sie mehr über Brecht. Gesammelte Werke Serie III. Bd. 7*, Leipzig 1975, S. 101 ff. — **45** Ebd., S. 22 f. — **46** Georg Lukács: *Der historische Roman. Werke Bd. 6* (Probleme des Realismus III), S. 325. — **47** Stefan Zweig: *Triumph und Tragik des Erasmus von Rotterdam*, 2. Aufl. Frankfurt/M. 1982, S. 87 f. — **48** Stefan Zweig: *Schachnovelle*, Frankfurt/M. 1967. Erstausgabe: Buenos Aires 1943. — **49** Stefan Zweig, *Triumph und Tragik des Erasmus von Rotterdam*, S. 96 ff. — **50** Ebd., S. 101. — **51** Ebd., S. 95 u. 99. — **52** Georg Lukács, *Der historische Roman*, S. 326. — **53** Vgl. hierzu: *Österreicher im Exil, Frankreich*, S. 20 ff. u. 149 ff. Die Argumente, mit denen Stefan Zweig seine Ablehnung der »Liga« begründete, zeigen seine besondere Stellung gegenüber Roth und Werfel als Unterschied *innerhalb* der gemeinsamen Bindung an die untergegangene Monarchie. Dieser Unterschied aber läßt ihn als Position des Übergangs zur ›übernationalen‹ Orientierung in der österreichischen Literatur erkennen: »ich bekämpfe seit Jahren alles, was in unserem gemeinsamen Schicksal zur Zersplitterung führt und habe mich immer gegen eine Unterscheidung der Emigranten in ehemalige Österreicher, Deutsche, Tschechoslowaken gestellt. Für mich ist Österreich 1918 gestorben und ich weiß, daß es nie mehr auferstehen wird.« (Stefan Zweig an Elisabeth Freundlich, zit. n.: E. Freundlich: »›Flüchtlingsgespräche‹ aus heutiger Sicht, in: *Österreicher im Exil 1934 bis 1945. Protokoll des internationalen Symposiums zur Erforschung des österreichischen Exils*, Wien 1977, S. 521). — 54 Franz Werfel: Ein Versuch über das Kaisertum Österreich. Prolog für die amerikanische Ausgabe von ›Aus der Dämmerung einer Welt‹ (Twilight of a World. New York 1937). Deutsch erstmals in: F. W.: *Zwischen Oben und Unten. Prosa, Tagebücher, Aphorismen, Literarische Nachträge*, München 1975. — 55 Franz Werfel: *Das Trauerhaus*, in: F. W.: *Geheimnis eines Menschen. Novellen*, Berlin/Wien/Leipzig 1927. — 56 Franz Werfel: »Nachwort«, in: Ödön von Horváth, *Das Zeitalter der Fische*, Wien 1953. Wiederabgedruckt in: *Materialien zu Ödön von Horváth*, hg. v. T. Krischke, Frankfurt/M. 1970, S. 133/134. — 57 Franz Werfel: *Stern der Ungeborenen. Ein Reiseroman*, Frankfurt/M. 1981, S. 708 ff. (Erstausgabe: posthum, Stockholm 1946). — 58 Franz Werfel: *Die vierzig Tage des Musa Dagh*, Wien/Berlin 1933. — 59 Franz Werfel: *Die blaßblaue Frauenhandschrift*, in: F. W.: *Erzählungen aus zwei Welten*. 3. Bd., Frankfurt/M. 1954. (Erstausgabe: Buenos Aires 1941). — 60 »Nicht sehr lebendes Österreich«, in: *Der Sozialistische Kampf*, Nr. 1, 14. 1. 1939, S. 23. Wiederabgedruckt in: *Österreicher im Exil, Frankreich*, S. 159. — 61 Conrad Lester: »Probleme der österreichischen Literatur in der Emigration (Frankreich 1938–1940)«. Vervielfältigtes Ms., Wien 1972. Zit. n.: *Österreicher im Exil, Frankreich*, S. 157. — 62 Joseph Roth, *Briefe*, S. 388. — 63 Vgl. David Bronsen, *Joseph Roth*, S. 520 f. — 64 Robert Musil: *Tagebücher. 1. Bd.*, hg. v. A. Frisé, 2. Aufl. Reinbek 1983, S. 294. — 65 Ebd., S. 973. — 66 Ebd. — 67 Ebd., S. 903. — 68 Ebd., S. 697, S. 826; 2. Bd. S. 612 f., 1222 ff. — 69 Vgl. ebd., S. 613. — 70 Vgl. etwa Hermann Broch: *Theorie der Demokratie 1938–1939 (1941), The City of Man. Ein Manifest über Weltdemokratie. (1940). Kommentierte Werkausgabe, Bd. 11* (Politische Schriften), S. 72 ff. — 71 Hermann Broch: *Hofmannsthal und seine Zeit. Eine Studie. Kommentierte Werkausgabe Bd. 9/1* (Schriften zur Literatur 1), Frankfurt/M. 1975, S. 175. — 72 Hermann Broch: *Robert Musil und das Exil. Kommentierte Werkausgabe Bd. 9/1*, S. 96. — 73 Hermann Broch: *Robert Musil – ein österreichischer Dichter? Kommentierte Werkausgabe Bd. 9/1*, S. 95. — 74 Thomas Koebner: »Mythos und ›Zeitgeist‹ in Hermann Brochs Roman ›Die Verzauberung‹«, in: *Brochs ›Verzauberung‹*, hg. v. P. M. Lützeler, Frankfurt/M. 1983, S. 183. — 75 Hermann Broch: *Briefe. Gesammelte Werke Bd. 8*, hg. v. R. Pick, Zürich 1957, S. 157. Zit. n.: Thomas Koebner, »Mythos und ›Zeitgeist‹«, S. 183. — 76 Vgl. hierzu etwa: Perry Anderson: *Der absolutistische Staat*, Frankfurt/M. 1979, S. 378 ff. — 77 Robert Musil: *Der Mann ohne Eigenschaften, Gesammelte Werke Bd. 2*, S. 583 ff. — 78 Vgl. Hermann Broch: *Einige Bemerkungen zum Problem des Kitsches. Kommentierte Werkausgabe Bd. 9/2* (Schriften zur Literatur 2), S. 158 ff. — 79 Hermann Broch: *Die Verzauberung. Bd. 3. Kommentierte Werkausgabe Bd. 3*, Frankfurt/M. 1976. — 80 Thomas Koebner, »Mythos und ›Zeitgeist‹«, S. 172. — 81 Ebd., S. 173 ff. — 82 Günther Anders: »Über Broch. Der ›Tod des Vergil‹ und die Diagnose seiner Krankheit«, in: G. A.: *Mensch ohne Welt. Schriften zur Kunst und Literatur*, München 1984, S. 197. Der Aufsatz erschien erstenmal in der Emigrantenzeitschrift *Austro-American Tribune* 1945/46. — 83 G. Anders berichtet von seinem Besuch bei Broch in Princeton: »Arglos hat er mir einmal das Grammophon gezeigt, aus dem er während der Niederschrift des ›Vergil‹ das wallende Es-Dur sowohl des ›Rheingold‹ wie der ›Vierten Bruckner‹ pausenlos hatte strömen lassen, um sich besoffen zu halten.« (G. Anders, *Mensch ohne Welt*, S. XLI). — 84 Hermann Broch: *Die Schuldlosen. Roman in elf Erzählungen. Kommentierte Werkausgabe Bd. 5*, Frankfurt/M. 1974, S. 265. — 85 Ebd., S. 274. — 86 Elias Canetti: *Dramen*, Frankfurt/M. 1978. E. Canetti: *Die Blendung. Roman*, Frankfurt/M. 1965. *Hochzeit* und *Komödie der Eitelkeit* entstanden 1932 und 1934 (Erstveröff.: 1932 und 1950), *Die Blendung* schon 1930/31 (Erstveröff.: 1935). — 87 Vgl. etwa Elias Canetti: *Die Fackel im Ohr. Lebensgeschichte 1921–1931*, Frankfurt/M. 1982, S. 230 ff. — 88 Elias Canetti: *Masse und Macht*, Frankfurt/M. 1980. Canetti arbeitete daran seit seiner Exilierung 1938, seit dieser Zeit legte er sich selbst ein literarisches Schreibverbot auf, um sich ganz auf sein opus magnum zu konzentrieren. Zur Kritik daran vgl. Ernst Fischer: »Bemerkungen zu Elias Canettis Masse und Macht«, in: *Literatur und Kritik* (1966) Nr. 7, S. 12 ff., sowie jüngst: Konstantin Kaiser: »Antifaschistischer Widerstand und Kultur«, in: *das pult* 16. Jg. (1984) Folge 71. S. 9 ff.

Laureen Nussbaum

»Das Kleidungsstück der europäischen Geistigkeit ist einem besudelt worden...«

Georg Hermann – Jettchen Geberts Vater – im Exil

Vom 1. XI. 1985 bis 13. I. 1986 zeigte die Berlinische Galerie, Jebensstraße 2, 1000 Berlin 12, eine Ausstellung von Kunstwerken und Dokumenten, die Emigranten dem Leo Baeck Institut in New York überlassen hatten. Man gab dieser Ausstellung den Namen »Jettchen Geberts Kinder« und machte damit sehr bewußt Georg Hermanns Romanfigur zum Symbol des deutschen Judentums, oder genauer, zum Symbol der mißlungenen Assimilation der deutschsprachigen Juden.[1] Unter gebildeten Bundesdeutschen klingt der Titel *Jettchen Gebert* noch immer irgendwie vertraut; den einst sehr geschätzten Verfasser des Romans hat man anscheinend vergessen.[2] In Albert Soergels Standardwerk, *Dichtung und Dichter der Zeit. Eine Schilderung der deutschen Literatur der letzten Jahrzehnte* (Leipzig 1911), heißt es, Georg Hermann sei ein Nachfolger in der Kunst Fontanes: »Durch den Roman in zwei Bänden *Jettchen Geberts Geschichte (Jettchen Gebert* 1906, *Henriette Jacoby* 1908) ist Georg Hermann (eigentlich Georg H. Borchardt, geb. 1871 in Berlin) bekannt geworden (...) Der große Roman ist still, verträumt, elegisch: der Erzähler, der hie und da selbst mal das Wort nimmt, hat viel, viel Zeit. Er führt in das Berlin von 1839 und 1840.« Soergel faßt zusammen, wie Jettchen, die schöne und schöngeistige jüdische Waise, ihren geschäftsschlauen posenschen Bräutigam noch am Hochzeitstag verläßt, um dann an einer Doppelliebe zu einem christlichen Literaten und zu ihrem kulturellen Mentor, dem fortschrittlichen und feinsinnigen Onkel Jason, zugrunde zu gehen. Soergel meint, der Wert des Romans läge nicht im Geschehen, sondern im Detail, in der geschickten Art, wie Hermann aus hunderten kleiner Einzelzüge in seiner »unerschöpflichen Kleinmalerei«[3], ein Bild des vormärzlichen Berlin, der Biedermeierzeit, hervorzaubert.

Aufschlußreich ist nun die Verschiebung der Betonung in der Neubearbeitung von *Dichtung und Dichter der Zeit* (Düsseldorf 1961). Soergels Nachfolger, Curt Hohoff, setzt an: »Georg Hermann ist weitgehend bestimmt durch das Judentum«, nennt dessen Geburtsjahr und einige seiner kunstkritischen Werke und fährt fort: »Berühmt wurde er mit seinen Schilderungen aus dem Leben der Juden im Biedermeier, dem Roman *Jettchen Geberts Geschichte* (1906) (...)« Der jüdische Aspekt wird hier betont und verzerrt – »geschäftsschlaue, weiche und unzuverlässige Ostjuden«, heißt es hier, wobei das »weiche« wohl auf einem zu flüchtigen Lesen von Soergels Originaltext beruht[4] – und erst in zweiter Instanz weist Hohoff auf Georg Hermanns kritische Beobachtungsgabe, auf seinen »entsagenden Humor« und seine »dokumentarische Vollständigkeit« hin. Sehr unvollständig allerdings ist Hohoff bei seinen Angaben zu Georg Hermanns Leben und Werken. Schon die Bemerkung, daß Georg Hermann sich – gerade als Jude – als »Weltbürger« empfand, trifft nicht ganz zu. »Westeuropäer« wäre da genauer gewesen. Dann aber schließt Hohoff das Thema Georg Hermann lapidar mit dem Satz ab: »Als er während des zweiten Weltkrieges im holländischen Exil starb, war er fast unbekannt, obwohl er bis 1936 zehn weitere Romane, einige Schauspiele und Betrachtungen geschrieben hatte.«[5] Von diesen Behauptungen stimmt nun fast nichts. Nach 1911 hat Georg Hermann, neben der bekannten Textsammlung *Das Biedermeier im Spiegel seiner Zeit* (Berlin 1913) noch vierzehn Romane und etliche Bände Essays und Erzählungen veröffentlicht, viele davon erschienen in mehreren Auflagen. Fand er als Theaterdichter weniger Anerkennung, so wurden doch einige seiner Romane, gerade in der Zwischenkriegszeit, mit Erfolg als Bühnenstücke, Singspiele und Filme bearbeitet. Georg Hermann war an seinem Lebensabend auch nicht unbekannt, sondern ausrangiert. Er starb nicht im holländischen Exil, sondern wurde als Zweiundsiebzigjähriger nach Auschwitz verschleppt und – falls er nicht schon im Viehwagen verendete – dort vergast.[6]

Hätte Hohoff es 1961 besser wissen können? Wir wollen hier nicht richten, nur berichten. Es erscheint allerdings wichtig – im Hinblick auf eine große Anzahl jüdischer deutschsprachiger Schriftsteller, speziell aber auf Georg Hermann –, der eben angesprochenen Verschiebung der Betonung wegen, noch einmal nachzugehen: Soergel hebt 1911 bei Georg Hermanns Erzählkunst das Zeitkolorit, den Genrehumor hervor. Bei Hohoff hingegen wird fünfzig schicksalsschwere Jahre später der deutsche Schriftsteller Georg Hermann vornehmlich als Jude, als der Andersgeartete qualifiziert und somit ausgesondert.

Ein Gedicht von Erich Fried, einem Exilschriftsteller, befaßt sich mit der retrospektiven Aussonderung jüdischer Deutscher im allgemeinen:

Diese Toten

Hört auf, sie immer Miriam
und Rachel und Sulamith
und Aaron und David zu nennen
in euren Trauerworten!
Sie haben auch Anna geheißen
und Maria und Margarete
und Helmut und Siegfried:
Sie haben geheißen wir ihr heißt

> Ihr sollt sie euch nicht
> so anders denken, wenn ihr
> von ihrem Andenken redet,
> als sähet ihr sie
> alle mit schwarzem Kraushaar
> und mit gebogenen Nasen:
> Sie waren auch blond
> und sie hatten auch blaue Augen
>
> Der einzige Unterschied
> war der Stern den sie tragen mußten
> und was man ihnen angetan hat:
> Sie starben, wie alle Menschen
> sterben
> wenn man sie tötet
> nur sind nicht alle Menschen
> in Gaskammern gestorben
>
> Hört auf, aus ihnen
> ein fremdes Zeichen zu machen!
> Sie waren nicht nur wie ihr
> sie waren auch ein Teil von euch:
> wer Menschen tötet
> tötet immer seinesgleichen.
> Jeder der sie ermordet
> tötet sich selbst.[7]

Wie sehr Fried hier auch für Georg Hermann spricht, erhellt aus dessen Essay »Weltabschied (Für meine Kinder bestimmt)«, der sich mit einer großen Anzahl anderer unveröffentlichter Materialien im Archiv des Leo Baeck Instituts in New York befindet.[8] Der Essay wurde im Mai 1935 im niederländischen Exil geschrieben und darf als eine oft ergreifende Zusammenfassung der wichtigsten Hermannschen Ideen gelten. Zum Judentum meint er da: »Also bis 1914 wußte man eigentlich kaum, daß man Jude war – oder erst in dritter Linie. Antisemitismus war da, lästig wie Mücken an einem Sommerabend – aber man scheuchte sie weg und fand es doch ganz schön draußen (...)«. Nach 1914 habe sich das bedenklich gewandelt, aber dennoch sei ihm das Judentum immer »die Weste unter dem Rock des anständigen Europäers gewesen«. Es sei ihm bis heute auch nicht ein Hundertstel des europäischen Kulturguts wert. Hervorgekehrt hätte er es nie, und es wäre ihm »nie eingefallen, (...) die Weste über den Rock zu ziehn« (LBI II,60).

Georg Hermann gehörte zu der säkularisierten, fortschrittsgläubigen Vorkriegsgeneration.[9] Bis 1914 empfand er es als ein großes Glück, Anfang der siebziger Jahre als Jude »hineingeboren zu sein in den Herzensmittelpunkt des damaligen Deutschlands und zugleich Distanz zu haben«. Wenn überhaupt, so habe man damals von »Juden und

Christen«, nicht von »Juden und Deutschen« gesprochen, schrieb Hermann im Jahre 1926 in dem Büchlein *Der doppelte Spiegel*. Dieser Essay war seine überaus kritische und tapfere Replik auf ein Sonderheft der Zeitschrift *Der Jude* (Jahrgang IX, 1925), das dem Thema »Antisemitismus« gewidmet war.[10] Mit Recht weist Hermann im »Weltabschied«, also neun Jahre später im Exil, auf den *Doppelten Spiegel* zurück. Damals schon hatte es ihn empört, daß wohlmeinende nichtjüdische Schriftsteller »unrichtigen Auffassungen« huldigten »vom deutschen Juden, von seiner Mentalität, seiner Tradition, seiner Religion und vor allem von den verbrieften und selbstverständlichen Rechten, die der Jude in Deutschland hat!« Schon 1926 hatte die Wiederaussonderung der Juden aus der gemeinschaftlichen Kultur so um sich gegriffen, daß Georg Hermann meinte, es sei wohl »das Traurigste, daß man sich sagen mußte, wenn es in den Köpfen (...) dieser deutschen Schriftsteller von hoher Klugheit und durchaus linksstehender Note, deren Menschlichkeit über allem Zweifel erhaben ist, schon so aussieht, wenn solche Anschauungen über den deutschen Juden durch den siebenjährigen Krieg des Antisemitismus in ihren Hirnen sich festsetzen konnten – wie muß es erst in den Köpfen der anderen aussehn«. Den jüdischen Kollegen, die an der Sondernummer mitgeschrieben hatten, und besonders demjenigen, »dem die Antwort zufiel« (Moritz Goldstein), verargte Georg Hermann damals, daß keiner klar und deutlich aussprach: »(...) euer Antisemitismus, das deutsche Judenproblem, das ihr aufgeworfen habt, ist nicht eine Frage, die ihr an uns zu richten habt, sondern ein Teil jener großen Frage, die wir deutsche Juden heute an unseren deutschen Mitbürger zu richten haben, der (...) sich als ›schlechter Siegelbewahrer des Menschentums‹ bewährt hat; und zwar vor allem in den gehobenen sozialen Schichten.« Dabei betonte Hermann in seiner kurzen Nachschrift, daß er den *Doppelten Spiegel* keineswegs aus Freude am Polemisieren geschrieben habe. Vielmehr drehe es sich »um das Wohl und Wehe von 600.000 deutschen Brüdern und die geistige Gesundung von 60 000 000 deutschen Brüdern.«[11]

Durfte er sich im Jahre 1926 noch als Warnender unter Brüdern wähnen, so heißt es 1935 im »Weltabschied«: »(...) wie es weiterging in Deutschland sofern man Jude, linksorientiert und Schriftsteller war, das brauche ich Euch, Kinder, ja nicht noch einmal zu erzählen. Für unsereinen spitzten sich die Dinge immer mehr zu – auch wenn das Gros meiner Glaubens- und Gesinnungsgenossen es nicht (...) sehen wollte, selbst wenn mein Verlag von vornherein alle meine Bücher politisch kastrierte, ich habe es, wie *Der doppelte Spiegel* Euch zeigt, zeitig genug gesehn – bis sie (die Dinge) dann endlich für mich so kamen, wie sie kommen mußten und für uns alle. Die Lawine, die uns (...) begrub, kam schon im August 1914 ins Rollen, und soviel wir uns auch dagegen stemmten, sie war nicht aufzuhalten« (LBI II, 60).

Georg Hermann gehörte zu den ersten, die unmittelbar nach der Machtübernahme Deutschland verließen. Bereits im März 1933 setzte er sich nach den Niederlanden ab. Von dort aus schrieb er am 13. März

1933 seiner zweiten Tochter, Hilde, nach Dänemark: »In Deutschland wird man für Deutschland und für die Sache der Menschheit nichts mehr tun können. (...) in *diesem* Deutschland werde ich doch nicht ruhig mehr arbeiten können (...) und für den Juden Georg Hermann, der als linksorientiert und Pazifist bekannt ist, wird nicht mehr viel zu verdienen sein.« Er möchte sich bald in Laren (einem Villendorf etwa 20 km südöstlich von Amsterdam) ein Haus mieten »und von dort aus für Holland und für Ullstein arbeiten und vor allem in Ruhe (...) Romane schreiben.«[12] Abseits des in Amsterdam entstehenden Emigrantenzentrums betrieb er energisch die Veröffentlichung der beiden Romane *Ruths schwere Stunde* und *Eine Zeit stirbt*, die den resignierenden Abschluß der fünfteiligen, größtenteils autobiographischen »Kette« bildeten. Beide erschienen im Jahre 1934, *Ruths schwere Stunde* bei Allert de Lange in Amsterdam, *Eine Zeit stirbt* bei der Jüdischen Buchgemeinschaft in Berlin. Handelte es sich bei *Ruths schwere Stunde* und *Eine Zeit stirbt* noch um mehr oder weniger fertig aus Deutschland mit ins Exil gebrachte Manuskripte, so wurde der *Rosenemil*, Hermanns erster im Exil entstandener Roman, ein Übergangswerk, in dem eine Randfigur der »Kette« in die Mitte rückt. Einerseits ist viel Heimweh nach dem Berlin der Jahrhundertwende in dieses Buch eingegangen, andererseits treten typisch Hermannsche Sozialkritik, warmes Mitempfinden, leise Ironie und Kunst- und Lokalkenntnisse in viel gerafterer Form hervor als in den früheren Romanen: ein erster Versuch des bereits alternden Verfassers, sich den neuen Umständen und einer weniger geruhsamen und möglichst internationalen Leserschaft anzupassen. Georg Hermann versprach sich denn auch sehr viel vom *Rosenemil*, hatte jedoch Mühe, ihn »gut zu placieren« (Karte vom 6. November 1933, Brief Anfang 1934, o.D.). Schließlich kam der Roman 1935 bei Allert de Lange heraus und wurde jedenfalls in Holland gut aufgenommen. Der erhoffte Welterfolg blieb allerdings aus.[13]

Ab Frühjahr 1934 lassen sich Hermanns immer bedrückender werdende Geldsorgen aus den Briefen an die Tochter ablesen. Er drängt sie, seine Romane und Artikel im Original oder aber in Übersetzung in Dänemark unterzubringen. Er selbst tut sich in den angelsächsischen Ländern um und schreibt inzwischen seinen ersten Emigrantenroman: *B. M. Der unbekannte Fußgänger*. Das Werk wurde erstmals vom 1. April bis 23. April 1935 in holländischer Übersetzung als Feuilleton veröffentlicht und erschien dann noch im selben Jahr in Buchform und in deutscher Sprache bei Menno Hertzberger, Amsterdam. B. M. – der einst hoffnungsvolle Dichteraspirant, inzwischen aber recht durchschnittliche Journalist Benno Meyer – wirkt wie eine Vorwegnahme der Ling-Figur Oskar Maria Grafs.[14] Hermann beschreibt seine Hauptfigur jedoch mit leiserer Ironie und tieferer Betroffenheit als Graf. Am Tage des Boykotts, also am 1. April 1933, hatte B. M. zu seinem Staunen festgestellt, »daß er wirklich Jude war« (S. 10). Nun macht sich der Siebenundvierzigjährige auf nach Paris. Der Leser erlebt die Bahnfahrt gen Westen mit dem emigrierenden B. M. Unterschwellig unter der intellektuellen Ebene, entwickelt sich auch eine phantastisch-emotionelle, fast surrealistische Komponente der Erzählung: Es handelt sich hier um eine gazellenartig-schöne Frau aus B. M.s Vergangenheit, mit der er schließlich den Tod findet (S. 103 f.). Der Rest des kurzen Romans ist Epilog im Himmel. Die Idee vom Tode eines unbekannten Fußgängers beschäftigt Hermann schon im März 1926, unmittelbar nach dem Verscheiden seiner zweiten Frau. Damals wäre er bei einem melancholisch-einsamen Spaziergang durch Amsterdam beinahe überfahren worden. Er meinte dazu: »Man sollte vielleicht aufpassen. Wozu? Es muß doch herrlich sein, irgendwo zu verunglücken, wo einen niemand kennt, in einem fremden Land (...).«[15]

In einem fremden Land verunglückt auch der Emigrant Harry Frank, ein einundsechzigjähriger deutscher Architekt jüdischer Herkunft, von dem *Der etruskische Spiegel* handelt. Am 28. Juli 1934 schreibt Georg Hermann seiner Tochter nach Kopenhagen: »Ich arbeite wieder etwas (...) eine phantastische italienische Geschichte, der etruskische Spiegel: daß jemand sein Erlebnis noch einmal in einem etruskischen Spiegel 2500 Jahre früher sieht, mit sich und den andern in die Zeit umgesetzten Menschen« (22. X. 34). Es wurde sein letztes größeres veröffentlichtes Werk: eine ganz eigene Kombination von Hermanns Emigrantenerfahrungen und seinem Kunstkennertum, von der Selbstironie eines Alternden und dessen tiefer Sehnsucht nach Wärme, Schönheit und Liebe. Wie *B. M.* ist das Buch größtenteils als innerer Monolog der Hauptperson geschrieben. Ist nun das Traumspiel mit dem Spiegel etwa eine »Flucht in die Vergangenheit«, wie man sie in vielen historischen Romanen aus der Exilzeit antrifft?

Durch den Wunderspiegel erfährt Harry Frank, daß die jüdischen Emigrantenschicksale der dreißiger Jahre nichts Einmaliges sind. Im Laufe des Romans identifiziert er sich mit einem jüdischen Sklaven aus etruskischer Zeit (S. 216 ff.) und meint, schon jener habe sich nicht mehr als Hebräer empfunden, denn er habe »mit vielen Völkern zusammen am Tisch gesessen und mit den Göttern vieler Völker gelebt und gesehen, daß sie alle gut sein könnten, wenn die Menschen es wären« (S. 243). Die Assimilationsproblematik wird in die vorchristliche Zeit verlegt. Wenn es der Hauptfigur nicht gelingt, sich des unrechtmäßig angeeigneten Spiegels zu entledigen, wird klar, daß der wundersame etruskische Spiegel das beste der aufgeklärten deutschen Kultur symbolisiert (S. 279 ff.). Trugen viele Emigranten diese Kultur nicht als kostbarsten Besitz in ihrem intellektuellen Reisegepäck mit sich? Glaubten manche nicht, deren wahre Vertreter zu sein? Und versuchten andere nicht mehr oder weniger vergeblich, sie abzustreifen oder als Fälschung abzutun? Harry Frank jedenfalls geht an diesem Versuch zugrunde (S. 304 ff.). Der Heimatlose hatte schon früher gesagt: »Leben, nur um zu leben, ist ein trübseliges Geschäft« (S. 170). Bei seiner letzten Taxifahrt durch Rom meint er, er möchte gern auf diesen Hügeln mit August von Goethe, den Humboldt-Kindern, Hans von

Marées, Malwida von Meysenburg und anderen, »die an diesem Deutschland zerbrachen«, begraben werden (S. 297 ff.).[16]

Was Helmut Koopmann von der »Unzerstörbarkeit des Ich« schreibt, trifft nicht auf Georg Hermann zu. Es gibt in Hermanns Exilromanen, wie in seinen früheren Werken, kein »triumphierendes Ich«, keinen »Sieg des Einzelnen« und Erkenntnisfähigen, wie er nach Koopmann »in den Romanen der Exil-Literatur immer wieder beschworen« wurde.[17] Hermann hatte seit je sein Werk bewußt aus seiner Verunsicherung heraus geschaffen.[18] Er machte sich auch in bezug auf die Kurzlebigkeit des Hitlerregimes keine Illusionen und war daher auch in dieser Hinsicht ein Einzelgänger.[19]

In den ersten zweieinhalb Jahren seines Exils waren fünf neue Romane erschienen, wovon die ersten zwei eine Fortsetzung der vor 1933 veröffentlichten »Kette« waren, der dritte ein Übergangswerk bildete, während die letzten zwei sich auf sehr eigene Weise mit der Exilproblematik eines ›ausrangierten‹ Intellektuellen befaßten. Trotz kritischer Anerkennung fand keines dieser Werke einen Leserkreis, der groß genug gewesen wäre, um dem nun 65jährigen ein Existenzminimum zu gewähren. Also konzentrierte er sich zwischen 1935 und 1937 auf die Novellenform. Im Leo Baeck Institut befinden sich acht kleine Erzählungen, die noch immer ihrer Veröffentlichung harren. Es sind vorwiegend Erzählungen, die vor 1933 spielen, die meisten in Berlin oder am Neckar. Die weitaus tiefschürfendste unter ihnen, »Der Ungekreuzigte«, wurde von ihrem Verfasser »ein langer Essay in Novellenform« genannt (17. IV. 36, LBI I,7). Diese Erzählung handelt von Hermanns Lebens- und Geschichtsphilosophie und ist teils ein ausführlicher Diskurs im Stile der Gespräche zwischen Naphta und Settembrini (in Thomas Manns Roman *Der Zauberberg*), teils Vorwegnahme von Hesses *Glasperlenspiel*. In der von Georg Hermann dort gestalteten Utopie gilt Krieg als Gotteslästerung, der Nationalismus ist überwunden und die Erdengüter werden gerecht verteilt. Hermann verfremdet die realen politischen und sozialen Zustände von 1930 durch den Vergleich mit dieser Utopie. Mit dem plötzlichen Eisgang im Neckar zerrinnt der Zukunftstraum. Die Rahmenhandlung endet in Amerika und wird schließlich ironisch mit dem Hier und Jetzt des Jahres 1937 verknüpft.

Wie eine bange Vorahnung liest sich eine weitere Novelle aus derselben Zeit, die den merkwürdigen Titel »Keine Weihnachtsgeschichte« trägt (LBI II, 29). Auf dem fast unleserlichen Manuskript steht in Georg Hermanns Handschrift »Tragik«. Seiner Tochter hatte Hermann am 7. Januar 1937 geschrieben, er »murkse« jetzt an einer Novelle über den Ertrinkungstod von zwei Insassen eines Autos und darüber, wie der dritte, der sich selbst rettet, sein Überleben verantworten müsse: »(...) eine fast an Mord grenzende Schuld, über die ein besserer Mensch kaum hinwegkommt. Eigentlich will ich es gar nicht schreiben (...) und etwas anderes lieber machen (...) Aber es steht mir bei meinen Arbeiten im Wege (...) also mach ich's.« Georg Hermann stellt sich die Frage, ob es in der durch den Weltkrieg demoralisierten Welt überhaupt noch Gewissensqualen gäbe. Der Überlebende in der Erzählung ist ein Arzt, der sich nur aus dem reißenden Fluß retten konnte, indem er seine Gattin im wasserschweren Pelzmantel von sich abschüttelte. Er nimmt sich dann am Heiligabend ein Jahr nach dem Unfall das Leben. Die Novelle, die mit einem Zwiegespräch zwischen einem jüdischen Psychiater und einem nicht-jüdischen Literaten während eines winterlichen Neckarspaziergangs beginnt und allmählich in die Haupterzählung überführt, beschreibt bereits ein Syndrom, das den Überlebenden aus Vernichtungslagern und schwer bombardierten Städten sowie Soldaten, die ohne ihre Kameraden von der Front zurückkehrten, nur all zu bekannt ist!

Trotz hartnäckiger Bemühungen, die Novellen und andere kürzere Prosawerke bei Zeitschriften und Zeitungen unterzubringen, gelang es Hermann nicht, auch nur eine dieser Erzählungen zu veröffentlichen. Als Jettchen Geberts Vater erlebte er jedoch Anfang 1937 wenigstens zeitweilig eine Besserung seiner finanziellen Lage: Fritz Hirschs Neuinszenierung des auf *Jettchen Gebert* basierenden Singspiels *Wenn der weiße Flieder wieder blüht* ging erfolgreich über die niederländischen Bühnen. Kurz darauf gab die Arbeiderspers eine holländische Volksausgabe von *Jettchen Gebert* und *Henriette Jacoby* in einem Band in einer Auflage von 25000 Exemplaren heraus. In diese Zeit fällt auch ein Interview mit dem international bekannten Kritiker der Exilliteratur, Menno ter Braak. Dieser weiß die Vielseitigkeit des greisen Georg Hermann zu schätzen und rechnet es ihm hoch an, daß er auch in der niederländischen Literatur gut Bescheid weiß.[20] Aus Hermanns unveröffentlicht gebliebenem Aufsatz »Vier Jahre Holland« geht hervor, daß er sich nicht nur für die Kunst und Literatur seiner neuen Heimat interessierte. Er schätzte ihre Technik des Brückenbaus, ihre Blumen- und Geflügelzucht, das hohe Kulturniveau, die vernünftige Kindererziehung und die wortreiche, »nüanzierte« Sprache (Frühjahr 1937; LBI VIII, 3c). Die Ergebnisse der Parlamentswahlen vom 26. Mai 1937, bei denen die kleine, aber lautstarke Nazipartei die Hälfte ihrer Sitze verlor, bestätigten Hermanns positives Bild der Niederlande. Er vermutet, daß die Niederlage der holländischen Nazis mit dem Spanischen Bürgerkrieg zusammenhinge. Nun sollten die kleinen Demokratien ihre Kräfte bündeln, meint er hellsichtig, denn wenn die Faschisten in Spanien erfolgreich wären, dann träfe es »Holland, Belgien, Tschechei – nachdem Österreich geschluckt wurde« als nächste Nationen (26./27. V. 37).

Der alternde Georg Hermann war keineswegs so »wirklichkeitsfremd«, wie van Liere in seinem Nachwort zu den bundesrepublikanischen Ausgaben von *Jettchen Gebert* meint.[21] Davon zeugen neben den Briefen an die Tochter einige Stellungnahmen zu Tagesereignissen – so der sechzehn Seiten lange »Appell an das demokratische Gewissen von Holland«, in dem er die Niederländer beschwört, die rebellische faschistische Militärclique in Spanien nicht weiter mit Waffen zu unterstüzen, zumal die demokratischen Mächte aus »Gründen der Unparteilichkeit« beschlossen hatten, der demokratisch gewählten spanischen Regierung kein Kriegsgerät mehr zu liefern. Dem niederländischen Tageblatt *De Telegraaf* wirft er vor, seine Berichterstattung sei einseitig profaschistisch, aus Angst vor sozialistischen oder gar kommunistischen Ideen (LBI III, 1). In der Studie »Ein fehlendes Fundament der Demokratie« (7 Seiten, 1937) rügt Hermann, daß in keinem demokratischen Staat das Recht des Bürgers auf ein menschwürdiges Dasein gesetzlich verankert sei. Nur mit sozialer Sicherung hätte man dem Kommunismus etwas entgegenzusetzen (LBI III. 4).[22] Dieselben Gedankengänge werden weiter ausgeführt in dem siebenundzwanzig Seiten langen Aufsatz »Devaluation« vom 25. Oktober 1936. Hermann beklagt hier, daß man sich auch in Holland nicht um die »endemische Armut« der Arbeitslosen kümmere. Die Devaluation des Guldens würde nur zu weiterer »Verpauperisierung« führen und somit zur Stärkung der radikalen Linken und Rechten (LBI III, 5).

In dem Aufsatz »Emigranten« (12 Seiten, Oktober 1937) erhebt Georg Hermann bittere Vorwürfe gegen die Demokratien, die sich den 400 000 jüdischen Flüchtlingen verschließen (LBI III, 6). Man spiele sie über die Grenze wie Tennisbälle übers Netz. »Manche bleiben irgendwo vergessen liegen.« Hermann verweist auf Ilja Ehrenburgs Roman *Lasik Roitschwanz* als Beispiel dafür, daß zur Zeit »recht lesbare Romane über die Emigration und über die Lebensführung der Emigranten geschrieben« werden. Diese Romane würden in allerlei Sprachen übersetzt und brächten ihren Verfassern oder Verfasserinnen Literaturpreise und angenehme Honorare. »Man ist sogar ein ganz klein wenig gerührt über die tiefe Trostlosigkeit, in der alle die Hoffnungen dieser armen Emigranten verklingen. Das ist aber auch alles. Ändern tut das gar nichts an dem Schicksal der Modelle. Das Gewissen der Welt wird nicht mehr wachgerüttelt« – aus Angst vor den Staatsmächten, die über diese Schicksale bestimmen. »Denn eine befreundete Macht ist eine Macht, mit der man Handel treibt, der man Waffen und Material zur Waffenherstellung liefert, und die Gesandte und Spione in unserem Land unterhält. Und mit der kann man sich wegen solcher Lappalie, wie dem Schicksal einiger hunderttausend Menschen, doch nicht anlegen.« Georg Hermann zählt Rußland, die Türkei, Italien, Deutschland, Polen, Spanien und China, »alles Länder mit Diktaturen und halben Diktaturen«, zu den Emigrationsländern des Jahrhunderts. Für die Juden biete Palästina keine Lösung, da es »wiederum ein unsicherer Boden geworden ist«. Die Immigranten sollten leichter das Bürgerrecht im neuen Land erwerben, eventuell via »Interimsstaatsbürgerschaft«, damit sie »einen neuen festen Boden unter den Füßen bekommen«. Er weiß, daß das nur den legalen Immigranten hilft, denn für die illegalen ist das Exil auch »in den fortgeschrittensten Demokratien (...) die Hölle«[23]. Die Arbeitslosigkeit im Lande diene oft als Vorwand der Asylverweigerung oder Asylerschwernis, auch in den skandinavischen Staaten und in der Schweiz, wo man sie gar nicht kenne und doch fürchte, man könne sie, »wie die Influenza, plötzlich kriegen«. Im letzten Teil der Abhandlung geht Hermann auf die niederländischen Verhältnisse ein. Von den bald hunderttausend Juden, die über Holland auswanderten, seien nur wenige tausend geblieben, eine unbedeutende Zahl, sowohl im Vergleich mit der ganzen Bevölkerung als auch mit der Gruppe der holländischen Juden. »Numerisch würden sie bei der Zahl der Arbeitslosen kaum in Betracht fallen. Trotzdem werden neue Arbeitserlaubnisse kaum gegeben und alte eingezogen oftmals«. Man dürfe wohl Handel treiben, aber kaum Emigranten beschäftigen, nicht einmal früher selbständig praktizierende Ärztinnen gegen ein Taschengeld für Büroarbeit. Dabei haben diese Frauen es immer noch leichter als »der studierte Mann«, da sie sich »immer irgendwie in der Hausarbeit unterbringen« lassen, und sie auch nähen und stricken können, während die Kräfte früherer männlicher Anwälte, Richter und hoher Beamter vollständig brachlägen. Daß Georg Hermann hier auf Grund von Geschlechtsvorurteilen diskriminiert, ist ihm natürlich nicht bewußt. Besonders empört es ihn, daß Ärzte und Zahnärzte im Ausland nicht ihrem Beruf nachgehen dürfen, während z. B. in Holland ein Mangel an Zahnärzten und in Spanien einer an Augenärzten besteht. Er weist mit Recht darauf hin, daß Schiffsärzte auch ausländische Patienten kurieren und daß die Reichsten und Mächtigsten sich von jeher von Kapazitäten anderer Länder betreuen ließen. Er übersieht jedoch die politische Macht von Interessengruppen, denen die Ausschließung ausländischer Konkurrenten zugute kommt.

Aus eigener Erfahrung weiß Hermann, daß Kinder sich am schnellsten im neuen Land anpassen. »Schwer tun sich Leute jenseits zwanzig schon. Leuten über fünfzig ist ein Hineinwachsen in ein neues Milieu fast unmöglich. Alte Leute verwaisen vollkommen.« Hermann beobachtet, daß in den westeuropäischen Ländern »der Verkehr der Emigranten so gut wie vollkommen unter sich« bleibe und dadurch »leicht steril« werde. »Die Verbindung der deutschen emigrierten Juden mit den holländischen Juden ist nicht all zu eng, weil wohl beide von sehr anders gearteter Mentalität sind.«[24] Es gäbe überhaupt große Verschiedenheit unter den Juden. »Das vergessen die Antisemiten *immer* und die Juden *sehr* oft.« »Wie gesagt, die gesamte Zahl der aus Deutschland nach Holland ausgewichenen Juden sind einige tausend (...), über achthundert davon werden dauernd oder vorübergehend von dem Komité für jüdische Flüchtlinge unterhalten. Wenn man bedenkt, daß Deutschland kein jüdisches Proletariat kannte – wie der europäische Osten oder wie Holland mit seinen Diamantschleifern etc. –, sondern nur neben hohem (...) Reichtum durchwegs (...) sehr gut durchkultivierten Mittelstand (...), so kann man bei Anerkennung allen guten Willens doch kaum sich verhehlen, daß das ein niederschmetterndes Resultat ist« (LBI III, 6).[25] Noch niederschmetternder war für ihn das Resultat der internationalen Konferenz in Evian, im Juli 1938, die sich mit der Aufnahme jüdischer Flüchtlinge beschäftigte. Hermann reagierte auf das Fiasko dieser Konferenz mit einer drei Seiten langen, empörten

Schrift unter dem Titel »Evian« (LBI III, 19f.). Er betont, daß es sich bei den 400 000 deutschen Juden um ein sechstausendstel der Weltbevölkerung handle, Menschen von »innerer und äußerer Tüchtigkeit«, die die Welt gewiß ernähren und denen sie Daseinsmöglichkeiten gewähren könne. Nietzsche habe die deutschen Juden »den Typus des zukünftigen Europäers« genannt. Und da wolle man sie nirgends mehr zulassen, verfolge sie sogar. Die Länder seien kaum interessierte Zuschauer, sie kümmere es nicht einmal, »wie den deutschen Juden täglich von Neuem ins Gesicht gespuckt wird und wie sie systematisch ausgeplündert (werden) (...) ehe man ihnen den allerletzten Fußtritt gibt«. Die Opfer der spanischen Judenverfolgung seien in erster Instanz vom Papst und vom Sultan aufgenommen worden. »Heute«, so schließt Hermann sarkastisch, »gibt es leider keinen Sultan mehr und der Papst ist machtlos geworden. Heute gibt es *nur Demokratien* in der Welt, Republiken, parlamentarisch regierte Staaten, in denen seit hundertfünfzig Jahren die Menschenrechte gelten und nicht die alte Barbarei von 1490 mehr herrscht!«[26]

Schließlich enthält das Archiv des Leo Baeck Instituts noch eine neunundfünfzig Seiten lange Abhandlung Hermanns unter dem Titel »Einige simple Tatsachen, naiv dargestellt« (Ende April 1938). Er setzt sich darin mit der Kurzsichtigkeit der früheren Entente-Staaten auseinander, zunächst Deutschland gegenüber und später in bezug auf Abessinien und Spanien. Hernach befaßt er sich mit der Kommunistenangst der Besitzenden, mit dem »Anschluß« Österreichs, schließlich mit dem Ende des deutschen Idealismus seit 1914. Von diesem Verfall sei die Judenverfolgung nur ein kleiner Teil. Auch meint er, im Lande blieben als Träger deutscher Kultur lediglich »einige feine deutsche Frauen auf literarischem Gebiet und einige Bildhauer«, nachdem man die Juden verstoßen hätte. Ferner spüre man überall in Europa die Angst vor dem immer unvermeidlicher werdenden Krieg (LBI III, 19d und 19g, 4). Mit Bleistift setzte Georg Hermann diesem Manuskript das Wort Stefan Georges voran: »Ich habe alle Tränen schon vorausgeweint.« Die Abhandlung war als Fortsetzung des 1933 in *De Stem* erschienenen Essays »Die Bilanz« gedacht, und Hermann bemühte sich darum, beide Betrachtungen in einem Bändchen bei van Loghum & Sloterus in Arnheim zu veröffentlichen. Er schrieb dem Herausgeber, der sich früher einmal für »Die Bilanz« interessiert hatte, der neue Essay sei wiederum »von einer höheren Warte des Nichtpolitikers herab das Resumé dessen, was nun in den sechs Jahren folgte – und leider Gottes in den Voraussagen von einer nun heute schon beschämenden Richtigkeit geworden ist« (LBI III, 19g, 1).

Georg Hermann muß sich verschiedentlich zu Tagesereignissen geäußert haben. In einem Brief an die Tochter vom 7. Januar 1937 erwähnt er, er habe inzwischen genug Material für ein ganzes Buch: »Randbemerkungen« zu den letzten Jahren, »kurze Sachen, zwischen 1 und 15 Seiten, die an allerhand Aktualitäten anknüpfen und doch die Dinge von einer höheren Warte aus betrachten. (...) Ihr könnt sie mal später (...) herausgeben.« Diese Aufzeichnungen sollten wohl die Fortsetzung zu Hermanns kritischen *Randbemerkungen, geschrieben 1914–17* werden, in denen er sich gegen den Krieg und den herrschenden Chauvinismus verwahrt hatte.[27] 1937 hielt er seine neuerlichen Randbemerkungen und andere kritische Schriften zurück, um seine noch in Deutschland lebende älteste Tochter nicht zu gefährden (2. VII. 37). Die Manuskripte sind bis jetzt noch nicht gefunden worden. Auch von dem 110 Seiten langen Essay »Was sollen wir Juden tun?« (1935–1936) blieb fast nichts erhalten. Es handelt sich hier, laut Brief vom 20. September 1935, um Hermanns Reaktion auf die Nürnberger Rassengesetze vom September 1935. Am 25. April 1936 schrieb er der Tochter, jetzt wäre der richtige Zeitpunkt, den Essay zu veröffentlichen. Er mag jedoch das Manuskript keinem linken Verlag übergeben, denn er mache nicht gern Leuten, die er lieb habe, eventuelle Schwierigkeiten. Außer einigen losen Blättern zu dem Thema »Was sollen wir Juden tun?« (LBI V, 5) finden sich im Leo Baeck Institut noch mehrere Entwürfe zu Betrachtungen über Juden und Judentum aus den Jahren 1935 bis 1938. Die Titel lauten »Warum sind Juden sozialistische Figuren?« (LBI III, 19c), »Jüdische Frauen ›arischer‹ Künstler« (LBI V, 3), »Eine Lanze für die Westjuden« (LBI, V, 4) und »Antisemitismus! Ach ja, Antisemitismus!!« (LBI III, 19b). Will man diese Schriften, ohne in Details zu gehen, auf einen gemeinsamen Nenner bringen, so zeigt sich, daß der betagte Georg Hermann an den Ideen Georg Simmels festhielt, die ihm seit seiner Berliner Studentenzeit wichtig waren.[28]

Simmel sah den westeuropäischen Juden in einer Randstellung, beschrieb ihn jedoch in dieser Position »als ein Element der Gruppe selbst, (...) ein Element, dessen immanente und Gliedstellung zugleich ein Außerhalb und Gegenüber einschließt«. Weil der westeuropäische Jude »nicht von der Wurzel her für die singulären Bestandteile oder die einseitigen Tendenzen der Gruppe festgelegt ist, steht er allen diesen mit der besonderen Attitüde des ›Objektiven‹ gegenüber«. Objektivität jedoch sei »keineswegs Nicht-Teilnahme, (...) sondern eine positivbesondere Art der Teilnahme, (...) die volle Tätigkeit des nach seinen eigenen Gesetzen wirkenden Geistes.«[29] Dieser Grundidee entspricht Georg Hermanns positive Bewertung des kulturellen Beitrags der Westjuden, während er die Ostjuden als dem Mittelalter verhaftete, »romanische und frühgotische Menschen« betrachtet (LBI V, 4). In »Antisemitismus! Ach ja, Antisemitismus!!« – nach der Kristallnacht 1938 geschrieben – klagt Georg Hermann nicht nur den von der Obrigkeit organisierten deutschen Antisemitismus an, sondern auch die ›unendlichen‹ Schwierigkeiten, die man den auswandernden deutschen Juden überall in den Weg lege. Das meint er, seien »sehr unhaltbare Zustände, die mir insbesonders, neben ärgsten materiellen Schädigungen den Nachteil bringen, daß sie mich zwingen, einen großen Teil meiner Lebensenergien in Gegenwehr gegen diesen Unfug zu verzetteln. Und vor allem, die mich zwingen, Gefühle in den Mittelpunkt meines Daseins zu schieben, die meiner unwürdig sind, und die eigentlich im Lexicon meiner Gefühle sonst schon längst nicht mehr enthalten waren. ›Wie kommen nur Wesen uralter Unkultur‹, sagt man sich, ›dazu, Wesen unserer alten Kultur einfach ihrer Existenz wegen bestrafen zu wollen? Wie ist es möglich, daß sie es unter den Augen von fünf Weltteilen widerspruchslos tun dürfen?! Einfach, weil wir, jene der alten Kultur, macht- und schutzlos sind, (...) weil wir längst über ihre Barbarismen hinausgewachsen sind.‹« Hermann bekennt, er sei stolz darauf geworden, »als Jude eine von Vätern her überkommene Mentalität zu haben«. Aber, so setzt er fort, »dieser Stolz wiegt doch nicht so über, daß ich mich nicht doch dabei tief schäme. Denn ich bin ja ein europäisierter Westjude und lebe (...) in keiner spezifisch jüdischen Kultur (...) Sondern ich lebte bislang (...) in einer im weitesten Sinne europäischen Kultur, die sich durchaus nicht auf Deutschland und einige andere Balkanstaaten beschränkte.[30] Und als Mitträger eben dieser Kultur, ja sogar als ein bescheidener Mitarbeiter an ihr, schäme ich mich tief, dieser antisemitischen Weltflut (...) Ich schäme mich für jenen Teil, der als Europäer auf mich fällt. Ich schäme mich für die ganze Welt. Ich schäme mich, daß für so etwas, wie diesen Weltantisemitismus, wie diesen in Wirklichkeit auf nichts begründeten, zum Instinkt heraufgelogenen, als Abzugsventil für Volkswillen benutzten Judenhaß, diese Erde immer noch den Nährboden bilden kann, und diese Menschen, dieses zwanzigste Jahrhundert, immer noch dazu zu mißbrauchen sind. (...) ich schäme mich einfach, als ob ich mitverantwortlich wäre, als ein Teil jener ganzen, nicht allein deutschen Welt der Beschimpfer und Verfolger, in deren Kultur man doch aufwuchs, und an deren Kultur man mitzuschaffen sich hingab. Das Kleidungsstück der europäischen Geistigkeit, das man bisher trug, ist einem besudelt worden, in unflätigster Weise mit dem dicksten und übelriechendsten Unflat beschmissen worden, und man möchte es sich vom Leibe reißen, um lieber splitterfasernackt zu gehn – so sehr schämt man sich!!« (LBI III, 19b).

Trotz dieser bitteren Erkenntnis ist der Westeuropäer Georg Hermann jedoch nie von seiner bereits früher, z.B. im *Doppelten Spiegel*, emphatisch formulierten Verneinung des Zionismus abgewichen.[31] Am deutlichsten geht das aus zwei Briefen an die Tochter hervor. Es heißt da, der Zionismus sei »eine Gefahr«, er bedeute »ein Zurückdrehen der Uhr um Jahrhunderte, für den europäischen Juden« (25. IV. 36). Drei Jahre später wiederholt Hermann, der Judenstaat sei »ein Unglück für die Juden (...) und ein noch größeres für die gesamte Kulturwelt«. Er fürchtet, die Juden würden staatlich gebunden, genauso chauvinistisch beschränkt denken und handeln wie die anderen Menschen. Der Einzelstaat müsse gerade überwunden werden. Daher gewähre der jüdische Staat keine Lösung. Die Juden würden daran »vollkommen zugrunde gehn, das heißt, wertlos werden (...) als Salz der Erde« (25. V. 39).

Seit 1938 – so ist in den Briefen an die Tochter zu lesen – verschlechtert sich Georg Hermanns persönliche und finanzielle Lage parallel mit der allgemein-politischen. Er hat allerlei körperliche Beschwerden (21. II. 38), wünscht, er hätte genug Geld, um sich Schiffsplätze nach Amerika zu besorgen, fürchtet, er müsse wirklich demnächst »anfangen von der Wand in den Mund zu leben« – dabei habe er »noch eine ganze Speisekarte da, mit angekochten aber unfertigen Gerichten von Romanen und Novellen« (27. XII. 38).[32] Dennoch gelingt es Hermann, einige mild-ironische Novellen fertigzustellen wie »Erste Liebe« (1938, LBI II, 63 c) und »Meine Liebesgeschichten« (1939, LBI II, 38). Dabei ist der Rahmen jeweils im »Hier« und »Jetzt« des alternden Schriftstellers befestigt, während die innere Erzählung in Erinnerungen schwelgt.[33] In »Erste Liebe« versuchen vier deutsche Emigranten in Holland, sich in einem ungemütlichen möblierten Zimmer einen gemütlichen Abend zu bereiten. Das ist noch einmal erstklassige Hermannsche Gestaltungskunst. In der Einleitung zur Doppelnovelle »Meine Liebesgeschichten« stellt sich der Autor seinem hypothetischen Urenkel vor. Er gesteht, daß ihn der Ausbruch des Ersten Weltkriegs aus seiner Harmlosigkeit so sehr aufgeschreckt habe, daß er den Schock im letzten Drittel seines Lebens nicht mehr habe verwinden können. Die selbstgewählte Verbannung im Jahre 1933 habe ihn viel weniger getroffen als der Krieg von 1914, den er von der ersten Stunde an verabscheute.[34] Er sei danach eben besser vorbereitet gewesen, denn der Nationalsozialismus habe ihm als folgerichtige Konsequenz aus allem, was vorangegangen war, gegolten. Auch habe er sich »nicht den übelsten Erdenfleck« als Exilland ausgesucht. Die Austreibung habe ihm wenig bedeutet, da er weder im Deutschtum noch im Judentum mehr verwurzelt gewesen sei – »oder doch nur, soweit sich das mit Menschentum deckte.«[35] Anfang 1939 unternimmt er dann auch die ersten Schritte, um sich und seine jüngste Tochter in den Niederlanden naturalisieren zu lassen (7. III. 39).

Nach Kriegsausbruch schreibt Hermann seiner älteren Tochter, er sei vollkommen pleite und »werde demnächst die größten Löcher ins Hungertuch nagen«. Er habe auch wenig Arbeitslust. »Dabei sitze ich an einer wichtigen Sache – *so* etwas, was geschrieben werden muß, daß es vorhanden ist (...) selbst wenn es nicht Literatur ist, wie es *Im Westen nichts Neues* ja auch nicht war. Aber es ist gräßlich, wenn man so keine Resonanz mehr hat« (10. X. 39). Wie aktuell das Werk werden sollte, geht aus einem Aufriß hervor, den Georg Hermann seiner Tochter am 27. November 1939 schickte: »Der ganze Plan zu ›Die daheim blieben‹. 4 Momentbilder.

1. März 1933 an einem Sonntagvormittag ›Max und Dolly‹
2. 26. Sept. 1935, 3–9 mittags am Tag der Nürnberger Gesetze ›Ilse und Liese‹
3. September 1938, Vertreibung der deutschen Juden aus Italien (Florenz) ›Georg der Doctor‹
4. Berlin, November 1938, am Pogromtag ›Heinrich und Agnes‹

Jeder der *4 Teile* ist *in sich vollkommen* geschlossen. Ungefähr wie bei den Thibauts. Teil 1 (also ›Max und Dolly‹) ist tadellos abgetippt (160

Seiten). Er ist schon nach Amerika mitgegangen. Teil 2 ist eben fertiggestellt (140 Seiten (...) Der allerbeste G. H. (...) Ungewöhnlich schön und ergreifend noch (...), so daß ich heute froh sein kann, wieder mal einen Roman, der a) als Roman gut wurde und b) als Zeitdokument unerhört wichtig mir scheint, unter Dach zu haben.« Das Leo Baeck Institut verfügt leider nur über ein Fragment von Buch 3, »Georg der Doktor«, das in Florenz spielt. Daneben enthält die Mappe LBI III, 15 vermischte Notizen, meist aktuell-politischer Art, die offensichtlich für die Tetralogie bestimmt waren. Eine Notiz trägt den Titel »Politisches Unglaubensbekenntnis Heinrichs oder Maxens«, eine weitere »Holland Liese«. Andere Aufzeichnungen wie »Wichtiges über den Nationalsozialismus kurz zu einem Gespräch«, »Finis Austria« oder »Vier Seiten Thema Bolschewismus« sind nicht speziellen Romanfiguren zugeordnet. Es gibt im ganzen 43 solcher Notizen über Exilerfahrungen. Im Zentrum des Romans steht, laut Brief an die Tochter, ein wohlhabendes, altes jüdisches Ehepaar (Berlin, Matthäikirchstraße) und seine verzweigte, aber *eng innerlich* zusammenhaltende Familie, von der sie zum Schluß die letzten sind. »Im kleinen Schlußteil in Berlin, am Pogromtag: a) Tod des alten Mannes durch Aufregung; b) Selbstmord der alten Frau als Reaktion darauf. Da kommt die Depesche: ›Schiffsplätze erster Kajüte no. 37/38 hier bezahlt. Auf baldiges Wiedersehn Ilse‹« (27. XI. 39).

Wie für seine Romanhelden, so kam auch für Georg Hermann die Rettung zu spät. Im Juni 1943 wurde er ins Lager Westerbork transportiert und von dort Mitte November nach Auschwitz verschleppt und ums Leben gebracht. Verwandte in der Schweiz hatten ihm mit viel Mühe und Geld einen paraguayanischen Paß verschafft, der ihn als »ausländischen Juden« hätte retten können. Der Paß war am 30. Dezember 1942 ausgestellt worden. Es dauerte fast ein Jahr, bis die Übersetzung des Dokuments und die Unterschrift behördlich beglaubigt waren. Inzwischen hatte man den Zweiundsiebzigjährigen bereits abtransportiert. Eine der letzten, die ihn sahen, war die Schriftstellerin Ilse Blumenthal-Weiß: »Ich bin ihm nur im Lager Westerbork begegnet, ohne allerdings einen Kontakt mit ihm zu haben. Ich sah ihn im Vorbeigehen. Er machte einen traurigen Eindruck auf mich: verwahrlost in seiner Kleidung, verworren und anscheinend der so veränderten Situation nicht gewachsen. Ja, er war einfach eine Mitleid erweckende Person geworden.«[36] Seine Kinder hatte er schon im voraus gebeten: »Haltet euch dann an das, was von mir bleibt« (27. VI. 38).

Von dem aber, was Georg Hermann im Exil geschrieben hat, ist den Nachgeborenen fast nichts bekannt. Seine beiden 1935 erschienenen Exilromane sind nicht neu aufgelegt, seine Essays über den Verfall der westeuropäischen Kulturwerte oder über den Antisemitismus noch nie veröffentlicht worden. Es fragt sich, ob denn Georg Hermann nur als der leicht-ironische, liebenswürdig-schmunzelnde Vater Jettchen Geberts in die Literaturgeschichte eingehen soll, während er doch in den frühen zwanziger Jahren der Mitbegründer und erste Vorsitzende des Schutzverbandes Deutscher Schriftsteller war[37] und sich seit dem Ausbruch des Ersten Weltkriegs fünfundzwanzig Jahre lang in zahlreichen Aufsätzen kämpferisch mit politischen und sozialen Problemen auseinandersetzte?

Die Arbeit über Georg Hermann wurde angeregt von Prof. Dr. H. Würzner, Leiden. Sie wäre ohne die ständige Hilfsbereitschaft der Archivare des Leo Baeck Instituts, New York und ohne die freundschaftliche Mitwirkung von Frau Hilde Villum Hansen, die mir die an sie gerichteten Briefe ihres Vaters zur Verfügung stellte, nicht möglich gewesen. Für finanzielle Unterstützung dieser Forschung bin ich der niederländischen Stiftung Zuiver Wetenschappelijk Onderzoek (ZWO), Den Haag, der Rijksuniversiteit Leiden und der Portland State University zu Dank verpflichtet.

1 *Jettchen Geberts Kinder: Der Beitrag des deutschen Judentums zur deutschen Kultur des 18. bis 20. Jahrhunderts am Beispiel einer Kunstsammlung.* Eine Ausstellung der Berlinischen Galerie und des Leo Baeck Instituts New York. Katalog, Berlin (Publica) 1985, S. 7. — **2** Diese Behauptung beruht auf Stichproben während eines Studienaufenthalts in der Bundesrepublik im Herbst 1985. — **3** Soergel, S. 792f. — **4** Soergels Text lautet: »Die schöngeistigen kulturell hochstehenden Elemente der Geberts (...) weichen den geschäftsschlauen unsoliden Elementen aus dem Osten«. (ebd.). — **5** Soergel-Hohoff, S. 769f. — **6** Siehe C. G. van Liere: *Georg Hermann: Materialien zur Kenntnis seines Lebens und seines Werkes.* (Amsterdamer Publikationen zur Sprache und Literatur. Bd. 17), Amsterdam (Rodopi) 1974, S. 54 ff. Diese Materialiensammlung erwies sich als unentbehrliche Basis für die vorliegende Arbeit. — **7** Erich Fried: *Kalender für den Frieden, 1985,* Köln (Bund Verlag) 1984. Mit spezieller Genehmigung des Dichters. — **8** Der Nachlaß Georg Hermanns liegt im Archiv des Leo Baeck Instituts unter der Chiffre AR 7074. Verweise auf Materialien in diesem Archiv werden im Text mit LBI und Dossiernummer angegeben. — **9** Siehe auch Jakob J. Petuchowski: »On the Validity of German – Jewish Self – Definition«. The Leo Baeck Memorial Lecture 29, New York (Leo Baeck Inst.) 1985. Für eine Bibliographie jüngsten Datums zu diesem Thema, siehe Anson Rabinbach: »Between Enlightenment and Apocalypse: Benjamin, Bloch and Modern Jewish Messianism«, in: *New German Critique* 34 (Winter 1985), S. 78–124. — **10** *Der doppelte Spiegel.* Berlin (Alweiß) 1926, S. 7f. Ähnlich äußert sich Hermann in dem Essay »Die Bilanz des Vorkriegsmenschen«, der laut van Liere in der Zeitschrift *De Stem,* 13 (1933), S. 739–60 und 839–63 erschien (ebd., S. 96). Für Manuskripte zur »Bilanz« sieh LBI III, 3. — **11** *Der doppelte Spiegel.* S. 53ff. Obwohl sich Hermann hier ausdrücklich dagegen verwahrt, daß den Juden im öffentlichen deutschen Leben eine Sonderstellung eingeräumt wird, gilt er auch jetzt noch für einige jüdische Forscher als Kronzeuge für die Unversöhnlichkeit zwischen Deutschtum und Judentum. Sieh hierzu neuerdings, Steven Aschheim: *Brothers and Strangers: The East European Jew in German and Jewish Consciousness, 1800–1923,* Madison (Univ. of Wisconsin Press) 1982, S. 216f. — **12** Georg Hermanns Briefe und Postkarten an die Tochter in Dänemark, geschrieben 1932–1941, sind ein laufender Rechenschaftsbericht über sein Leben und Schaffen. Frau Hilde Villum Hansen stellte der Verfasserin diese Korrespondenz großmütig zur Verfügung. Kalenderdaten im Text (ohne weitere Erläuterung) beziehen sich immer darauf. — **13** Für nähere biographische und bibliographische Angaben siehe Laureen Nussbaum: »›Und es kam, wie es kommen mußte‹:‹das Schicksal Georg Hermanns und seiner Spätwerke im niederländischen Exil«, in: *Neophilologus* 71 (1987), S. 252 ff. und S. 402 ff. — **14** O. M. Graf: *Die Flucht ins Mittelmäßige: Ein New Yorker Roman*, Frankfurt/M. (Nest Vlg.) 1959. — **15** *Holland, Rembrandt und Amsterdam*, Heidelberg (Merlin) 1926, S. 96. — **16** *Der etruskische Spiegel*, Amsterdam (Menno Hertzberger), 1936. Georg Hermann hatte geglaubt, »daß die Engländer drauf fliegen müßten«; er wurde jedoch enttäuscht. — **17** H. Koopmann: »Von der Unzerstörbarkeit des Ich: zur Literarisierung der Exilerfahrung«, in: *Exilforschung, Ein internationales Jahrbuch*, Bd.2, hg. von Th. Koebner u. a., München. (edition text + kritik) 1984, S. 9–23. — **18** Siehe hierzu den Titelaufsatz in *Vom gesicherten und ungesicherten Leben*. Berlin (Fleischel) 1915. Georg Hermann unterschied sich insofern von den meisten bürgerlichen Schriftstellern, als er als Kind bittere Armut gekannt hatte (sieh auch Anmerkung Nr. 13). — **19** *Der etruskische Spiegel*, S. 216 f., S. 247 ff., S. 265 und Briefe an die Tochter, passim. — **20** M. ter Braak: »Georg Hermann ›plaudert‹, in: *Het Vaderland*, 16. 3. 37. — **21** München (Herbig) 1971 und Frankfurt/M. (Fischer Taschenbuch) 1977. — **22** Der Verfasser betont in dieser Abhandlung die Kontinuität seiner Betrachtungsweise, indem er auf seinen Aufsatz »Der Konstruktionsfehler in der Demokratie« in seiner Essay-Sammlung *Vorschläge eines Schriftstellers*, Baden-Baden (Merlin) 1929, verweist. — **23** Siehe hierzu C. Enthoven: »Asylrecht-Levensrecht«, in: *Bzzletin*. 94 (März 1982). S. 9 ff., ein Neudruck eines damaligen Artikels in *Fundament*. 10 (1937) und Dan Michman: »De joodse emigratie en de Nederlandse reactie daarop tussen 1933 en 1940«, in: *Nederland en het Duitse Exil 1933–1940* hg. v. Kathinka Dittrich & Hans Würzner, Amsterdam (van Gennep) 1982, S. 93–108. — **24** Daß die niederländischen Juden an den jüdischen Immigranten oft spezifisch deutsche Charakterzüge bemerkten, die sie als unangenehm empfanden, erhellt z. B. aus Beiträgen zu *Herinnering aan Joods Amsterdam*, hg. v. P. Bregstein & S. Bloemgarten, Amsterdam. (de Bezige Bij) 1978, S. 267 f. — **25** Dieser »Emigranten«-Aufsatz war, laut Brief vom 29. X. 37 an einen Herrn Dunn, für das *Globe Magazin* in St. Paul, Minnesota, bestimmt (LBI III, 15 g). Georg Hermanns Schätzung – einige tausend deutscher Juden in den Niederlanden vor dem »Anschluß« und vor der »Kristallnacht« – dürfte stimmen. Für genauere Zahlen siehe Bob Moore: »Jewish Refugees in the Netherlands 1933–1940. The Structure and Pattern of Immigration from Nazi-Germany«, in: *Yearbook XXIV, Leo Baeck Institute*, hg. v. Arnold Paucker, London. (Secker & Warburg) 1984, S. 73–101. Ferner auch Jacques Pressers Werk: *Ondergang: De Vervolging en verdelging van het Nederlandse Jodendom 1940–1945 I*, Den Haag. (Staatsdrukkerij) 1965, S. 418 ff. — **26** Die Position des Heiligen Stuhles während der Nazi-Zeit, wie sie in den sechziger Jahren durch die *Stellvertreter*-Kontroverse an den Tag trat, konnte Georg Hermann 1938 noch nicht in ihrer moralisch-politischen Anfechtbarkeit überblicken. — **27** *Randbemerkungen*, Berlin (Fleischel) 1919. — **28** Siehe van Liere, S. 23 und 96. — **29** Georg Simmel: »Exkurs über den Fremden«, in: *Soziologie*, 3. Aufl. München/Leipzig. (Duncker & Humblot) 1923, S. 509–12. — **30** In Holland war es zu jener Zeit üblich, daß man einander vielbedeutend zuraunte: »Der Balkan beginnt in Emmerich«, d. h. an der deutschen Grenze. — **31** *Der doppelte Spiegel*, S. 12. — **32** Mit »von der Wand in den Mund leben« meinte Georg Hermann, daß er seine Kunstsammlung würde verkaufen müssen. In demselben Brief äußert Hermann sich entrüstet über die sowjetrussischen Schauprozesse. Man stecke da »genau so grundlos die harmlosesten und treusten Anhänger in die Gefängnisse, wie nur irgendein Nazideutschland oder Italien«. — **33** James Rolleston meint in seiner Studie »Short Fiction in Exile: Exposure and Reclamation of a Tradition«, daß die Novelle eben deshalb eine besonders attraktive Ausdrucksform für den Exilschriftsteller gewesen sei, weil durch den Rahmen Verbindungen mit der gegenwärtigen Gesellschaft hergestellt werden könnten, und obendrein die Novelle Ordnung erheischte in einer Zeit der Unordnung. *Exile: The Writer's Experience*, Chapel Hill (U. of N. Carolina) 1982, S. 33–47. — **34** Siehe *Randbemerkungen 1914–17* und z. B. den Titelaufsatz und »Weltliteratur oder Literatur für den Hausgebrauch«, in: *Vom gesicherten und ungesicherten Leben*. — **35** Auch »Meine Liebesgeschichten« wurde nie veröffentlicht. Dieses Sich-Wenden an den Nachfahren findet eine Parallele in Brechts Gedicht »An die Nachgeborenen« (1938), nur richtet Brecht sich mit sozial-didaktischem Gestus aus dem Dunkel der Exiljahre an spätere Geschlechter im allgemeinen, während Hermann, der Individualist, sich an den eigenen Urenkel wendet. Beide Texte bekunden jedoch ausdrücklich das Vertrauen, daß bessere, menschlichere Zeiten kommen werden. — **36** Privatbrief an die Verfasserin, New York, den 15. XII. 1984. — **37** *Der doppelte Spiegel*. S. 82.

Max Oppenheimer

Aufgaben und Tätigkeit der Landesgruppe deutscher Gewerkschafter in Großbritannien

Ein Beitrag zur Vorbereitung der Einheitsgewerkschaft

> Das wichtigste Motiv, das zur Einheit geführt hat, war die Erkenntnis:
> Eine Zersplitterung der Arbeiterbewegung, von der die Gewerkschaften die entscheidenden Teile sind, darf nie wieder eintreten. Man wußte auch, daß die Zerrissenheit eine Ursache dafür war, daß der Faschismus verhältnismäßig leichtes Spiel mit der Arbeiterbewegung beziehungsweise mit der Gewerkschaftsbewegung hatte.
>
> *Willi Bleicher »druck und papier«*
> *Nr. 12, 4. 6. 1979*

I
Die Vorgeschichte

Die Geschichte der Landesgruppe deutscher Gewerkschafter in Großbritannien begann mit dem 30. Januar 1933. Die Errichtung der Hitler-Diktatur, die Zerschlagung der Arbeiterbewegung, die Besetzung der Gewerkschaftshäuser am 2. Mai 1933, die Inhaftierung – ja sogar die Ermordung – von zahlreichen Mitgliedern und Anhängern der Arbeiterparteien und Gewerkschaften sowie die Flucht von so manchem, der der »Schutzhaft« entgehen konnte, führte in den Exilländern zur Bildung von gewerkschaftlichen Auslandsgruppen, die sich Mitte der dreißiger Jahre in Paris zur »Auslandsvertretung der deutschen Gewerkschaften« (ADG) zusammenschlossen.

Ihr Ziel war, die illegal in Deutschland arbeitenden Kollegen im Kampf gegen den Faschismus auf jede Weise zu unterstützen. Bis zum Jahr 1940 waren in der ADG 7 Landesverbände (des Exils) zusammengeschlossen, mit dem Sitz in Paris, Luxemburg, Brüssel, Amsterdam, London, Stockholm und Buenos Aires. Einen weiteren Stützpunkt unterhielt die ADG in der Schweiz.[1]

Die Besetzung der ČSR im Frühjahr 1939 und der Einmarsch der Nazi-Wehrmacht in Belgien, Frankreich, Holland und Luxemburg zwangen vor allem die politische Emigration aus Deutschland, Österreich und aus der ČSR zur Flucht nach London.

Die britische Hauptstadt wurde zum neuen Sitz des internationalen Gewerkschaftsbundes (IGB), einer Reihe von Industriegewerkschaften und von gewerkschaftlichen Auslandsvertretungen.

Im Herbst 1939 wurde anstelle der ADG die »Londoner Vertretung der freien Arbeiter-, Angestellten- und Beamtengewerkschaften« gebildet, an deren Spitze der Sozialdemokrat und ehemalige Funktionär des Zentralverbandes der Angestellten Hans Gottfurcht stand, der bis 1939 aktiv am Widerstand in Deutschland teilgenommen hatte.

Im Gegensatz zu der ADG war der »Londoner Vertretung« an einer Ausweitung ihres Einflusses gelegen. Gespräche mit den Auslandsgruppen der Sozialistischen Arbeiterpartei (SAP), der Gruppe Neubeginnen, des Internationalen sozialistischen Kampfbundes (ISK) sowie mit einigen Vertretern der ehemaligen christlichen und Hirsch-Dunkerschen Gewerkschaft fanden statt, um eine Zusammenarbeit »im Sinne der Einheitsgewerkschaft« zu erreichen. Unter diesem Begriff verstanden Gottfurcht und seine Vorstandsmitglieder allerdings nur das Zusammenrücken und die »Zusammenarbeit mit gewerkschaftlich organisierten deutschen Sozialisten«[2] mit scharfer Frontstellung gegen die KPD und gegen die ehemaligen Mitglieder und Funktionäre der RGO.

Insbesondere der am 23. August 1939 geschlossene deutsch-sowjetische Nichtangriffsvertrag veranlaßte die SPD und die verschiedenen sozialistischen Gruppen »jede Zusammenarbeit zwischen der KPD und anderen antifaschistischen Gruppen für unmöglich«[3] zu deklarieren. Gottfurcht gab dazu im Namen der »Londoner Vertretung« am 18. 9. 1939 eine Erklärung mit folgendem Inhalt ab:

> »Die kommunistischen Führer haben sich durch den deutschrussischen Vertragsabschluß und die Beteiligung an dem feigen Überfall auf Polen zu Handlangern des Nationalsozialismus erniedrigt. Sie haben damit ihren Platz gewählt an der Seite der Mörder der Freiheit. Sie verdienen keine andere Wertung und keine andere Behandlung.«[4]

Über die Rolle der Chamberlain- und Daladier-Regierungen und ihre Sabotage der Verhandlungen zum Abschluß eines »Paktes der kollektiven Sicherheit« mit der Sowjet-Union findet sich in dieser Stellungnahme allerdings kein einziges Wort.

Die enge Bindung der »Londoner Vertretung« zur SPD wurde noch verstärkt, als zum Jahreswechsel 1940/41 Ollenhauer und Vogel, zwei von den verbliebenen gewählten Mitgliedern des Parteivorstandes, in London eintrafen. Mit Zustimmung der in Frankreich bzw. später in den USA lebenden ehemaligen Mitglieder des Parteivorstandes wurde die Londoner Gruppe der SPD als die Vertretung der Partei und London als Sitz des Parteivorstandes anerkannt.

II
Die Gründung der Landesgruppe

Im Februar 1941 wurde aufgrund einer Vereinbarung zwischen dem Internationalen Gewerkschaftsbund und dem Britischen Gewerkschaftskongreß die »Landesgruppe deutscher Gewerkschafter in Großbritannien« gebildet. In dem Bericht »Aus der Arbeit des Jahres 1941« heißt es über die Hauptaufgaben der Landesgruppe:

> »(...) die Zugehörigkeit zur Landesgruppe (ist) der Ausdruck der ideologischen Verbundenheit mit denjenigen Kräften, die den Kampf gegen den Nationalsozialismus fortsetzen, wo sie sich auch befinden mögen (...) Die politischen Flüchtlinge unserer Tage sind emigriert, mit der Absicht vom Ausland her für eine Befreiung ihrer Heimat vom nationalsozialistischen Terror mitzuwirken und sobald wie möglich in die befreite Heimat zurückzukehren, um dort ihren gewerkschaftlichen Aufgaben nachgehen zu können.«[5]

Im weiteren Text dieses Arbeitsberichtes, der mehr einem Grundsatzprogramm ähnelt, wird die Beziehung zwischen dem britischen Gewerkschaftskongreß (TUC) und den Exilgruppen skizziert. Hierzu wird ausgeführt.

> »Durch die Vereinbarung zwischen TUC und seinen angeschlossenen Organisationen mit dem IGB waren die Landesgruppen ins Leben getreten. So wie wir früher ohne die Hilfe des TUC nicht arbeiten konnten, so ist dies auch heute unmöglich. Unsere gesamte Arbeit, soweit sie unsere Mitglieder im Arbeitsprozeß betrifft, ist abhängig von der dankbar anerkannten guten Zusammenarbeit des TUC und der angeschlossenen Organisationen mit uns. Nicht minder wichtig ist die reibungslose Zusammenarbeit mit dem IGB und seine tatkräftige Hilfe. Diese fand nicht nur ihren Ausdruck in materieller Unterstützung, sondern ihre viel bedeutungsvollere Bekräftigung in der Tatsache der guten und kameradschaftlichen internationalen Zusammenarbeit. Für unsere gewerkschaftliche Arbeit ist das Bewußtsein, als deutsche Anti-Nazi-Kämpfer einer internationalen Gemeinschaft gleichberechtigt anzugehören, von ausschlaggebender Bedeutung.«[6]

Unter der Überschrift »Landesgruppe und Politik« wird zum ersten Mal in einem offiziellen Dokument der Komplex Einheitsgewerkschaft angeschnitten:

> »Wir stehen auf dem Standpunkt, daß es im zukünftigen Deutschland eine einheitliche, nicht mehr nach Richtungen aufgespaltene Gewerkschaftsbewegung geben muß. Wir bemühen uns, nach Kräften dazu beizutragen, daß das künftige Deutschland, wenn nicht sozialistisch, so doch zumindest sehr

fortschrittlich in einer sich dem Sozialismus annähernden Weise gestaltet werden muß. Hieraus ergibt sich die enge Verbundenheit unserer Landesgruppe, wie aller gewerkschaftlichen Instanzen mit der sozialistischen Ideenwelt und den sozialistischen Organisationen.«[7]

Präzisiert wird auch die Beziehung der Landesgruppe zu der »Union deutscher sozialistischer Organisationen«:

»Als im Frühjahr 1941 in London die SPD, die SAP, Neu-Beginn und der ISK die ›Union deutscher sozialistischer Organisationen in Großbritannien‹ gründeten, entsprach die Mitarbeit der Landesgruppe den Notwendigkeiten und engen Beziehungen. Der Obmann der Landesgruppe nimmt an allen Beratungen und Sitzungen der Union teil, so daß für die Geltendmachung gewerkschaftlicher Gesichtspunkte weitgehend Sorge getragen ist.«[8]

Es ist naheliegend, daß in einem solchen Grundsatzdokument auch die Richtlinien der Landesgruppe veröffentlicht werden. Die wichtigsten seien hier zitiert, nicht zuletzt, um gewisse Unterschiede in Konzept und Struktur zu den Landesgruppen in Schweden oder in den USA sichtbar zu machen:

1. »Eine Landesgruppe deutscher Gewerkschafter wird in Großbritannien für die Dauer des Krieges errichtet. – Der Arbeit zugrunde gelegt werden die Grundsätze der englischen Gewerkschaften und des Internationalen Gewerkschaftsbundes (IGB). Es ist beabsichtigt alle deutschen Arbeitnehmer zu erfassen, ohne Rücksicht auf ihr Religionsbekenntnis oder auf ihre politische Überzeugung (...)«

(...)

4. »Die ›Landesgruppe‹ ist dem IGB angeschlossen. Sie wird sich bemühen, die Erreichung ihrer Ziele sicherzustellen, in Zusammenarbeit mit den IGB und – unter dessen Verantwortlichkeit – mit dem britischen TUC und seinen angeschlossenen Verbänden.«

5. »Die Aufgaben der ›Landesgruppe‹ sind:
   a) Die sozialen Interessen der deutschen Arbeitgeber als Flüchtlinge in Großbritannien zu verteidigen.
   b) Durch die Tätigkeit der britischen Organisation und in Zusammenarbeit mit ihnen die allgemeinen Lohn- und Arbeitsbedingungen zu schützen.
   c) Den Arbeitslosen bei der Arbeitsvermittlung behilflich zu sein.
   d) Die Propaganda für den freigewerkschaftlichen Gedanken zu betreiben.«

(...)

11. »Bei Kriegsende ist es die Pflicht der Landesgruppe, mit ihren Mitgliedern, der Organisation und dem Vermögen nach Deutschland zurückzukehren, sofern es die Umstände erlauben, um mit beizutragen zur Wiederherstellung der Gewerkschaftsbewegung in Deutschland in Zusammenarbeit mit den illegalen Gruppen in Deutschland, die gegen den Nationalsozialismus kämpfen.«[9]

Die Landesgruppe umfaßte bei ihrer Gründung nur Mitglieder, die früher im ADGB organisiert waren. Die Diskussionen, die zu diesem Zeitpunkt und auch schon früher über das Thema Einheitsgewerkschaft stattfanden, hatten de facto nichts anderes zum Inhalt, als eine Ausweitung nach links zu verhindern.

Zahlenmäßig hatte die Landesgruppe im Jahre 1941 etwa 200—250 Mitglieder. Jede Beitrittserklärung — so heißt es in den Richtlinien der Landesgruppe in der Fassung vom März 1942:

»bedarf der Anerkennung durch den Arbeitsausschuß nach Prüfung ob

a) beim Antragsteller gewerkschaftliche Zuverlässigkeit vorhanden ist und

b) an seiner aktiv freundlichen Einstellung gegenüber den gemeinsamen Kampfzielen dieses Krieges nicht zu zweifeln ist.

Die Ablehnung der Annahme kann ohne Angabe von Gründen erfolgen.«[10]

Hierzu findet sich in einer Korrespondenz zwischen Willi Eichler und Hans Gottfurcht der Satz, daß »bei Mitgliedern der KPD keine gewerkschaftliche Zuverlässigkeit vorauszusetzen« sei.

III

Erste Schritte zur Einheitsgewerkschaft

Die antikommunistische Abgrenzung änderte sich jedoch nach dem Überfall der Hitler-Wehrmacht auf die Sowjetunion und nach der Bildung der Anti-Hitler-Koalition. Die bereits vorher unternommene Kontaktaufnahme von Mitgliedern der KPD-Gruppe in Großbritannien, die in ihrer überwiegenden Mehrzahl RGO-Mitglieder gewesen waren, nahm nun konkrete Formen an. Die Debatte über die Einheitsgewerkschaft erhielt damit einen anderen Stellenwert.

Mehr als 100 Aufnahmeanträge mußten in kurzer Zeit vom Arbeitsausschuß der Landesgruppe bearbeitet werden. Die Satzung wurde nun großzügig ausgelegt und ehemalige RGO-Mitglieder — von wenigen Ausnahmen abgesehen — nach wohlwollender Prüfung aufgenommen.

Im Arbeitsbericht der Landesgruppe über das erste Halbjahr 1942 wird hierzu wie folgt Stellung genommen:

> »Zahlreiche Aufnahme-Anträge kamen aus Kreisen, die zunächst unserer Arbeit abwartend oder ablehnend oder gar feindselig gegenüberstanden. Sagen wir es deutlich, daß hierunter auch viele Anhänger der KP oder ihrer Politik sind. An unserer prinzipiellen Haltung hat sich nichts geändert. Wir werten den Antragsteller nicht nach seiner Parteizugehörigkeit, sondern nach seiner gewerkschaftlichen Zuverlässigkeit. Wir hoffen, daß Spaltungsaktionen, RGO-Taktiken, Zellenbildungen der Vergangenheit angehören und daß alle, auch die neuen Antragsteller die Lehre von der Einheit der Gewerkschaftsbewegung gut gelernt und gut begriffen haben. Wir wissen, daß die Einheit der Arbeiterbewegung eine der Voraussetzungen für den Endsieg sind. Eine Unterschätzung der psychologischen Schwierigkeiten, die sich aus den Differenzen der Vergangenheit ergeben, wäre ebenso falsch, wie die Meinung, daß der Versuch der gemeinsamen Arbeit aller Gewerkschaftler nicht gemacht werden sollte.
>
> Wir betreiben – selbstverständlich – keine Parteipolitik. Aber wir sind eine politische Organisation im weiteren Sinne. Es ist nicht unsere Aufgabe, über die Zukunft politischer Parteien zu sprechen, wir wissen jedoch, daß Gewerkschaften zu den Fundamenten jedes fortschrittlichen Staates gehören. Diese Erkenntnis legt uns die Verpflichtung auf, zu vielen Problemen Stellung zu nehmen, die politischen Charakter haben. Wir befinden uns mitten in der Beratung einer programmatischen Stellungnahme, die wir – hoffentlich bald – veröffentlichen werden.
>
> Bei unserer Arbeit sind wir uns der Tatsache bewußt, daß die Gewerkschaften aus vielen politischen Lagern kommen. Neben den organisierten Sozialisten und Sozialdemokraten, neben organisierten und ehemaligen Kommunisten, neben Demokraten und Wirtschaftsemigranten, haben wir die große Zahl derer, die gesinnungsmäßig Sozialisten sind, ohne je den Weg zu einer Organisation gefunden zu haben. Manche können sich nicht entscheiden, manche sind zu jung, manche hatten andere Gründe. Wir stellen diesen Zustand fest, wir kritisieren ihn nicht. Es ist uns in der Gewerkschaftsarbeit gelungen, trotz dieser Verschiedenartigkeit der politischen Herkunft unserer Mitglieder ein fast völlig reibungsloses Arbeiten zu erzielen.«[11]

Mit dem Ansteigen der Mitgliederzahl (1942: 461, 1943: 674, vgl. Anhang) erweiterte sich auch die Aktivität der Landesgruppe. Fachgruppen wurden gebildet, so z. B. die Arbeitsgemeinschaft Bühne, Film und Rundfunk, die Arbeitsgemeinschaft Kultur und Erziehung sowie die Arbeitsgemeinschaft Wirtschaft und Sozialpolitik. Ortsgruppen entstanden in Leeds, Huddlersfield, Manchester, Glasgow, Birmingham, Llangollen/Wales und Cumberland.

IV

Neuland in der Jugendarbeit

Von besonderer Bedeutung im Rahmen der Gesamttätigkeit der »Landesgruppe« war die Jugendarbeit für die und mit den Mitgliedern, die 1933 zu jung waren, um organisiert gewesen zu sein. Zum Unterschied etwa zur Gruppe in Schweden war in der Satzung verankert, daß nicht nur jene Gewerkschafter aufgenommen werden konnten, die bereits vor 1933 organisiert waren, sondern auch Nichtorganisierte bzw. jüngere Mitglieder, die 1918 oder später geboren waren.

Hierbei spielten die Lebensumstände im britischen Exil eine wichtige Rolle. Fast alle der 20- bis 25jährigen Emigranten arbeiteten in der Metallindustrie oder auf dem Bau, waren Mitglieder der entsprechenden britischen Gewerkschaft und in vielen Fällen Funktionäre bzw. Betriebsräte. Da die Aktivisten dieses Personenkreises sich wahrscheinlich zur Rückkehr nach Deutschland entschließen würden, waren sie an Informationen über die Geschichte der deutschen Arbeiterbewegung, aber auch an pädagogischen Problemen gewerkschaftlicher Jugendarbeit interessiert. Der Arbeitsausschuß beschloß deshalb, Sonderveranstaltungen durchzuführen und schließlich eine Arbeitsgruppe für jüngere Mitglieder zu bilden.

Über die relativ umfangreiche Tätigkeit auf diesem Gebiet gibt der Bericht 1943 Auskunft, zugleich wird jedoch auch auf einige Probleme hingewiesen, an denen politische Differenzen sichtbar werden:

> »Es gibt in der Landesgruppe keine Jugend, es gibt also auch keine Jugendgruppe. Die Mehrzahl unserer jüngeren Mitglieder ist zwischen 1918 und 1923 geboren, also 20—25 Jahre alt. Das sind zwar junge Mitglieder, aber keineswegs Jugendliche. Diese Grundeinstellung war zu berücksichtigen, als wir uns entschlossen, Sonderveranstaltungen durchzuführen. Es kam darauf an, Kenntnisse über die Geschichte und Entwicklung der deutschen Gewerkschaftsbewegung zu vermitteln und ein allgemeines Verständnis für gewerkschaftliche Gepflogenheiten zu erwecken.
>
> Der Arbeitsausschuß hatte die Kollegin Anna Beyer und den Kollegen Fritz Kramer mit der Durchführung einer Arbeitsgemeinschaft beauftragt, die zwischen dem 8. April und 25. November 1943 insgesamt 13 mal tagte. Die Besucherzahl schwankte zwischen 12 und 21... 6 Abende behandelten die

Geschichte und Entwicklung, sowie den Aufbau der deutschen und der internationalen Gewerkschaftsbewegung. Ein Abend beschäftigte sich mit der illegalen Gewerkschaftsarbeit in Deutschland und zwei Abende waren den Beziehungen der Gewerkschaften zur politischen Partei und dem Problem der gewerkschaftlichen Neutralität gewidmet. Drei Abende beschäftigten sich mit dem Aufbau und der Struktur der russischen Gewerkschaften. Ein Abend beschäftigte sich in Anwesenheit der Kollegin Specht und des Kollegen Rauschenplat mit dem Thema der Erwachsenen-Bildung in Deutschland.

Neben den Arbeitsgemeinschaften fanden Sonderveranstaltungen statt. Willi Heidorn sprach im April über ›Die Situation in Deutschland‹ (44 Besucher). Im Mai sprach B. Hasvold über ›Die Lage in Norwegen‹ (22 Besucher). Im August sprach der amerikanische Gewerkschafter Shaw über ›Trade Unions in USA‹ (etwa 50 Besucher). Im Oktober sprach Peter Paul Fano über ›Gewerkschaftsbewegung in Italien‹ und im Dezember sprach Smets über ›Belgische Gewerkschaften‹ (30 bzw. 19 Besucher).

Unsere Londoner Mitgliedschaft umfaßt rund 100 junge Mitglieder, denen gewerkschaftliche Erfahrung notwendigerweise fehlen muß. Wir begrüßen, daß der oben erwähnte kleine Personenkreis an ernsthafter Arbeit zur Ausfüllung dieser Lücke teilgenommen hat, der Gesamtkreis der jüngeren Mitglieder muß jedoch noch erhebliche Anstrengungen machen. Die Situation ist keineswegs verwunderlich. Die Mehrzahl dieser jungen Menschen kommt aus Familien, in denen Politik entweder überhaupt nicht oder aber im bürgerlich-liberalen Sinne erörtert wurde. Die Not der Emigration hat diese jungen Menschen anpolitisiert. Sie wissen nichts oder wenig von den politischen Kämpfen der Vergangenheit und was sie wissen, ist durch irgendwie gefärbte Brillen gesehen. Für sie ist eine Organisation ein Feld, wo man alles aussprechen kann, was einen bewegt. Sie kennen keinen Unterschied und keine Grenzen zwischen Partei und Gewerkschaft. Es wird Aufgabe der fortzusetzenden Arbeitsgemeinschaften sein, den jungen Gewerkschaftsmitgliedern weitere Aufklärung zu vermitteln. Aufgabe der Gesamtarbeit ist es, diejenigen herauszufinden, die als aktive Gewerkschafter in einem zukünftigen Deutschland verwertbar sein mögen. Leider muß angenommen werden, daß ein Teil dieser jungen Mitglieder zwar der Propaganda, unserer Landesgruppe beizutreten, gefolgt ist, aber keineswegs die Absicht hat, nach Deutschland zurückzukehren. Daß diese Mitglieder kein rechtes Verhältnis zu unserer Arbeit finden können, ist verständlich.«[12]

Mit dem Abstand von fast 45 Jahren kann jedoch festgestellt werden, daß sich hier Hans Gottfurcht täuschte. Die Zahl der ehemals »jungen Mitglieder«, die nach 1945 nach Deutschland zurückgingen, lag erheblich über der Zahl, die im Schnitt die Arbeitsgemeinschaften besuchten. Allerdings zogen fast 80 % der Heimkehrer es vor, nach Berlin oder in das Gebiet der heutigen DDR zu übersiedeln.

Am 2. September 1942 beschloß der Arbeitsausschuß unter dem Vorsitz von Anna Beyer, eine Jugendkommission zu bilden, an der Hans Jahn und Heinz Putzrath aktiven Anteil hatten. Doch dies genügte den meisten »jüngeren Mitgliedern« nicht, sie forderten mehr Mitspracherecht und schlugen vor, einen speziellen Arbeitskreis zu bilden und einen Verantwortlichen zu wählen, der an den Beratungen des Arbeitsausschusses teilnehmen sollte. Als eine Übergangslösung anläßlich einer Arbeitsausschußsitzung wurde am 25. April 1944 eine »Kommission zur Beratung von Jugendfragen« mit der Kollegin Beyer und den Kollegen Ollenhauer, Walter und Putzrath gebildet.

Wenig später, am 15. Juli 1944, wurde durch eine Richtlinien-Änderung die Möglichkeit geschaffen, daß der Vertreter der Arbeitsgemeinschaft der jüngeren Mitglieder mit beratender Stimme an den Sitzungen des Arbeitsausschusses der Landesgruppe teilnehmen konnte. Als Sprecher wurde mit 25 von 31 Stimmen Max Oppenheimer gewählt. Anläßlich der Delegiertenkonferenz am 30./31. Dezember 1944 erhielt der Vertreter der jüngeren Mitglieder im Arbeitsausschuß volles Stimmrecht.

Die Veränderung des politischen Klimas und die Normalisierung der Zusammenarbeit zwischen sozialdemokratischen und kommunistischen Mitgliedern schufen die Voraussetzung für grundsätzliche Diskussionen, nicht nur in den einzelnen Ortsgruppen, sondern auch im Arbeitsausschuß. Aus der Liste der jeweiligen Vorstandsmitglieder für die Jahre 1942 bis 1945 läßt sich dies leicht ablesen. Auch die Zusammensetzung der Beratungskommission für die Programmvorschläge spiegelt die inzwischen zur Normalität gewordene Zusammenarbeit von Sozialdemokraten, Sozialisten und Kommunisten wider.

    1942 Hans Gottfurcht (SPD), Anna Beyer (ISK), Willi Derkow (SPD), Willi Eichler (ISK), Herta Gotthelf (SPD), Heinrich Kamnitzer (parteilos), Wilhelm Sander (SPD), Erwin Schöttle (NB), Paul Walter (SAP), Kurt Weckel (SPD).

    1943 Gottfurcht, Beyer, Eichler, Kamnitzer, Gotthelf, Sander, Walter, Derkow, Schöttle, Fritz Kramer (= Hans Jahn, ITF).

    1944 neu gewählt:
Karl Becker (KPD), Hans Schilde (KPD), Friedrich Weidmann (KPD), H. von Rauschenplat (ehem. ISK),

Max Oppenheimer (KPD, FDJ; zuständig f. Jugendfragen).

1945 Gottfurcht, Becker, Derkow, Eichler, Kamnitzer, Sander, Schilde, Schöttle, Weidmann, Oppenheimer.

Mitglieder der Beratungskommission:
Walter Fliess (ISK), Wolf Heimann (SAP), Erich Krauter (KPD), Hans Lewin (SPD), Rolf Möller-Dostali (SPD), Artur Schander (SPD), Heinz Schmidt (KPD), Gustav Spreewitz (SAP), Alfred Zeitler (KPD).[13]

Es wurde bereits darauf hingewiesen, daß viele der jüngeren Mitglieder aktiv am Leben der britischen Gewerkschaften teilnahmen. Aufgrund dieser vielfachen Kontakte war es möglich, in lokalen Gewerkschaftsgruppen, in Ortskartellen und Funktionärsversammlungen Vorträge über Widerstand und Verfolgung im faschistischen Deutschland zu halten und zugleich den Vansittart-Thesen entgegenzutreten, in denen das »andere Deutschland« negiert und alle Deutschen als Nazis eingestuft wurden.

V

Die Diskussion um das Nachkriegsprogramm der Landesgruppe

Bereits im Jahre 1942, als die Niederlage des Faschismus noch keineswegs sicher war, begann in der Landesgruppe die Diskussion über die Zukunft eines demokratischen deutschen Staates und insbesondere über die Rolle, die die Gewerkschaftsbewegung darin spielen sollte. Es war notwendig, im Vorfeld der Diskussion einen Klärungsprozeß nach zwei Seiten zu führen.

Da war 1. das Konzept des ehemaligen Vorsitzenden des Holzarbeiterverbandes Fritz Tarnow – in schwedischer Emigration lebend –, der verkürzt formuliert, die Auffassung vertrat, daß der Neuaufbau der Gewerkschaft nur durch eine Umwandlung der Nationalsozialistischen Arbeitsfront (DAF), gleichsam durch eine »Rückeroberung« der Gewerkschaften, zu erreichen sei. Dieser Plan war selbst innerhalb der Landesgruppe in Schweden umstritten. Vor allem die kommunistischen Kollegen lehnten ihn ab, wobei sie in anderen Fragen zu einer Zusammenarbeit mit Tarnow bereit waren.

Da waren 2. die Thesen des konservativen Abgeordneten Vansittart, dessen Auffassungen teilweise auch in der Labour-Party und dem TUC zu spüren waren. Nach seiner Meinung war der Nazismus eine typisch deutsche Charaktereigenschaft. Davon seien auch die deutschen Antifaschisten nicht frei. Deshalb sei eine massive Reduzierung der deutschen Industrie nach dem Krieg ebenso notwendig wie eine jahrzehntelange Besatzungszeit. Einige Anhänger dieser Linie gab es auch in der SPD und in der Landesgruppe. Die Zuspitzung ihrer Polemik gegen führende Mitglieder der Landesgruppe führte zum Ausschluß von Bieligk, Herz, Lorenz und Menne. Letzterer war nach der Rückkehr aus London, bis zu seinem Tod 1968 Chefredakteur der *Welt am Sonntag*.

In der Auseinandersetzung mit jenen scheinbar konträren, aber in Wirklichkeit eng verbundenen Thesen wurden die Grundsätze zu den »Programmvorschlägen für einen einheitlichen deutschen Gewerkschaftsbund« gelegt. In einer Reihe von Arbeitsgruppen wurden etwa folgende Themen behandelt: Organisationsfragen, Kultur und Erziehung, Sozialpolitik und Wirtschaftspolitik. An den Beratungen nahmen sowohl Mitglieder der »Union deutscher sozialistischer Organisationen« als auch Kommunisten teil. In einem bereits 1942 veröffentlichten kurzen Abriß »Die Gewerkschaften« wurde die gemeinsame Basis der Diskussion sichtbar. Es heißt dort unter anderem:

> »Die Illegalen haben längst Konsequenzen gezogen, die auf eine weitgehend praktische Zusammenarbeit hinauslaufen. Der weltanschauliche Richtungsstreit muß und wird für alle Gewerkschafter der Vergangenheit angehören. Vielleicht bietet die weitere Entwicklung des Krieges auch die Möglichkeit, den unglückseligen politischen Bruderzwist innerhalb der deutschen Arbeiterbewegung zu bereinigen. Diese Einheit vorausgesetzt, ergeben sich noch eine ganze Reihe von grundsätzlichen Fragen, die hier alle nur angedeutet werden können. Da sind z.B. die Probleme Industrie- oder Berufsverband, straffe Einheitsorganisation oder weitgehende Dezentralisierung zu lösen.«[14]

Trotz mancher Anfangsschwierigkeiten fanden die Ergebnisse der einzelnen Beratungen weitgehende Zustimmung. Bereits vor der Zusammenfassung der einzelnen Bereiche war man sich einig darüber, daß in einem demokratischen und friedliebenden Deutschland nur eine Einheits- und Industriegewerkschaft den schwierigen Aufgaben der Nachkriegszeit gerecht werden kann. So heißt es in dem Abschnitt »Grundlagen gewerkschaftlicher Arbeit« der Programmvorschläge:

> »(...) wir haben Rechenschaft gegeben über Schwächen und Fehler der Vergangenheit. Wir kamen zu dem Ergebnis, daß ein Wiederaufbau der Gewerkschaftsbewegung in Deutschland mehr sein muß, als nur die Rückkehr zu dem alten Zustand der Zersplitterung. Einheit der Gewerkschaftsbewegung ist mehr als nur die Zusammenfassung der früher getrennt marschierenden Teile der deutschen Arbeiterbewegung. Sie muß auf der Grundlage echter Toleranz alle zusammenfassen, die als Arbeitnehmer zusammengehören und die über ihre religiöse und weltanschaulichen Verschiedenheiten den gemeinsamen Willen zur demokratischen Erneuerung stellen.«[15]

Ähnliche Überlegungen stellte auch Erwin Schoettle (SPD) – nach dem Krieg viele Jahre Vizepräsident des deutschen Bundestages – an. In einem Anfang 1942 veröffentlichten Papier schrieb er:

> »Die Gewerkschaft im demokratisch-kapitalistischen Staat muß die Verkörperung der Einheit der Arbeiterklasse sein. Das heißt: sie muß danach streben, die einige gewerkschaftliche Organisation der Arbeiterklasse zu werden. Die Überwindung der organisatorischen Spaltung der Gewerkschaftsbewegung nach religiösen oder politischen Gesichtspunkten kann jedoch nicht das Ergebnis staatlicher oder anderer außergewerkschaftlicher Intervention sein.«[16]

Die Programmvorschläge für einen einheitlichen deutschen Gewerkschaftsverband sollten in ihrer Gesamtheit verabschiedet und später den neu gegründeten Gewerkschaften in den vier Besatzungszonen übergeben werden. Doch bei aller Übereinstimmung in den Einzelberatungen gab es nach der Zusammenfassung der Gesamttexte Meinungsverschiedenheiten, nicht zuletzt deshalb, weil im politischen Teil Auffassungen festgeschrieben wurden, die nicht für alle Mitglieder akzeptabel waren. Eine Rolle spielte hier die Frage der Mitverantwortung der deutschen Arbeiterschaft für die in den besetzten Ländern begangenen Verbrechen sowie der Komplex der Wiedergutmachung von Kriegsschäden. Kritisiert wurde vor allem von den kommunistischen Kollegen, daß die Rolle einer im Nachkriegsdeutschland aufzubauenden Einheitsgewerkschaft zu allgemein formuliert sei und den konkreten Bedingungen in Deutschland und im befreiten Europa nicht mehr entspräche. Sie stellten deshalb den Antrag auf Unterbrechung der Arbeit der Beratungskommission, um diese Differenzen zu klären. Der Arbeitsausschuß lehnte dies ab und forderte die schnelle Beendigung der Programmberatung. So wurde diese ohne die Teilnahme der kommunistischen Kollegen zu Ende geführt und die »Programmvorschläge« ohne ihre Unterschrift verabschiedet.

VI

Ende und Neubeginn

Viel eindeutiger als die Programmvorschläge war die Erklärung der Landesgruppe anläßlich ihrer Auflösung am 5. Dezember 1945, in der relativ weitgehende Formulierungen zur politischen Situation in Deutschland und zur Rolle der Gewerkschaften niedergeschrieben sind. Es heißt dort:

> »Trotz vieler Meinungsverschiedenheiten waren und sind wir uns darüber einig, daß wir aus den Fehlern der deutschen Arbeiterbewegung der Vergangenheit zu lernen haben. Diese Fehler, vor allem die verhängnisvolle Spaltung der deutschen Arbeiterbewegung, das Fehlen der antifaschistischen Kampf-

> einheit der Arbeiterklasse, die Unterschätzung des Nationalsozialismus, das mangelnde Verständnis für die Demokratie und die nicht ausreichende Bereitschaft, sie zu verteidigen, das Zurückweichen vor der Reaktion in entscheidenden Situationen, sowie schließlich die Kapitulation vor dem Faschismus, erleichterten die Aufrichtung der faschistischen Diktatur und Vorbereitung und Durchführung des Krieges. Unser Volk kann nicht von jeder Verantwortung für den Hitlerfaschismus und für die von Hitler im Namen des deutschen Volkes begangenen Verbrechen freigesprochen werden. Aus dieser Erkenntnis der Mitverantwortung ergibt sich, wie notwendig es ist, endgültig mit jenen verhängnisvollen Ideen und Kräften zu brechen, welche die politische Entwicklung Deutschlands in den letzten hundert Jahren bestimmt haben (...)
> Die neue deutsche Arbeiterbewegung muß der bewußte Träger der geistigen Neuorientierung des deutschen Volkes sein. Sie trägt damit ihren Anteil an der politischen Verantwortung für die nationale Fehlentwicklung Deutschlands ab.«[17]

Über diesen Text, der de facto die Visitenkarte der nach Deutschland zurückkehrenden Mitglieder der Landesgruppe war, gab es keine Differenzen. Seine Aussage wurde von allen Vorstandsmitgliedern gebilligt und trägt die Unterschrift führender Sozialdemokraten, von Vertretern verschiedener sozialistischer Gruppierungen und der KPD gleichermaßen. Unterzeichnet hatten für den Arbeitsausschuß: Karl Bekker, Willi Derkow, Willi Eichler, Hans Gottfurcht, Heinrich Kamnitzer, Max Oppenheimer, Wilhelm Sander, Hans Schilde, Erwin Schoettle, Friedrich Weidmann, und für die Beratungskommission: Walter Fliess, Wolf Heumann, Erich Krautter, Hans Lewin, Rudolf Moeller-Dostali, Arthur Schauder, Heinz Schmidt, Gustav Spreewitz, Alfred Zeidler.

Viele von ihnen spielten in den ersten Jahren der Nachkriegszeit im gewerkschaftlichen Leben in allen vier Besatzungszonen eine nicht unbedeutende Rolle. *Hans Gottfurcht* übersiedelte nach Brüssel und war dort im Internationalen Bund freier Gewerkschaften tätig. *Ludwig Rosenberg* war viele Jahre Vorsitzender des DGB, *Hans Jahn* bis zu seinem Tode Vorsitzender der Eisenbahnergewerkschaft Deutschlands und *Werner Hansen* Landesbezirksvorsitzender des DGB in Nordrhein-Westfalen. *Karl Becker*, während des Krieges Mitglied der Bergarbeiter-Internationale, leitete in den »Gründerjahren« die Abteilung Schulung und Bildung der I.G. Bergbau. *Erich Krautter* und *Hans Schilde* kehrten nach Berlin bzw. nach Dresden zurück und hatten führenden Anteil am Aufbau des FDGB, der Gewerkschaftsbewegung der DDR.

Im Oktober 1949 wurde in München der DGB für die Bundesrepublik Deutschland aus der Taufe gehoben, nachdem der erstrebte gesamtdeutsche Verband als Opfer des Kalten Krieges auf der Strecke geblieben war. In der Satzung bezeichnete sich der Gewerkschaftsbund als die »Zusammenfassung aller Gewerkschaften zu einer wirkungsvollen Einheit und Vertretung der gemeinsamen Interessen auf allen Gebieten, insbesondere der Wirtschafts-, Sozial- und Kulturpolitik«. Zugleich wurde seine »Unabhängigkeit gegenüber den Religionen, Verwaltungen, Unternehmern, Konfessionen und politischen Parteien« festgeschrieben. Das Programm des DGB ist somit zugleich auch die Geburtsurkunde der Einheitsgewerkschaft in der Bundesrepublik Deutschland, wobei unter dem Begriff der Einheit sowohl der industrielle als auch der politische Aspekt zu sehen ist. Die objektiven Nachkriegsbedingungen forderten gebieterisch Schlußfolgerungen aus der Vergangenheit zu ziehen. Hier mitgeholfen zu haben, ist sicherlich – wenn auch in Maßen – ein Verdienst der Landesgruppe deutscher Gewerkschafter in Großbritannien.

1 Werner Röder: *Die deutschen sozialistischen Exilgruppen in Großbritannien 1940–1945*, Bonn-Bad Godesberg 1972, S. 54. — 2 Ebd., S. 58. 3 Ebd., S. 50. — 4 Trade Union Congress an Labour Party, Library, T 165. — 5 Landesgruppe deutscher Gewerkschafter in Großbritannien. Aus der Arbeit des Jahres 1941, TUC and Labour Party Library, HD 6691, S. 1. — 6 Ebd., S. 2. — 7 Ebd., S. 4. — 8 Ebd., S. 4. — 9 Ebd., S. 7. — 10 Landesgruppe deutscher Gewerkschafter in Großbritannien. Richtlinien (Fassung vom März 1942). Im Privatbesitz des Autors. — 11 Landesgruppe deutscher Gewerkschafter in Großbritannien. Arbeitsbericht über das erste Halbjahr 1942, Seite 2/3 TUC and Labour Party, Library, HD 6691. — 12 Landesgruppe deutscher Gewerkschafter in Großbritannien. Die Tätigkeit der Landesgruppe im Jahre 1943, S. 6/7. Im Privatbesitz des Autors. — 13 Röder, S. 60. — 14 Trade Union Centre für German Workers in Great Britain. »Die Gewerkschaften«, 1942, S. 10. Im Privatbesitz des Autors. — 15 Die neue deutsche Gewerkschaftsbewegung, Programmvorschläge für einen einheitlichen deutschen Gewerkschaftsbund, London im Frühjahr 1945, S. 2. Im Privatbesitz des Autors. — 16 Stichworte Schoettle, Gewerkschaften und Staat, Oktober 1942. Im Privatbesitz des Autors. — 17 Landesgruppe deutscher Gewerkschafter in Großbritannien. Erklärung anläßlich der Auflösung der ausländischen Gewerkschaftsgruppen, 5. Dezember 1945. Im Privatbesitz des Autors.

Anhang:

I Berufs-Verteilung der Mitglieder Ende 1943

Metallarbeiter aller Art	206
Holzarbeiter (25) und Bauarbeiter (11) aller Art	36
Je 1 Bahnarbeiter & Bergarbeiter	2
Bekleidungsarbeiter aller Art, Blumen-, Federn- Arb. etc.	40
Arbeiter in allen Zweigen der Textil-Industrie	4
Schuh- und Lederarbeiter	5
Polsterer, Dekorateure etc.	3
Buchdrucker, Buchbinder etc.	5
Arbeiter im Gastwirtsgewerbe, Hotels, Hostels	27
Arbeiter im Lebensmittelgewerbe, Bäcker, Co-op. etc.	8
Landarbeiter (15), Forstarbeiter (11), Gärtner (11)	37
Ungelernte Arbeiter aller Art & nicht zu klassifizieren	27
Büro-Angestellte aller Art	67
Sonstige Angestellte, Buchhändler, Bibliothekare	6
Lagerverwalter etc. (2) & gehobene kaufm. Tätigkeit (5)	7
Kommunal-Angestellte einschließlich Civil Defence	4
Krankenpflege-Personal aller Art (Helfer, Nurses etc.)	12
Laboranten, Techniker etc. (12) & Architekten (2)	14
Lehrer & Erzieher (12), wissenschaftl. akad. Arbeiter (5)	17
Journalisten, BBC, Presse-Agenturen, etc.	27
Bühnenkünstler aller Art (26) u. sonstige Künstler (6)	32
Hauptamtliche Partei- & Gewerkschafts-Funktionäre etc.	13
Hausangestellte aller Art	__14__

	613
Army	28
Dauernd berufsunfähig (12) & nicht berufstätige Ehefrauen (21)	__33__
	__674__

II   Organisations-Zugehörigkeiten in Deutschland

Den Freien Gewerkschaften gehörten 315 Mitglieder an. Diese verteilen sich wie folgt:

Verbände des ADGB:
  DMV – 60, Gesamtverband – 18, Baugewerksbund – 17, Holzarbeiter – 12, Bergarbeiter – 9, Buchdrucker – 8, Bekleidungsarbeiter & Nahrungsmittelarbeiter je 5, Fabriksarbeiter – 4, Musiker – 3, Hotelangestellte & Zimmerer & Textilarbeiter & Buchbinder & Steindrukker – je 2, Eisenbahner & Schumacher & Sattler & Maler & graphische Hilfsarbeiter – je 1, zusammen . . . 156

Verbände des Afa-Bundes:
  ZdA – 117, Bühnengenossenschaft – 18, Butab – 9, AVdDB – 3, Chorsänger & Internationale Artistenloge je 2, zusammen 151

Beamten-Verbände (ADB) zusammen   8

        Freie Gewerkschaften, zusammen   315

Sonstigen Gewerkschaften gehörten an
(GdA – 14, VwA – 1)   15

Fachverbänden gehörten an (z. B. Lehrer-Organisationen, Juristen- und Schriftsteller-Verbänden, Reklame-Verband etc.)   19

        Insgesamt organisiert   349

Nicht organisiert waren:
  27 Akademiker aller Art, Studenten etc., 5 freie Schriftsteller, 29 frühere Unternehmer, Agenten etc., 15 nie berufstätig gewesene Personen, zusammen   76

Zu jung gewesen,
  um organisiert gewesen zu sein: 146 Mitglieder, die 1918 oder später geboren sind, 40 zwischen 1914 und 1918 geborene (Besuch höherer Schulen etc.), zusammen   186

Unorganisiert gewesene Arbeitnehmer aller Art.   63

        Insgesamt unorganisiert   325

Kurzbiographien der Autoren

Mulan Ahlers, Studium der Sinologie, Germanistik, Mandjuristik und Politologie in Köln und Bonn; Doktorandin an der Ruhr-Universität Bochum. Vorläufiges Thema der Arbeit: »Deutsche Flüchtlinge in Shanghai. Aspekte einer Nachbarschaft«.

Karl Holl, geb. 1931 in Altendiez bei Diez a.d. Lahn, Studium der Geschichte, Germanistik und Romanistik in Mainz und Tübingen 1950–1955, Schuldienst an Gymnasien in Rheinland-Pfalz 1956–1964, Promotion 1959, Professor für Geschichte an der Pädagogischen Hochschule Neuwied und an der Erziehungswissenschaftlichen Hochschule Rheinland-Pfalz, Abt. Koblenz, 1964–1971, Professor für Geschichte (Schwerpunkte: Deutsche Zeitgeschichte und deutsche Parteiengeschichte) an der Universität Bremen seit 1971. Zahlreiche Veröffentlichungen zur deutschen Zeitgeschichte, zur Geschichte liberaler Parteien in Deutschland und zur Geschichte der deutschen Friedensbewegung. Gegenwärtiges Forschungsprojekt: Das Exil deutscher Pazifisten seit 1933.

David Kettler ist Professor für Politikwissenschaft an der Trent University in Peterborough, Ontario, Canada. Zu seinen wichtigsten Veröffentlichungen gehören »Politisches Wissen« (1987) und die Herausgabe von »Karl Mannheim, Strukturen des Denkens« (1980) sowie dessen »Konservatismus« (1984).

Volker Meja ist Professor für Soziologie an der Memorial University of Newfoundland, St. John's, Newfoundland, Canada. Er ist Herausgeber von »Der Streit um die Wissenssoziologie« (1982), »Modern German Sociology« (1987) und »Society and Knowledge« (1985).

Patrik von zur Mühlen, geb. 1942 in Posen, Studium der Geschichte, Philosophie und Politischen Wissenschaft in Berlin und Bonn, 1967 Magisterexamen, 1971 Promotion, 1973–1975 im Bundesministerium für Bildung und Wissenschaft tätig, seit 1975 im Forschungsinstitut der Friedrich-Ebert-Stiftung. Veröffentlichungen zur Geschichte des Dritten Reichs und des Nationalsozialismus, zu Widerstand und Emigration.

Uwe Naumann, geb. 1951, Studium der Germanistik, Soziologie und Pädagogik in Hamburg und Marburg. Promotion 1983 über »Satirische Faschismuskritik 1933–1945«. Lebt als Publizist in Hamburg. 1984–1985 Mitarbeiter der Hamburger Arbeitsstelle für deutsche Exilliteratur. Seit 1985 editorischer Mitarbeiter der Reihe »Rowohlts Monographien«. Publikationen u.a.: »Sammlung. Jahrbuch für antifaschistische Literatur und Kunst« (1978–1982; Hg.); »Lidice, ein böhmisches Dorf« (1983; Hg.); »Klaus Mann« (1984); »Ein Theatermann im Exil: P. Walter Jacob« (1985; Hg.). Herausgeber der Werke Heinar Kipphardts, 1986 ff.

Jürgen Nieraad, geb. 1939 in Berlin, 1968 Promotion, Wiss. Ass. an der Fakultät für Linguistik und Literaturwissenschaft der Universität Bielefeld, mehrere Israel-Aufenthalte, seit 1984 Dozent an der Abteilung für deutsche Sprache und Literatur der Hebräischen Universität in Jerusalem. Veröffentlichungen zur linguistischen Semantik, Pragmatik, Theorie der Metapher und zu literaturtheoretischen Themen (ästhetische Theorie, Realismus-Probleme, Interpretation), zur deutschsprachigen Gegenwartsliteratur mit Schwerpunkt DDR-Literatur.

Laureen Nussbaum, geb. 1927 in Frankfurt/M. 1936 Emigration in die Niederlande. Nach dem Krieg zwei Jahre Physikstudium an der Amsterdamer Städtischen Universität. Seit 1957 in den Vereinigten Staaten. Studium der Germanistik und der französischen Literatur an der Universität von Kalifornien (Davis), an der Portland State Universität und schließlich an der Universität des Staates Washington in Seattle. Dort 1966 Magister und 1976 Promotion über das Frauenbild im Werk Bertolt Brechts. Aufsätze u. a. zu Brecht, zu Aragon und Breton, zum Dokumentartheater der sechziger Jahre und zum Exilwerk Georg Hermanns. Zur Zeit weitere Beschäftigung mit Georg Hermann so wie mit weniger bekannten deutschsprachigen Schriftstellern im niederländischen Exil. Seit 1978 Fakultätsmitglied an der Portland State Universität in Portland, Oregon, neuerdings als Ordinaria für die deutsche sowie die niederländische Sprache und für neuere deutsche Literatur.

Max Oppenheimer wurde 1919 in Karlsruhe geboren und lebt in Wiesloch bei Heidelberg. 1938 wurde er während der »Reichspogromnacht« festgenommen und in das KZ Dachau gebracht. Nach kurzer Haft emigrierte er über die Schweiz und Frankreich nach Großbritannien. Er arbeitete dort bis 1947 als Maschinenschlosser und schrieb freiberuflich Beiträge für die deutschsprachige Monatszeitschrift »Freie Tribüne«. Von 1944 bis zur Auflösung gehörte er dem Arbeitsausschuß der Landesgruppe deutscher Gewerkschafter in Großbritannien an. Nach seiner Rückkehr aus der Emigration arbeitete er als Journalist in Stuttgart, Heidelberg und Wien. Sein Hauptinteresse galt politischen Gegenwartsfragen und der Erforschung des anitfaschistischen Widerstandskampfes. Seit 1959 ist Max Oppenheimer als wissenschaftlicher Mitarbeiter beim Präsidium der Vereinigung der Verfolgten des Naziregimes tätig. *Publikationen:* »Aus dem Tagebuch des Hans O.« (Max Ludwig) (1965); »Der Fall Vorbote – Zeugnisse des Mannheimer Widerstandes« (1969); »Das kämpferische Leben der Johanne Kirchner« (1974); »Antifaschismus. Tradition, Politik, Perspektive« (1978);

Mitautor der Bücher: »Der deutsche antifaschistische Widerstand 1933–1945« (1975) sowie »Als die Synagogen brannten« (1978).

Helmut F. Pfanner, Professor für Germanistik und Vorsitzender der Abteilung für Fremdsprachen an der University of Nebraska in Lincoln. Veröffentlichungen über deutsche und österreichische Exilliteratur, die Literatur der Weimarer Republik und zu einzelnen Autoren, u. a. Gottfried Benn, Hanns Johst, Gerhart Hauptmann, Oskar Maria Graf, C. F. Meyer, Max Frisch u. auch amerikanischen Autoren. Verfasser einer Oskar Maria Graf-Bibliographie. Hg.: »Kulturbeziehungen im Exil – Exile across Cultures« (1986), Mit-Hg. der Briefe von Oskar Maria Graf. Arbeitet an einer Ausgabe der bisher unveröffentlichten Reden und Essays von Graf im Süddeutschen Verlag.

Werner Röder, Dr. phil., Leiter des Archivs im Institut für Zeitgeschichte/München; 1968–72 Leiter der Zentralstelle der Dokumentation zur Emigration in Verbindung mit dem Bundesarchiv Koblenz; bis 1980 Forschungsgruppenleiter im IfZ; zahlreiche Veröffentlichungen zur Geschichte und Quellenkunde der neuesten Zeit u. a. Mitherausgeber des »Biographischen Handbuchs der deutschsprachigen Emigration nach 1933«, 3. Bde., München u. a. 1980 ff.

Gerhard Scheit, geb. 1959 in Wien, Studium der Theaterwissenschaft, Germanistik und Philosophie in Wien und Westberlin. Promotion 1986 über »Krise und Kritik des modernen Dramas – am Beispiel von Brecht und Bronnen«. Lebt als wissenschaftlicher Schriftsteller in Wien. Vorträge und Seminare an Volkshochschulen sowie Aufsätze und Publikationen zu den Themenschwerpunkten: österreichisches Volkstheater (Nestroy, Anzengruber, Horváth, Jura Soyfer), österreichische Literatur des 19. Jahrhunderts (Grillparzer), antifaschistische Ästhetik (von Eisler bis Lukács), Theorien des modernen Dramas, Theater und Irrationalismus.

Helga Schwarz, geb. 1938 in Chemnitz, Studium des Elektromaschinenbaus, danach Ingenieurtätigkeit, seit 1965 freischaffend als Journalistin (erst Wirtschaft, dann Kultur); jetzt Publizistin und Autorin – vorwiegend zu Themen der internation. Arbeiterbewegung und des antifaschstischen Widerstandskampfes und von Biographien (u. a. über Maria Leitner, Lene Radó-Jansen, Frida Rubiner, Karl Liebknecht und das ehem. Frauen-KZ Ravensbrück).

Theo Stammen, geb. 1933, Studium der Germanistik, Geschichte, Philosophie und Politikwissenschaft an den Universitäten Freiburg/Brsg., Bonn und Manchester (England), Staatsexamen für das Höhere Lehramt in den Fächern Deutsch und Geschichte (1958), Promotion zum Dr. phil. an der Universität Freiburg mit einer Arbeit über »Goethe und die Französische Revolution« (1961). Von 1963 bis 1969 wissenschaftlicher

Assistent von Prof. Dr. Hans Maier am Geschwister-Scholl-Institut für Politische Wissenschaft der Universität München. Dort Habilitation mit einer Arbeit über »Politik und Sprache – Probleme ihrer Zuordnung« (1969). Von 1970–1973 ord. Professor für Politikwissenschaft an der PH Rheinland, Abt. Aachen. Seither Ordinarius für Politikwissenschaft an der Universität Augsburg. Veröffentlichungen: »Goethe und die französische Revolution« (1966); »Regierungssysteme der Gegenwart« (1967 u. ö.); »Strukturwandel der modernen Regierung« (Hg.; 1967); »Vergleichende Regierungslehre« (Hg.; 1976); »Einführung in die Politikwissenschaft« (4. Aufl. 1985); Aufsätze zur Vergleichenden Politikwissenschaft, politischen Ideengeschichte und zum Problembereich Literatur/Sprache und Politik.

Nico Stehr ist Professor für Soziologie an der University of Alberta, Edmonton, Alberta, Canada. Zu seinen Veröffentlichungen zählen »The Knowledge Society« (1986), »Politics and Knowledge« (1987) und »Wissenssoziologie« (1980).

Michael Töteberg, geb. 1951, Studium der Germanistik und Soziologie. Verlagslektor in Frankfurt/M. Veröffentlichungen: »John Heartfield« (1978); »Fritz Reuter« (1978); »Marieluise Fleißer« (zusammen mit Wend Kässens, 1979); »Günter Wallraff« (zusammen mit Ulla Hahn, 1979); »Fritz Lang« (1985); Herausgeber von Marieluise Fleißer: »Der Tiefseefisch« (1980) sowie von Rainer Werner Fassbinders »Filme befreien den Kopf. Essays und Arbeitsnotizen« (1984) und »Die Anarchie der Phantasie. Gespräche und Interviews« (1986). Herausgeber der Drehbuch-Edition Rainer Werner Fassbinders (1987 ff.).

Karsten Witte, geb. 1944 in Perleberg, Studium der Vergleichenden Literaturwissenschaft. Lehrte Filmtheorie 1970 bis 1976 an den Universitäten Frankfurt/M. und Köln. Längere Aufenthalte in Frankreich, Italien und den USA. Lebt und arbeitet seit 1979 in Berlin als Kritiker, Übersetzer und freier Schriftsteller. Zur Zeit Gastprofessor an der Universität Frankfurt/M. Wichtigste Veröffentlichungen: »Theorie des Kinos« (Hg; 1973); »Stunde Null« (Filmdrehbuch zus. mit P. Kiener und P. Steinbach, 1976); »Paris. Deutsche Republikaner reisen« (1980); »Im Kino. Texte vom Sehen & Hören« (1985); Übersetzungen von Jean Cocteau und Christopher Isherwood.

Hermann Broch
Lesebuch

Herausgegeben und eingeleitet von Paul Michael Lützeler
344 Seiten. Leinen. DM 30,-

Die hier zusammengestellten Texte sind für jene Leser gedacht, die mit dem Werk Hermann Brochs noch nicht vertraut sind, die es aber kennenlernen möchten. Die Auswahl ist repräsentativ: Mit Teilen aus den wichtigsten Romanen, mit den besten Novellen und Gedichten sowie maßgeblichen politischen, ästhetischen und kulturhistorischen Aufsätzen bzw. Buchkapiteln wird ein Zugang zu dem ebenso vielfältigen wie umfangreichen Œuvre des Schriftstellers ermöglicht.
Dem dichterischen Werk steht das theoretische und kulturkritische Œuvre gleichrangig zur Seite. Die hier aufgenommenen Beiträge zu den Themen Kitsch, Mythos, Kultur der Jahrhundertwende, den Menschenrechten und zu den Aufgaben des Intellektuellen haben seit ihrer Niederschrift nichts an Brisanz verloren, sie besitzen unvermindert Aktualität.

Hermann Broch
Kommentierte Werkausgabe in 13 Bänden
Herausgegeben von Paul Michael Lützeler
Leinen. DM 580,-
und in den suhrkamp taschenbüchern DM 175,-

Suhrkamp

In allen Buchhandlungen. Prospekte: Suhrkamp Verlag, Suhrkamp Haus, 6 Frankfurt 1

EXILFORSCHUNG

edition text + kritik

Verlag edition text + kritik GmbH
Levelingstr. 6a, 8000 München 80

Albrecht Betz
Exil und Engagement
Deutsche Schriftsteller im Frankreich der Dreißiger Jahre

340 Seiten, DM 48,--

Frankreich als Exilland und Ort antifaschistischer Aufklärung, aber auch die deutsch-französische Annäherung und intellektuelle Kollaboration rechter Strömungen analysiert Betz in seiner Studie, die auf einer breiten empirischen Grundlage und einer detaillierten Chronik des französischen Exils aufbaut. Von der Polarisierung der deutschen Intelligenz schon während der Krise von 1930 ausgehend untersucht er deutsch-französische Diskussionszusammenhänge sowie solche zwischen den Autoren des Exils und des Dritten Reichs – ein literarisch-politisches Kraftfeld, das auch die aktuelle Diskussion um Aufklärung und Mythos beleuchtet.
Die bis 1940 in französischen Verlagen erschienenen Bücher deutschsprachiger Exilschriftsteller und die über 1200 publizistischen Beiträge werden dokumentiert.

Exilforschung
Ein internationales Jahrbuch

Herausgegeben von Thomas Koebner, Wulf Köpke, Claus-Dieter Krohn und Sigrid Schneider unter Mitwirkung von Lieselotte Maas

Band 1/1983
Stalin und die Intellektuellen und andere Themen
391 Seiten, DM 34,--

Band 2/1984
Erinnerungen ans Exil - kritische Lektüre der Autobiographien nach 1933 und andere Themen
415 Seiten, DM 36,--

Band 3/1985
Gedanken an Deutschland im Exil und andere Themen
400 Seiten, DM 38,--

Band 4/1986
Das jüdische Exil und andere Themen
310 Seiten, DM 38,--

www.ingramcontent.com/pod-product-compliance
Lightning Source LLC
Chambersburg PA
CBHW051215300426
44116CB00006B/591